妙语"联"珠

—— 中国哲学研究

魏义霞 著

人民出版社

目 录
CONTENTS

第一章

"道常无为而无不为"
——老子的道论及道的统领作用

"道常无为而无不为"语出老子，是《老子·第37章》中的一句话。此后，这句话成为名言，被其他思想家借题发挥，无论是对中国哲学还是政治思想都产生了巨大而深远的影响。就老子本人而言，"道常无为而无不为"不仅体现了他对宇宙本原——道的基本界定，而且预示了道以及作为道之本质规定的无、无为对于老子全部哲学提纲挈领的作用。老子创立的学派之所以被冠以道家（或道德家）的称谓，推崇道无疑是最主要的原因。老子的思想以道为核心展开，而道的本质特征可以归结为一个无字，无以及由此而来的无为成为老子哲学最基本的思维方式和价值旨趣。因此，深入剖析"道常无为而无不为"，可以真切地体悟老子对道的理解以及道与无的密切相关，从而加深对老子哲学以及道家思想特质的把握。

一、无与道的存在、特征和别名

作为道家学派的创始人，老子一面把道奉为宇宙本原，宣称天地万物都产生于道；一面断言作为第一存在的道有别于天地万物的存在，没有任何规定性。这使老子之道与无结下了不解之缘，老子对道之存在、特征和别名的解释共同印证了这一点。

首先，站在道家的立场上，老子把道奉为宇宙的第一存在，宣布世界万物都是道派生的。对于宇宙万物的生成模式即道生万物的过程，老子宣称："道生一，一生二，二生三，三生万物。万物负阴而抱阳，冲气以为和。"①按照这个说法，最初，是道产生了混沌未分之气——一；接着，混沌之气分化出阴、阳二气——二；后来，阴、阳二气产生了和合之气——三；最后，由和合之气产生了世间万物。这就是说，世界万殊是和气——三派生的，和气则是阴阳二气派生的，阴阳二气又派生于混沌之气，而混沌之气则是道的产物。通过如此推演，老子认定，道是宇宙的最高存在和世间庶品的最终本原。从这个意义上说，道是万物产生的本原和动因，也是万物存在的依托。

进而言之，在老子哲学中，道既然是宇宙的最终本原和存在依据，也就理所当然地成了宇宙间的最高权威。道的本原地位、绝对权威注定了道无与伦比的地位和价值，于是成为万物效仿的对象。万物的化生、成长与道的本原地位密切相关，或者说，道的本原地位本身就表明道拥有绝对权威。正是在这个意义上，老子写道："道生之，德畜之，物形之，势成之。是以万物莫不尊道而贵德。道之尊，德之贵，夫莫之命而常自然。"②

更有甚者，为了维护道的权威，老子不仅把世间万品包括人在内置于道的主宰之下，而且使天地处于道的统辖之中。关于道、天、地、人的排列顺序，老子是这样说的："道大，天大，地大，人亦大。域中有四大，而人居其一焉。人法地，地法天，天法道。"③这就是说，一方面，道、天、地、人都是优于庶物的尊贵存在，所以并称为"四大"。另一方面，如果进一步追究道、天、地、人四种存在的地位的话，则须看到，

---

① 《老子·第 42 章》。

② 《老子·第 51 章》。

③ 《老子·第 25 章》。

它们的关系并不是并列的，其间有着不容忽视和颠倒的先后、本末之别，具体的排列顺序是道→天→地→人。其中，道为最高存在而排在最前，与天地并称为"三才"的人排在天地之后，天在地之前。这既是时间顺序上由先而后的排列，也是尊卑次第上由上而下的排列。在这里，老子在弘扬道之权威的同时，使天隶属于道的统辖，从而降低了天的权威。对于道与天（帝）的先后、本末关系，老子曾说："吾不知谁之子，象帝之先。"① 这就是说，道不是任何东西派生的——当然也包括天在内；相反，天倒是由道派生的。奉道为宇宙本原，以道取缔天的优先地位和绝对权威使老子创立的道家哲学开辟了一条崭新的思维路径，从而与尊天、法天的孔子和墨子哲学形成了鲜明的学术分野。

道派生万物的道本论展示了老子开启的道家学派的鲜明特色，那就是：以道为本，把天纳入道的统辖之下。众所周知，春秋时期的儒家和墨家都以天为本，把天视为或冥冥之中、或具有意志（"天志"）的高高在上的主宰。与此不同，老子把道奉为宇宙本原，使道成为中国传统哲学中最基本的哲学范畴之一。

其次，对于自己哲学的第一范畴——道，老子不仅阐释了其派生世界的过程，而且对其特征进行了描述和说明；如果说前者回答的是道的本原问题的话，那么，后者则侧重道的存在问题。在某种意义上可以说，道的特点不仅解释了道如何派生万物，而且说明了道为什么能派生万物这一更为根本的问题。其实，在老子那里，两者的答案是相同的，那就是："道常无为而无不为"。老子对道的界定很多，一言以蔽之，道就是无。

其一，道没有任何规定性，无是道的存在方式和状态。关于宇宙本原和万物生成的问题，除了上面提到的"道生一，一生二，二生三，三生万物"之外，《老子》还有这样的命题："天下万物生于有，有生于无。"② 在这里，"有"指有形有象的天地万物，"无"指无形无象、无

---

① 《老子·第4章》。
② 《老子·第40章》。

状无声的道。因为道没有任何规定性，所以，与有规定性的万物相比，道最基本的特征就是无。换言之，正因为道没有任何规定性，无便成了道的代名词。道与无同义，两者异名而同实。这样一来，断言天下万物生于道也就等于说天下万物生于无，这是两个等价的命题。在这个意义上，道、无可以通用，没有太大的区别。

其二，无是道的本质特征和特点，是用以描述和说明道的。在老子那里，无之所以与道异名而同实，并非表明道不存在，而是表明道没有任何规定性。正如只有称道为无，才能将道与有形有象的万物区别开来一样；只有无，才能概括道的特征和本质。正是由于这个原因，对于作为宇宙本原的道，老子描述说："视之不见名曰夷，听之不闻名曰希，搏之不得名曰微。此三者不可致诘，故混而为一。其上不皦，其下不昧，绳绳不可名，复归于无物。是谓无状之状，无物之象，是谓恍惚。迎之不见其首，随之不见其后。执古之道以御今之有，能知古始，是为道纪。"① 这表明，道是看不见、听不到、摸不着的，不明不暗，无前无后，是一种"无状之状，无物之象"。

其三，道的作用方式是无为。老子一面断言宇宙万物为道所生，道是万物的最终本原；一面宣称"道法自然"，道对万物的作为始终遵循自然而然的无为法则。这表明，在派生万物的过程中，道不仅没有肆意而为，而且连有意而为都不是，其间不存在任何意志和好恶。这用老子本人的话说便是："天地不仁，以万物为刍狗；圣人不仁，以百姓为刍狗。天地之间，其犹橐籥乎。"② 依照这种说法，在生物之时，天地把万物当作草扎的狗一样来对待，不怀怜爱、仁慈之心。其实，道就像一个大风箱，气在其中一进一出，阴阳相济，万物便自然而然地应运而生了。这一切表明，道的基本特征就是自然。就作用方式而言，道是自然无为的。

在老子那里，"道法自然"③ 的原则又可以表述为无为的原则。简而言之，道的无为就是不刻意、故意或有意做什么，一切顺其自然，不加

---

① 《老子·第14章》。

② 《老子·第5章》。

③ 《老子·第25章》。

干预。这主要表现在两个方面：第一，在生物之初，作为世界万殊的本原，道派生万物是自然而然的无为过程。不仅如此，道并不因为万物是自己所生便把它们据为己有，而是产生万物而不占有，有所作为而不恃功自傲，功成名就则身退而不居功。对此，老子表述为"生而不有，为而不恃，功成而弗居矣"。①第二，在万物产生之后，作为宇宙万物的存在依据，道对万物的存在和生长并不予以安排或干预，即"为而不恃，长而不宰"。老子将之说成是深奥幽玄的道德，断言"生之畜之，生而不有，为而不恃，长而不宰，是谓玄德"。②

总之，正因为道无论是在生物之初还是在万物产生之后都奉行无为法则，所以，道才能"冲而用之或不盈"③，才能"虚而不屈"④而无不为。这些在老子那里都可以概括为一句话，那便是："道常无为而无不为。"⑤尽管从道的本身来看，道是无为的，什么也没有去做，然而，从作用来看，道却无不为。

需要注意的是，老子把道称为无，除了表示道的无形、无象或无为之外，还包括道的无名。在许多场合，无名是老子对道的别称。例如，老子声称："无名天地之始，有名万物之母。"⑥老子以无名称谓道，本意是为了强调道超言绝象，故而不可命名。

再次，具有戏剧性的是，因为道不可称道、不可命名，用什么名词、概念都无法恰当地称谓或描绘不可道之道，所以，老子为了说明道，使用了许多别名。在老子哲学中，道的别名远不止"无"、"无名"和"大"等。除此之外，还可以列出不少。下仅举其一斑：

谷神不死，是谓玄牝。玄牝之门，是谓天地根。⑦

---

① 《老子·第 2 章》。
② 《老子·第 10 章》。
③ 《老子·第 4 章》。
④ 《老子·第 5 章》。
⑤ 《老子·第 37 章》。
⑥ 《老子·第 1 章》。
⑦ 《老子·第 6 章》。

玄之又玄，众妙之门。①

引文中的"谷神"、"玄牝"、"天地根"和"玄"等显然都是道的别称。其中，"谷神"的"谷"通假为毂，毂有生、养之义，"谷神"即生养之神。老子以"谷神"称谓道，旨在凸显道是生养万物的本原。"玄牝"之"牝"原义为鸟、兽之雌，老子用"玄牝"来称呼道，意为道是产生万物的悠远的母亲。"天地根"则形象地揭示了道是派生天地万品的根源。"玄"不仅突出了道有别于万物的形上神韵，而且象征着道化生万物的玄妙神奇。

在老子那里，道的不同称谓和别名有的表明了道的存在状态，有的则揭示了道的功能特点。它们的运用不仅呈现出《老子》文本的诗学美感，而且从不同角度展示了道的神韵和风采。了解这些别名，有助于加深对老子之道的认识和理解。对此，应该强调的是，在道的诸多别名中，最重要的是无。可以说，在老子哲学中，无就是道的代名词。无不仅是道的别名，而且概括了道的基本特征、存在状态和作用方式。从这个意义上说，只有肯定无对于道的至关重要，才能抓住老子哲学的实质所在。

进而言之，老子释道为无，在否定道的实体性的同时，给道蒙上了一层朦胧、幽冥的面纱。可以看到，老子一再渲染道的恍惚、渺茫和寂寥，始终把道的存在描绘得若隐若现、似有似无。这样的例子在《老子》中绝非个案：

道之为物，惟恍惟惚；惚兮恍兮，其中有象；恍兮惚兮，其中有物。窈兮冥兮，其中有精；其精甚真，其中有信。②

有物混成，先天地生；寂兮寥兮，独立而不改，周行而不殆，可以为天下母。③

---

① 《老子·第1章》。
② 《老子·第21章》。
③ 《老子·第25章》。

渊兮似万物之宗，……湛兮似或存。①

尽管老子一再强调道的精湛实存、真实可信，然而，一个不争的事实是，由于老子把道形容得虚无缥缈、幽冥寂寥，还是难免使人对道的真实存在半信半疑。这无疑又反过来增加了道的模糊性和朦胧感。正是这种似有似无、若隐若现预示了道的玄妙和奥赜，使本来就由于无状、无象令人无从把握的道变得更加虚玄起来。这也是老子以玄称道以及玄成为道的另一别名的主要原因。有人评价说，老子追求朦胧美、恍惚美，人们越是对道看不清楚，说不明白，道就愈加显得魅力无穷。应该说，这种评价不无道理。从距离产生美感的角度而言，正因为道无法触摸、难以视听，总是与人保持一定的距离而让人无法靠近，所以，道对于人才更具魅力。

通过上面的介绍可以看出，老子在本体领域对道的诠释主要集中在两个方面：第一，把道提升为世界本原，使道成为一个本体哲学范畴，并在此基础上建构了中国哲学史上第一个具有浓郁形上意蕴的哲学体系。第二，在老子对道的特点、别称、功能和作用的说明中，形成了别具一格的思维模式和价值取向，奠定了道家的致思方向和价值旨趣。这些都表明，道是老子本体哲学的核心范畴和话语中心。接下来的内容显示，道在老子的思维方式、认识哲学、政治哲学中发挥了统领、贯通和主导作用，这些领域的思想或者依据道的某一特点而来，或者以效仿道为旨归。因此，尽管不再像本体哲学那样以道为话语中心，却共同展示了道在老子哲学中的提纲挈领之功。

二、道之无与"反者道之动"

"道常无为而无不为"颇具思辨性，与孔子、墨子所尊崇的天相比，被老子奉为世界本原的道具有更大的抽象性和辩证性，老子哲学中的辩

---

① 《老子·第4章》。

证因素也随之增多。在奉"常无为而无不为"之道为宇宙本原的基础上，通过对"反者道之动，弱者道之用"①的揭示、运用和发挥，老子提出了一套独到的思维方式，将出奇制胜的道家智慧推向了极致。

首先，老子断言，道运动的轨迹和方向是向自己的对立面转化，可以概括为"反者道之动"。道的这一特点和运行轨迹决定了正与反是变动的而非固定的。以此为切入点，老子进一步探讨了对立面之间的关系。

其一，对立面的普遍存在。老子觉察到任何事物都有它的反面，并从中认识到了对立面的普遍存在。《老子》中对立面的出现比比皆是。例如，对于自然界中存在的对立面，书中列出了大小、高下、前后、生死、始终、正反、长短、美恶、敝新、刚柔、有无、损益、阴阳、盈虚、静躁、曲全、枉直和雌雄等。就人类社会而言，除了自然界中存在的生死、美丑、阴阳和损益之外，还有大量自然界所没有的特殊的对立面，如难易、进退、古今、智愚、巧拙、善妖、强弱、兴废、与夺、正奇、胜败、利害、贵贱、荣辱、吉凶和祸福等等。这就是说，自然界中存在着大量的对立面，对立面在人类社会中更是普遍存在。

其二，对立面的相互联系和依存。老子不仅注意到了对立面在自然界和人类社会中的普遍存在，而且进一步探究了对立面之间的关系。在他看来，对立的双方并不是彼此孤立、各不相关的；恰好相反，它们相互联系、相互依赖，互为存在的前提和条件。《老子》有言："天下皆知美之为美，斯恶矣；皆知善之为善，斯不善矣。故有无相生，难易相成，长短相形，高下相倾，音声相和，前后相随，恒也。"②这就是说，美之所以成为美，是因为丑的存在；善之所以成为善，是因为世界上存在着恶。不仅美丑、善恶的关系如此，有无、难易、长短、高下和前后等对立面之间的关系都概莫能外。

其三，对立面的相互转化。老子不仅认识到了对立面之间的相互依

---

① 《老子·第40章》。
② 《老子·第2章》。

赖，而且肯定它们可以相互转化。正是在这个意义上，他不止一次地说道：

　　物或损之而益，或益之而损。①
　　祸兮，福之所倚；福兮，祸之所伏。②

　　这就是说，事物的增加与减少是相互转化的——正如少的可变多一样，多的也可变少；人间的吉凶、祸福也是如此——祸中潜伏着福，福中埋下祸根。其实，事物时时都处于大与小、高与下、新与旧和祸与福的相互转化之中。

　　总之，基于"反者道之动"的逻辑，老子肯定了对立面的普遍存在，在阐释对立面之间的关系时，不仅承认矛盾的普遍存在，而且对矛盾双方的关系做了动态的辩证理解。正是这一关注和理解奠定了老子谋略智慧的哲学基础。

　　其次，根据"反者道之动"的运行轨迹和演变模式，老子设想从反面入手达到正面的目的。这用他本人的话说便是："将欲歙之，必固张之；将欲弱之，必固强之；将欲废之，必固兴之；将欲夺之，必固与之。"③ 循着这个逻辑，想要收敛，必先开放；想要削弱，必先加强；想要废除，必先振兴；想要夺取，必先给予。一言以蔽之，要实现某种意图，必须从反面着手，才能达到目的。有人将老子的这套思想方法和行为原则称为反向思维。

　　更为重要的是，"反者道之动"的思维模式注定了由小至大、由弱而强的转化与由大至小、由强而弱的转化在老子看来具有不同的前景和价值。因此，老子在极力否认后者价值前景的同时，对前者充满期待和渴望。可以看到，面对对立面的相互转化，老子对事物由弱变强、由小变大的转变与由大变小、由强变弱的转化区别对待：一方面，他否定刚

————————

① 《老子·第 42 章》。
② 《老子·第 58 章》。
③ 《老子·第 36 章》。

强的价值和意义,指出"物壮则老",①"兵强则灭,木强则折"。② 另一方面,老子指出,与强壮的必然变老、坚硬的必然易断、话说得听得多了必然困惑相反,只有少的才能得到更多,只有洼地才能变得充满,也只有弯曲才能求全。这正如《老子》所云:"曲则全,枉则直,洼则盈,敝则新,少则得,多则惑。"③ 基于这种认识,在承认大小、强弱相互转化的同时,老子更看中事物由小到大、由低向高、由近及远、由易而难、由弱变强和由柔而刚的变化。正是在这个意义上,他断言:"合抱之木,生于毫末;九层之台,起于累土;千里之行,始于足下。"④ 既然大的东西都是由小的东西变化而来的,那么,从生于毫末、起于垒土和始于足下的角度看,巨木、高台和远行不再伟大和崇高;相反,毫末、累土和足下却有了非凡的前景和意义。循着这一思路,老子提出了做事从小处、易处着手的行为方式和方法原则。这便是:"图难于其易,为大于其细。天下难事,必作于易;天下大事,必作于细。"⑤

上述内容显示,老子试图从不起眼之处着手图谋大计,凭借柔弱的手段以柔克刚,用四两拨千斤的方法收到出其不意的效果。对于这套思路和方法,老子概括为"柔弱胜刚强。"⑥ 在他看来,万物出生时柔弱,可是,从发展趋势上看则必将走向强大;万物一旦强壮起来了,也就预示着将由盛转衰,开始走向衰老和死亡了。这表明,柔弱预示着明天的希望,刚强者没有未来,未来属于今天的柔弱者。正反两方面的对比促使老子得出了"天下之至柔,驰骋天下之至刚"⑦ 的结论。对此,他一再强调:

　　　　天下莫柔弱于水,而攻坚强者莫之能胜,其无以易之。弱之胜

---

① 《老子·第 55 章》。
② 《老子·第 76 章》。
③ 《老子·第 22 章》。
④ 《老子·第 64 章》。
⑤ 《老子·第 63 章》。
⑥ 《老子·第 63 章》。
⑦ 《老子·第 43 章》。

强，柔之胜刚，天下莫不知，而莫之能行，……正言若反也。①

人之生也柔弱，其死也坚强。万物草木之生也柔脆，其死也枯槁。故坚强者死之徒，柔弱者生之徒。……坚强处下，柔弱处上。②

进而言之，老子不仅把以柔克刚、以弱胜强说成是宇宙的普遍法则，而且将这一法则与"道常无为而无不为"相结合，创造了一套"柔弱"、"退守"、"守雌"、"谦下"、"不争"的生存智慧和行为策略。《老子》中关于这方面的表述特别多，"以其不争，故天下莫能与之争"③便是其中之一。在老子看来，正如只有无为才能"无不为"一样，人只有"不争"才能无往而不胜。对于这一点，老子有时表述为以其不先故为天下先。这清楚地表明，老子的真正目的是通过"不争"之手段，达到"莫能与之争"之目的，"不争"并不是目的本身。这里的"退守"、"柔弱"等与"不争"一样都是手段，是技巧和谋略，而不是真正的意图或最终目的，其目的是进攻和刚强。

其实，老子的思维方式和所有策略都有其本体哲学的依托，既与"反者道之动"一脉相承，又没有脱离"道常无为而无不为"的思维范式。依据他的逻辑，既然纷纷扰扰的事物都是从宇宙本原——道产生出来的，那么，与其忙忙碌碌而顾此失彼地舍本逐末，倒不如追本溯源而一劳永逸地事半功倍。正是在这个意义上，老子不止一次地断言：

天下有始，以为天下母；既得其母，以知其子；既知其子，复守其母，没身不殆。④

知其雄，守其雌，为天下溪；为天下溪，常德不离，复归于婴儿；知其白，守其黑，为天下式；为天下式，常德不忒，复归于无极。知其荣，守其辱，为天下谷；为天下谷，常德乃足，复归

---

① 《老子·第78章》。
② 《老子·第76章》。
③ 《老子·第66章》。
④ 《老子·第52章》。

于朴。①

从"道常无为而无不为"出发，老子认定无比有在方法论上更具价值和意义，进而断言只有无才能有所用。为了证明这个道理，他用事实说话："三十辐共一毂，当其无，有车之用；埏埴以为器，当其无，有器之用；凿户牖以为室，当其无，有室之用。故有之以为利，无之以为用。"②由此，老子在作用上凸显无的地位，甚至得出了"天下万物生于有，有生于无"的论断。

三、"道常无为"与"为道日损"

在认识领域，老子否认感性认识的作用，推崇"玄同"、"玄览"的直觉方法。显而易见，老子的这些观点和做法都可以在对宇宙本原——道的规定中找到根基和理由。具体地说，如果说道的"常无为而无不为"是贬低感性认识和理性认识的大背景的话，那么，道的超言绝象则是摒弃感性认识的直接理由。不仅如此，道的超言绝象在把感性认识淘汰出局的同时，又与语言自身的缺陷一起促使老子将希望寄托在直观、直觉上，这便是老子所讲的"玄同"、"玄览"。

首先，基于道之无，老子否认感性认识可以把握道的可能性。为此，他先是对人的认识活动进行了区分，把追求具体事物获得知识的过程叫作"为学"，把体悟宇宙万物的本原——道的过程叫作"为道"。接着，老子强调，"为学"与"为道"是两种截然不同的活动，遵循不同的规律和法则。两者的最大区别是："为学日益，为道日损。"③沿着这个思路，鉴于对具体事物的认识越积累越多，对道的体悟则越减损越少的认识，老子指出，"为道"与"为学"是相互抵触的，只有把对世界的感性认识全部加以抛弃，才能更好地"为道"。"为道"的途径和方

①《老子·第28章》。

②《老子·第11章》。

③《老子·第48章》。

法就是通过"绝圣弃智",达到"绝学无忧"。

老子断言:"五色令人目盲,五音令人耳聋,五味令人口爽。"①沿着这个思路,既然五色、五音和五味等外部对象会伤害人的感觉器官,那么,人也就不应该用感官去接触它们。由此,老子告诫人们:"塞其兑,闭其门,终身不瘪。开其兑,济其事,终身不救。"②这就是说,只有把眼睛和嘴巴闭上,把耳朵和鼻子堵上,对外物不看不摸、不听不闻,才能远离疾病或免于被外物所伤;如果一味地对外物加以感知,便会不可救药。更为重要的是,老子认为,沉迷于对外物的认识不仅会给人带来危害,而且对认识无象、无名之道毫无用处。有鉴于此,他呼吁:"损之又损,以至于无为。"③至此,老子主张完全取消感性认识,以无所用心、一无所知的姿态来把握道。这用他本人的话说便是:"不出户,知天下;不窥牖,见天道。其出弥远,其知弥少。是以圣人不行而知,不见而名,不为而成。"④

在这里,有两个问题有待澄清:第一,老子主张抛弃感性认识,不仅因为感性认识的对象损害人的感官,而且因为"为学"与"为道"的不同法则——在"为道"的"损之又损"中,感性认识被减损亦在情理之中,甚至被剔除也是必然的结局。不过,在"为道日损"的意义上,理性认识与感性认识一样都在被"损"之列。感性认识之所以成为被老子摒弃的首要对象,还有一个主要原因,那就是:道是没有任何规定性的无。由于道无形、无象、无状,既不可听见,又不可触摸,永远都不能进入人的感觉世界,感性认识当然也就对宇宙之道捉襟见肘、无能为力了。第二,在抛弃感性认识之后,老子并没有走向唯理论,而是在置理性认识于一旁的前提下,为"玄同"、"玄览"等直觉方法大开方便之门。

其次,基于对道之绝象超言与语言自身的认识,老子提出了"玄

---

① 《老子·第12章》。
② 《老子·第52章》。
③ 《老子·第48章》。
④ 《老子·第47章》。

同"、"玄览"等直觉方法。一般地说，中国古代哲学家的本体哲学与认识哲学是相通的。这意味着他们在本体领域奉什么为宇宙本原，在认识领域往往以追求这种宇宙本原为目标；在本体领域如何构想世界，在认识领域便以相应的形式去接近这个世界。这条规则同样适用于老子哲学。具体地说，由于把道奉为宇宙的最高存在，老子必然把"为道"奉为人生的最高境界和认识的终极目标；同样的道理，既然认定"道常无为而无不为"，把道描述得无形无象，超言绝象，老子当然也就不能用视听言触等感性认识或语言交流等手段去认识和把握道了。这是理解老子认识哲学的逻辑前提。

按照老子的说法，道最基本的特征是无。无除了表示道无声无象无状之外，还说明了道无名。正因为如此，整部《老子》，开头第一句话便说："道可道，非常道，名可名，非常名。"① 正如不可以言说一样，道也不可以命名。从这个意义上说，作为天地之始的道也就是无可言表的"无名"了。对于道，老子直言不讳地声称："吾不知其名，字之曰道。强为之名曰大。"② 老子宣称道排斥语言，不可用名来称谓或命名，不可用语言进行传递或交流，也就等于否定了人们通过语言去认识和接近道的可能性。

问题到此并没有结束，老子一面凸显道的超言绝象，一面极力夸大语言自身的缺陷，尤其怀疑语言之真。在他看来，语言的真与美是脱节的，因为真实的话语失雅，文雅的语言失真。这用老子本人的话说便是："信言不美，美言不信。"③ 鉴于语言自身这种无法克服的致命缺陷，老子自然对语言和言语敬而远之，不言似乎成了唯一的结局。于是，他一再声称：

知者不言，言者不知。④

善者不辩，辩者不善。⑤

---

① 《老子·第 1 章》。

② 《老子·第 25 章》。

③ 《老子·第 81 章》。

④ 《老子·第 56 章》。

⑤ 《老子·第 81 章》。

至此，道既然无形、无象、无声，无法被人们所感觉，当然也就不能用通常的感性认识来加以把握；道既然不可感知、不可言说，也就不能进入人的感性认识和理性认识的视野。在这里，老子抛弃了感性认识和理性认识，语言也被排除出局。在进行了这样一番"损之又损"的工作之后，老子提出用静观的方法来把握道。对于这套方法，他描述说："致其极，守静笃。万物并作，吾以观复。夫物芸芸，各复归其根。归根曰静，是曰复命，复命曰常，知常曰明。不知常，妄作，凶。"①

在老子那里，这套静观的方法又叫"玄同"或"玄览"。所谓"玄同"，就是堵塞感觉器官，挫败人的锋芒，泯灭万物之间的差别，混合人们之间的德采，使之不再标新立异。这用他本人的话说便是："塞其兑，闭其门，挫其锐，解其纷，和其光，同其尘，是谓玄同。"②所谓"玄览"，全称是"涤除玄览"，也是一种内心直观的方法。"玄览"就是把人的内心打扫得干干净净，使心像一面最清澈幽深的镜子一样，不沾一点灰尘，以便使人不受任何干扰，万物自然呈现在面前。按照老子的理解，各种事物尽管复杂纷纭、变幻无常，循环往复却总要回到老根，这是事物变化的根本之道。人要认识、洞察这个道，根本途径不是使用耳目等认识器官，而是使内心清静，虚寂达于顶点，从而反观道之全貌。

可以看出，老子提出的得道方法不仅受制于对道超言绝象的认识，而且基于"反者道之动"的运筹帷幄。与老子对"弃智"、"绝学"的呼吁源于道的无为一样，无论是"玄同"还是"玄览"都带有"常无为而无不为"之道打上的先天胎记。

四、"道常无为而无不为"与无为而治

在政治哲学领域，老子崇尚无为而治。老子所讲的无为而治既是

---

① 《老子·第16章》。

② 《老子·第56章》。

"道常无为而无不为"在政治领域的具体运用，又反过来淋漓尽致地表达了"道常无为而无不为"的致思方向和价值旨趣。

老子声称"人法地，地法天，天法道"，通过层层推进传递出人以道为法的行为路线和处世原则。当此人是在上者时，这套行为路线和处世哲学同时也是政治路线和统治方案。学术界一直存在着这样一种观点，《老子》书中的"人"字其实就是"王"字，《老子》是王者之书，故而属于政治书。退而言之，即使不将《老子》中的"人训为王"，有一点依然是不争的事实，那就是："道常无为而无不为"的作用机制昭示了人们成就大业的秘诀，甚至可以说，这个命题本身就蕴含着王者之道。这便是《老子》在中国历史上被众多王侯青睐的原因所在。老子的政治哲学以效仿道的作用方式为旨归，尤其是淋漓尽致地发挥和运用了道的无为原则。

首先，效仿"道常无为而无不为"而来的无为而治对在上者提出要求，治理国家不能采取物质刺激等经济手段。因此，老子不止一次地断言：

> 驰骋田猎令人心发狂，难得之货令人行妨。①
> 民多利器，国家滋昏；人多伎巧，奇物滋起。②

按照这种说法，物质财富和享乐将会激发人的种种奢望而使人多欲，"利器"、"奇货"会给人的生活乃至国家的安定带来麻烦和混乱，它们的存在是国家昏暗和盗贼蜂起的原因。有鉴于此，在上者治国为政，实行无为而治，绝不能采取物质奖励或经济刺激等手段。这是因为，只有不以物稀者为贵，人们才自然而然地不再去偷盗；看不见刺激欲望的东西，人们的心情才会静如止水而不再狂乱。这样一来，才能达到社会安定和治理的目的。

---

① 《老子·第12章》。
② 《老子·第57章》。

其次，因循"道常无为而无不为"的思路展开的无为而治排斥一切有为的手段，这使不能使用催人奋进的道德感化治国理民成为老子所讲的无为而治的题中应有之义。可以看到，老子不仅对物质财富持淡漠甚至否定态度，而且否认知识、文化和仁义道德等在治理国家中的积极作用。这用他本人的话说便是："大道废，有仁义；智慧出，有大伪；六亲不和，有孝慈。"①循着这个思路，虚伪、纷争都是智慧和仁义道德引发的后果，由于仁义道德和智慧的参与，人变得不再真诚和真实，出现了虚伪。为了从根本上消灭虚伪，必须废黜智慧，使人无知无识。只有这样，由于断绝了制造虚伪的心机，才能从根本上铲除虚伪。老子进一步指出，老百姓之所以难以统治，主要是因为他们的知识和心智太多。因此，治理国家不是使百姓变得越来越聪颖、越明白，而是使他们变得越来越糊涂、越愚昧。正是在这个意义上，他说道："古之善为道者，非以明民，将以愚民。民之难治，以其智多，故以智治国，国之贼；不以智治国，国之福。"②鉴于道德、知识等精神文明给人的本真和社会安定造成的危害，在声称圣人治国安民的策略是消除百姓心中之所思所想的基础上，老子对老百姓的心腹、志骨采取虚实、弱强等截然不同的对待方法，并且得出了"是以圣人为腹不为目"③的结论——这一点使人不禁想起了老子所说的"塞其兑，闭其门，终身不瘽。开其兑，济其事，终身不救"。

再次，老子效仿"道常无为而无不为"提出无为而治，既然要求统治者以无为的原则治国理民，便意味着统治者的行政策略和人的处世原则是无为。在老子设想的无为而治的国度里，由于不追求物质利益，不崇尚知识道德，百姓自然处于无知无欲的状态。与老百姓的愚昧无知相对应，统治者的管理不是运用智慧而是绝知去智。在这个意义上，老子强调，在上者以智治国是祸国，以愚治国才是国家的运气。这是因为，国家的政治越混浊，民间的风气越淳朴；国家的政治越清明，老

① 《老子·第18章》。
② 《老子·第65章》。
③ 《老子·第12章》。

百姓则会变得越狡猾。这就是:"其政闷闷,其民淳淳。其政察察,其民缺缺。"①正是由于这个原因,洞彻道之真谛的圣人对百姓实行无为而治,一切顺其自然,绝不喋喋不休地加以引导或教化。对此,老子宣称:"是以圣人处无为之事,行不言之教。"②

无为不仅是老子的政治原则和统治之方,而且是他效法"道常无为而无不为"而总结、提炼出的处世哲学和人生智慧。具体地说,在老子设计的无为而治的理想国度中,从统治者方面来说,既不依靠经济刺激等物质手段,也不信凭道德鼓励之方法;不仅对百姓无为而治,自己也过着淡泊无为的生活。从老百姓方面来说,由于没有了竞争,没有了诱惑,生活恬淡、无为而舒适。这时,无为从统治之方变成了处世之道。无为的处世之道便是前面提到的"守雌"、"不争"等。

老子认为,物质财富使人多欲多私,知识道德使人虚伪和失真。只有抛弃所有的物质财富和精神文明,才能使人返璞归真,其乐融融。沿着这个思路,老子设想:"绝圣弃智,民利百倍;绝仁去义,民复孝慈;绝巧去利,盗贼乌有。……见素抱朴,少私寡欲,绝学无忧。"③按照老子的设想和逻辑,实行无为而治,不崇尚贤能,人们心地单纯,复归孝慈,自然就没有了好胜之心和相互争斗。如此一来,老百姓始终保持着无知无欲的状态,圣人从而收到无为而治、不治而无不治之效果。《老子》曰:"不尚贤,使民不争;不贵难得之货,使民不为盗;不见可欲,使民心不乱。是以圣人之治,虚其心,实其腹,弱其志,强其骨,常使民无知无欲,使夫智者不敢为也。为无为,则无不治。"④至此,道的"常无为而无不为"转化为圣人的"为无为,则无不治"。

基于上述认识,老子希望人们闲置一切生活器具,摒弃精神文明和仁义道德,完全生活在自在自发的状态之中。于是,《老子》描绘了这样一幅社会理想:"小国寡民,使有什伯之器而不用;使民重死而不远

---

① 《老子·第58章》。

② 《老子·第2章》。

③ 《老子·第19章》。

④ 《老子·第3章》。

徙；虽有舟舆，无所乘之；虽有甲兵，无所陈之。使人复结绳而用之。甘其食，美其服，安其居，乐其俗。邻国相望，鸡犬之声相闻，民至老死不相往来。"①这表明，老子魂牵梦萦的理想社会和生活方式是：国小，人少，用不着各种器物，既不乘舟车，也不要文字，有的只是远古时期的结绳而治。在这里，没有厮杀、远离战争，人们永远定居在一个闭塞的小天地里；人与人之间彼此孤立，自给自足，过着"甘其食，美其服，安其居，乐其俗"的生活。值得注意的是，小国中的寡民之所以在饮食、衣服、居住和心理等方方面面都能够拥有甘、美、安、乐之惬意和满足，对生活拥有极高的幸福指数，是因为他们远离一切物质文明，排斥文化知识和仁义道德。这与老子无为而治的设想是一致的，也是道家无为而治的乌托邦样板。

总之，老子的政治哲学奉行无为而治，无论是对物质利益的贬斥还是对知识道德的罢黜都围绕着通过无为达到无不为这一思维定式展开。这表明，老子的政治哲学与"道常无为而无不为"的本体哲学和思维方式一脉相承，不仅贯彻和运用了道的"无为而无不为"，而且带有"弱者道之用"的痕迹。具体地说，既然道的特点是向自己相反的方向转化，那么，人们做事情就没有必要紧紧盯住目标不放，而应该从反面出奇制胜——要想治就应该以不治始；既然道的基本特征是无，作用方式是"无为而无不为"，道因为无为才能够无所不为，那么，一个人要想有所为，落脚点必须定在无为上；对于统治者来说，只有通过无为之手段，才能达到无不为（"无不治"）之效果。

就历史哲学而言，春秋时期的三位著名思想家——从老子到孔子、墨子都有复古倾向，复古的动机和内涵却不可同日而语：出于对古代（主要是西周）礼仪的推崇和对文王、周公等古代先贤的倾慕，孔子"信而好古"，②幻想恢复到"郁郁乎文哉"③的西周礼治。墨子也出于

① 《老子·第80章》。
② 《论语·述而》。
③ 《论语·八佾》。

019

对古代圣王的尊崇呼吁"上本之于古者圣王之事"①，尤其对夏朝情有独钟。老子则出于对文明造成的人之异化的觉醒而对人类文明怀有警觉，由此想恢复到没有经过文明洗礼和文化熏陶的蒙昧时代——"结绳而用"的远古，其中的反文化倾向是毋庸置疑的。由此可见，老子的复古情结与孔子、墨子相比不在于所复之古的年代更为久远，而在于致思方向和价值旨趣的悬殊。与老子一样，孔子也向往无为而治。据《论语》记载："子曰：'无为而治者，其舜也与？夫何为哉？恭己正南面而已矣。'"②韩非认为，奉法而治，依法赏罚便是无为而治。与此不同，老子恪守"道常无为而无不为"，并将一切道德（诸如孔子代表的儒家信凭的礼乐教化）、法律（诸如韩非代表的法家倚重的法术模式）都视为有为。排除了所有这些有为之后，"无为"就只剩下没有经过文明洗礼的远古时代了。这就是说，只有从"道常无为而无不为"切入，才能深刻体悟老子无为而治的逻辑脉络和思想特质。

总而言之，"道常无为而无不为"作为老子对道的基本规定是本体哲学的组成部分，并且作为致思方向和价值旨趣贯穿他的认识哲学、人生哲学和政治哲学等诸多领域。在本体哲学中，"道常无为而无不为"阐明了道的特点、别名、规定、存在状态和作用方式，凸显了道与无的密切相关。如果说"道常无为而无不为"在本体哲学领域主要表现为道之无的规定的话，那么，"道常无为而无不为"在思维方式、认识哲学、人生哲学、政治哲学领域则侧重对道之无这一特征的具体贯彻和运用发挥。这表明，如果说道的特征在某种程度上决定了老子的思维方式、认识哲学和政治哲学的逻辑脉络、基本主张，证明了道在老子哲学中的统领作用的话，那么，这一切都与"道常无为而无不为"具有千丝万缕的联系。因此，尽管在本体哲学与其他领域的呈现有显隐之分，然而，道的核心地位和统领作用却别无二致。道在老子哲学中的这种核心地位和统领作用正应了他本人所说的那句话——"道常无为而无不为"。

---

① 《墨子·非命上》。
② 《论语·卫灵公》。

第二章

"巍巍乎！唯天为大"

——孔子的天论及天命辨析

"巍巍乎！唯天为大"语出《论语·泰伯》篇，表达了孔子对上天的敬畏。人的命运是上天事先安排好的还是人自己后天创造的？上天对人的命运的注定方式是偶然随机的还是完全必然的？这一切都可以在孔子的"巍巍乎！唯天为大"中找到答案。事实上，孔子由"巍巍乎！唯天为大"走向了天命论，也引领了儒家的天命情结。

一、"巍巍乎！唯天为大"与人命天定

孔子继承了殷周以来敬天、畏天的传统，赞叹"巍巍乎！唯天为大"。① 他肯定，天是宇宙间最神圣的存在和人类社会的最高主宰，把天说成是第一性的存在。然而，纵观孔子的哲学可以发现，孔子很少谈及天道，对上天的本原地位和存在状态的阐释并不多。在他的学说

---

① 《论语·泰伯》。

中，最能体现天之本原地位和绝对权威的是天命论。因此，孔子的"巍巍乎！唯天为大"是从上天对人命注定的角度立论的，也只有从天命论入手，才能领悟上天的绝对权威。

1. 天决定人的生死寿夭和健康与否

孔子认为，人的寿命长短、健康与否都是上天注定的。循着这个思路，人生病自然也是命运的安排。有一次，孔子的学生伯牛生了重病，孔子前去探望，从窗户外握着伯牛的手说："难得活了，这是命呀！这样的人竟然得了这样的病！这样的人竟然得了这样的病！"在孔子的意识深处，人的所有遭遇都是上天注定的。因此，看到自己的学生病情严重，甚至有性命之忧，孔子马上确定这是命运的安排；由于对上天安排的这种命十分感慨，孔子不禁脱口而出："这样的人竟然得了这样的病！"①

2. 天决定人的家庭组成和社会地位

孔子不仅认为人的生死寿夭等自然属性由天注定，而且宣称人的家庭成员组成以及贫富贵贱等社会属性也逃遁不了上天的既定安排。《论语》记载，司马牛忧愁地说："别人都有好兄弟，单单我没有。"听到这话后，子夏劝慰说："商闻之矣：'死生有命，富贵在天。'"②子夏的回答是说，人的一切都是命该如此，正如人之生死寿夭是命运的安排一样，一个人的贫富贵贱由天注定。循着这个逻辑，至于有无兄弟或兄弟几个，当然也归于天命了。值得注意的是，子夏声称这并不是他本人的思想，而是听说的。那么，他究竟是听谁说的呢？子夏是孔子的高足之一，子夏之所闻十有八九来源于孔子。这一观点与孔子的一贯主张相符，可以视为孔子的看法。

3. 天注定人的智力学识和德才贤良

孔子认为，人的才华和品德是天生的，这使人生来就有上智与下愚之分。上天在生人之时，就把人分为"生而知之"、"学而知之"、"困

---

① 《论语·雍也》。
② 《论语·颜渊》。

而学之"和"困而不学"四等，并且赋予他们不同的才华和品德。一方面，孔子非常谦虚地声称自己不是"生而知之"者，只是敏而好学而已，属于"学而知之"之列。另一方面，孔子对上天给予自己的偏爱很自负，总好以上天委任的承命者自居。例如，《史记·孔子世家》有这样一段记载：

> 孔子去曹，适宋，与弟子习礼大树下。宋司马桓魋欲杀孔子，拔其树。孔子去，弟子曰："可以速矣。"孔子曰："天生德于予，桓魋其如予何！"

可以作为佐证的是，《论语·述而》中也记录了孔子的"天生德于予"这句话。这句话的意思是说，我的才德是上天注定的，任何人（包括桓魋在内）都不能把我怎么样，对于他人的挑衅和非难根本就用不着害怕和恐慌。

又有一次，孔子离开卫国准备去陈国时，经过匡。匡人曾经遭受鲁人阳货的掠夺和残杀，故而对阳货充满仇恨。孔子的相貌与阳货酷似，匡人误将孔子当成阳货而囚禁了孔子。危机时刻，孔子从容淡定，泰然处之。他说道："周文王死了以后，一切文化遗产不都在我这里吗？天若是要消灭这种文化，那我也不会掌握这些文化了；天若是不想消灭这些文化，那匡人又能将我怎么样呢？"这就是说，孔子认为，是主宰人类命运的上天把人类的一切文化遗产都托付给了自己，从保护人类的文化遗产计，上天也会保佑自己平安无事的。循着这个逻辑，孔子推定，匡人根本无法奈何自己。

4. 天决定人的际遇成败和国家政治

孔子认为，人的际遇如何包括主张能否实现等等都是上天的安排，并非人力所及。据《论语》记载：

> 公伯寮愬子路于季孙。子服景伯以告，曰："夫子固有惑志于公伯寮，吾力犹能肆诸市朝。"子曰："道之将行也与，命也；道之

将废也与，命也。公伯寮其如命何？"①

孔子的言外之意是，一个人的政治际遇和成败得失——诸如主张能否被采纳而得以推行之类都由上天操纵，并非人力所能掌控。因此，他人的挑唆和诋毁无法改变上天对于一个人的既定安排。

进而言之，与笃信"巍巍乎！唯天为大"一脉相承，天在孔子的思想中把持着人的命运和祸福吉凶。因此，一旦自己遇到不幸或不公正，天便成了孔子哭诉的对象和诅咒发誓的凭证。《论语》中记载了这样两则小故事：

　　颜渊死，子曰："噫！天丧予！天丧予！
　　颜渊死，子哭之恸。"②
　　子见南子，子路不说。夫子矢之曰："予所否者，天厌之！天厌之！"③

颜渊即颜回，是孔子最得意的学生，孔子对他赞誉甚高。颜渊死了，孔子伤心已极。按照他的逻辑，颜渊之死是天意，上天让颜渊死于自己之前，自己又对颜渊割舍不下，这简直是老天爷在要自己的命。这便是"天丧予！天丧予！"

孔子见的南子是卫灵公的夫人，当时把持着卫国的政治。传说南子有不正当的行为，名声很不好。心直口快的子路觉得老师去拜见南子这样的人简直是荒唐，脸上自然流露出不悦的神情。为了表明自己的清白，孔子便亮出了最后的王牌——上天，发誓说，我假若不对的话，那就让天厌弃我罢！

总之，孔子笃信"巍巍乎！唯天为大"，并由此走向了天命论。他断言，人的寿夭、贫富、贵贱、贤否和吉凶等所有的人生际遇都是上天

---

①　《论语・宪问》。
②　《论语・先进》。
③　《论语・雍也》。

的安排，一切都是命中注定的。需要强调的是，孔子一面断言天命是存在的，人的一切吉凶祸福、生死寿夭都是上天的安排；一面宣称天对人之命运的安排是在冥冥之中进行的，没有任何规律或因果必然性可言。这使随机成为上天注定人之命运的唯一方式和基本法则，也成为孔子天命论的典型特征。因此，孔子的天命论是一种随机天命论，其基本特征是：认为上天在注定每个人的命运时没有统一或固定的标准和凭证，一切都是随机的：第一，在先天的层面上，人与人之间的命运差异是随机的，其间的富贵贫贱之别没有任何因果可循。第二，在后天的层面上，一个人的命运与他的德行操守无关。例如，一个人的寿命长短、际遇如何与其才华和品德之间没有因果关系或必然联系。进而言之，德行好、才华高的人不一定富贵长寿；行为否、才华浅的人也不一定贫贱命短。在这方面，颜渊是最典型的例子。有一次，鲁哀公问孔子："您的弟子之中，谁最好学？"孔子对曰："有颜回者好学，不迁怒，不贰过。不幸短命死矣！"[1]作为孔子最得意的学生，颜渊不论是人品还是学识都是出类拔萃的，是唯一被孔子誉为"好学"者。不幸的是，这个卓然超群的人命运却不佳——不仅穷居陋巷，而且英年早逝。颜渊的遭遇形象地道出了孔子天命论的随机特征。其实，在孔子看来，人的生死寿夭由天注定，人的贫富贵贱由天注定，人的品德才华也由天注定，人的一切的一切都是天注定的。这样一来，对于每一个具体的人来说，他的命运只能是各种因素的随机组合：或长寿富贵且德高，或短命贫贱且德浅，或长寿贫贱而德高，或长寿贫贱而识浅，或长寿富贵而识浅，或短命富贵而德高，或短命贫贱而识浅……凡此种种，不一而足。其中，善有善报（即德高且长寿富贵）者和恶有恶报（即德劣且短命贫贱）者只是少数。对于多数人来说，组成命运的各种因素不和谐（如德高命短、富贵德劣、长寿识浅或如颜渊那样德高命短而贫贱）也就不足为怪了。正因为随机，正因为无法改写，所以才显示了上天对人命的操纵和注定。这一切都应了那句话："巍巍乎！唯天为大。"

---

① 《论语·雍也》。

二、"巍巍乎！唯天为大"与畏命待命

作为天命论者，孔子从不怀疑宇宙万物是上天派生的。与此同时，他强调，天不言而生物，作为天地万物和人类主宰的天总是在冥冥之中显示着自己无所不至的威力，从不用语言向人们暗示或交流什么。基于这种理解，面对由于自己不言而给学生带来的困惑和期待，孔子如是说："天何言哉？四时行焉，百物生焉。天何言哉？"① 天不言语，人便得不到天启或任何暗示。这在增强天的神秘感和魅力的同时，无形中渲染了人对天的恐惧、压抑和无助。坚信"巍巍乎！唯天为大"，孔子走向了天命论。反过来，作为天命论者，孔子断言天注定人的命运采取随机的方式进行，其间并没有因果规律可循。这更增添了天的神秘莫测，甚至堵塞了人藉此窥视天机的可能，从而印证了"巍巍乎！唯天为大"。在孔子对"巍巍乎！唯天为大"的论证和理解中，如果说天的不言不语表明了天的冷漠孤傲的话，那么，天的随机行事则预示了天的高深莫测。天的这种既无任何暗示又无一定之规的品格划定了一道横亘在天人之间的无法逾越的鸿沟，使天永远躲藏在其神秘的面纱之后。至于天有什么喜怒好恶和必然法则，人们永远不得而知。基于对上天的这种存在方式和行为法则的认定，孔子提出了对待天命的基本态度和做法。

1. "知天命"

毫无疑问，待天命以"知天命"为理论前提。为了了解孔子的待命之方，必须先分析孔子所讲的天命是否可知。孔子自身的经历间接地回答了这个问题。在回忆自己的学道和修养过程时，孔子曾经这样说："吾十有五而志于学，三十而立，四十而不惑，五十而知天命。"② 这表明，孔子从 15 岁就开始致力于学习，到了 30 岁便有所建树，40 岁就已经不再迷惑，到了 50 岁才"知天命"——整整用了 35 年的时间！这是多么漫长的岁月！在古代那种社会条件下，大概许多人还没知命

---

① 《论语·阳货》。
② 《论语·为政》。

就早已毙命了。更何况 35 年的时间还是就孔子而言的。如上所述，孔子虽然否认自己是"生而知之"者，但是，他自诩自己的才华和德行由天造就，并以文化救世者自居，这已经远非常人可比了。此外，孔子还勤敏好学、废寝忘食，后天的努力和勤勉也远非一般人所及。在孔子如此出众的先天资质和后天努力下，"知天命"还得用 35 年的时间。由此可以想象，对于天资不殊、"困而不学"的一般人而言，即使是寿比彭祖，恐怕也难知天命了。

尤为值得注意的是，孔子说自己"五十而知天命"，这里的"知"究竟何义——知晓耶？懂得耶？换言之，孔子宣布自己"知天命"，是说自己到了 50 岁，终于明白了天命是存在的、领悟到了人的一切命运都由天定呢？还是说弄懂了命运的真谛、洞彻了天注定人之吉凶祸福的规律呢？根据孔子的一贯主张和做法可以推定，答案只能是前者。这是因为，如果弄懂了天命，便可依此而行，则不必敬而远之地"畏天命"了；如果弄懂了天命，便可谈论和讲述天命，而孔子并非如此。在《论语》和其他有关孔子的文献资料中，孔子对天与命的阐释并不多。在收徒讲授中，孔子以文行忠信为教学内容，[①]却很少谈天命之事。难怪他的学生子贡说："夫子之文章，可得而闻也。夫子之言性与天道，不可得而闻也。"[②]子贡是孔子平生最得意的几个弟子之一，说他颇得孔子真传并不夸张。就连子贡都说孔子的性命天道之说不可得而闻，孔子罕言天命也就可想而知了。

进而言之，既然天命无所不在、人的一切命运都在天的操纵之中，人们对此既无法摆脱又无法逃遁，那么，聪明人和道德修养高的人只有确信命的存在，以知命为要。在这个意义上，孔子断言："不知命，无以为君子也。"[③]

2."畏天命"

在孔子那里，知命并不是最终目的，在笃信天命无所不在的前提

---

① 《论语·述而》
② 《论语·公冶长》。
③ 《论语·尧曰》。

下，时时处处以天为本体依托和行为准则来寻找安身立命之所才是其立言宗旨。其实，孔子眼中的天是一个冥冥不得视、默默不得闻的神秘主宰，在安排人的命运时，天的随机而行更加剧了它高深莫测的神秘感。对于这样的天，人们无法接近和了解。在这样的天的面前，人永远无法摆脱的是无名的恐惧和莫名的悲哀，无助、卑微和渺小是人改变不了的命运——圣鲁皆同、藏否无异。孔子对天的勾画和描绘是他对待命运的理论前提。沿着这个思路，孔子提出了以畏、祭、祷和待为主要途径的待命方法，也将"巍巍乎！唯天为大"推向了极致。

其一，畏。

在孔子那里，天命既不可逃遁又不可确知，人们只好终日战战兢兢、谨慎从事，唯恐越雷池一步而触犯天命。这使"畏"成了孔子对待天命的主基调。正是在这个意义上，孔子宣称："君子有三畏：畏天命，畏大人，畏圣人之言。小人不知天命而不畏也。"① 这就是说，"畏天命"是一种道德修养应有的境界，故而君子不仅"畏天命"，而且将之奉为"三畏"之首；相反，小人则由于没有道德修养而不知天命的可畏，因而不敬畏天命。

应该提及的是，"畏天命"并非孔子首创，而是对殷周以来先民对待天命态度的承袭。《礼记》和《诗经》等典籍中就有对天命"如临深渊，如履薄冰"② 的战栗和"君子慎其独"③ 的立命之方。不过，孔子把天命视为君子最惧怕的东西，对天命的态度由此可见一斑。

其二，祭和祷。

虽然敬畏天命，但是，孔子并不主张消极地坐以待毙。这就是说，"畏天命"并不意味着束手无策地待命。与消极待命的宿命论者不同，孔子对待天命的态度是积极的、主动的，通过"祭"、"祷"等手段与鬼神和祖先沟通便是明证。其中，祭指祭祀神祇和祖先，目的是为了祈福。孔子对祭非常重视，态度特别虔诚。据《论语》载：

① 《论语·季氏》。
② 《诗经·小雅·小旻》。
③ 《礼记·中庸》。

祭如在，祭神如神在。子曰："吾不与祭，如不祭。"①

从中可知，孔子每次都亲自参加祭祀仪式，从不请人代祭。孔子在祭祀祖先和鬼神时，犹如祖先和鬼神就在面前一样，虔诚无欺、毕恭毕敬。孔子还强调祭祀要依礼而行，指出"非其鬼而祭之，谄也"。② 这就是说，不是自己应该祭祀的鬼神，却去祭祀他，这是献媚。不仅如此，为了确保祭祀做得礼仪圆满、一丝不苟，孔子不惜财钱物品竭力而为。例如，有一次，子贡想把鲁国每月初一告祭祖庙的那只活羊去而不用，孔子语重心长地说："赐呀！你可惜那只羊，我珍惜那种礼。"③

与祭不同，祷指直接向上天祈祷，以得福寿和吉安。孔子并不否认祷能祛凶求吉。有一次，卫灵公的大臣王孙贾向孔子请教说："与其媚于奥，宁媚于灶，何谓也？"孔子答曰："不然，获罪于天，无所祷也。"④奥指屋内西南角的神，灶指做饭的设备——灶君司命。孔子的回答意思是说，上天是人之命运的最高和最后主宰，祈祷是人与天沟通的一种方式，目的是为了乞求上天的庇护。如果得罪了上天，那么，舍本求末的祈祷还有什么用呢？有人据此认定孔子不赞成祈祷或否定祈祷的作用，其实不然。在这里，孔子并没有否认祈祷有求助于天的功效，只是强调祈祷作为人与天的沟通方式，目的是祈求上天的保佑；如果离开了天的庇护，祈祷便没有了任何作用。另据《论语》记载：

子疾病，子路请祷。子曰："有诸？"子路对曰："有之。《诔》曰：'祷尔于上下神祇。'"子曰："丘之祷久矣。"⑤

这则记载印证了孔子并不否认祈祷的作用。

---

① 《论语·八佾》。
② 《论语·为政》。
③ 《论语·八佾》。
④ 《论语·八佾》。
⑤ 《论语·述而》。

其三，待。

孔子所讲的待具体指对待，而非等待。从根本上说，孔子对待天命的态度是入世的而非出世的，是现实的而非虚幻的。因此，除了祭和祷之外，孔子主张凭借人自身的力量即通过加强道德修养来对待命运。具体地说，富与贵，乃人之所欲；贫与贱，乃人之所恶。于是，出现了一批不择手段的为富不仁者。孔子则把富、贵与命和道德联系起来：对于富与贵，不以其道得之则不处；对于贫与贱，不以其道除之则不去。身居贫贱时，能把贫贱视为命中注定而心安理得地去接受。《论语》中便有"君子固穷"的说法：

> 卫灵公问陈于孔子。孔子对曰："俎豆之事，则尝闻之矣；军旅之事，未之学也。"明日遂行。在陈绝粮，从者病，莫能兴。子路愠见曰："君子亦有穷乎？"子曰："君子固穷，小人穷斯滥矣。"①

这则故事表明，孔子不是乐穷而是坚守道德而不为贫困所动。与此相一致，《论语》说："子罕言利，与命与仁。"② 对于这句话，一般的诠释是：孔子很少谈利，却赞同命和仁。这样一来，就把前后割裂了——成了对比句，利与道德也成为了势不两立的，好像孔子对义利作对立解似的。其实，孔子并不排斥利，而是强调逐利时不能忘了义，更不能为了利而牺牲义，因为"放于利而行，多怨"。③ 也就是说，孔子并不排斥富贵和名利，在追逐名利和富贵时，总是强调得这种利是否符合道德规范（仁）、是否应该（命）。有鉴于此，"子罕言利，与命与仁"的合理翻译是：孔子很少谈利，谈利时总是结合命和仁一起来谈。这样解释，就与孔子的整体思想一致了。

基于对利命关系的这种理解，孔子称赞君子"忧道不忧贫"、"谋

---

① 《论语·卫灵公》。
② 《论语·子罕》。
③ 《论语·里仁》。

道不谋食"①，对颜渊安贫乐道、不求富贵的精神极为欣赏。此外，孔子十分重视自强和弘毅，鼓励人勇敢地接受命运的挑战。不仅如此，他把是否可以迎接重大考验、承担命运的不公看作是衡量君子与小人的标准，鼓励人要像松柏遇寒而不凋一样来面对挫折和失败。更为重要的是，孔子是这样说的，更是这样做的。当孔子为了推行自己的主张周游列国时，被追杀过，被囚禁过，被嘲笑过，被讥讽过。孔子始终"不怨天，不尤人"②，抱定"知其不可而为之"③的决心完成了步履维艰的悲壮之旅。尽管这个行程没有使孔子如愿以偿地实现自己魂牵梦萦的政治抱负，推行仁义于天下，然而，他的勇气和壮举却感人至深，给后人留下了永久的回味，也树立了不向命运低头的榜样。

总之，"巍巍乎！唯天为大"决定了孔子对待天命的态度和做法。在这方面，他提出的待命之方以"畏天命"为核心，祭、祷和待都基于对天命的敬畏——或者说，本身就是"畏天命"的一种表现。孔子"畏天命"的待命之方归根结底是他对天和天命的理解所致，与墨子的"非命"相去天壤。

三、"巍巍乎！唯天为大"与天命情结

孔子之所以发出"巍巍乎！唯天为大"的感叹，不仅是因为上天的权威，人命天定；而且是因为上天主宰人命方式的随机而莫测，令人既敬畏又不知其所以然。如果把每个人的命运放到人类的群体中去考察，为什么人与人的命运如此悬殊，际遇如此迥异——有人通达，有人抑郁；有人困顿，有人富裕；有人长寿，有人夭折？发出"巍巍乎！唯天为大"的孔子给出的回答是：一切都是上天随机安排的，其间并没有一定之规和必然法则可循，一切都出于偶然。正是由于对偶然的强调，孔子把人带入了对命运的扑朔迷离和疑惑不解之中，在此基础上才有了

---

① 《论语·卫灵公》。

② 《论语·宪问》。

③ 《论语·宪问》。

天命难知和"畏天命"之说。

值得注意的是，强调偶然只是孔子天命论的一个方面，问题的另一方面是，巍巍之大的上天在人之命运的偶然中隐藏着不可逃遁的必然。就每一个生活在现实社会中的人类个体而言，他的命运是必然的，一定按照上天事先安排好的轨迹活着。不论他后天行为如何，际遇与事先安排好的命运没有一丝背离和偏差，一切都在必然之中。事实上，循着"巍巍乎！唯天为大"的逻辑和思路，孔子在解释现实人的命运时，把每个人所遇到的一切都说成是无可逃避、无法改变的必然：在人受生之初，一切死生富贵业已注定、不可更改了；在人出生之后，一切早已安排好的祸福吉凶不期而至、不可挽回。一言以蔽之，一切都按照上天事先预定好的模式没有丝毫差错地运行着，这就是天命，这就是人永远都无法改变甚至是无法预测的必然。

"巍巍乎！唯天为大"表明，孔子将人的命运理解为偶然与必然的相互交错，进而把天命归结为外在于人的异己力量：第一，由于人的命运在人出生之前就已经由上天安排好了，一经安排、永无更改。这样一来，对于每一个现实社会中的人而言，命运便成了束手无策、力所不及的某种必然。第二，人的命运与其后天的作为无关。对于孔子来说，人的命运一次定形、不可更改，当然也就与人的后天行为没有任何关系了。换言之，一个人德高学广并不能保富保贵，正如行劣才低也不见得一定终身贫贱遭难一样。

无论是命运的先天注定、不可预知还是人对自身命运的无可奈何都让人感到，"巍巍乎！唯天为大"使孔子在某种程度上否定了人的主观能动性，让人在天的压抑下感到无助和不公。由于恪守天命的随机莫测、不可预知，孔子的天命论与其后继者——孟子在天命中加入人心向背和信奉"天时不如地利，地利不如人和"[①]致使天命人命化的做法呈现出明显差异，与孟子提出的通过尽心、知性而知命、知天的行为路线

[①] 《孟子·公孙丑下》。

和待命之方更是南辕北辙。① 即使是同样将命运视为人外在的异己力量，孔子的随机天命论与墨子对天命中因果、人力的强调也泾渭分明，不可同日而语。

随着人类主体意识的生成和主体力量的日益强大，世界的秘密被逐一揭开，自然科学在给上天祛魅的同时，也剥去了上天的神秘面纱以及人们对天的神秘感和神圣感。与此相伴而生的是，现代人敬畏的东西越来越少，这是一件很可怕的事。有鉴于此，近年来敬畏受到重视，敬畏伦理走进人们的视野。在人们所敬畏的对象中，天应该占有一席之地。有敬畏才有震慑，正如康德所谓的头顶之天空和心中之道德律。其实，对孔子所讲的"巍巍乎！唯天为大"，亦可作如是解。

"巍巍乎！唯天为大"隐藏着孔子及儒家的道德旨归和操守。康德说，人是自由的，才能是道德的。孔子却坚持，即使不自由，人也要是道德的。康德为了确保德福一致，请出了上帝，并在信仰上帝的同时诉诸灵魂不死。在孔子这里，不需要幸福的保障或承诺，依然义无反顾地对道德不改初衷，于是便有了"知其不可而为之"②。

如果说凸显上天的随机莫测以及由此引发的偶然—必然之维是孔子天命论的独特之处的话，那么，以天为本，把上天与人的命运联系起来则代表了中国哲学的一贯做法。作为中国哲学最古老、最基本的范畴之一，尽管具体理解迥异其趣，天却为儒家、道家和墨家所一致推崇。在春秋时期的三大哲学家中，有两位投身于天之麾下：孔子感叹"巍巍乎！唯天为大"，并由此恪守天命论。墨子虽然极力主张"非命"，反对冥冥之中的命运主宰，但是，他在"天志"、"明鬼"与"非命"的三位一体中建构了一套自己的天命论。从春秋时代开始，天以及由此衍生的天人关系一直是中国哲学的基本问题之一。推崇道为本原的老子和庄子虽然都不是天本论者，但是，天在他们的哲学中同样是重要范畴。

"巍巍乎！唯天为大"和由此而来的天命论构成了孔子哲学的核心

---

① 《孟子·尽心上》。
② 《论语·宪问》。

内容，他对上天的推崇主要是就上天对人之命运的注定而言的，始终围绕着人的命运与上天密切相关，人的命运由上天操纵展开论证。孔子的这种做法带来了两个相应的后果：第一，由于天在孔子思想中的权威地位是通过对人的命运的注定体现出来的，孔子对天的特点、内涵和存在状态并没有进行深入阐释或说明。第二，孔子对上天的推崇围绕着人的命运展开，这决定了孔子是站在人的角度谈天的，而不是直接关注天本身的存在方式和特征。这样一来，由于天总是与人命相关，不仅冲淡了天作为宇宙本原的形上神韵，而且使孔子的本体哲学带有浓郁的人生哲学色彩。尽管孔子试图使天高高在上，并通过上天的不言不语拉大天与人之间的距离，然而，天对人的命运的注定无疑冲淡了天的形上意蕴，使天在大多数情形下只是作为人安身立命的依托和人生哲学的背景而存在。

　　在"巍巍乎！唯天为大"的论证中，孔子一面宣称上天注定人的命运，一面基于上天的种种特征提出了待天之方。这实际上是在中国哲学中开创了有别于道家的天人合一的思维格局和价值取向——既然人生轨迹和价值追求已经先天注定，那么，人安身立命的途径也就是与天合一的过程。进而言之，孔子的天命论和待命之方让人以德配天，通过道德完善来安身立命。在这个意义上，人与天合一的过程就是加强道德修养，使人之道德臻于完善的过程。通过加强道德修养来待命的处世哲学和以德配天的设想使孔子的本体哲学、人生哲学最终转变为道德哲学。孔子在本体领域对人生哲学尤其是道德哲学的侧重表现了传统哲学的伦理本位，是中国传统文化的伦理本位在哲学领域的具体反映。孔子开启的以道德完善与天合一的理论格局和致思方向在孟子那里得以尽情发挥，具体化为尽心—知性—知命—知天的行为路线、践履工夫和人生追求。其实，汉代新儒学、宋明理学所秉持的仍然是这一思维路径和价值旨趣。正是这一逻辑结构和态势决定了天对于儒家的不可或缺。于是，在孔子之后，孟子、荀子和董仲舒都尊天。即使到了宋明理学家那里，无论崇理还是崇心，都寻求最后的庇护——上天，将理和良知称为天理，究其极与孔子的"巍巍乎！唯天为大"不无干系。

第三章

"天欲义而恶不义"
——墨子本体—道德—政治哲学的三位一体

　　"天欲义而恶不义"语出《墨子·天志》篇，是墨子哲学的基本命题。作为"天志"的具体内容，"天欲义而恶不义"无疑属于本体哲学范畴。尽管如此，当义成为道德哲学的核心，"义政"成为政治哲学的理想境界时，"天欲义而恶不义"便随之拥有了道德哲学、政治哲学的神韵和风采。正因为如此，"天欲义而恶不义"具有不同的层次结构和内涵意蕴，也将墨子本体—道德—政治哲学的三位一体表现得淋漓尽致。

一、"天欲义而恶不义"与"天志"

　　在本体哲学领域，"天欲义而恶不义"与"天志"是一脉相承的，立论的根基是墨子的天论。这是理解"天欲义而恶不义"的理论前提，也是解读其与"天志"的其他条目——如"尚同"、"尚贤"、"兼爱"和"非攻"等之间关系的一把钥匙，更是透视"天欲义而恶不义"集本体哲学、道德哲学与政治哲学意蕴于一身的理论关键。

1. 天论与"天志"

墨子尊天,坚信天(墨子有时称之为"上帝",如"古者上帝鬼神之建设国都、立正长"①和"以祭祀于上帝鬼神"②等)是宇宙万物的主宰,自然界中的万事万物——从日月星辰到四时变化、从雪霜雨露到五谷丝麻都是上天创造的。对此,他写道:"(此处主语是天、下同——引者注)磨为日月星辰,以昭道之;制为四时,春秋冬夏,以纪纲之;雷降雪霜雨露,以长遂五谷麻丝,使民得而财利之;列为山川溪谷;播赋百事,以临司民之善否。……赋金木鸟兽,从事乎五谷麻丝,以为民衣食之财。"③除此之外,墨子还把人类社会的形成及其秩序说成是上天的安排,确信上天为人类社会立天子、设正长,"为王公诸伯,使之赏贤而罚暴"。④这就是说,上天亲自安排了人类社会的各级官员和统治秩序,并且亲自制定了人的行为规范和人间的行政原则。这便是"尚同"、"尚贤"、"贵义"、"兼爱"和"非攻"等。

需要明确的是,天是宇宙万物的主宰,创造了包括自然界和人类社会在内的一切存在,这是墨子的观点,同样适用于孔子和孟子。在恪守天的绝对权威上,墨家和儒家(孔子、孟子)的主张别无二致,这一点有目共睹。然而,这只是问题的一个方面,问题的另一方面是,墨家与儒家对上天权威的理解具有原则区别。创造世界的上天是何种存在?上天创造、主宰宇宙的方式如何?对此,墨子与儒家的回答相去甚远。儒家(尤其是孔子)断言上天是一种不言不语的存在,当"天何言哉?四时行焉,百物生焉,天何言哉"⑤成为不证自明的公理时,天创造自然界和人类社会的过程不言而神秘、随机而莫测也就成为顺理成章的事了。正是在这个意义上,孟子宣称:"皆天也,非人之所能为也。莫之为而为者,天也;莫之致而至者,命也。"⑥对于儒家而言,既然上天如此神秘莫

---

① 《墨子·尚同中》。
② 《墨子·天志上》。
③ 《墨子·天志中》。
④ 《墨子·天志中》。
⑤ 《论语·阳货》。
⑥ 《孟子·万章上》。

测、没有因果必然性可循，那么，"畏天命"①便是对待天的最佳选择。可见，孔子和孟子尽管都笃信天对人之命运的主宰，却淡化天的意志和欲望。与此相反，墨子认为，上天遵循因果必然法则，具有一定之规。更为重要的是，他宣称，上天具有自己的意志和好恶，按照自己的意志来创造、主宰宇宙。至此，上天是否具有意志成为儒家与墨家的理论分歧和焦点所在。上天具有意志和好恶，套用墨子的术语便是"天志"。

"天志"具有浓厚的墨学风采和神韵，也是墨家与儒家思想的分水岭。这就是说，"天志"既构成了墨子本体哲学的主要内容，又旗帜鲜明地伸张了有别于儒家的学术立场和致思方向。"天志"表明，在对天的理解上，如果说孔子之天是无知无欲的冥冥存在的话，那么，墨子之天则有意志和好恶，俨然一尊人格之神。由此观之，儒家和墨家虽然都恪守天命论，但是，两家所崇拜的天具有不同的内涵意蕴和精神实质——相同的只是天之形而非天之神。在这方面，如果说恪守天的至上权威与儒、墨两家在先秦之时并称"显学"（泱泱百家，"显学"仅此两家）具有某种内在的学术关联的话，那么，对天的不同诠释则暗示了两家在秦代之后迥然悬殊的发展历程和学术命运。

2."天志"与"天欲义而恶不义"

作为墨子本体哲学的主要内容，"天志"具有非同一般的重要意义。那么，作为一个重要的哲学范畴，"天志"的基本内涵是什么？换言之，天何志之有呢？"天志"的具体内容又是什么呢？为了更好地解释、说明上天的意志和欲望，墨子推出了"天志"这一独具特色的概念，并且作《天志》三篇，集中对"天志"进行阐扬。事实上，阅读《墨子》可以发现，并不限于《天志》篇，《墨子》中多处讲到"天志"。大致说来，"天志"主要表达了三层意思：第一，从天的存在状态来看，天有意志、有欲望，并非寂寞无为之体——如老子之道，也非冥冥存在——如孔子之天。第二，从天的作用方式来看，天凭自己的意志和好恶创造了整个宇宙，并对人的行为进行赏罚。第三，从"天志"的具体内容来

---

① 《论语·季氏》。

看，天有"欲义而恶不义"、"欲人之相爱相利"、"不欲人之相恶相贼"、
"尚同"和"尚贤"之志。《墨子》书中具体表述上天之志的言论比比皆
是，下仅举其一斑：

> 然则天亦何欲何恶？天欲义而恶不义。①
>
> 然而天何欲何恶者也？天必欲人之相爱相利，而不欲人之相
> 恶相贼也。②
>
> 今若天飘风苦雨，溱溱而至者，此天之所以罚百姓之不上同于
> 天者也。③
>
> 故古圣王以审以尚贤使能为政，而取法于天。虽天亦不辩贫
> 富、贵贱、远迩、亲疏，贤者举而尚之，不肖者抑而废之。④

从引文的内容可以看出，"欲义"（第一段引文）、"兼爱"（第二段引
文中的"欲人之相爱相利"）、"非攻"（第二段引文中的"不欲人之相恶
相贼"）、"尚同"（第三段引文）和"尚贤"（第四段引文——按照墨子的
逻辑，上天依据自己的意志对人的行为施以赏罚，即人的行为同于上天
得赏，不同于上天遭罚。循着这个逻辑推导下去，天罚人证明人做了天
所不欲之事；既然不上同于天是天所不欲，那么，天之所欲则是人上同
于天。墨子称之为"尚同"）等均是上天之志。这就是说，上天不仅有意
志，而且意志和愿望不止一种——至少上面就列出了五种之多。

值得注意的是，墨子所讲的上天的各种欲望并不是并列或平等的，
而是有主次之分的。其中，最根本的是"欲义而恶不义"：第一，从作
用来看，义对于天下的生死、富贫和治乱具有至关重要的意义。墨子宣
称："然则何以知天之欲义而恶不义？曰：天下有义则生，无义则死；有
义则富，无义则贫；有义则治，无义则乱。然则天欲其生而恶其死，欲

---

① 《墨子·天志上》。
② 《墨子·法仪》。
③ 《墨子·尚同上》。
④ 《墨子·尚贤中》。

其富而恶其贫，欲其治而恶其乱，此我所以知天欲义而恶不义也。"①在他看来，义不仅决定天下的富贫治乱，而且直接关系到天下的生死存亡。与义的作用明显不同，无论"兼爱"、"非攻"还是"尚同"、"尚贤"尽管重要乃至不可或缺，然而，它们充其量只能影响天下的富贫和治乱而已，绝不会直接关系到天下的生和死。毫无疑问，天下的富贫、治乱与生死是不同层次的问题，义与"兼爱"、"非攻"、"尚同"和"尚贤"之间不同的势力范围和作用效果表明，不可对"天欲义而恶不义"与"天志"的其他条目等量齐观。第二，从地位来看，虽然同为上天的欲望，但是，"欲义而恶不义"是核心，"兼爱"、"非攻"、"尚同"和"尚贤"等均以义为本，故而围绕着"天欲义而恶不义"展开。在墨子那里，无论是"天欲义而恶不义"作为道德观念、行为规范还是作为统治方案、行政措施，"兼爱"、"非攻"、"尚同"和"尚贤"都可以视为义的具体表现和实际贯彻。具体地说，"兼爱"和"非攻"源自"天欲义而恶不义"的需要——不仅因为"兼爱"、"非攻"本身就是义，反之则是不义；而且因为"兼爱"、"非攻"所行之义就是"天欲义而恶不义"之义。"尚同"的意思是说，因为"天欲义而恶不义"——上天欲义在先，所以，"法天"、上同于天的人才"贵义"，"天欲义"是人"贵义"的形上根基和理论前提。"尚贤"是因为贤者作为法天的榜样"贵义"而行，所以，为保障"天欲义而恶不义"的实施而尚之。这表明，尽管同样来源于"天志"，然而，"欲义而恶不义"无论作用还是地位均与"兼爱"、"非攻"、"尚同"和"尚贤"不容混淆："天欲义而恶不义"始终处于根本的、核心的地位，"兼爱"、"非攻"、"尚同"和"尚贤"只不过是"欲义而恶不义"的表现形式和具体操作而已。当然，这与作为"天志"的具体条目时，其间关系的并列和平等并不矛盾。

3. "天欲义而恶不义"与"兼爱"、"非攻"、"尚同"和"尚贤"

作为天之志，"天欲义而恶不义"之义只是上天的意志和欲望，尚属于观念形态。那么，如何保障上天的"欲义"之志得以实现——从天

---

① 《墨子·天志上》。

的观念变成人的观念，进一步变成实际操作，最终外显、转化为人的行为呢？"兼爱"、"非攻"、"尚同"和"尚贤"解决了这个问题。墨子断言，上天具有"兼爱"、"非攻"、"尚同"和"尚贤"之志，上天的这些意志和欲望有效地保障了"欲义而恶不义"的贯彻落实：第一，从思想路线和行为原则来看，"尚同"既是上天对人的要求，又是判断人之言行的是非标准。这决定了人之言论和行为必须上同于天。循着这个逻辑，既然"天欲义而恶不义"，那么，人就应该以义为贵，一切言行都必须符合义的要求。当然，"兼爱"、"非攻"和"尚贤"作为"天志"的具体条目，也是人"尚同"——上同于天的重要内容。这表明，"尚同"不仅决定了"兼爱"、"非攻"、"尚贤"乃至"尚同"本身的最终解释权在天，而且决定了它们始终贯彻着"天欲义而恶不义"的原则。获得了这样的"前理解"，便很容易理解墨子的下列做法了：讲"兼爱"和"非攻"时，把人与人相残相贼的根源归结为"一人一义，十人十义"的"亏人自利"；讲"尚贤"时，强调其具体做法和执行标准是"尚同一义"。第二，从具体措施和实践操作来看，天"尚贤"，并以此为标准选定了在人间的代理人——替天行道的天子，从而为"欲义而恶不义"在人间的贯彻实施上了一道保险；当天子法天治国，"以尚贤使能为政"，确保国君、三公和正长皆为"仁人"之时，等于为"天欲义而恶不义"又加了一道保险。在"尚同"和"尚贤"所投注的双重保险的把守下，不仅可以使天下"贵义"，而且可以保障天下"一义"——皆同于上天之义。与此同时，"兼爱"、"非攻"使"天欲义而恶不义"得以细化和具体化，变得切实可行，从而落到实处——不仅成为人内心的信念，而且作为人与人之间的关系而变成了人伦日用。至此，"尚同"和"尚贤"使"天欲义而恶不义"从公共领域蔓延到私人空间，势力范围和对人的统摄一路攀升。

总之，作为墨子天论哲学的一部分，"天欲义而恶不义"拥有双重属性：一方面，"天志"是本体哲学范畴。作为"天志"的具体条目，"天欲义而恶不义"理应属于形而上的本体领域。另一方面，"天志"虽然是上天之志，但是，它最终要表现为人之志和人之行，并且对于人是强制性的，这一强制是通过上天的赏罚进行的。按照墨子的说法，天之志是通过人之行得以实施和完成的——在鬼神的监督之下，通过人的"法天"、上同于天，当"天志"和"天欲义而恶不义"从上天之志转化为人之志，再从人的观念形态变为实际行为时，"天欲义而恶不义"便有了规范人之关系的道德哲学和经纬天下的政治哲学的神采。这就是说，"天欲义而恶不义"内含着多维的逻辑结构和层次——从本原上讲是纯粹形而上的，从落实上讲则是属人的，带有形而下的属性；从观念形态上讲属于本体哲学，从实际操作上讲则属于道德哲学和政治哲学。这种多维的结构和层次构筑了"天欲义而恶不义"本体—道德—政治哲学的三位一体。

二、"天欲义而恶不义"与"贵义"

在墨子那里，"天志"决定了人的行为"莫若法天"，也使人的道德观念、伦理规范都成为"法天"的必然要求和结果。这就是说，在道德哲学领域，墨子断言人的道德观念和行为准则来自上天之日，也就是"天志"转化为人志之时。与此相伴而生的是，原本在本体领域作为"天志"主要条目和实际内容的"天欲义而恶不义"，这时也随之转入伦理道德领域。不仅如此，正如在本体哲学领域占据显要位置一样，"天欲义而恶不义"在道德哲学中同样占据显赫位置，主要表现就是"天欲义而恶不义"之义的独领风骚。可以看到，无论是墨子伦理思想体系的建构还是对具体道德观念、伦理条目的提倡都极力彰显"天欲义而恶不义"无所不在的渗透力和凝聚力。这样一来，"天欲义而恶不义"被贯彻到了墨子道德哲学的方方面面，也由于"天欲义而恶不义"的无处不在而赋予墨子道德哲学以本体和政治意蕴。

1. 义——伦理思想体系的核心

三纲五常是中国传统道德的核心。先秦之时，尽管还没有"三纲"的具体提法，然而，仁、义、礼、智、信和忠、孝等已经备受推崇，因而成为儒家和墨家共同提倡的伦理规范。当然，由于每位思想家对这些伦理范畴及其关系具有不同的侧重和理解，彼此之间的伦理思想体系的建构聚讼纷纭，莫衷一是。例如，在儒家内部，孔子、孟子与荀子的伦理思想体系之间差异很大：孔子以仁为核心，忠、孝、慈、惠、悌、刚、毅、木和讷等都成了仁的具体条目，礼则是仁的外在表现。孟子或仁义并提，或以仁即恻隐之心为主——对性善说的举例证明便是佐证，概括起来，不外乎"四心"并重。对于荀子来说，伦理思想则以礼为核心。

墨子在伦理思想体系的建构上独辟蹊径，以义为核心。这使人不禁联想起那句"天欲义而恶不义"。事情到此并没有结束，墨子强调"万事莫贵于义"，进而提出了"贵义"的口号。①"贵义"具有两层主要含义：第一，价值观上以义为贵，公开而明确地标榜义为人生的最高价值和最终意义。墨子把义奉为人生追求的终极目标，告诫人以义统辖自己的感官。他坚信："手足口鼻耳，从事于义，必为圣人。"②义不仅是凡人通往圣人的必经之路和不二门径，而且是仁人从事的最高目标。众所周知，墨子一再声称："仁人之所以为事者，必兴天下之利，除去天下之害。"③那么，仁人所兴之利是什么呢？墨子回答："义，利也。"④这就是说，义不是空洞的说教，而是与利密不可分。其实，所谓的义，就是天、鬼、人三方之利，即"三利"；"兴天下之利"，便是兴天下之"义"。第二，与其他道德观念和伦理规范相比，义是最高范畴。这一点在墨子对"天欲义而恶不义"与"兼爱"、"非攻"、"尚同"和"尚贤"关系的阐述中多次得以印证。

2. 义——道德观念和伦理规范的准则

在道德哲学领域，墨子以义为核心和总纲来建构其伦理思想的大厦，并且提出了一系列道德条目、伦理规范加以夯实和补充。这些道德条目、伦理规范主要有"兼爱"、"非攻"、"尚同"、"尚贤"、"节葬"、"节用"和"非乐"等。一方面，"兼爱"、"非攻"、"尚同"、"尚贤"、"节葬"

---

① 《墨子·贵义》。

② 《墨子·贵义》。

③ 《墨子·兼爱中》。

④ 《墨子·经上》。

和"节用"本身都有自己的确定内涵和内容所指，彼此之间各有侧重而各不相同。另一方面，它们都以义为最终准则和精神实质，都可以视为从不同维度和层面对义的展开或发挥。例如，"兼爱"、"非攻"、"尚同"和"尚贤"同样是调节人与人之间的关系，都围绕着义这个主题和准则展开。因此，它们的区别只不过是对不同道德主体的侧重而已。具体地说，"兼爱"的道德主体是个人，"非攻"的主体侧重群体——国、家，"尚同"和"尚贤"的主体侧重上下级等等。正因为如此，墨子一而再、再而三地强调：

> 欲为义者，……兼爱天下之人。①
> 且夫义者，政也。无从下之政上，必从上之政下。②
> 厚葬久丧，……此非仁、非义。③

这表明，对于墨子的道德哲学而言，义作为道德总纲不是悬空的，而是表现在各个具体的道德条目之中。在某种程度上甚至可以说，义就是"兼爱"、"非攻"、"尚同"和"尚贤"等。例如，对于墨子来说，"兼爱天下之人"就是"兼爱"，"非攻"就是义，攻伐、相别就是不义。具体地说，从社会环境和产生根源来看，不能"兼爱"和"非攻"源于人与人之间的相别相恶相贼，他称之为人人都"亏人自利"；而之所以发生"亏人自利"的现象，是因为人们不辨义与不义。从概念内涵和理论意蕴来看，"兼爱"和"非攻"就是要平等地对待一切人，这本身就是义；相反，相恶相别、按等级智愚强弱众寡而对之分别对待，就是不义。从存在意义和价值功用来看，"兼爱"和"非攻"的主旨在于"兼以易别"④——以义战胜不义，用义统率人的行为。究竟应不应该或如何"兼爱"和"非攻"，完全取决于义。换言之，"兼爱"和"非攻"

---

① 《墨子·天志下》。
② 《墨子·天志上》。
③ 《墨子·节葬下》。
④ 《墨子·兼爱下》。

的判断标准是义,二者的裁判权操之于义。同样,义是从上之政下而非从下之政上。从这个意义上说,义就是上行下效,以上之所是为是,上之所非为非。这用墨子本人的话说就是"尚同"。"兼爱"、"非攻"和"尚同"如此,"尚贤"、"节葬"和"节用"等也不例外。例如,墨子大声疾呼"尚贤",而他所向往的"以尚贤使能为政"的具体做法和行政目标则是"以尚同一义为政"。这注定了"尚贤"与"尚同"密切相关,也使"尚贤"的最终目标成为在下同于上的"尚同"路线和行为原则的指导下,扭转"一人一义,十人十义,百人百义,千人千义"的局面,臻于天下一义的境界。"尚同"路线保障了天下一义之义来自上天,是"天欲义而恶不义"之义。

可见,在道德哲学领域,如果说"贵义"、"兴天下之利(即义——引者注)"是总纲、是准则的话,那么,"兼爱"、"非攻"、"尚同"、"尚贤"、"节用"、"节葬"等便是具体的行为规范和道德条目。一方面,正是这些具体条目使义时时处处体现在人的思想和行为之中,最终落到了实处。另一方面,这些条目是以义为核心和灵魂展开的,都可以视为义的具体表现和实际贯彻。

3. 道德哲学的本体意蕴

在墨子那里,为了确保人的行为与上天之志相符,规范人之行为的伦理道德必须源于上天——无论是作为伦理核心、总纲的义还是作为具体德目的"兼爱"、"非攻"、"尚同"和"尚贤"均是如此。这无疑为墨子的道德哲学蒙上了厚重的本体哲学色彩。

首先,从源头处看,伦理道德源于上天,是作为主宰的上天为其提供了最终的立论根基。依据墨子的逻辑,义不自贱且愚者出,而必自贵且知者出;天是宇宙间最贵最知的存在,义必出于天。《墨子》书中记载:

> 然则义何从出?子墨子曰:"义不从愚且贱者出,必自贵且知者出。"何以知义之不从愚且贱者出,而必自贵且知者出?曰:"义者,善政也。"何以知义之善政也?曰:"天下有义则治,无义则乱,是以知义之善政也。"夫愚且贱者,不得为政乎贵且知者,然

后得为政乎愚且贱者。此吾所以知义之不从愚且贱者出，而必自贵且知者出也。然则孰为贵？孰为知？曰：天为贵、天为知而已矣。然则义果自天出矣。①

在这里，墨子论证的主要前提和基本逻辑是，最贵且知的身份使上天具有非凡的资格和权威，并且有能力和资格推出义。那么，循着这个思路，作为最贵且最知的主宰和权威，天可以是义之所出，也完全可以推出其他之志，如"非义"之志。对此，人们不禁要问：为什么偏偏是义而不是"非义"出于最贵且最知之天呢？围绕着这个问题，墨子的论证从两个方面展开：其一，义是天之所欲，这便是那句耳熟能详的"天欲义而恶不义"——在这个层次上，"天欲义而恶不义"与"兼爱"、"非攻"、"尚同"和"尚贤"等并无不同。其二，极力凸显"天欲义而恶不义"的至关重要性——在这个层次上，"欲义而恶不义"与"兼爱"、"非攻"、"尚同"和"尚贤"等显然不可等量齐观。可以作为佐证的是，在论证上天的其他之志时，墨子并没有（像说明"天欲义而恶不义"那样）强调上天的最贵、最知。他之所以强调义出于最贵且最知之天，旨在突出两点主张：第一，以天为本。义只能出于最贵且最知的上天，义本身就有本体意蕴。第二，"尚同"原则。天下只有一义，这个义便是出于上天的"天欲义而恶不义"之义。这在某种程度上为义的核心地位奠定了本体基础。正如墨子所申明的那样："顺天之意者，义之法也。"② 与义一样，"兼爱"、"非攻"、"尚同"和"尚贤"都可以在本体哲学中找到依托——至少作为"天志"的具体条目在天论中拥有一席之地。

其次，从践履处看，"贵义"、"兼爱"、"非攻"、"尚同"和"尚贤"等道德行为不仅出于道德自觉，而且更主要的是迫于上天的压力——归根结底是因为希望得到上天的奖赏，抑或害怕得罪上天而遭罚。墨子不止一次地强调：

---

① 《墨子·天志中》。
② 《墨子·天志中》。

率天下之百姓以从事于义，则我乃为天之所欲也。我为天之所欲，天亦为我所欲。①

顺天意者，兼相爱，交相利，必得赏。反天意者，别相恶，交相贼，必得罚。②

循着这个逻辑，正如为天之所欲，从事乎义，是为了天为我所欲一样，顺天意"兼爱"得赏，反天意攻伐遭罚的后果坚定了墨子"兼爱"、"非攻"的决心和脚步。用功利效果作道德筹码的做法不仅使墨子的思想与儒家为道德献身的道德理想主义迥异其趣，而且由于搬来作为最高权威的上天行使督人向善的道德教化功能，与儒家侧重道德自觉渐行渐远。这样一来，天的出现既为墨子的道德哲学带来了本体之光，天督人向善的功能又使他所讲的伦理道德带有某种强制性。

上述内容显示，"贵义"与"天欲义而恶不义"的"天志"一脉相承，作为伦理道德总纲的义和作为道德条目的"兼爱"、"非攻"、"尚同"和"尚贤"等均来自上天，甚至是"天志"的具体内容。这无疑在抬高它们地位的同时，张扬了其正当性和权威性。在这方面，墨子借助上天之口，抒发自己的渴望和诉求，平民出身、人微言轻的墨子可谓用心良苦。墨子此举的直接后果，便是为他的道德哲学注入了本体哲学的意蕴。同时应该看到，墨子的这种道德哲学本体化的做法与他的本体哲学伦理化（上天有"兼爱"、"非攻"和"欲义"之德）之间是双向互动的。

4. 道德哲学的政治意蕴

有时，墨子仁义并提，这时的义侧重伦理道德领域，"本察仁义之本，天之意不可不慎也"③即属此类；有时，墨子之义侧重政治领域——如"义者，政也"、"义者，善政也"，再如把义与政并称为"义政"；等等。这表明，墨子的道德哲学与政治哲学并非各不相涉的，而是相互

---

① 《墨子·天志上》。
② 《墨子·天志上》。
③ 《墨子·天志中》。

关联的，义便是二者的交汇点。不仅如此，墨子的主要道德条目如"兼爱"、"非攻"、"尚同"和"尚贤"等本身就内涵着政治维度，亦属于政治哲学范畴。这就是说，"兼爱"、"非攻"、"尚同"和"尚贤"在墨子的思想中不仅是人们内在的道德观念和外显的行为规范——属于伦理学范畴，而且是国家的政治措施和统治方案——属于政治学范畴。例如，墨子曾言："兼之为道也，义正；别之为道也，力正。"① 这里的"兼爱"（"兼"）和相别（"别"）显然是从政治角度立论的。更有甚者，在墨子那里，由于出自天的意志，"兼爱"、"非攻"、"尚同"和"尚贤"（包括"贵义"本身）从一开始就带有与生俱来的强制性，人对此不容一丝懈怠：作为天之志，人必须为之，不为便要遭罚；作为国家的政令法规和行政措施，任何人都不得违背。这使"兼爱"、"非攻"、"尚同"和"尚贤"越来越偏离出乎自愿和自觉的道德规则，而更像是政治哲学的范畴。所有这一切都使墨子的道德哲学带有不可忽视的政治意蕴，甚至从另一个角度看即是政治哲学。

　　总之，在伦理道德领域，墨子的"贵义"源于"天欲义而恶不义"，所贵之义不是"一人一义"的自是其义的人之义，而是"天欲义而恶不义"的天之义。不仅如此，"天欲义而恶不义"之义不是空洞的道德条文，而是拥有鲜活而切实的内容，"兼爱"、"非攻"、"尚同"和"尚贤"等皆在其中。对于人而言，"兼爱"、"非攻"、"尚同"和"尚贤"是内心的道德观念，同时也是外显的行为规范；其作用机制不仅出于主观的自觉自愿，而且迫于外在的强制力量。这使墨子的道德哲学与政治哲学呈现出趋同、混一之势，导演这一切的则是"天欲义而恶不义"。这是因为，墨子之所以认定义是伦理学之贵（"贵义"）和政治学之善（"善政"），最终的理由是"天欲义而恶不义"；对于"天欲义而恶不义"而言，"兼爱"、"非攻"、"尚同"和"尚贤"等既是具体贯彻，又是实质内容。这再次展示了"天欲义而恶不义"集本体哲学、道德哲学与政治哲学为一身的多维视界和立体构架。

---

① 《墨子·天志下》。

三、"天欲义而恶不义"与"义政"

对于墨子来说,"莫若法天"是基于上天意志对人提出的"法天"要求做出的权衡,不仅指个人的日常行为,而且指国家的行政行为。如果说前者使"天欲义而恶不义"侧重伦理领域的话,那么,后者则使其侧重政治领域。更为重要的是,墨子直接把政治植入义中,使政治成为义的题中应有之义。在政治领域,墨子的理想是"义政",统治之方同样离不开义。所有这一切都为"天欲义而恶不义"开辟了广阔的政治哲学领地。

1."义政"——政治的理想境界

在社会理想上,墨子渴望"义政",反对"力政"。对于"义政",《墨子》解释说:"顺天意者,义政也。反天意者,力政也。然义政将奈何哉?子墨子言曰:'处大国不攻小国,处大家不篡小家,强者不劫弱,贵者不傲贱。多诈者不欺愚。此必上利于天,中利于鬼,下利于人。三利,无所不利,故举天下美名加之,谓之圣王。力政者则与此异,言非此,行反此,犹倖驰也。处大国攻小国,处大家篡小家,强者劫弱,贵者傲贱,多诈欺愚。此上不利于天,中不利于鬼,下不利于人。三不利,无所不利,故举天下恶名加之,谓之暴王。'"① 从中可见,墨子将"义政"作为自己的理想愿景,并从三个方面为"义政"提供辩护:第一,从出身和源头上看,"义政"是顺天意的结果,价值上具有正当性、合理性和权威性。这在理论上树立了"义政"的权威。第二,从操作和内容上看,"义政"是用"兼爱"、"非攻"(引文中的"处大国不攻小国,处大家不篡小家,强者不劫弱,贵者不傲贱。多诈者不欺愚"具有多维的诠释空间:从积极方面看是"兼爱",从消极方面看是"非攻";侧重个人之间的关系时是"兼爱",侧重群体之间的关系是"非攻")等手段和方法治理国家,调节、处理国与国、家与家以及人与人之间的关系。第三,从功用和效果上看,"义政"可以使利益最大化,做到天、

---

① 《墨子·天志上》。

鬼、人之"三利，无所不利"。墨子是功利主义者，不仅以"兴天下之利，除天下之害"为一切言行的最终动机，而且呼吁兼顾天、鬼、人三方之利，并把"中国家百姓人民之利"写进"三表"法，① 从真理观和价值观的高度为利张目。显然，"义政"与这一价值诉求休戚相关。

有鉴于此，墨子不仅赋予义以政治内涵，而且把义说成是"善政"。他说："'义者，善政也。'何以知义之善政也？曰：'天下有义则治，无义则乱。'"② 按照墨子的说法，政治的目的无非是使天下由乱至治——乱是为政的障碍，治是为政的目标。进而言之，如何才能铲除障碍——乱，而达到目的——治？墨子的回答是，"天下有义则治，无义则乱"；义与治如影随形，正如无义与不治（乱）相伴而生。这证明了义（治）是政治追求的目标，也预示了义是统治天下之方。事实上，墨子的"义政"主张正是沿着这个思维路径展开的。

2. "义者，政也"——政治路线和行政方法

与对"义政"的理解和向往息息相通，在制定政治路线和行政措施时，墨子呼吁用义之手段治理国家。这套用他本人的话语结构和表达方式便是，"用义为政于国家"。墨子坚信："今用义为政于国家，人民必众，刑政必治，社稷必安。所为贵良宝者，可以利民也，而义可以利人，故曰：义，天下之良宝也。"③ 根据墨子的一贯说法，治理国家就是使国家政治清明、人口众多、社会安定，义便是达到这一目标的最好方法。正是在这个意义上，他将义称为治理国家的良宝。更有甚者，由于坚信义是治理国家的最好方法和根本原则，墨子断言"义者，政也"，把义与政并提，融合成一个概念。至此，治理国家也成为义的题中应有之义。

进而言之，为什么"义者，政也"？"用义为政于国家"的具体含义和做法如何？对此，墨子如是说："且夫义者，政也。无从下之政上，必从上之政下。是故庶人竭力从事，未得次己而为政，有士政之；士竭

---

① 《墨子·非命上》。

② 《墨子·天志中》。

③ 《墨子·耕柱》。

力从事，未得次己而为政，有将军大夫政之；将军大夫竭力从事，未得次己而为政，有三公诸侯政之；三公诸侯竭力听治，未得次己而为政，有天子政之；天之未得次己而为政，有天政之。天子为政于三公、诸侯、士、庶人，天下之士君子固明知；天之为政于天子，天下百姓未得之明知也。"①这清楚地表明，墨子所讲的"义者，政也"与"用义为政于国家"说的是一个意思，都指以上政下——"天之为政于天子"、"天子为政于三公、诸侯、士、庶人"。当然，这个过程也可以反过来看，那就是：庶人、士、诸侯、三公上同于天子，天子上同于天。显然，这个过程和原则用墨子本人的话说就是"尚同"。

与此同时，"用义为政于国家"还包括"尚贤"。这是因为，就本原和理论依据而言，"尚贤"是人上同于天的表现；就内容和实际操作而言，"尚贤"的目的和做法是"尚同一义"。由此可见，"尚贤"中始终贯彻着"尚同"——上同于天和一于上天之义的"天欲义而恶不义"原则。当然，"用义为政于国家"也指"兼爱"、"非攻"、"尚同"、"尚贤"、"节葬"和"节用"等。至此，可以看出，墨子的统治之方与道德观念基本上是重合的，弥合二者界线的则是"天欲义而恶不义"。

3. 政治哲学的本体意蕴

墨子的政治哲学——无论是政治路线还是统治方略都是围绕着义展开的，政治是义的题中应有之义。这使政治哲学的本体意蕴在墨子提出的"义不从愚且贱者出，必自贵且知者出"的理由中已经初露端倪——在这一点上，政治哲学与道德哲学别无二致。这就是说，"天欲义而恶不义"使义拥有了源自上天的身份和出处，也因而带有了天然的合理性和正当性。正如墨子所言："天之志者，义之经也。"②义与生俱来的本体依托表明，"天欲义而恶不义"为义的价值提供最终的理论辩护，墨子政治之义的正当性、合理性和权威性都可以在他本体哲学领

---

① 《墨子·天志上》。
② 《墨子·天志下》。

域中的"天志"尤其是由"天志"而来的"天欲义而恶不义"中得到解释和说明。

4.政治哲学的道德意蕴

"义政"概念的提出流露出墨子义与政——伦理与政治合一的致思方向和价值旨趣,"义政"与"力政"的对比同样凸显了他的政治哲学的伦理意蕴。"义政"的理想境界、治国方略和行政路线共同体现了墨子对道德的信任及渴望。用道德手段为政的统治方案和政治路线在孔子那里叫作"德治",在孟子那里叫作"仁政"或"王道"。尽管名称概念和操作细节有别,在信凭道德力量治理国家上,墨子与孔子、孟子的设想异曲同工。

墨子提出的具体的统治方法和行政措施是"兼爱"、"非攻"、"尚同"和"尚贤",而这些恰恰是他提倡的道德条目和论理规范。这样一来,当"兼爱"、"非攻"、"尚同"和"尚贤"侧重人的内心观念或纯粹的个人(尤其是普通老百姓)的行为规范时,属于伦理领域;当它们指示国家的行政措施、统治方案或统治者的公共行为时,属于政治领域。同样的道理和逻辑,当"兼爱"、"非攻"、"尚同"和"尚贤"侧重主观自觉时,属于道德范畴;当它们侧重"尚同"的需要——迫于上天和国家的惩罚、带有强制性时,则属于政治范畴。"兼爱"、"非攻"、"尚同"和"尚贤"的这种特征促成了墨子道德哲学与政治哲学的混同合一,也注定了他的道德哲学带有天然的政治哲学意味,正如其政治哲学天然禀赋道德哲学的蕴涵一样。

推而广之,"兼爱"、"非攻"、"尚同"和"尚贤"本身的特点及相互关系生动展示了墨子本体哲学—道德哲学—政治哲学的三位一体,因为这些条目来自主宰之天,具有与生俱来的形上意蕴。总之,"天欲义而恶不义"在本体领域对义的挺立直接决定了伦理领域对义之地位和价值的提升,于是出现了"贵义";在政治领域,"天欲义"与人"贵义"体现在价值观上便是对"义政"的追求和向往。这就是说,正如在本体领域和伦理领域的情形一样,墨子本体哲学—道德哲学—政治哲学的三位一体在政治领域同样得到淋漓尽致的彰显和发挥。

四、"天欲义而恶不义"与墨子哲学的三位一体

"天欲义而恶不义"集中体现了墨子哲学的三位一体：在本体哲学领域，"天欲义而恶不义"是天论的一部分和"天志"的具体内容；在道德哲学领域，"天欲义而恶不义"体现为"贵义"、"兼爱"、"非攻"、"尚同"、"尚贤"等道德观念和伦理规范；在政治哲学领域，"天欲义而恶不义"转化为"义政"的理想境界和"用义为政于国家"的统治方案。通过上述透视和分析可以看出，以"天欲义而恶不义"为关节点，墨子的本体哲学、道德哲学与政治哲学层层渗透、相互涵摄，呈现出融通合一的理论态势。换言之，与义同时兼具本体、伦理、政治意蕴息息相通，"天欲义而恶不义"直观呈现出墨子本体哲学、道德哲学与政治哲学的三位一体。

墨子以"天欲义而恶不义"为主线展示、呈现出来的本体哲学、道德哲学与政治哲学的三位一体，流露出中国古代哲学天人合一的思维方式和价值取向。事实上，天人合一的思维方式和价值取向不仅是墨子的学术诉求和理论态势，而且是中国古代哲学共同的致思方向和价值旨趣。从这个意义上说，本体哲学—道德哲学—政治哲学的三位一体或合一趋势是墨家和儒家、道家、法家等各家思想的共同特征，而并非墨子的专利。因此，这种现象及特点在儒家、道家和法家那里同样有所表现和展示。拿孟子的"四心"说为例，就其与生俱来、"非由外铄"而言，是"天爵"，具有本体意蕴；[1]就其作为仁、义、礼、智的萌芽，是人内在的道德观念和外显的行为本能而言，属于道德哲学[2]；就其行为主体是统治者而言，当先王以不忍人之心、行不忍人之政时，又成了政治哲学范畴——"仁政"的依据。[3]孟子的这一思想导向在宋明理学家（尤其是朱熹、王守仁等人）那里表现得更为明显和突出。韩非的思想同样为中国古代哲学的本体哲学、道德哲学与政治哲学的三位一体提供了例

---

① 《孟子·告子上》。

② 《孟子·公孙丑上》。

③ 《孟子·公孙丑上》。

证：在本体哲学方面，韩非认为，作为宇宙本体的道自然无为、"无为而无不为"①，人只有体道才能成就大业。君主治理国家也是如此。这为他的政治哲学提供了本体依据。在人性和道德哲学方面，韩非断定人的本性自私自利、好利恶害，并把人与人之间的关系统统说成是血淋淋、赤裸裸的利益关系。韩非对人之本性和人际关系的界定堵塞了道德手段治国安民的可能性，却为法治留下了广阔的用武之地——法治之赏迎合人的好利本性，法治之罚针对人的恶害本性。总之，在韩非那里，政治上的法治路线既贯彻了道的"无为而无不为"，与其本体哲学密切相关；又符合人的本性，与其道德哲学一脉相承。

当然，必须强调的是，在古代哲学尤其在先秦哲学中，本体哲学—道德哲学—政治哲学三位一体最典型、最完整的形态则非墨子哲学莫属。在这方面，墨子的思想具有两个其他思想家无法比拟的优势，也将中国古代哲学中本体哲学—道德哲学—政治哲学的三位一体发挥到了极致：第一，在墨子那里，本体哲学—道德哲学—政治哲学的三位一体不是特殊的个案，而是一种普遍现象，因而处处有所体现。例如，本体论上的"欲义"—伦理学上的"贵义"—政治学上的"义政"。再如，本体领域"天志"的欲利（利即义、"天欲义而恶不义"之义本身即包括利）—伦理领域的"兼爱"、"非攻"、"尚同"、"尚贤"之得天赏和"交相利"—政治领域"三利，无所不利"的政治理想和行政方针等等。第二，在墨子哲学中，三位一体不仅取决于天人合一的思维方式和价值取向，而且得益于缜密的逻辑论证和话语结构。其中，前者作为古代哲学的通性和共性，是墨子与其他思想家相同的；后者作为墨子思想的优长，是其他思想家无法企及的。从这个意义上说，墨子思想的三位一体之所以拥有最典型、最完备的形态，是因为墨子对于这一点比其他人更为清醒、更有意识。一言以蔽之，如果说思想的三位一体在其他人那里是潜意识、下意识的自然流露的话，那么，在墨子那里则是故意的"做作"。

---

① 《老子·第 37 章》。

第四章

"先王有不忍人之心"

——孟子政治哲学探究

　　"先王有不忍人之心"出于《孟子·公孙丑上》篇，是孟子政治理念的集中诠释和政治哲学的核心命题。事实上，这一命题既体现了孟子对人性善的认识，又道出了儒家的人性哲学与政治哲学之间密不可分的关系。儒家历来有"学而优则仕"①的政治抱负和仕途理想，孟子当然也不例外。这注定了政治哲学在孟子思想中的不可或缺，"达则兼善天下"②的远大抱负和"当今之世，舍我其谁"③的社会担当更是凸显了政治哲学的重要地位。事实上，政治哲学不仅是孟子整个思想体系的核心，而且与他的本体哲学、人性哲学密切相关——甚至在某种程度上决定着后者的理论走向和具体内容。"先王有不忍人之心，斯有不忍人之政"则浓缩了孟子的这一致思方向和价值旨趣。

---

① 《论语·子张》。
② 《孟子·尽心上》。
③ 《孟子·公孙丑下》。

一、"不忍人之政"的政治理想和价值旨归

"先王有不忍人之心，斯有不忍人之政"表明，与所有的儒家代表人物一样，孟子魂牵梦萦的政治抱负是治国平天下，道德则是通往这一理想愿景的不二法门。众所周知，治国平天下是儒家的一贯理想，在把自己的理想定位在治国平天下，并且期望以礼乐教化等道德手段臻于这一理想上，孟子与其他儒家学者并无不同。所不同的是，孟子明确把治国平天下的手段区分为霸道与王道两种方式，并对二者给予截然不同的评价。正是在这个意义上，他指出："以力假仁者霸，霸必有大国。以德行仁者王，王不待大。汤以七十里，文王以百里。以力服人者，非心服也，力不赡也；以德服人者，中心悦而诚服也，如七十子之服孔子也。"① 按照孟子的解释，以力服人与以德服人是两种完全不同的政治理念和治国道路。具体地说，二者的区别在于，一个是崇尚暴力、以力服人的霸道，一个是崇尚道义、以理服人的王道。以力服人的霸道可以扩大领土、称霸一方，却不能使人心服口服，其受众只是因为力不能敌才不得不屈服其统治；以德服人者称王，以德服人的王道不一定必使国大，却可以让人心悦诚服。这表明，霸道与王道是治理天下的两种道路和方法，更是两种不同的境界和效果。值得注意的是，孟子在此虽然摆出了霸道与王道这两种方式、两条道路，但是，他的用意绝不是让人任选其一，而是旨在强调：以力称霸者尽管可以强国却也容易亡国，尚利与尚力一样为有道者所不耻；只有以德服人的王道才是人间正道，能够保证国家的长治久安。由此可见，孟子渴望治国平天下，并没有为了这一目的而不择手段。他的平天下的理想是在王道的支持下实现的，或者说，在孟子看来，平天下的过程就是王道实现的过程。

孟子周游列国的初衷就是说服各诸侯国推行王道，表明了他对王道的梦寐以求、如饥似渴。不仅如此，孟子对王道的渴望和赞美在某种程度上影响了他对理想人格的认定和选择。在对人的模塑和认定上，如果

---

① 《孟子·公孙丑上》。

说孔子的理想人格是"忧道不忧贫"、"谋道不谋食"① 的君子的话，那么，孟子的理想人格则是王天下的王者。孟子对自身的期望和对王者的呼唤都流露出这一思想端倪。更为明显的是，孟子把人类社会的历史递嬗剪裁成由王者主宰的治乱交替的轨迹，致使人类历史演绎为王者的历史。对历史演变法则的这种看法使孟子的历史哲学俨然成为对王者的歌颂和呼唤：第一，孟子断言："天下之生久矣，一治一乱。"② 这个观点把人类历史的演变轨迹归结为治乱交替的循环，也成为中国古代历史循环论之滥觞。正是借助对人类历史治与乱相互交错的历史进程的勾勒，孟子弘扬了王者的作用和意义。第二，根据人类历史周而复始的递嬗"规律"，孟子精确地推导出每一个治乱的周期是 500 年。由此，他声称："五百年必有王者兴，其间必有名世者。"③ 此外，孟子还根据这一历史运行周期推断出自己正逢王者兴起之世，并以救世的王者自居，喊出了"夫天，未欲平治天下也；如欲平治天下，当今之世，舍我其谁也？"④ 的豪言壮语。这既流露出孟子的自负，又展示了为天下兴亡担当道义的豪迈。这表明，在孟子的视界中，如果说"穷则独善其身"⑤ 而"富贵不能淫，贫贱不能移，威武不能屈"⑥ 的君子是大丈夫的话，那么，"达则兼善天下"的君子则是引领天下之人行仁义而王天下的王者。由于王者是以道德立身和处世的，这决定了王道与仁政的必然联系。既然如此，"不忍人之政"成为孟子的政治理想和价值诉求也就顺理成章了。

二、"不忍人之政"的行政原则和政治路线

孟子对霸道与王道的区分以及对王道的希冀秉持以德服人的政治路线和治国理念，对王者的人格塑造更是将统治者自身的道德垂范奉为平

---

① 《论语·卫灵公》。
② 《孟子·滕文公下》。
③ 《孟子·公孙丑下》。
④ 《孟子·公孙丑下》。
⑤ 《孟子·尽心上》。
⑥ 《孟子·滕文公下》。

治天下的根本。这注定了他所向往的王道绝非力政而是仁政，也就是"不忍人之政"。

仁政又称"不忍人之政"，源于"先王有不忍人之心，斯有不忍人之政"，是孟子特有的政治术语，与孔子所讲的德治同义且一脉相承。狭义上讲，仁政指发端于"不忍人之心"的统治原则；广义上讲，仁政指以道德而非物质利诱或暴力为手段、为目标的统治原则。在国家的治理上，以暴力为手段的叫暴政，以道德为手段的叫王道；推行法治的叫法治，推行道德的叫仁政。由于仁与德、善在儒家及孟子那里是一致的，因此，孟子所讲的王道就是崇尚道德而非暴力手段，追求道德之善而非物质之利的政治理想和行政理念。在这个意义上，仁政与王道异名而同实。在孟子的视界中，一方面，王道就是仁政。王道以仁政为实际内容和行政原则，是否推行仁政是判断霸道与王道的标准之一；对于推行王道者而言，"行一不义，杀一不辜而得天下，皆不为也"。① 一言以蔽之，王道就是用仁政而非力政或暴政来治国平天下。另一方面，仁政就是王道。仁政的最终目的是使天下归于王道而平治天下，是否臻于王道也是检验仁政的标准之一。当然，王道与仁政也有细微差别，那就是：如果说与霸道相对应的王道侧重平天下的过程的话，那么，与力政相对应的仁政则侧重治天下的统治之方；在平天下之后，如果说仁政侧重治国之方的话，那么，王道则侧重仁政实施的效果。总之，王道包含着仁政，仁政彰显了王道。在这个意义上，王道与仁政是统一的。

无论王道还是仁政都包括手段与目的两个层面，因而回避不了以何手段和为何目的的问题。

关于以何手段治国安民即仁政的手段问题，孟子毅然决然地选择了仁义道德。这与孟子对王道的期盼和对霸道的不耻相印证。《孟子》中的一则故事直观地流露了孟子的这一政治路线和治国理念：

　　　　鲁欲使乐正子为政。孟子曰："吾闻之，喜而不寐。"公孙丑

---

① 《孟子·公孙丑上》。

曰："乐正子强乎？"曰："否。""有知虑乎？"曰："否。""多闻识乎？"曰："否。""然则奚为喜而不寐？"曰："其为人也好善。""好善足乎？"曰："好善优于天下，而况鲁国乎？夫苟好善，则四海之内，皆将轻千里而来告之以善。夫苟不好善，则人将曰：'訑訑，予既已知之矣。'訑訑之声音颜色，据人于千里之外。士止于千里之外，则谗谄面谀之人至矣。与谗谄面谀之人居，国欲治，可得乎？"①

在孟子看来，对于一个从政者而言，身体素质、智力水平和知识积累等方面的素质都无关大局，甚至可以忽略不计，最要紧的是人品即道德素质。这就是他所说的"好善"。孟子对从政者之德的重视在与孔子的对比中看得更加清楚。《论语》记载：

季康子问："仲由可使从政也与？"子曰："由也果，于从政乎何有？"曰："赐也，可使从政也与？"曰："赐也达，于从政乎何有？"曰："求也，可使从政也与？"曰："求也艺，于从政乎何有？"②

孔子把做事果敢、明白事理和多才多艺等都视为从政的素质甚至是充分条件，认为一个人只要拥有其中之一就具备了从政的资格。孟子对从政者的资格认定并没有把知识、能力考虑在内，而是对"好善"之德倍加关注。其实，"好善"之所以被孟子奉为评价或考察从政者的最高标准乃至唯一标准，与仁政的最终目标密切相关。因为仁政，就是通过为政者"好善"的带动，使庶民对善趋之若鹜。既然仁政信凭的是以德服人，那么，德便成为考察、衡量、选择和评价为政者最重要的砝码。孟子坚信："仁人无敌于天下。"③基于这个逻辑，孟子坚信，对于统治者来说，如果能够实行仁义，平治天下则易如反掌。

① 《孟子·告子下》。
② 《论语·雍也》。
③ 《孟子·尽心下》。

关于为何平天下即仁政的目的问题，孟子的回答是为仁义之善，用他本人的话说就是"兼善天下"。这预示着治国平天下是一个以善之手段臻于善之境界的过程。早期儒家具有重义轻利的价值倾向，孟子则把这一倾向推向了极致，以至于对义与利的关系做对立观。正是在这个意义上，他指出："鸡鸣而起，孳孳为善者，舜之徒也。鸡鸣而起，孳孳为利者，蹠之徒也。欲知舜与蹠之分，无他，利与善之间也。"①依照孟子的逻辑，人们的行为或为善，或为利，其间势不两立、不可调和。这就是说，人正是在排斥对利的追逐中完成仁义的，孜孜求善的仁政、王道既然以仁义道德为鹄的，也就意味着与惟利是图的行为不共戴天。这是孟子关于善与利的关系和义利观的基本观点，也决定了他以推行仁义之善作为治理国家的基本思路。据《孟子》载：

> 孟子见梁惠王。王曰："叟不远千里而来，亦将有以利吾国乎？"孟子对曰："王何必曰利？亦有仁义而已矣。王曰何以利吾国，大夫曰何以利吾家，士庶人曰何以利吾身，上下交征利而国危矣。万乘之国，弑其君者，必千乘之家。千乘之国，弑其君者，必百乘之家。万取千焉，千取百焉，不为不多矣。苟为后义而先利，不夺不餍。未有仁而遗其亲者也，未有义而后其君者也。"②

在孟子看来，国君为政的路线是为仁义而非为利。君与诸侯、士大夫以及庶民之间"上下交征利"，其国必亡。因此，王者不应该总是想着何以利吾国，而是应该从谋利转向推行仁义。只有以仁义来治理国家，才能确保父兄之亲和君上之长的利益，进而确保百姓有家的天伦之乐，王者有国的长治久安。循着这个逻辑，孟子劝导和告诫为政者唯仁义是务，以仁义而不是以利为出发点来处理包括血缘父子、君臣上下在内的一切人际关系和所有国家大事。《孟子》中记载了这样一则故事：

---

① 《孟子·尽心上》。

② 《孟子·梁惠王上》。

宋轻将之楚，孟子遇于石丘。曰："先生将何之？"曰："吾闻秦楚构兵，我将见楚王，说而罢之。楚王不悦，我将见秦王，说而罢之。二王我将有所遇焉。"曰："轲也，请无问其详，愿闻其指。说之将何如？"曰："我将言其不利也。"曰："先生之志则大矣，先生之号则不可。先生以利说秦楚之王，秦楚之王悦于利，以罢三军之师，是三军之士乐罢而悦于利也。为人臣者怀利以事其君，为人子者怀利以事其父，为人弟者怀利以事其兄。是君臣、父子、兄弟终去仁义，怀利以相接，然而不亡者，未之有也。先生以仁义说秦楚之王，秦楚之王悦于仁义，而罢三军之师，是三军之士乐罢而悦于仁义也。为人臣者怀仁义以事其君，为人子者怀仁义以事其父，为人弟者怀仁义以事其兄，是君臣、父子、兄弟去利，怀仁义以相接也。然而不王者，未之有也。何必曰利？"①

此外，孟子的王道、仁政思想与他的法先王主张具有某种内在的一致性。对于为政必须法先王，孟子反复强调：

遵先王之法而过者，未之有也。②
为政不因先王之道，可谓智乎？③

基于这种认识，孟子总爱让先王在他的政治哲学中现身说法，以至于《孟子》书中说孟子"言必称尧舜"。④ 孟子之所以对先王推崇有加，从根本上说是因为先王在他的眼里既是善的化身，又是以仁义治国的典范。这便是上文所说的"孳孳为善者，舜之徒也"。如此说来，孟子呼吁法先王，无非是为了以先王为榜样，引导国君将仁义奉为治国之本。从这个意义上说，法先王与孟子轻利重义的治国理念和行政路线是一致的。

①《孟子·告子下》。
②《孟子·离娄上》。
③《孟子·离娄上》。
④《孟子·滕文公上》。

三、由"不忍人之心"发"不忍人之政"

作为儒家学者，孟子重视教化，甚至认为道德教化比政治措施对于治理国家更为有效，也更为重要。为了说明这一点，他对善政与善教之间的优劣得失进行了如下比较："善政，不如善教之得民也。善政民畏之，善教民爱之；善政得民财，善教得民心。"①通过比较，孟子旨在强调，黎民百姓对善政与善教的态度一畏一爱、截然不同，善政充其量只能聚敛民财，善教才能真正获得民心。结论不言而喻，"善政，不如善教之得民也"。沿着这个思路，孟子自然把为政的希望寄托在善教上。善教指好的、正确的教化，具体指儒家的教化。儒家所讲的教化通常指礼乐教化，走的是"省刑罚"的德治路线，对道德手段、社会舆论和主观自觉寄予厚望，试图通过礼义和音乐等潜移默化的影响、引导和感化使庶民品行端正，达到社会风俗醇美，天下大治的目的。孟子向往的善教与此同义。

对于教化的必要性和重要性，孟子指出："人之有道也，饱食煖衣，逸居而无教，则近于禽兽。圣人有忧之，使契为司徒，教以人伦：父子有亲，君臣有义，夫妇有别，长幼有序，朋友有信。"②这就是说，教化可以使人在远离禽兽中人性日臻完善，因而对于人之为人至关重要，并非可有可无。关于乐，孟子一面肯定音乐对王道教化的作用，并没有完全排斥乐；一面告诫国王一定要与民同乐，天下忧则忧，天下乐则乐。不难想象，在礼乐教化的过程中，由于始终依靠感化和引导的作用，从政者的示范便显得尤其重要。这无疑是对上者自身的行为和品德提出了更高的要求。从根本上说，礼乐教化是树立为政者自身的道德表率和榜样作用。正是在这个意义上，孟子宣称："君仁莫不仁，君义莫不义。"③在他看来，只有在为政者好仁义而不是尚利或好暴的教化和感召下，才

---

① 《孟子·尽心上》。

② 《孟子·滕文公上》。

③ 《孟子·离娄下》。

能"人人亲其亲，长其长，而天下平"。①沿着这个思路，孟子断言："天下之本在国，国之本在家，家之本在身。"②这既适用于百姓，也适用于——甚至主要针对王公大人。在这个前提下，孟子对尊重贤德之人一而再、再而三的强烈呼吁便显得顺乎自然和易于理解了：

> 尊贤使能，俊杰在位。③
>
> 贤者在位，能者在职，国家闲暇。及是时，明其政刑，虽大国必畏之矣。④
>
> 国君进贤，如不得已，将使卑逾尊，疏逾戚。⑤

依据孟子的设想和逻辑，贤能俊杰都是道德典范，任用他们从政，必然能够带动庶民从善如流，进而使礼乐教化落到实处。与此相一致，孟子把圣人包装成善于以礼乐道德教化百姓的人伦之师。于是，他反复强调：

> 圣人，人伦之至也。⑥
>
> 圣人，百世之师也。⑦
>
> 充实之谓美，充实而有光辉之谓大，大而化之之谓圣。⑧

在孟子那里，圣人之所以为圣，是因为他们能够对百姓"大而化之"，使天下风气纯正至美。如此说来，以道德彪炳史册，以礼乐春风化雨，带动百姓从善如流，圣人所起的作用和存在的意义如出一辙。这表明，圣人都是一样的——甚至可以说，只有一个圣人。正是在这个

---

① 《孟子·离娄上》。
② 《孟子·离娄上》。
③ 《孟子·公孙丑上》。
④ 《孟子·公孙丑上》。
⑤ 《孟子·梁惠王下》。
⑥ 《孟子·离娄上》。
⑦ 《孟子·尽心下》。
⑧ 《孟子·尽心下》。

意义上，孟子宣称："舜生于诸冯，迁于负夏，卒于鸣条，东夷之人也。文王生于歧周，卒于毕郢，西夷之人也。地之相去也，千有余里；世之相后也，千有余岁。得志行乎中国，若合符节。先圣、后圣，其揆一也。"①

至此，王者、君子、贤能、俊杰与圣人在仁义立身、道德垂教这个关节点上汇合了。在孟子的视界中，自正其身，以道德垂范的君子就是王者、就是圣贤；同样，"居天下之广居，立天下之正位，行天下之大道。得志与民由之，不得志独行其道"②的圣贤、君子理所当然地应该成为王者——至少是王者的最佳人选。

四、由"不忍人之政"尽"不忍人之心"

儒家是理想主义者，富于理想却不空想；儒家是道德理想主义者，所追求的道德与人道密不可分。这决定了政治、仕途在儒家那里与其说是满足权力欲望或实现个人政治抱负的手段，不如说是"兼善天下"的途径。这在孟子那里尤为如此。由于儒家的道德追求以人性为根基，以人性完善为目标，所以，儒家追求道德而非为道德而道德。正因为如此，在推行仁义时，孔子对百姓疾苦的同情和衣食的担忧饱含着浓郁而深切的人道情怀。孔子的人道情愫在孟子那里得以延续和弘扬。从人道的视角来审视孟子的思想可以发现，仁政也好，王道也罢，归根到底都是为了人。有鉴于此，孟子宣称："民为贵，社稷次之，君为轻。"③循着这个逻辑，既然民为贵、君为轻，那么，为政的重心应该放在为民众的考虑上。而要真正为百姓着想，必须先了解他们的疾苦和生存状况。对于民众的心理状态和行为操守，孟子分析说："无恒产而有恒心者，惟士为能。若民，则无恒产，因无恒心。苟无恒心，放辟，邪侈，无不为己。及陷于罪，然后从而刑之，是罔民也。焉有仁人在位，罔民而可

---

① 《孟子·离娄下》。
② 《孟子·滕文公下》。
③ 《孟子·尽心下》。

为也？"①循着这个逻辑，既然老百姓无恒心就会图谋不轨，既然民无恒产就无恒心，那么，仁者从政必然将制民之产业，使民坚守恒心作为第一步，而绝不会等到民众因无恒产、无恒心而犯罪之后，再加以严惩。这是因为，在民因无恒产、无恒心而犯罪之后，再对他们加以处罚，那是对百姓的陷害。这样做等于落井下石，不是仁者所为。于是，孟子得出了这样的结论："夫仁政，必自经界始。"②

"经界"即孟子倡导的井田制。由于孟子强调仁政一定要从实行井田、划分民产开始，井田制作为仁政的第一步便具有了非同一般的意义。可以看到，孟子对井田制十分重视，亲自进行了如下规定和设想："九一而助，国中什一使自赋。卿以下必有圭田，圭田五十亩。余夫二十五亩。死徙无出乡，乡田同井。出入相友，守望相助，疾病相扶持，则百姓亲睦。方里而井，井九百亩，其中为公田。八家皆私百亩，同养公田。公事毕，然后敢治私事，所以别野人也。此其大略也。"③本着人道精神，孟子把实行井田制作为仁政的开始，是为了解决百姓的衣食问题。井田制是仁政最基本的经济基础和经济措施，不仅仅限于经济方面。尽管孟子声称上述规划还只是雏形（"大略"），其中折射出的儒家惯有的社会理想和生存方式却依稀可见。

就经济方面而言，除了井田制，仁政还包括其他的经济措施。对此，孟子不止一次地畅想：

> 不违农时，谷不可胜食也。数罟不入洿池，鱼鳖不可胜食也。斧斤以时入山林，材木不可胜用也。谷与鱼鳖不可胜食，材木不可胜用，是使民养生丧死无憾也。养生丧死无憾，王道之始也。五亩之宅，树之以桑，五十者可以衣帛矣。鸡豚狗彘之畜，无失其时，七十者可以食肉矣。百亩之田，勿夺其时，数口之家可以无

---

① 《孟子·梁惠王上》。
② 《孟子·滕文公上》。
③ 《孟子·滕文公上》。

饥矣。①

王如施仁政于民，省刑罚，薄税敛，深耕易耨。②

前一段话涉及农、林、牧、副、渔各个行业和领域，在《孟子·梁惠王上》篇就出现两次，并且在《孟子·尽心上》等篇中出现，孟子对它的重视程度由此可见一斑。后一段话除了"省刑罚"的行政措施之外，主要是轻征薄敛、精耕细作等具体的经济措施和政策。尽管两段引文各有侧重，却都旨在从物质和经济上保障百姓的生活，以满足百姓的生存需要。由此看来，与孔子先富、再庶、后教的德治思路一样，孟子在仁政构想中加入了经济措施以解除庶民的衣食之忧。

必须指出的是，由于孟子对义利关系的对立理解，经济措施所满足的人之物质利益和生活需求并非仁政的最终目的，解除人们的后顾之忧是为了使人更容易听从王者的道义召唤。因此，孟子在讲仁政的经济措施和百姓的衣食问题时，总是无一例外地让道德教化紧随其后。下仅举其一斑：

是故明君制民之产，必使仰足以事父母，俯足以畜妻子，乐岁终身饱，凶年免于死亡。然后驱而之善，故民之从之也轻。③

谨庠序之教，申之以孝悌之义，颁白者不负戴于道路矣。老者衣帛食肉，黎民不饥不寒，然而不王者，未之有也。④

王如施仁政于民，省刑罚，薄税敛，深耕易耨。壮者以暇日修其孝悌忠信，入以事其父兄，出以事其长上，可使制梃以挞秦楚之坚甲利兵矣。⑤

---

① 《孟子·梁惠王上》。
② 《孟子·梁惠王上》。
③ 《孟子·梁惠王上》。
④ 《孟子·梁惠王上》。
⑤ 《孟子·梁惠王上》。

这清楚地表明，尽管孟子基于人道情怀，呼吁保障万民的生存权利和生活需要，然而，衣食问题或物质方面的条件只是第一步，充其量只是仁政的基础甚至是推行仁政的手段。这是因为，他之所以要保证百姓衣食无忧，归根结底是为了便于王者推行仁义的礼乐教化和百姓自身道德修养的提高。孟子的这套做法与孔子呼吁对百姓先富之再庶之最后教之的思路别无二致，是儒家道德理想主义的流露，也是儒家有别于墨、法诸家功利主义致思方向和价值取向的表现。

除了井田制和其他必要的经济措施之外，仁政还有一项重要内容，那就是：井井有条的经济、政治和社会秩序即社会分工。通过对许行之徒——陈相的层层追问，孟子阐明了自己的分工理论，论证了社会分工的必要性和迫切性。据载：

> 孟子曰："许子必种粟而后食乎？"曰："然。""许子必织布而后衣乎？"曰："否。许子衣褐。""许子冠乎？"曰："冠。"曰："奚冠？"曰："冠素。"曰："自织之与？"曰："否。以粟易之。"曰："许子奚为不自织？"曰："害于耕。"曰："许子以釜甑爨，以铁耕乎？"曰："然。""自为之与？"曰："否。以粟易之。""以粟易械器者，不为厉陶冶，陶冶亦以其械器易粟者，岂为厉农夫哉？且许子何不为陶冶，舍皆取诸其宫中而用之？何为纷纷然与百工交易？何许子之不惮烦？"曰："百工之事，固不可耕且为也。""然则治天下独可耕且为与？有大人之事，有小人之事。且一人之身，而百工之所为备。如必自为而后用之，是率天下而路也。故曰：或劳心，或劳力；劳心者治人，劳力者治于人；治于人者食人，治人者食于人，天下之通义也。……"①

从中可知，孟子赞成以脑力劳动与体力劳动为两大阵营的社会分工，不仅为或劳心、或劳力的社会分工正名，而且论证了剥削的合理性。劳

---

① 《孟子·滕文公上》。

心为大人之事、劳力为小人之事的说法本身即是一种价值表达，"劳心者治人，劳力者治于人；治于人者食人，治人者食于人"更是为尊卑贵贱的社会等级辩护。《孟子》中的另一则故事印证了孟子的这一价值意趣和思想取向：

> 公孙丑曰："《诗》曰：'不素餐兮'，君子之不耕而食，何也？"
> 孟子曰："君子居是国也，其君用之，则安富尊荣；其子弟从之，则孝悌忠信。'不素餐兮'，孰大于是？"①

孟子向往的社会分工是基于或劳心、或劳力的两大壁垒展开的，并且明确规定了劳心与劳力之间是治于与治、食与食于的统治关系和剥削关系。因此，他的社会分工理念不仅限于经济秩序，而且蕴涵着政治秩序和社会秩序。在孟子设想的或劳心、或劳力的社会分工中，人与人以及不同行业者之间不仅仅是物质或经济交换关系，而且是基于一定的经济基础、社会地位的社会关系，并由此构成了整个社会的等级秩序。孟子旨在通过社会分工给不同的人在社会中找到一个位置，定以不同的名分，从而保证各行各业有条不紊地运行。这正是儒家追求和向往的亲亲、尊尊的社会秩序。这种秩序基于井田制代表的经济基础，始于以血缘为纽带的亲亲的人伦秩序，终于劳心劳力的社会分工。这是孟子对于仁政的基本构想，也是儒家的一贯思路。

五、"先王有不忍人之心，斯有不忍人之政"的多维呈现

"先王有不忍人之心，斯有不忍人之政"是孟子政治哲学的基本逻辑，也使王道、仁政成了孟子政治哲学的主要内容和价值目标。作为人生追求和社会理想，孟子终身都在为王道、仁政的实现而不懈努力着。作为价值旨趣和理论初衷，王道、仁政并不限于孟子的政治哲学，而是渗透在他的

---

① 《孟子·尽心上》。

本体哲学、人性哲学乃至历史哲学等方方面面。确切地说，政治哲学从本体、人性哲学中引申出来，故而与后者一脉相承，而将三者联系起来的则是"先王有不忍人之心，斯有不忍人之政"。可以看到，"先王有不忍人之心，斯有不忍人之政"架起了联结孟子政治哲学与本体哲学、人性哲学的桥梁，并且作为政治哲学的主要内容为孟子的本体哲学、人性哲学注入了特殊意蕴和独特魅力。

就本体哲学与政治哲学的关系而言，孟子的政治哲学直接决定了本体哲学的具体内容和理论走向。具体地说，孟子本体哲学的主要内容是天命论。天命论宣扬人的命运是外在于人的异己力量——上天注定的，属于客观唯心论。作为天命论者，孟子断言："皆天也，非人之所能为也。莫之为而为者，天也；莫之致而至者，命也。"① 这个说法表明，孟子恪守天命论，孟子的天命论属于客观唯心论。在这一点上，孟子与孔子的天命论无异。尽管如此，孟子坚信"先王有不忍人之心，斯有不忍人之政"，在从"不忍人之心"推出"不忍人之政"的过程中，由于对王道、仁政的津津乐道、不能释怀，孟子有意无意地以心为切入点，从人为的因素入手来解释上天对人之命运的决定。例如，他援引伊尹的话说："天之生斯民也，使先知觉后知，使先觉觉后觉。予，天民之先觉者也；予将以此道觉此民也。"② 如此说来，上天在生人之时，就已经把人分为先知先觉与后知后觉之不同，并且赋予先知先觉者以教化万民的责任和使命，从而使仁政包含的社会分工和社会秩序在天命中得以伸张。不仅如此，在回答弟子万章提出的天下政权更替的问题时，孟子不仅援引《尚书》中的"天视自我民视，天听自我民听"③ 在天命中加入了人命的成分，而且注重统治者的人品和德行。这使孟子天命论的理论走势急剧变奏，由客观唯心论向主观唯心论倾斜。据《孟子·万章上》记载：

---

① 《孟子·万章上》。

② 《孟子·万章下》。

③ 《尚书·泰誓》。

万章曰："尧以天下与舜，有诸？"孟子曰："否。天子不能以天下与人。""然则舜有天下也，孰与之？"曰："天与之。""天与之者，谆谆然命之乎？"曰："否。天不言，以行与事示之而已矣。"曰："以行与事示之者如之何？"曰："天子能荐人于天，不能使天与之天下。……昔者尧荐舜于天而天受之，暴之于民而民受之，故曰，天不言，以行与事示之而已矣。"曰："敢问荐之于天而天受之，暴之于民而民受之，如何？"曰："使之主祭而百神享之，是天受之；使之主事而事治，百姓安之，是民受之也。天与之，人与之，故曰：天子不能以天下与人。舜相尧二十有八载，非人之所能为也，天也。尧崩，三年之丧毕，舜避尧之子于南河之南。天下诸侯朝觐者，不之尧之子而之舜；讼狱者，不之尧之子而之舜；讴歌者，不讴歌尧之子而讴歌舜，故曰，天也。夫然后之中国，践天子位焉。而居尧之宫，逼尧之子，是篡也，非天与也。《太誓》曰：'天视自我民视，天听自我民听'，此之谓也。"

万章与孟子一问一答的对话使一个事实逐层浮出水面——上天对人之命运的决定是天与人之间相互作用的结果，究其极是一个倾听百姓心声的过程：一方面，天不言不语，不是以行政命令或强制方式而只是拿事与行来昭示天下。对此，孟子宣称，上天在昭示天子的过程中以万民的耳目为耳目，其实是在天命中融入了人命（百姓之命）的因素，于是便有了"天时不如地利，地利不如人和"[1]的名句。另一方面，作为上天和万民共同期待和考察的对象，准天子的人格、德行是一个重要参数，甚至是最基本的参数。正如天下之人朝觐、诉讼和讴歌皆"不之尧之子而之舜"决定上天把天下与舜一样，最终为舜赢得万民爱戴的不是上天之命，甚至不是百姓，而是舜本人的德行即推行王道、仁政而爱民保民。有鉴于此，孟子呼吁"保民而王"。

进而言之，孟子所向往的"保民而王"具体包括两层含义：第一，

---

[1] 《孟子·公孙丑下》。

是东征而西怨、西征而东怨的万民爱戴使王者永远立于不败之地。王者只有保民，才能保持自己王的地位；否则，王即成了孤家寡人，也就不成其为王了。第二，更为重要的是，王的作用和价值是保民，只有使境内之民得到庇护和保佑，王才践履了自己的使命，实现了自己的价值。这是孟子的为政原则，也是他所认可的王者对待天命的态度和做法。据载：

> 齐人伐燕，胜之。宣王问曰："或谓寡人勿取，或谓寡人取之。以万乘之国伐万乘之国，五旬而举之，人力不至于此。不取，必有天殃。取之，何如？"孟子对曰："取之而燕民悦，则取之。……取之而燕民不悦，则勿取。"①

依据这则记载，在孟子的价值系统中，只有不计较国土的大小而只为万民考虑，才可能成为王者。有了仁政这杆秤，由于价值天平始终指向百姓一方，天殃完全可以置之不理，百姓的忧乐才是王者进行取舍定夺的唯一标准。这则故事反映了孟子设想的王者对待天命的应有态度，也印证了孟子所讲的上天主要对天子负责，侧重国家命运。可以作为例证的有，孟子曾宣称："惟仁者为能以大事小，是故汤事葛，文王事昆夷。惟智者为能以小事大，故太王事獯鬻，勾践事吴。以大事小者，乐天者也；以小事大者，畏天者也。乐天者保天下，畏天者保其国。"② 在这里，无论乐天还是畏天，主体都只能是天子、国君而非一般的民众。孟子所讲的乐天、畏天都不是从普通人对天的态度或天与人的一般关系立论的，因为只有天子、国君，才有乐天畏天的可能性或乐天与畏天之别。

可见，王道、仁政理想决定了孟子谈论天命的独特视角，乃至影响了天命的具体内容，致使孟子的天命论极富个性魅力。同样恪守天命

---

① 《孟子·梁惠王下》。

② 《孟子·梁惠王下》。

论，如果说孔子之天侧重决定人之生死、贫富、贵贱等个体命运的话，那么，孟子之天则着重主宰天下兴衰等群体命运。可以看到，孟子即使是讲个人命运，也大多与人的政治或仕途际遇相对接。与此相关，由于将王道、仁政注入其中，特别是由于民心向背的参与，孟子的天命论由孔子尊奉冥冥之天为主宰的客观唯心论偏向了天命即人命的主观唯心论。

就政治哲学与人性哲学的关系而言，"先王有不忍人之心，斯有不忍人之政"使孟子的政治哲学与人性哲学密不可分，甚至成为一而二、二而一的关系。如果说人性之善为王道、仁政的实施和贯彻提供了可能性"论证"的话，那么，王道、仁政的实现则为人性之善的践履和葆有提供了广阔空间。先王之"不忍人之政"使人性之善从人性哲学的假说层面推进到政治哲学以仁政为平台的现实层面，从而拥有了实践操作的社会平台。

在这里，有一点是可以肯定的，那就是：如果说孟子在本体哲学与政治哲学之间搭建联系尚是在或有心或无意之间进行的话，那么，孟子对于以仁政为主的政治哲学与人性哲学之间的密切关系则有清醒的认识。正是在这个意义上，他指出："人皆有不忍人之心。先王有不忍人之心，斯有不忍人之政矣。以不忍人之心，行不忍人之政，治天下可运之掌上。"①

一方面，孟子着重揭示了人性与政治之间的内在联系，把人性说成是为政的基础和前提，进而用人生而善的本性论证"不忍人之政"的可能性和可行性：第一，先王的善性决定了仁政的制定和出台。既然善是人与生俱来的本性，那么，先王也不例外。正因为先王心怀恻隐，不忍心用残酷的法律桎梏百姓，于是才推出了"不忍人之政"。第二，从仁政的贯彻和执行来看，百姓的善性保证了仁政的贯彻和落实。百姓性善——因为人皆有"不忍人之心"，"不忍人之心"并非先王所特有，百姓与先王一样悦仁义，故而听从仁政的引导。可以设想，如果人性并

---

① 《孟子·公孙丑上》。

非像孟子确信的那样从善如流而是像韩非所说的那样自私自利、唯利是图的话，那么，以礼乐教化、道德引导等说教手段为主的仁政便显得空洞虚伪、苍白无力，而不如法律的强制来得有力而有效。为了说明道德说教与法律强制孰优孰劣，韩非曾经举了这样一个例子：

> 今有不才之子，父母怒之弗为改，乡人谯之弗为动，师长教之弗为变。夫以父母之爱、乡人之行、师长之智，三美加焉，而终不动，其胫毛不改。州部之吏，操官兵，推公法，而求索奸人，然后恐惧，变其节，易其行矣。故父母之爱不足以教子，必待州部之严刑者，民固骄于爱、听于威矣。①

在这个例子中，韩非通过父母、乡邻和师长的教诲与酷吏、官兵和法律的威慑之间的鲜明对比，揭示了道德说教的软弱与法制手段的有效，进而申明了自己推行法治的治国理念和政治主张。与此同时，这个例子也从反面证明了性善说对仁政的理论支持和奠基作用。

另一方面，孟子以王道、仁政为理想境界和主要内容的政治哲学使其"道性善"的人性学说由空想变成了现实。换言之，孟子的王道、仁政主张既由性善而来，奠基于人性哲学之上，又反过来为"道性善"的人性哲学提供了广阔而切实的用武之地。在孟子对王道、仁政的畅想中，在上者的善良本性得以酣畅淋漓地释放和运用，王天下的王者以"不忍人之心"平天下或解决与邻国、与臣民的关系，治天下的国君以"不忍人之心"处理一切事物；庶民百姓的性善本能得以充分显露和施展，在对内事父兄、畜妻子的人伦日用和对外事君敬长的身体力行中臻于完善。于是，国家刑罚省，上下的善良本性皆得以扩充。这样一来，每个人与生俱来的、作为良知良能潜在的善之"端"都得以尽情发挥。

透过"先王有不忍人之心，斯有不忍人之政"可以看到，孟子的政治哲学不仅与本体哲学和人性哲学密切相关，而且转变了他的本体哲学

---

① 《韩非子·五蠹》。

的理论走向和哲学党性，具体表现就是使天命直接与现实的政治生活对接；奠基于人性哲学之上的政治哲学反过来为"道性善"的人性哲学提供了论证，这种论证比起性善说对仁政具有假说性质的前提预设更具说服力。于是，可以设想，离开了由"先王有不忍人之心"而生发出来的"不忍人之政"，孟子的本体哲学、人性哲学将丧失鲜活的现实性和有效的说服力，甚至可能要改写。基于此，在某种程度上可以说，以王道、仁政为主的政治哲学是孟子思想体系的核心，以天命论为基础的本体哲学和由性善说支撑的人性哲学是围绕着政治哲学展开，并且为政治哲学服务的。

与此同时，"先王有不忍人之心，斯有不忍人之政"使孟子的政治哲学极富儒家神韵，不仅尽显儒学本色，而且让人可以从中领略到儒家一以贯之的道德理想和学术风采：第一，将为政者自身的表率作用进行到底。崇尚礼乐教化、道德感召的儒家走的一直是上层路线，这凸显了在上者行为的重要性，无形之中置在上者于万众瞩目的地位。孔子给政下的定义是"政者，正也"，理由很简单——既然为政者是万众之师，那么，"子帅以正，孰敢不正？"①孟子重视统治者的榜样作用，并且用王者、圣人、贤能和俊杰等组成了一个大系统，以期在各个环节都以在上者的正面形象的示范来教化、模塑万民。第二，编织"哲学王"的梦想。在古希腊哲学家柏拉图描述的理想国中，有智慧的哲学王统一天下。其实，儒家也有强烈的"哲学王"情结。唯一不同的是，由于中西文化的差异，柏拉图与儒家对哲学王的具体理解迥异其趣：在膜拜知识的西方文化中，哲学王是智慧之王；在崇尚伦理道德的中国传统文化特别是儒家文化中，哲学王主要指道德完善的圣人即王天下的圣贤。受哲学王情结的驱使，孔子倾慕的圣人从尧舜到周公等都是一统天下的"政要"。有天下、是国君，这是"哲学王"的政治身份；此外，他们还有一个学术或品行身份，那就是：道德完善的圣人。孟子的哲学王情结与孔子相比不惟毫不逊色，反倒有增无减。孟子所讲的以德服人而王天下

---

① 《论语·颜渊》。

的王者就是"哲学王",即以道德立身且立国者。孟子坚信,在理想的国度里,天下理应归于行"不忍人之政"的仁者。更有甚者,不以道德为本即不能得天下。所以,他宣称:"三代之得天下也以仁,其失天下也以不仁。"① 与此同时,孟子还以"兼善天下"的王者自居且自励,终身为王天下的事业而呕心沥血、呼吁奔波。可以看到,孟子壮志未酬的哲学王事业并没有停息。在孟子的身后,荀子一再强调:

> 故天子唯其人。天下者,至重也,非至强莫之能任;至大也,非至辨莫之能分;至众也,非至明莫之能和。此三至者,非圣人莫之能尽,故非圣人莫之能王。圣人者,备道全美者也,是县天下之权称也。②
>
> 国者,小人可以有之,然而未必不亡也;天下者,至大也,非圣人莫之能有也。③

在荀子看来,天子不仅意味着权利,更意味着责任。只有"备道全美"的哲学王才能肩负天下的责任而不辱使命,不辜负天下人的重托。沿着这个思路,他强调,天下必然是王者的,哲学王得天下便可以长久,小人即使侥幸得天下也不会长久。在荀子淋漓尽致的发挥中,哲学王统治天下不再是孔子对古代世界的美好回忆而是当今世界的现实情境,哲学王统治天下的状态也随之由孟子畅想的理想态变成了常态。正是在这种时空的双维转换中,荀子强化了儒家的哲学王情结,同时彰显了哲学王一统天下的正当性和必然性。

上述内容显示,"先王有不忍人之心,斯有不忍人之政"凝聚了孟子的政治理念和远大抱负,也成为联结他的政治哲学与本体哲学、人性哲学的桥梁。其实,稍加思考不难发现,正如儒家的政治理想与个人抱负密不可分一样,孟子借助"先王有不忍人之心,斯有不忍人之政"抒

---

① 《孟子·离娄上》。

② 《荀子·正论》。

③ 《荀子·正论》。

发的治国平天下的政治理念引领了后世儒家政治哲学的致思方向和理论走势，由天命而人性而政治的三位一体被宋明理学家演绎为天理为世界本原—人性的善恶双重—德法并施的治国方略的层层推进。

第五章

"言无言"

——庄子语言哲学解读

　　"言无言"语出《庄子·寓言》篇，是庄子语言哲学的核心命题，也反映庄子对待语言的基本态度。基于对宇宙本体——道和人的生命本质的独特理解，庄子对语言的诠释颇具道家神韵。通过言与道、言与知、言与德和言与行等不同维度的探索，庄子在本体哲学、认识哲学、道德哲学和人生哲学等诸多领域从不同层面和角度全方位地透视了语言问题。在这里，贯穿始终的主线则是那句"言无言"。

一、"道不可言"之言与道

　　作为道家的主要代表，庄子对道推崇备至，奉道为宇宙本原。这使言与道的关系成为庄子语言哲学无法回避的首要问题。不仅如此，在某种程度上可以说，对这一问题的解答直接影响乃至决定着庄子对语言本质和功能的判断。总的说来，关于宇宙之道与语言是否具有同一性，庄子的基本观点是：没有恰当的语言去称谓道；道不能通过语言去描述或介绍；道不能通过语言的交流去获得或相互传授。

1."道不当名"

对于作为宇宙本原的道，庄子一面极力凸显、确证它的存在，一面断然否认道有形象、声音等感性特征。正是在这个意义上，他一而再、再而三地声明：

> 夫道有情有信，无为无形。①
>
> 视之无形，听之无声。②
>
> 道不可闻，闻而非也；道不可见，见而非也。③

这就是说，道是一种无形无声的存在，没有任何形象、声音等外部属性；道的这种无形无声的存在状态决定了人不能凭借闻见等手段而得道。正因为如此，庄子一再告诫人们说，对于道，一定要摒弃耳目等感官；一旦运用耳目去闻道、视道，所听到、见到的就不再是道了。对道的这一判断奠定了庄子语言哲学的理论视域和逻辑前提，他对语言的种种界定和态度都可以在这里找到思想端倪。

庄子肯定"道不当名"，在凸显道超验、绝象之特征的同时，在道与人的感官之间划定了一条不可逾越的鸿沟。一言以蔽之，在庄子看来，道本身就排斥语言（名、称谓）。具体地说，道的无形、无声和无为注定了道的无名，即"道不当名"。这用他本人的话说便是："知形形之不形乎！道不当名。"④循着这个思路，既然道不能用任何概念、名称来指谓，用任何名词、概念来称谓道都不恰当，那么，语言（名）便不能进入道的领地。

2."道不可言"

名称、概念是语言的精华和基本单位。从这个意义上说，庄子肯定

---

① 《庄子·大宗师》。

② 《庄子·知北游》。

③ 《庄子·大宗师》。

④ 《庄子·知北游》。

道"不可当名"，便暗示乃至注定了道的不可言说。事实正是如此，庄子断言："道不可言，言而非也！"①因为道只有存在而没有属性，所以，人们永远也无法用语言去描述、界定或接近道。对此，庄子不止一次地断言：

夫大道不称，大辩不言。②

道昭而不道，言辩而不及。③

值得注意的是，庄子不是认为语言不能对道进行言说和表达，而是强调语言不能正确地言说和表达道。事实上，正因为语言可以表达道，所以才有人一直在试图通过语言去表达和接近道，所以才有庄子一而再、再而三的劝阻和告诫；正因为语言不能正确地表达和言说道，所以庄子才对凭借语言表达和认识道的做法深恶痛绝，并且企图杜绝这种现象。这表明，庄子认为，通过语言来把握道是不谙大道的表现，这样做所认识和把握的道不是道的本身。更有甚者，语言掩盖了道的真相，对认识道形成破坏。正是在这个意义上，庄子宣称："道恶乎隐而有真伪？言恶乎隐而有是非？道恶乎往而不存？言恶乎存而不可？道隐于小成，言隐于荣华。"④按照这种说法，荣华、浮夸、夸大其词或浮于表面使语言不能超越是非的狭隘和偏激，从而遮蔽了语言的本性。如果用这种带有是非观念的语言去描述道，便会使道的全面性和统一性遭到遮蔽乃至扼杀。同时，语言的主观性又使道失真。如此说来，既然语言妨碍道的显现和本真，那么，为了体道，只有抛弃语言。于是，庄子告诫人们："彼至则不论，论则不至；明见无值，辩不若默；道不可闻，闻不若塞：此之谓大得。"⑤循着这个逻辑，既然道不可言，既然道不可道之道的后

① 《庄子·知北游》。

② 《庄子·齐物论》。

③ 《庄子·齐物论》。

④ 《庄子·齐物论》。

⑤ 《庄子·知北游》。

果势必造成对道的破坏，那么，人最明智的态度和选择只能是对道不闻不问、保持缄默。这便是无言。

3."道不可闻"

语言是交流的媒介和工具，完全抛开语言的交流是不可想象的。从这个意义上说，道的"不当名"和"不可言"注定了道的不可交流或不可传递。庄子推论说："使道而可献，则人莫不献之于其君；使道而可进，则人莫不进之于其亲；使道而可以告人，则人莫不告其兄弟；使道而可以与人，则人莫不与其子孙。"① 在他看来，君是人之最尊者，父母、兄弟和子孙是人之至亲者。如果道可以晋献、传递、口授或赠与的话，那么，人最先会想到自己之至尊和至亲，从而使这些人成为道的受惠者；人无法与其最尊或至亲分享道的事实，反过来证明了道是不可借助语言传递或交流的。

在庄子那里，与对道的不闻不问、不言不辩一样，道的不可献、不可进、不可告和不可与归根结底都是由道的超言绝象决定的，也意味着道只有通过心领神会的内心体验和直觉参悟才能获得。这用庄子本人的话说便是："然而不可（指不可献、不可进、不可告和不可与——引者注）者，无佗也，中无主而不止，外无正而不行。"② 在此，庄子的本意是说，如果自己内心没有主意，外界的影响（讲道者的传授）与我心中的主意不相符则无法产生共鸣，故而道无法留在心上。同样的逻辑，一个人如果没有纯正的品质，与道德格格不入，纵然想推行道（为他人讲道），也无法使外界接受。如此看来，得道的办法不是靠经验而是靠内省，主要途径是涤荡外物干扰，提高内在修养，以保持内心的恬淡寂寞。如果不注重内在修养而舍本逐末的话，那么，即使是他人对道有所献、有所进、有所告或有所与，自己也无法体悟道。正是基于这种认识，庄子一再强调：

① 《庄子·天运》。
② 《庄子·天运》。

可传而不可受，可得而不可见（指道可以传授、领会却不能手授、目见——引者注）。①

于人之论者，谓之冥冥，所以论道而非道也。②

上述引文表明，庄子否认凭借语言交流或口授、手授等各种渠道得道的可能性，故而一再告诉人道不可言说或相互交流。如此说来，给他人讲道再糊涂不过了，为他人讲道这一行为本身就足以证明讲道者对道一无所知——道不可命名，不可言说，所言说的或对他人讲授的都已经不是道了。

需要说明的是，庄子并不否认得道的可能性，或者说，庄子并不否认道可知，只不过是对于得道途径的选择有些特别而已——摒弃了耳闻目见等感性认识和语言交流等手段，而单凭心领神会意致。长期以来，庄子一直被认为是先秦乃至中国哲学不可知论的典型代表。上述内容显示，庄子明确表示道"可传"、"可得"，是可知的。正因为道可以被认识，人才有了体道的必要和得道的可能；如果道不可传、不可得，道与人便永远分属于两个互不交涉的世界，那么，道对人而言也就失去了意义和存在的价值。中国古代哲学以人之安身立命为旨归，往往习惯于在形而上的世界万物的本原中为人寻找安身立命之所和情感信仰之寄，这一做法的先决条件就是承认宇宙本原与人的认识之间具有同一性，而人的存在与宇宙万物的存在原本就是合一的。就庄子哲学而言，道分为天道与人道两个方面，二者既相区别，一主一从；又相联系，人道因循天道，天道必然在人道乃至人身上有所体现；为了使人道符合天道，人必须先体悟和认识道。这一切的前提便是承认道是可知的。进而言之，道可以被认识，是否就意味着道可以甚至就是通过语言被认识的？其实，在道的存在状态和得道方法的问题上，庄子始终不否认道可知，只是排除凭借耳目等感官或运用语言认识道的可能性而已。

---

① 《庄子·大宗师》。
② 《庄子·知北游》。

总之，在言与道的关系层面，庄子是从宇宙本原——道的存在状态和基本特征展开论证的。这一切入点不仅使他的语言哲学具有了高屋建瓴的高度和气势，而且拥有了形而上的深邃内涵和厚重神韵。然而，从"道不当名"到"道不可言"，再到"道不可闻"，无论是对于道的命名、言说还是道的交流、传授，在各个环节，庄子始终杜绝语言对道的介入。这表明，在本体哲学领域，庄子对语言完全持否定态度，基本上全盘否认语言对于得道的积极意义。

二、"口不能言"之言与知

认识世界、描述事物需要借助语言的帮助，这使语言与知识、语言与人的智力之间的关系成为语言哲学历久弥新的话题。在认识哲学领域，庄子对语言的作用和价值给予了一定程度的肯定：第一，承认语言具有表达意义的功能。庄子指出："夫言非吹也，言者有言。"[①]这就是说，语言承载着一定的意义，并非完全空洞而无任何意义的符号。因此，人类说话与自然界的吹风不同，总要表达一定的情感，传递一定的信息。可见，庄子对语言的表意功能给予了一定程度的认可，实际上是肯定了语言符号的意义和价值。第二，确信语言是认识的工具和手段。庄子指出："荃者所以在鱼，得鱼而忘荃；蹄者所以在兔，得兔而忘蹄；言者所以在意，得意而忘言。"[②]在这里，庄子虽然对"忘言"心驰神往，但是，他并没有完全否认语言的作用，而是肯定意义的获得——"得意"必须通过言这一中介或手段；正像捕鱼、猎兔必须依靠荃、蹄等工具的帮助一样，言对于意的获得是不可或缺的。这就是说，只有先"言"才能"忘言"，这使"言"成为"得意"或"忘言"不可逾越的环节和阶段。

尽管如此，在言与知的关系层面，庄子对语言的认知能力进行了保

---

① 《庄子·齐物论》。
② 《庄子·外物》。

留。在这方面，他不仅极力夸大语言自身的缺憾，而且完全否认语言具有把握物之精的能力。更有甚者，基于这种认识，庄子主张放弃语言。

1. 语言的有效界域

按照庄子的一贯说法，对于"不期精粗"之道来说，语言永远都无法企及。这是庄子的本体哲学所探讨的问题，他关于言与道的关系的表述已经充分阐明了这一点。接下来的问题是，既然语言对于道无能为力，那么，如果肯定语言的作用和功能的话，那就只能为语言在道之外的具体事物中寻找用武之地了。事实上，庄子对语言作用的肯定正是在这个前提下进行的。

进而言之，在认知领域中，语言对于具体事物又有何作为呢？对于这个问题，庄子既承认语言对于具体事物具有认识作用，同时又指出语言的作用是有限的。这使语言面对事物便有了能与不能。为了更好地说明语言的能与不能，他明确划定了语言的权限。这便是："可以言论者，物之粗也；可以意致者，物之精也；言之所不能论，意之所不能察致者，不期精粗焉。"①不难看出，按照庄子的划分，语言只能表达"物之粗"——事物的外在属性，如形与色、声与名等；而"物之精"——事物的内在本质和本体则是不可言传的。如此说来，语言表述的只是事物之表——"物之粗"，而非事物之道——精华。

至此，结合庄子对语言在本体与认知两个领域的综合认定，可以将他对语言作用的界定概括如下：语言不能认识和触及道，这具体包括宇宙大道和事物之虚——本体两个部分；语言认识和表述的只限于事物的外表，也就是庄子所讲的"物之粗"。《庄子》中的一则故事形象地说明了这个道理：

> 桓公读书于堂上，轮扁斫轮于堂下，释椎凿而上，问桓公曰："敢问：公之所读者，何言邪？"公曰："圣人之言也。"曰："圣人在乎？"公曰："已死矣。"曰："然则君之所读者，古人之糟魄已夫！"

---

① 《庄子·秋水》。

桓公曰："寡人读书，轮人安得议乎！有说则可，无说则死！"轮扁曰："臣也以臣之事观之。斫轮，徐则甘而不固，疾则苦而不入，不徐不疾，得之于手而应于心，口不能言，有数存乎其间。臣不能以喻臣之子，臣之子亦不能受之于臣，是以行年七十而老斫轮。古之人与其不可传也死矣，然则君之所读者，古人之糟魄已夫！"①

　　这则故事形象地表达了庄子对语言能力的划界和认定，那就是：语言只能表达"物之粗"——表面现象，而不能触及物之虚——道。正是由于这个原因，轮扁能够发现榫头宽则松滑而不牢固，榫头紧则涩滞而安不进去的现象，并且将这种得之于手的经验应之于心，使榫卯宽紧适当，达到出神入化的境界，进而成为一名能工巧匠；当然，轮扁也可以将自己的心得毫无保留地传授给传承自己职业的儿子。然而，得心应手终将成为轮扁的独门手艺，而无法与儿子分享。问题的症结在于，轮扁使榫头松紧适宜之技是一种出神入化的道的境界，纵然他自己心中有"数"也是枉然——因为道是无法通过语言加以传授的，轮扁也不例外。结果可想而知，轮扁不能将道口授给他人——即使是自己的亲生儿子！据悉，他本人得道也是"得之于手而应于心"的心领神会，而非他人传授的。"有数存乎其间"却"口不能言"，以至于"行年七十"还亲自斫轮的悲哀背后，便是轮扁"口不能言"的"难言之隐"。

　　试想，通过面对面的直接的语言交流和父子之间手把手的亲身传授尚且如此，离开具体情境的书面语言又将如何！循着这个逻辑，轮扁对书的看法和对桓公读书的议论是必然的。对此，《庄子》解释说："世之所贵道者，书也。书不过语，语有贵也。语之所贵者，意也，意有所随（言外之意——引者注）。意之所随者，不可以言传也，而世因贵言传书。世虽贵之，我犹不足贵也，为其贵非其贵也。故视而可见者，形与色也；听而可闻者，名与声也。悲夫！世人以形色名声为足以得彼之情。夫形色名声，果不足以得彼之情，则知者不言，言者不知，而世岂

_____
　　①　《庄子·天道》。

识之哉！"① 这就是说，书是语言记载而成的，书中的语言成为其内容的载体。语言的可贵之处在于传达意义、负载内容。问题的关键是，语言传载的信息和内容离不开具体的语境，并且往往带有弦外之音、言外之意。离开了言语者的具体情境，便无法理解言语者的意图和所言说的内容；至于言说者所要传达的弦外之音、言外之意，更是当事人之外的其他人无法领会或洞察的。这是语言所无法逃遁的宿命。更有甚者，书是由语言记载而成的，由于语言无法克服的只能言"物之粗"的缺陷，尤其是当书的作者已经作古时，书则作为遗"迹"，徒留粗浅之形迹而已。基于这种状况，庄子得出了如下结论："夫六经，先王之陈迹也，岂其所以迹哉！今子之所言，犹迹也。夫迹，履之所出，而迹岂履哉！"② 任何语言都有当时的环境和背景，脱离了这些具体的语境和真实的情境，语言的真实意义便会消失殆尽。这样的语言徒有外壳，而没有了精华和内容。这正如足迹是鞋子踩出来的，而鞋子留下的脚印并不代表鞋子本身一样。更何况当人们把目光投向鞋子留下的足迹时，鞋子已经跟随它的主人之脚（变化之道）游于他方了。如果按照这种方式寻找下去的话，那么，你看到的充其量只能是鞋子留下的陈迹——印鞋而已，至于留下鞋印的鞋子——尤其是藏在鞋子中踩出鞋印的那双脚（宇宙大道），永远都不可能看到。

2. 语言的不确定性和片面性

庄子断言，对于语言来说，"其所言者特未定也"。③ 这就是说，语言没有确定性：第一，语言的主体是不确定的，人与我、彼与此是相对的。第二，语言的内容是不确定的，随着所要表达的事物的不同而有所不同。这样一来，由于人我各有自己的是非观念，由于事物带有可与不可、然与不然的两面性，最终导致语言的片面性。对此，《庄子》有言："有自（由、缘故——引者注）也而可，有自也而不可；有自也而然，有自也而不然。恶乎然？然于然；恶乎不然？不然于不然。恶乎

---

① 《庄子·天道》。

② 《庄子·天运》。

③ 《庄子·齐物论》。

可？可于可；恶乎不可？不可于不可。物固有所然，物固有所可。无物不然，无物不可。非卮言日出，和以天倪，孰得其久！万物皆种也，以不同形相禅，始卒若环，莫得其伦，是谓天均。"①沿着这个思路，庄子预见，如果运用这种带有偏见和片面性的语言认识事物、进行交流的话，势必使人陷入困境而无法自拔。这用他本人的话说便是："大知闲闲，小知间间。大言炎炎，小言詹詹。其寐也魂交，其觉也形开。与接为拘，日以心斗。"②

在庄子看来，语言本身是有缺陷的，如果运用不好的话，不仅使人在无休止的辩论中丧失真我和本性，而且使人固执己见，偏于一隅。为了引导人走出语言的误区，《庄子》讲了这样一则故事：

> 少知曰："季真之莫为，接子之或使。二家之议，孰正于其情，孰偏于其理？"太公调曰："鸡鸣狗吠，是人之所知。虽有大知，不能以言读其所自化，又不能以意其所将为。斯而析之，精至于无伦，大至于不可围。或之使，莫之为，未免于物而终以为过。或使则实，莫为则虚。有名有实，是物之居；无名无实，在物之虚。可言可意，言而愈疏。未生不可忌，已死不可阻。死生非远也，理不可睹。或之使，莫之为，疑之所假。吾观之本，其往无穷；吾求之末，其来无止。无穷无止，言之无也，与物同理。或使莫为，言之本也，与物终始。道不可有，有不可无。道之为名，所假而行。或使莫为，在物一曲，夫胡为于大方！言而足，则终日言而尽道；言而不足，则终日言而尽物。道，物之极，言默不足以载。非言非默，议有所极。"③

借助这则故事，庄子旨在强调，季真主张无为（"莫为"），接子主张有为（"或使"），表面上看来，一虚一实，截然对立。其实不然。即

---

① 《庄子·寓言》。
② 《庄子·齐物论》。
③ 《庄子·则阳》。

使是对于鸡鸣狗叫之类的极为简单的事情，有智慧的人尚且不知道其中所表达的自然变化的奥妙，更不能凭此推测鸡所以鸣、狗所以叫想要干的事情。普通人的境况更是可想而知。之所以如此，原因在于，对于各种事物分析起来既无比精微，又大到无可限量。无论无为还是有为的主张都不免受物的局限而成为过当之言。例如，生死是身边常见的事，离人并不远；而生死之理却渺不可见，鲜有能洞悟者。季真的无为或接子的有为都局限于事物的现象或一端，这正是争端的由来。更为重要的是，"通天下一气耳"。① 整个世界的存在是一个无限变化的过程，无论在时间上还是在空间上都是无限的。这决定了任何语言表达出来的认识都是片面的一管之见或"一面之词"，而不可能概括事物的全貌。这就是说，是语言使世界变得支离破碎，最终掩盖了事物的真实情况。换言之，在语言的参与下，人不是越来越接近世界的本质和真相，而是由于语言的遮蔽而离世界的真相越来越远。

3. 不知不言

在庄子的视界中，由于限于"物之粗"——只能描述事物的外形和声音，语言只能囿于感性认识之内，永远也不能超出感性认识所给予的范围。对此，他不止一次地指出：

> 言休乎知之所不知。②
> 知之所不能知者，辩不能举也。③

庄子认为，人的智力无法企及的，就不能用语言去表达；否则，所说的将是妄言狂语或胡言乱语。这样一来，庄子便把语言明确地界定在知性的范围之内，并且不允许语言介入事物之虚或宇宙之道。他指出："夫知遇而不知所不遇，能能而不能所不能。无知无能者，固人之所不

---

① 《庄子·知北游》。
② 《庄子·徐无鬼》。
③ 《庄子·徐无鬼》。

免也。夫务免乎人之所不免者，岂不亦悲哉！至言去言，至为去为。"①

按照庄子的说法，既然人只知道自己所见过的，而不知道自己所未见的，那么，人难免有不知之事；既然人能力所及的就能，能力所不及的就不能，那么，人难免有不能之处。如果人总想不知的也要知，不能的也要能，那就太可悲了——不惟于事无补，反而贻害无穷。所以，合乎道的言说是不言，合乎道的行为是不为。正是在这个意义上，庄子反复断言：

> 言之所尽，知之所至，极物而已。睹道之人，不随其所废，不原其所起，此议之所止。②
>
> 夫知者不言，言者不知。③

至此，循着不同的思路，庄子的认识哲学与本体哲学殊途同归，最终走向了同一个结论，那就是："去言"和不言。

三、"天地有大美而不言"之言与德

庄子指出，人的言谈能力与道德修养之间没有必然联系，准确地说，二者并不成正比。因此，侃侃而谈、谈吐优雅并不能成为判断一个人智贤与否的标准。正是在这个意义上，他写道："狗不以善吠为良，人不以善言为贤。"④这就是说，健谈并不是博学的表征，恰好相反，喋喋不休、巧舌如簧暴露了人内心的浅薄和不懂天道。对此，庄子解释说："天地有大美而不言，四时有明法而不议，万物有成理而不说。圣人者，原天地之美而达万物之理。"⑤道与天地都品德饱满、有所成就，

---

① 《庄子·知北游》。
② 《庄子·则阳》。
③ 《庄子·知北游》。
④ 《庄子·徐无鬼》。
⑤ 《庄子·知北游》。

却从不言说，"原天地之美而达万物之理"的圣人便对道不加言说、议论或评价。这表明，不言、不说和不议本身不惟不是无知的表现，反而是有知、达道的流露，背后隐藏着一种基于宇宙之道的大智慧。

在庄子那里，既然说的都是表面的、细枝末节的，那么，不管你说的具体内容是什么，说本身就代表着一种肤浅和无知；相反，不言、不议和不说则直指根本，立意和角度本身就意味着得道的从容自得和摒弃浅陋的虚怀若谷。不言是一种基于得道的涵养和心态。因此，它是一种道德修养和智慧表征，标志着得道的、常人没有达到的精神层次和道德境界。为了说明这个道理，《庄子》讲述了这样一个经典的故事：

> 知北游于玄水之上，登隐弅之丘，而适遭无为谓焉。知谓无为谓曰："予欲有问乎若：何思何虑则知道？何处何服则安道？何从何道则得道？"三问而无为谓不答也。非不答，不知答也。知不得问，反于白水之南，登狐阕之上，而睹狂屈焉。知以之言也问乎狂屈。狂屈曰："唉！予知之，将语若。"中欲言而忘其所欲言。知不得问，反于帝宫，见黄帝而问焉。黄帝曰："无思无虑始知道，无处无服始安道，无从无道始得道。"知问黄帝曰："我与若知之，彼与彼不知也，其孰是邪？"黄帝曰："彼无为谓真是也，狂屈似之，我与汝终不近也。夫知者不言，言者不知，故圣人行不言之教。道不可致，德不可至。仁可为也，义可亏也，礼相伪也。故曰：'失道而后德，失德而后仁，失仁而后义，失义而后礼。'礼者，道之华而乱之首也。故曰：'为道者日损，损之又损之，以至于无为。无为而无不为也。'……"知谓黄帝曰："吾问无为谓，无为谓不应我，非不我应，不知应我也；吾问狂屈，狂屈中欲告我而不我告，非不我告，中欲告而忘之也；今予问乎若，若知之，奚故不近？"黄帝曰："彼其真是也，以其不知也；此其似之也，以其忘之也；予与若终不近也，以其知之也。"狂屈闻之，以黄帝为知言？①

---

① 《庄子·知北游》。

在这个故事中，面对知"何思何虑则知道？何处何服则安道？何从何道则得道？"的发问，三个被请教对象的反应各不相同：无为谓不答，狂屈想回答却忘了欲说的话，黄帝则逐一回答了如何知道、安道和得道"三问"，并且从道的本质和仁义对道的戕害等各个方面旁引博证说明了为什么如此。按照世俗的观点，三人之中，黄帝最知，狂屈次之，无为谓无知。对此，庄子则给出了另一番答案：无为谓"真是"，表现出来的是一种真正知的状态。这是因为，无为谓不是不回答，而是"不知答"，不认为需要用语言来回答知的三个发问——因为用语言或与人交流的方法来得道本身就是错误的。狂屈近乎知道。这是因为，狂屈虽然曾经想回答，但是，由于达到了"忘言"的道德境界和精神状态，他最终还是因为"忘其所欲言"而使知"不得问"。黄帝包括知本人则离道甚远——一个因为予以回答，一个因为对知道、安道和得道问题向他人发问。在这里，不难看出，回答的具体内容——说了什么或怎么去说并不重要，重要的是对待语言的态度——究竟是无言还是欲言，究竟是欲言还是忘言。当然，庄子最终还是心仪不言，次之忘言，而反对欲言或放言。这表明，在道德哲学领域，庄子对语言的理解和态度与本体哲学、认识哲学一脉相承，在"无言"这个关节点上是会合的。

四、"心未尝言"之言与行

庄子一面声称"道不可言"，一面肯定物（之粗）可言；尽管得道之人由于洞彻了道和言的真谛可以达到"无言"、"忘言"的精神状态和道德境界，尚未得道的一般人却未免有言。这使语言和言语成为人们日常生活中无法回避——至少难以杜绝的现象。况且，为了"群于人"的交往，言对于世俗之人在所难免。为了解决这个问题，使人在日常生活和实际行动中既能有效地运用语言这一交流工具，又对无言、不言之原则无伤大碍，庄子向人们建议，如果不得已而言的话，那么，言的原则和方法是口言而心不言。这用他本人的话说便是：

其口虽言，其心未尝言。①

言无言：终身言，未尝言；终身不言，未尝不言。②

循着这个思路，在与人交往和日常行为中，尽管是在运用语言进行言说，却要保持无所用心——不去思考应该说什么，不说什么；对别人所言不知所云，甚至不知道自己在说什么。在这种口言而心不言的"言说"行为中，既然口在说而心未尝介入其中、不知所云，那么，所言便是虚无的，没有任何内容。这样一来，尽管有言语的形式——口在说，却无言说的内容——"心未尝言"，自己或他人自然也就不知道说了些什么。既然语言或言语是表达意义的，那么，没有意义的语言或言语即使说了也等于没说。这便是"终身言，未尝言；终身不言，未尝不言"的真正含义。

庄子确信，这样没有表达任何内容和意义的言语完全符合天道，无异于天籁之音。他断言："果有言邪？其未尝有言邪？其以为异于鷇音，亦有辩乎？其无辩乎？"③当人说话与初生的小鸟鸣叫一样时，不仅人言与鸟语无异，而且完全没有了自己主观的人为；这样的语言和言语完全出于本性和本能，与天道合一，从而完全符合天道。在庄子看来，这种完全摒弃了主观内容，只有言语之音而无言语之意的言说如同天籁，皆归于自然。如果说地籁是山林、树木之众窍，人籁是比竹笙竽、黄钟大吕的话，那么，使万窍"咸其自取"而发出不同声音的则是天籁。如果人真的能做到任由口言而心不随之而言的话，那么，人之言与天籁何异？

上述内容显示，在言与行的关系层面，庄子不再像在本体哲学和道德哲学领域那样一味地让人"无言"、"忘言"，而是允许"口言"。这在一定程度上给了人言说、表白、交流的权利和自由。尽管如此，由于追求"言无言"，他实际上是抽掉了言说的具体内容和真实意义。如果

---

① 《庄子·则阳》。

② 《庄子·寓言》。

③ 《庄子·齐物论》。

真的能够达到庄子所向往的"言无言"的话，那么，言说也只能流于空洞的形式，最终还是等于什么也没说——"无言"。

五、"言无言"与庄子的语言哲学

审视、解读庄子的语言哲学，给人留下最深印象甚至使人产生强烈震撼的是，庄子在对语言的表述和探讨中，反复使用的是否定词。于是，"不言"、"非言"、"无言"、"忘言"、"去言"、"不可言"、"不能言"、"言无言"和"未尝言"等字眼和术语比比皆是，几乎都是从禁止或消极的意义上理解语言的。不难看出，庄子对语言的总体判断基本上是消极的，以至于他即使允许"口言"也不忘时时提醒人要做到"心未尝言"。所以，在庄子对语言的论述中，从未让人"放言"或"畅言"，"欢"言和"笑"语是什么样子更是绝对不可想象的。庄子曾说："夫哀莫大于心死，而人死亦次之。"[1]可见，庄子心目中的理想人生是心怀梦想，即心未尝死。然而，他对语言的论述和"口言"时的毫无内容，总是给人一种仿佛心死一般的印象和震撼。在庄子看来，语言的可悲之处在于无能——无法接近道、肤浅——只能纠缠于事物表面；语言的可怜之处在于有待未定，自己不能决定自己的命运，内容和标准都是待定的；语言的可恶之处在于隐藏道的本真，破坏宇宙之道和万物的统一；语言的可爱之处在于形神分离——可以只要形式而没有内容，让人到头来说了等于没说。庄子对语言的这种做法与其说是一种豁达和洒脱，毋宁说是某种消极、悲观情绪在语言哲学中真实而无意的流露。

"言无言"表明，庄子对语言的判断和认定是消极的，也使他的语言哲学陷入了不可自拔的理论误区。

在言与道的关系层面，庄子认为，由道的超言绝象所注定的道的不可名、不可言和不可闻使道拒绝语言的介入，并由此排除了一切感

---

[1] 《庄子·田子方》。

性认识对于人之体道、悟道和达道的意义。这使他所讲的道陷入极端的神秘之中，最明显的后遗症便是无法排遣的虚无性。在本体哲学领域，庄子对道之存在的确证尽管不遗余力、信誓旦旦，却不能言之凿凿、有理有据。结果是，尽管庄子极力宣称道有情有信，到头来，道的"情"、"信"以至道的存在本身却都陷入尴尬，最终成为最大的问题乃至疑问。

在言与知构建的认识哲学领域，庄子恪守语言只能言及"物之粗"而不能言说"物之精"的权限划分。这不仅截然割裂了世界的现象与本质，而且由于对本体界——"物之精"不可言说的过分渲染，使人对事物本体的认识最终陷入完全没有感性依据的神秘的主观玄想和直觉体验。更有甚者，鉴于语言的权限和缺憾，庄子发出了"不言"、"去言"的宣言。由于排除了语言的相互交流和传递功能，他从根本上否定了间接经验在人类认识过程中的作用。

在言与德的关系层面，庄子沿着言与德分离的思路越走越远，推导出多言、善言是无知的表现，进而把不言、忘言视为最高的精神境界和道德修养。这不仅完全忽视了语言承载的道德成分，而且从源头处否定了语言教化的可能性和必要性。事实上，正如一个人的话语方式和谈吐内容可以展示出道德修养和品质一样，言语的内容也具有不可否认的是非、美丑和善恶之分，真理与谎言、善言与恶语所引起的客观影响和社会后果更是相去霄壤。

在言与行的关系搭建的日常行为中，庄子推崇"心未尝言"。这种方式的交往有言之形却无言之实，显然有失真诚和热情，故而难逃应付、对付之嫌。可以想象，在人与人的交往中，这种缺少关注、聆听的淡漠和无所用心势必会伤害人的感情而破坏交往，最终难以达到交往的目的。

毋庸置疑，庄子以"言无言"为追求的语言哲学既流露出某种消极情绪，又折射出不可掩盖的智慧之光。庄子对语言的洞见具有不容忽视的积极意义和启迪价值。

长期以来，语言的形上意蕴一直被中国哲学所忽视甚至遮蔽，致使语言沦为纯粹的交际工具和手段。其实，语言与人的存在、本质和生存状态密切相关，全息并浓缩着人与自然、人与人和人与内心的交往方式，甚至直指人之存在本身。"语言是存在的家"更是得到越来越多的人的认同，这便是西方当代哲学语言转向的实质所在。庄子立足于道的高度来探讨和关注语言问题，尽管具体观点和某些结论有待商榷，然而，他的这种致思方向和努力却在本体哲学领域为语言争取了一席之地。在号称"百家"的先秦哲学中，只有道家对语言的本体意蕴进行了深入挖掘和热切关注，故而显得弥足珍贵。尽管是以否定的心态和形式进行的，庄子及道家的这种探索和姿态无疑是立意深远、气势恢宏的，并且与当代哲学的理论意趣和思维路径不谋而合。庄子在本体哲学领域所伸张的道对语言的排斥，以特殊方式彰显了语言的形上属性和神采。特别是在由于过分热衷于安身立命而使宇宙本体形下化的中国古代哲学中，庄子的做法既是个性十足的，又是难能可贵的。与此同时，道的超言绝象与物之精对语言的远离共同营造了以朦胧、模糊为意趣的美学理念和审美模式，不仅为中国哲学注入了难得的浪漫气息，而且给主观想象和主体创造留下了诸多的自由空间。

在认识哲学领域，由于事物往往具有两重性乃至多重性，事物规律、本质的呈现要经历一个过程，有时会遇到辞不逮意或不可言说的情况，语言也确实因为人的主观好恶、民族性格和文化传统而呈现出巨大差异。庄子对这些问题的揭示、思考深中肯綮，对这方面的论证、诠释入木三分。在科学研究、文本解读和日常交往中，语言误读现象屡见不鲜。语言的误读有时会造成致命的后果，其积极意义同样不可低估。尽管庄子夸大了前者而否认后者，然而，庄子的观点无疑具有深刻的片面性。正因为如此，庄子对语言的看法与现代解释学的某些观点"英雄所见略同"。

在道德哲学领域，庄子披露的言与德的脱离更是被历史所证实，历史上从来就没有杜绝过此类现象。尽管虚伪、浮夸和言过其实不是语言本身的过错，然而，不可否认的是，语言的滥用或言与德的分离却难辞其咎。在这方面，庄子没有强调言必行、行必果，以言语必须落实到行动上为切入点来规避言行脱节，也没有主张"先行其言，而后从之"，①以先行后言堵塞言而不行的漏洞。一个不争的事实是，他的揭露同样具有警世作用。

在言与德的关系即日常行为中，庄子"言无言"的做法显得有些极端，却以另类的方式向人们昭示了一个朴素的道理：人与人的交往实质上是心灵的沟通、思想的传递和情感的交流，语言是手段，并不是目的和实质本身。如果人们之间的交往只限于语言层面的话，那么，交往便会直白、肤浅和表面化，最终也只能流于形式和仪式，达不到交际、交流和交往的目的。

由于标榜"言无言"，庄子的语言哲学极富道家特色。这具体表现为，从宇宙之道的特点入手，指明道的无名，进而断言语言对道不可企及。不仅如此，他在言与知、言与德和言与行等诸多层面对语言的理解也带有厚重的道家烙印，成为道家认识哲学、道德哲学和人生哲学的重要组成部分。正因为如此，庄子对语言的理解尤其是在本体哲学领域与老子的观点大体相同。

庄子及老子代表的道家对语言的排斥与儒家对语言的谨慎态度在某些方面具有异曲同工之妙。身为儒家创始人的孔子告诉人们，"君子耻其言过其行"，②并且对"巧言"（内怀不满或有失真诚而表面友善）深恶痛绝，斥之为道德的最大敌人。总的说来，孔子的这些言论是从言行观和道德修养的角度立论的，目的是追求言行一致，反对浮夸，讲求真诚。尽管立论的角度有别，然而对于语言与道德的脱离和言行不一的认识不谋而合——不仅对这一现象有所洞察，而且对之深恶痛绝。在此，需要进一步澄清的是，在对待语言的态度上，儒家与道家的具体做法并不相同。准确地说，儒家对语言持谨慎态度，而不是从根本上或总体上排斥语言。恰恰相反，儒家试图通过一系列的努力——如"正名"等，从积极方面竭力促使言行一致、名实相符。儒家的这一做法与墨家走到

---

① 《论语·为政》。

② 《论语·宪问》。

了一起。墨家的逻辑学也有这方面的理论初衷和价值旨趣。这就是说，在对语言的审慎和排斥上，道家比儒家走得更远。老子和庄子对语言的微词除了认定语言失真、害德之外，还有语言损道、无知等理由。这些是基于语言与道、语言与知的关系立论的——既超出了儒、墨两家的理论视域，也预示着对待语言的决绝态度。

中国哲学特别是道家、儒家的语言观长期以来养成了中国人对语言的敬畏和审慎。作为其最直接的后果，在谦虚成为并且被视为美德的同时，不言、慎言也随之成为一种心理和人文常规。对于中国人来说，言多必失的观念根深蒂固，难以启齿的窘迫时有发生，倾诉的欲望（无论是向牧师还是向心理医生——在中国漫长的古代社会，压根就没有出现过这两种职业，他们的位置一直被师长所取代。而师长的价值和职责过于集中在传道、授业和解惑上，情感的交流和心灵的沟通基本上属于奢侈之列）被忽视。与此相关，不善辞令、羞于表达（尤其是在亲人或陌生人面前）甚至言不由衷成为中国人的通性和共性，最终积淀为内向、内敛的民族性格。中国人和中国文化的这种性格特征以及由此表现出来的为人处世之方在中西文化对比以及中国人与外国人的交往中表现得极其明显和突出。

第六章

"人之性恶明矣"

——荀子人性论的四重视界

　　"人之性恶明矣"语出荀子，是《荀子·性恶》篇的主题，并且在此篇中多次出现。其实，"人之性恶明矣"不仅使荀子在人性论上主张性恶一目了然，而且透射出荀子对人性有别于孟子等人的思考。由此，荀学风采、儒家神韵、先秦特质和中国印记便构成了"人之性恶明矣"的四重视界。

一、"人之性恶明矣"的判断论证

　　早在先秦，人性问题就备受关注，聚讼纷纭。荀子的"人之性恶明矣，其善者伪也"① 不仅开宗明义地发出了人性恶的判断，而且旗帜鲜明地反对性善说。问题的关键是，面对各种人性理论的先声夺人——特别是孟子性善说的巨大影响，荀子对人性恶的论证显得尤为必要和紧

---

　　① 《荀子·性恶》。

迫。或许是意识到了这一点,他对人性恶的论证在判定"人之性恶"之时即已展开。

首先,荀子对"人之性恶明矣"的论证拥有坚实的逻辑支持,不仅与正名一脉相承,而且本身就是正名思想的一部分。这是因为,荀子对人性的论证始于对性与伪、善与恶两对概念的界定。

对于性与伪,荀子界定说:"生之所以然者谓之性。性之和所生、精合感应、不事而自然谓之性。性之好、恶、喜、怒、哀、乐谓之情。情然而心为之择谓之虑。心虑而能为之动谓之伪。虑积焉、能习焉而后成谓之伪。"① 在这个界定中,性是生而自然、与生俱来的,属于先天的范畴;伪是人心思虑、选择和作为的结果,属于后天的范畴。性出于自然之本能,伪出于后天之积习。这表明,性与伪是两个截然不同的概念,彼此之间泾渭分明,不容混淆。

对于善与恶,荀子界定说:"凡古今天下之所谓善者,正理平治也;所谓恶者,偏险悖乱也。是善恶之分也已,……今当试去君上之势,无礼义之化,去法正之治,无刑罚之禁,倚而观天下民人之相与也;若是,则夫强者害弱而夺之,众者暴寡而哗之,天下之悖乱而相亡不待顷矣。用此观之,然则人之性恶明矣,其善者伪也。"② 依照他的界定,善是符合礼义法度,维护社会安定;恶是违背礼义法度,危害社会安定。

在分别对性与伪、善与恶进行界定的基础上,荀子以这两对概念的定义为标准,通过对性、伪、善、恶的逐一比对,得出了善与性没有交叉,人性中没有善的结论。这就是说,善只是人为,不属于人性的范畴。

至此,通过给性与伪、善与恶等概念下定义,荀子不仅证明了善是人为,不属于人性范畴,而且在逻辑上使人性恶成为定局。

其次,循着生而自然谓之性的思路,荀子从人之行为本能入手挖

---

① 《荀子·正名》。

② 《荀子·性恶》。

掘、阐释人性的具体内容，为"人之性恶明矣"提供经验证明。对于人生而自然的东西是什么，他如是说："饥而欲食，寒而欲暖，劳而欲息，好利而恶害，是人之所生而有也，是无待而然者也，是禹、桀之所同也。"①依照这个分析和鉴定，饥食渴饮和好逸恶劳等各种欲望是人与生俱来的本性，"好利而恶害"也是人性所固有的。这表明，生理欲望和追逐物利是人性的具体内容。荀子进一步指出，如果对人性中先天固有的这些欲望和本能任其自然、不加节制的话，势必带来纷争，最终不仅破坏人伦关系，而且影响社会治安。这足以证明人性中先天具有为恶的萌芽，故曰人之性恶。

通过上述论证，荀子得出结论：从具体内容来看，人性中先天包含欲、利成分；如果不对之加以节制的话，不仅会给礼义法度之善带来冲击，而且会给整个社会造成危害。沿着这一思路，他从各个角度反复论证了性恶这一主题，旨在强调恶不仅是人的先天本性，而且表现为人的行为追求。

荀子指出，相反相求，人对礼义的追求不仅不能证明人有向善的本能，反而恰好证明了人性中没有这些东西。对于这一点，他论证并解释说：

> 凡人之欲为善者，为性恶也。夫薄愿厚，恶愿美，狭愿广，贫愿富，贱愿贵，苟无之中者，必求于外；故富而不愿财，贵而不愿势，苟有之中者，必不及于外。用此观之，人之欲为善者，为性恶也。今人之性，固无礼义，故强学而求有之也；性不知礼义，故思虑而求知之也。然则性而已，则人无礼义，不知礼义。人无礼义则乱，不知礼义则悖。然则性而已，则悖乱在己。用此观之，人之性恶明矣，其善者伪也。②

---

① 《荀子·荣辱》。
② 《荀子·性恶》。

　　荀子遵循相反相求的逻辑，并由此笃信正如"薄愿厚，恶愿美，狭愿广，贫愿富，贱愿贵"一样，人总是喜欢追求自己所没有的东西。富者的最大愿望不是敛财，贵者的最大愿望不是高升。总之，人们梦寐以求的都是自己未尝拥有的东西。以此推之，人们之所以对礼义孜孜以求，恰恰证明礼义之善原本不在人性之中。这就是说，从人的后天追求来看，并不能证明礼义为人性所有，反倒是人之性恶昭然若揭。

　　议论至此，人们不禁要问：既然人性中没有向善的因素，那么，礼义法度究竟从何而来？如果承认礼义法度存在，如果承认礼义法度是善，也就等于承认或证明了制定礼义法度之善的圣人性善。既然礼义法度之善不在人性之中，那么，善从何而来？善与圣人之性究竟是何关系？对于这些问题，荀子的回答是：尽管礼义法度出于圣人，尽管礼义法度是善，然而，这些都不能证明圣人性善。秘密在于，善源于圣人之伪而非出自圣人之性，也就是说，礼义法度之善是圣人后天人为的结果，属于伪的范畴。为了阐明其中的道理，彻底堵塞性善的可能性，荀子将善从圣人之性中排除，将圣人制定礼义法度等同于各种工匠制造器皿。因此，对于善与圣人之间的关系，他以陶匠、木匠制造器皿的例子解释说：

　　　　夫陶人埏埴而生瓦，然则瓦埴岂陶人之性也哉？工人斲木而生器，然则器木岂工人之性也哉？夫圣人之于礼义也，辟亦陶埏而生之也，然则礼义积伪者，岂人之本性也哉？……然则圣人之于礼义积伪也，亦犹陶埏而生之也。用此观之，然则礼义积伪者，岂人之性也哉？……故人之性恶明矣，其善者伪也。①

　　再次，荀子从言论必有辨合、符验的角度论证人性，使"人之性恶明矣"拥有了认识论、真理观的意蕴和维度。按照他的说法，一种思想或言论要成为真理，不仅要在逻辑上讲得通，能够自圆其说；而且要有

————————
①　《荀子·性恶》。

现实依据，在实践中可行。在这个前提下，荀子强调，从现实存在来看，圣王、礼义是为了矫正人性之恶的，它们的存在本身就已经证明人性中包含着为恶的可能性。正是在这个意义上，他写道："直木不待檃栝而直者，其性直也。枸木必将待檃栝烝（蒸——引者注）矫然后直者，以其性不直也。今人之性恶，必将待圣王之治、礼义之化，然后皆出于治、合于善也。用此观之，然则人之性恶明矣，其善者伪也。"①这就是说，檃栝的产生是由于枸木的存在，绳墨的出现是由于曲线的存在；同样的道理，君上、师傅和礼义法度的存在是由于人之性恶。这样说来，正如枸木、曲线证明了檃栝、绳墨的价值一样，君上、师傅和礼义法度的价值恰恰在于人之性恶。循着这个逻辑，荀子反问道：如果人性真的如孟子所说的那样先天就有仁、义、礼、智之善端，生来就能够自觉地从善如流的话，那么，圣王、礼义对于这样的人性又何以复加呢？可见，主张性善的后果是否定了圣王、礼义的存在价值，使圣王、礼义和师傅统统变成了没有任何必要的虚设。这表明，性善说与现实存在的状况不符。当然，取消圣王、礼义法度的存在对于荀子来说显然是无法接受和容忍的。要走出这一困境，必须放弃人性善而主张人性恶；如果承认了人性恶，也就等于证明了圣王和礼义法度的必要性。于是，他反复宣称：

> 故善言古者，必有节于今；善言天者，必有征于人。凡论者，贵其有辨合、有符验。故坐而言之，起而可设，张而可施行。今孟子曰"人之性善"，无辨合符验，坐而言之，起而不可设，张而不可施行，岂不过甚矣哉？故性善，则去圣王、息礼义矣；性恶，则与圣王、贵礼义矣。故檃栝之生，为枸木也；绳墨之起，为不直也；立君上，明礼义，为性恶也。②
>
> 今诚以人之性固正理平治邪，则有恶用圣王、恶用礼义矣哉？

① 《荀子·性恶》。
② 《荀子·性恶》。

虽有圣王礼义,将曷加于正理平治也哉?今不然,人之性恶。故
古者圣人以人之性恶,以为偏险而不正、悖乱而不治,故为之立君
上之势以临之,明礼义以化之,起法正以治之,重刑罚以禁之,使
天下皆出于治、合于善也。是圣王之治而礼义之化也。①

至此,荀子的论证层层递进,在一步步加固性恶的同时,最终排除
了有善存在于人性之中的可能性。由于把善从人性中完全剔除,"人之
性恶明矣"成为铁案。

二、"人之性恶明矣"的荀学风采

"人之性恶明矣"不仅集中体现了荀子的人性主张,而且尽显荀学
风采。孟子"道性善"②,认定"人之性恶明矣"的荀子主性恶,由此拉
开了人性的善恶之争。正因为如此,"人之性恶明矣"每次出现,后面
都紧接着"其善者伪也"。荀子之所以在论证人性恶的同时强调善是人
为,目的很明确,那就是:与坚守人性恶一样,为了反驳孟子的性善
说。对于荀子来说,善是人为可以理解为对人性恶的补充说明。换言
之,"人之性恶明矣"不仅表明了荀子对人性有别于告子、孟子等人的
判断,而且主要是针对孟子的性善说有感而发的,甚至是通过驳斥或为
了反驳孟子的性善说建构起来的,故而呈现出与孟子人性思想的巨大
差异。

首先,荀子判定人性恶,理由是人生而具有各种欲望。因此,荀子
给性下的定义和对人性的论证都是截取人的自然属性进行的,把人性
限定在自然属性之内是他的一贯做法。例如,荀子宣称:"若夫目好色,
耳好声,口好味,心好利,骨体肤理好愉佚,是皆生于人之情性者也,
感而自然、不待事而后生之者也。"③ 在此,他把人的目、耳、口、心、

---

① 《荀子·性恶》。

② 《孟子·滕文公上》。

③ 《荀子·性恶》。

肢体和由此而来的物质欲望视为人生而具有的东西，并归为性之范畴。尤为值得一提的是，荀子将心说成是"好利"的。这与他对人性的界定着眼于人的自然属性一脉相承，并与孟子所讲的"理义之悦我心，犹刍豢之悦我口"①形成鲜明对照。这一规定使荀子对人性的界定着眼于人的自然属性。

问题到此并没有结束，正由于荀子对人的自然属性和生理欲望的选取，利和欲成为人性的主要内容：第一，对于人性之利的成分，他宣称："今人之性，生而有好利焉。"②这表明，人生来就有好利的本能，对利的追逐是人性的组成部分。第二，对于人性之欲的成分，荀子断言："今人之性，饥而欲饱，寒而欲暖，劳而欲休，此人之情性也。"③在此，他把贪图物利、饥食渴饮和好逸恶劳说成是人性的基本内容，致使贪利和欲望成为人性的两个重要方面。

与荀子不同，孟子主张人性善。《孟子》书曰："孟子道性善，言必称尧舜。"④由此可见，性善是孟子对人性的基本判断和总体看法。对于自己的性善主张，他从两方面进行了论证：第一，在逻辑推理上，孟子以同类的东西具有相似性为前提，推出了理义之善为人心所固有、所同嗜的结论。在他看来，正如天下人之口、耳、目具有相同的嗜好一样，理义是天下人之心的共同嗜好。天下人之心都嗜好理义表明，人心都有向善的本能。因此，人性是善的。第二，在行为经验上，孟子通过"今人乍见孺子将入于井，皆有怵惕恻隐之心"⑤、"舜之居深山之中"⑥等具体例子证明善出自人的先天本能，为人心所固有，故而是人与生俱来的本性。

上述内容显示，荀子由于侧重人的自然属性，得出了性恶的结论；孟子得出性善的结论，是因为侧重人的社会属性。由于切入的视角不

---

① 《孟子·告子上》。

② 《荀子·性恶》。

③ 《荀子·性恶》。

④ 《孟子·滕文公上》。

⑤ 《孟子·公孙丑上》。

⑥ 《孟子·尽心上》。

同，两人对人性得出了不同的判断和认定。

其次，对"人性是什么"的回答奠定了对"人性做什么"的基础，甚至可以说，"人性是什么"本身就包含着人对人性能做什么、应做什么的回答。与此同时，如果说对"人性是什么"的判断和选取尚属于理论层面的话，那么，对人性的态度和作为则落实到了操作层面，具有前者没有的实践维度和意义。就荀子来说，对人性恶的判断奠定乃至决定了对待人性的态度和作为，那就是：变化人性。于是，"化性而起伪"，积习臻善而超凡入圣成为对待人性的基本要求和主要作为。

与宣称仁、义、礼、智四端与生俱来的孟子谆谆教导人养性有别，荀子一再动员人改变本性，对性加以后天的人为和改造：第一，荀子揭示了人性自身的缺陷，在他给人性所下的定义中已经包含着利、欲的成分和犯上作乱的可能性。第二，通过论证性伪关系，在性与伪的相互作用中突出"化性而起伪"的重要性和紧迫性。正是在这个意义上，荀子指出："性者，本始材朴也；伪者，文理隆盛也。无性，则伪之无所加；无伪，则性不能自美。性、伪合，然后成圣人之名，一天下之功于是就也。故曰：天地合而万物生，阴阳接而变化起，性伪合而天下治。"① 在荀子看来，天然的人性是朴素的资质，后天的人为是美丽的华彩。这表明，性与伪既相互区别、不容混淆，又相互联系、缺一不可。正如离开人性，人为由于没有加工的原料而失去用武之地一样，离开人为，人性便不能自行完美。正是在朴素的人性与华美的人为的相互结合中，成就了圣人。这就是说，在他的视界中，人性自身的欠缺与性伪关系共同指向了改变人性的必要性、迫切性和正当性。不同的只是，前者是从消极方面说的——人性自身的缺陷使人不得不对之加以改变，后者是从积极方面说的——要想文质彬彬，成为君子、臻于圣人，就要在"化性而起伪"中完善人性。舍此之外，别无他途。

问题到此并没有结束，在确定了对待人性的原则之后，荀子进一步阐明了对待人性的具体作为和主要办法，那就是：接近良师益友和君上

---

① 《荀子·礼论》。

师傅的外在强制，而不是像孟子那样尽心、养心、知性。

对人性恶的认定加剧了荀子改变人性的迫切心情，"化性而起伪"的思路和做法更是使后天的人为具有了不容置疑的重要性。他所讲的人为，一项重要内容便是学习。荀子告诫人一刻也不可以停止学习，目的就是引导人以后天的学习改变先天的性恶。《荀子》一书始于《劝学》篇，该篇的第一句话便是"君子曰：学不可以已"。①他所讲的学，主要内容是学义；目的是让人通过对儒家经典和做人道理的学习，使人性日臻完善，成为圣人。这用荀子本人的话说便是："故学数有终，若其义则不可须臾舍也。为之，人也；舍之，禽兽也。"②荀子不否认学习的主观自觉性，同时重视外部环境对人的影响和熏染。因此，他建议人在良师益友的影响和熏习下，"化性而起伪"。与此同时，荀子指出："人之生，固小人，无师、无法，则唯利之见耳。"③这表明，他重视师法的作用，将学习视为一面在良师益友的帮助、影响下，一面在礼法的威慑下，双管齐下，不断地"化性而起伪"，远离禽兽而完善人格的过程。在对待人性的态度上，荀子的做法可以归结为一个字——化，也就是改变人性的本来面目。尽管不排除主观自觉，总的说来，荀子不像孟子那样注重内求，而是崇尚外力。

再次，如果说以道德手段治国平天下是儒家思想的一致性的话，那么，荀子的思想则带有某种特殊性。这具体表现为，荀子主张隆礼重法，不仅突出礼的强制性，而且凸显法在治理国家中的作用。事实上，他对性恶的判断已经预示了对法的重视，对人性具体内容的选取更是为法的行使提供了广阔空间。最能反映荀子依法而治的是他对待人性的具体做法，"化性而起伪"少不了法礼，法礼与君上、师傅一起成为"化性而起伪"的标准、途径和方法。这就是说，荀子对法的推崇与"人之性恶明矣"的判断休戚相关，在某种程度上可以说，荀子选择隆礼重法来治国理民，正是基于对人性恶的认定。换言之，正因

---

① 《荀子·劝学》。
② 《荀子·劝学》。
③ 《荀子·荣辱》。

为认定人性中先天包含着利、欲成分而不能自行完美，不加节制就可能引起社会混乱，荀子才大声疾呼隆礼重法，把礼法奉为调控人性之恶的主要手段。

总之，"人之性恶明矣"凸显礼法的必要性，体现在统治方案和行政路线上具有崇尚外在强制的特点。在具体贯彻和实际操作的层面上，性恶论着眼于受众作恶的可能性，信凭外在的威慑。可以看到，在荀子的"化性而起伪"中，无论是君上、师傅还是礼法都有强制因素。从社会效果和实际功用来看，"人之性恶明矣"不仅使受众接受教育和统治拥有了十足的必要性，而且使师法成为必不可少的。对于性善说与性恶论对于统治秩序的可行性与必要性的不同效果，荀子本人具有清醒的认识和理解。众所周知，正如孟子"道性善"是针对告子的人性可善可不善有感而发一样，荀子坚持"人之性恶明矣"是为了反驳孟子的性善说。荀子之所以坚决反对孟子"道性善"，一个主要理由就是，性善说会导致"去圣王，息礼义"的后果。荀子认为，如果像孟子那样主张人性是善的话，那么，不仅圣王、礼法变成了多余的，而且淡化百姓接受统治的必要性和迫切性。这势必造成不良的社会影响。

三、"人之性恶明矣"的儒家神韵

儒家对人性论的热衷与治国平天下的理想息息相关，探讨人性问题从根本上说是为了给治国平天下的政治方案提供人性根基。在这方面，荀子的"人之性恶明矣"与孟子的"道性善"也不例外。荀子与孟子的人性说只是由于切入点不同而对人性作出的不同判断。因此，两人关于人性的善恶之争是就治国平天下的具体方案而言的，背后隐藏着相同的思维方式、价值理念和行为诉求，那就是：信凭礼乐教化来治国平天下。正因为如此，"人之性恶明矣"不仅带有荀学的个性风采，而且拥有与孟子的性善说一致的儒家神韵。

首先，荀子的"人之性恶明矣"与孟子的"道性善"一样对人性进行价值判断而非事实判断。对人性问题的探讨可以是事实层面的，也可以是价值层面的。事实层面的探讨围绕着人性如何展开，注重事实上的真伪，对客观性情有独钟；价值层面的探讨围绕着人性为何展开，关心价值上的善恶，洋溢着主体情怀。在这方面，荀子的"人之性恶明矣"与孟子的"道性善"一样侧重对人性的价值判断，无论是对人性的鉴定还是对待都围绕着善恶而展开。这主要表现在三个方面：第一，在对人性的认定和判断上，不仅说明人性是什么，而且更热衷于对人性的善恶判断。正如《孟子》书中明确记载"孟子道性善"，把性与善联系在一起一样，荀子明确宣布人性恶，致使"人之性恶明矣"成为名言名句。荀子著有《性恶》篇，直接申明自己的性恶判断和主张。这表明，孟子、荀子对人性的认定和探讨均热衷于价值判断而非事实判断。第二，在理论侧重和言说方式上，对人性的阐释始终围绕着善恶展开。孟子和荀子都有对人性究竟是善还是恶的证明，不仅使性善、性恶成为明确的观点或著名的命题，而且对性善或性恶主张倾注了极大的精力和热情。孟子对性善的论证逻辑推理与行为经验同时进行，两个方面的结论相互印证，可谓用心良苦。荀子对性恶的论证始于对性与伪、善与恶两对概念的界定，接着便是对人性的本然状态、后天追求进行探究，此外还有圣凡比较等。通过层层推演，最终将善从人性中彻底排除，使"人之性恶明矣"成为定论，可谓论证缜密。与对性善、性恶的过分关注和热衷相对应，两人对人性具体内容的说明显得单薄，并且很多时候是作为性善或性恶的证明材料出现的，而不是关注焦点。第三，不是停留在人性是什么上，而是对人"应是"什么充满期待。通过对人性的作为而成为道德完善的圣人是孟子和荀子探讨人性的初衷，也是两人的共同理想。

价值判断与事实判断是两种不同的思路，背后隐藏着不同的思维方式和价值取向。正因为孟子和荀子对人性进行的是价值判断，所以才把人性或者归于善，或者归于恶。其实，对人性予以价值判断是两人的共识，也代表了儒家的一贯做法，故而与韩非代表的法家呈现出本质区别。例如，在对人性是什么的认定上，荀子断言："食，欲有刍豢；衣，欲有文绣；行，欲有舆马；又欲夫余财蓄积之富也；然而穷年累世不知不足，是人之情也。"① 与荀子把食色之欲视为人与生俱来的本性如出一辙，韩非每每指出：

> 好利恶害，夫人之所有也。……喜利畏罪，人莫不然。②
> 夫安利者就之，危害者去之，此人之情也。……人焉能去安利之道而就危害之处哉？③

韩非的这些说法与荀子的思想别无二致，甚至连话语结构都极为相似。可见，在把人性的具体内容归结为自然属性上，荀子和韩非同道，与孟子相去甚远。尽管如此，由于对人性进行的是价值判断而非事实判断，荀子并没有停留在人性是什么的层面上，更没有像韩非那样因循甚至放纵人性；而是及时地用恶去判断人性，接着大声疾呼通过后天的人为改变人性。荀子的这一做法与韩非对人性的态度和做法南辕北辙，在本质上与孟子相契合。荀子与孟子的一致性共同彰显了儒家人性论的道德意蕴和价值追求。正是受制于这一共同的理论初衷和价值旨趣，两人在对人性进行价值判断的基础上，将扬善除恶奉为对待人性的基本原则和人生的奋斗目标。

其次，荀子的"人之性恶明矣"与孟子的"道性善"用以判断、框定人性的善恶标准是一致的。在孟子和荀子对人性的阐发中，善恶比真伪更引人注目，用善恶标准去衡量人性也由此成为两人人性论的相同之处。事实上，孟子和荀子用善恶来衡量人性、对人性进行价值判断的做法如出一辙，对善恶的认定、理解也如合符契。换言之，被孟子和荀子用以判断人性的善恶标准是一样的，两人所讲的善皆指儒家的仁、义、礼、智。

秉持儒家的善恶标准在孟子、荀子对人性的善恶判断中已经初露端倪：孟子之所以断言人性善，理由是良知、良能与生俱来，人性中包含

---

① 《荀子·荣辱》。
② 《韩非子·难二》。
③ 《韩非子·奸劫弑臣》。

四端即仁、义、礼、智之萌芽;反过来,理义的与生俱来本身便证明了人性是善的。这表明,孟子所讲的善指仁、义、礼、智之道德或符合道德的行为。在荀子对善、恶的界定中,善即正理平治,这意味着仁、义、礼、智之道德或符合礼义法度的行为为善;恶即偏险悖乱,这意味着利、欲导致的违背礼义法度或不利于社会安定的观念和行为为恶。可见,在对善、恶的理解上,孟子和荀子的看法一致——善指仁义道德,欲、利则与恶如影随形。

孟子对待人性的根本态度和主要做法是保养本心之善,具体途径就是摒弃物质欲望、远离物利。他强调,人心的最大敌人是物质欲望,养心就应该减少物质欲望,进而得出了"养心莫善于寡欲"的结论。对此,孟子如是说:"养心莫善于寡欲。其为人也寡欲,虽有不存焉者,寡矣;其为人也多欲,虽有存焉者寡矣。"① 这从一个侧面表明,他之所以提倡养心是为了加强道德修养,目的是用道德来约束人的物质欲望,以免人心被物欲蒙蔽而丧失善良本性。

同样,荀子之所以判定人性恶,是因为认为人性中生来就有欲、利等成分。这就是说,他断言人性恶的本身就包含对利、欲潜藏着恶——至少是可能导致恶的价值判断。更为明显的证据是,在通常情况下,天然性往往代表着正当性和合理性,荀子却在宣称利、欲为人性所固有的前提下,不是对欲、利顺其自然或予以满足,而是一面劝导人以死而后已的不倦学习改变人性,一面对利、欲加以道德引导和节制。对于欲,荀子指出:"故虽为守门,欲不可去,性之具也。"② 尽管如此,欲的与生俱来没有作为纵欲的借口,反而促使他对性加以提防。为此,荀子呼吁用礼来节制和引导人之欲求——以礼"养人之欲,给人之求"。③ 同样,对于利,荀子主张先义而后利。这些共同表明,荀子用以判断和对待人性的善恶标准是儒家式的道德。以这种标准来衡量,有利于修身养性、遵守礼义法度的为善;反之,为恶。

---

① 《孟子·尽心下》。

② 《荀子·正名》。

③ 《荀子·礼论》。

再次，荀子的"人之性恶明矣"与孟子的"道性善"具有共同的人格理想和价值目标，那就是：通过完善人性而学为圣人。在孟子和荀子那里，探讨人性不是目的，真正的目的是为治国安民提供依据。其实，对人性进行价值判断而非事实判断本身就意味着两人的兴奋点不在人是什么，而是饱含着对人"应是"什么的渴望和期盼。因此，孟子和荀子无论是对人性的判断、选取还是对待都以超凡入圣为鹄的，圣人于是成为两人对人的最大期待和模塑。一方面，孟子、荀子对待人性的态度和方法恰好相反：一个保养，一个改变。另一方面，两人的宗旨和目标完全相同：使人臻于善而远离恶，超凡入圣而最终成为圣人。

综观孟子的人性学说可以发现，孟子对人性的论述始终强化人与动物的界限，致使完善人性还原为远离人的自然本性，通过修身养性而成为圣人的过程。正是在这个意义上，他反复指出：

> 形色，天性也；惟圣人然后可以践形。[1]
> 从其大体为大人，从其小体为小人。……耳目之官不思，而蔽于物。物交物，则引之而已矣。心之官则思，思则得之，不思则不得也。此天之所与我者。先立乎其大者，则其小者弗能夺也。此为大人而已矣。[2]

按照孟子的说法，人的四肢（孟子称之为"四体"、"小体"）与四心（孟子称之为"四端"、"大体"）虽然都是先天的，一样与生俱来，但是，它们的功能和作用截然不同，对人的意义更是相去霄壤。因此，人不可以对四肢与四心等量齐观，而应该对二者严格区分，分别对待。这是因为，正是在或为义或为利、或尽心或纵体的作为中，人有了君子与小人之分。面对这两种迥然悬殊的后果，他让人"先立乎其大者"，在尽心、知性中尽性、立命，最终成就圣人事业。

---

① 《孟子·尽心上》。
② 《孟子·告子上》。

　　荀子把人通过学习来"化性而起伪"的目标锁定在为圣人上，并且这样为人指点迷津："学恶乎始？恶乎终？曰：其数则始乎诵经，终乎读《礼》；其义则始乎为士，终乎为圣人。"① 进而言之，他之所以振臂高呼学习的至关重要，是因为认定学习是"化性而起伪"的主要手段，也是通往圣人之途。由此不难看出，与其说荀子高呼"学不可以已"② 是对学习如饥似渴、兴趣盎然，不如说是对朝圣情真意切、朝思暮想。

　　与探究人性是因为热衷于将人培养成圣人息息相通，孟子、荀子不仅表达了对圣人的期待和渴望，而且在人性中挖掘人成为圣人的先天资质和潜能。在人成为圣人的资格论证方面，孟子的名言是："人皆可以为尧舜。"③ 荀子的座右铭则是："涂之人可以为禹。"④ 在孟子那里，因为人生而性善，只要保持本性而不使其丧失，便可以道德完满，于是成为圣人。一切都顺乎自然，成为圣人似乎是先天注定、顺理成章的事。循着这个逻辑，荀子断言人性恶似乎使人远离了圣人。其实不然。在荀子那里，天然的性恶不仅不是人成为圣人的障碍，反而使圣人事业有了切实的下手处和着力点。他认为，义与利是"人之所两有"，义为人通往圣人大开方便之门。不仅如此，通过对可能性与现实性关系的阐释，荀子得出结论，人人皆具备成为圣人的资格。于是，他写道："故小人可以为君子而不肯为君子，君子可以为小人而不肯为小人。小人君子者，未尝不可以相为也，然而不相为者，可以而不可使也。故涂之人可以为禹，则然；涂之人能为禹，未必然也。虽不能为禹，无害可以为禹。"⑤ 在荀子看来，人究竟成为君子还是小人，不仅取决于客观条件，而且取决于主观条件；不仅取决于先天资质，而且取决于后天人为。就可能性而言，人人都具备成为圣人的先天条件和资质；就现实性而言，之所以没有都成为圣人，绝对不是因为不具备先天资格。这就是

---

①　《荀子·劝学》。

②　《荀子·劝学》。

③　《孟子·告子下》。

④　《荀子·性恶》。

⑤　《荀子·性恶》。

说，普通人之所以没有成为圣人，不是因为没有先天的条件，而是因为后天的努力不够。其实，从先天本性和潜能来看，常人与圣人是一样的。换言之，圣人并不是天然成就的，圣人的过人之处不是先天的资质而是后天的人为和努力。沿着这个思路，荀子声称："尧、禹者，非生而具者也，夫起于变故，成乎修，修之为，待尽而后备者也。"① 如果断定圣人天生就是圣人，也就等于把一部分人甚至是大多数人排斥在圣人之外。在此，荀子之所以不厌其烦地宣布圣人与普通人在先天本性上是一样的，就是为了强调常人与圣人具有相同的资格和潜质，以此督人向善；鼓励人通过加强道德修养和后天的学习，最终成为圣人。从这个意义上说，宣称"人之性恶明矣"的荀子不是使人远离了圣人，而是使人离圣人更近了。这是因为，由于与普通人一样生而性恶，圣人变得亲切起来，原本性恶的圣人通过"化性而起伪"成为圣人更是给人以莫大的鼓舞。

总之，价值判断、善恶标准、学为圣人构成了荀子的"人之性恶明矣"与孟子的"道性善"之间的一致性，也是儒家的道德理想和人生追求在人性领域的具体反映。这表明，两人的人性善恶之争不仅具有差异、对立的一面，而且具有互补、相通的一面，可谓殊途同归——秉承儒家的道德诉求、人生目标和人格理想，凭借礼乐教化来修身治国平天下。

四、"人之性恶明矣"的先秦特质

"人之性恶明矣"既展示了荀子思想的鲜明特性，又呈现出儒家的精神旨趣；前者表现为与孟子性善说的差异性，后者则体现为与孟子人性思想的一致性。除此之外，"人之性恶明矣"带有鲜明的时代特征和烙印，真实再现了先秦时期人性学说的思维水平，那就是：认定人在本性或本能上是平等的，人与人之间的所有差别都是后天的作为和引导造成的。

---

① 《荀子·荣辱》。

"人之性恶明矣"属全称判断，荀子发出这一判断意味着他认为所有人对于性恶概莫能外，人与人在本性上并无不同，都是恶的。为了突出人在本性上是一样的，荀子宣称人人性恶——普通人如此，圣人也不例外。对此，他一而再、再而三地强调：

> 凡人之性者，尧、舜之与桀、跖，其性一也；君子之与小人，其性一也。①

> 材性知能，君子、小人一也。好荣恶辱，好利恶害，是君子、小人之所同也。②

> 饥而欲食，寒而欲暖，劳而欲息，好利而恶害，是人之所生而有也，是无待而然者也，是禹、桀之所同也；目辨白黑美恶，耳辨音声清浊，口辨酸咸甘苦，鼻辨芬芳腥臊，骨体肤理辨寒暑疾养，是又人之所常生而有也，是无待而然者也，是禹、桀之所同也。可以为尧、舜，可以为桀、跖，可以为工匠，可以为农贾，在势注错习俗之所积耳。是又人之所生而有也，是无待而然者也，是禹、桀之所同也。③

由此可见，既然荀子断言"人之性恶明矣"，那么，他便认定人与人在性恶上完全相同，无任何区别：第一，君子与小人在生理素质和知识能力等各方面都是一样的，这意味着君子也有与小人一样的欲望。第二，即便是圣人之性，也含有与常人一样的恶之倾向。圣人与凡人一样生来就具有对欲和利的追求，与凡人在本性上完全相同；反过来，凡人生来就具有与圣人一样的耳、目、口、鼻等身体器官及认知能力。至此，荀子总结说，人与人是生而平等的，绝无任何差异。为了凸显人在本性上的平等，他用"一"、"同"来概括和表述君子与小人、圣人与凡人之间的人性。

---

① 《荀子·性恶》。
② 《荀子·荣辱》。
③ 《荀子·荣辱》。

问题到此并没有结束，既然人人在本性上生而平等是先秦人性论的共同特征，那么，这一观点便不可能只限于荀子一个人，其他人对这一问题的认识亦应如此。

被荀子批判的孟子坚信，人在本性上天然平等。在孟子那里，作为人生而性善的根据和内容，恻隐之心（又称不忍人之心）、羞恶之心、辞让之心（又称恭敬之心）和是非之心人人同具，无有不同；在人生来就有"四端"、"四心"上，人人相同，无一例外。同时，为了强调人在本性上是一样的，没有任何先天差别，孟子指出，人的一切差异都是后天形成的，与先天的本性无关。这用他本人的话说便是："富岁，子弟多赖；凶岁，子弟多暴。非天之降才尔殊也，其所以陷溺其心者然也。"①

同样，被孟子作为批判靶子的告子也秉持人性生而平等的原则，并由"食色，性也"出发，得出了人性可以为善也可以为不善的结论。②值得注意的是，告子用以论证人性可善可不善的证据是"水之就下"，孟子反驳告子，用以证明性善的证据也是"水之就下"。在这里，论证者和反驳者不约而同地以"水之就下"来阐释、论证人性，结果却是一个得出人性可善可不善的结论，另一个却得出人性善的结论。这个结果与其说表明以"水之就下"论证人性善恶存在致命的逻辑漏洞，毋宁说双方选择"水之就下"论证人性是为了凸显人在本性上犹如"水"一样"平"。据《孟子》记载：

> 告子曰："性犹湍水也，决诸东方则东流，决诸西方则西流。人性之无分于善不善也，犹水之无分于东西也。"孟子曰："水信无分于东西，无分于上下乎？人性之善也，犹水之就下也。人无有不善，水无有不下。今夫水，搏而跃之，可使过颡；激而行之，可使在山。是岂水之性哉？其势则然也。人之可使为不善，其性亦

---

① 《孟子·告子上》。
② 《孟子·告子上》。

犹是也。"①

法有准则、水准之义，法家崇尚法便意味着对人性的整齐划一。事实上，认定人皆自为是法家的一贯传统，也意味着认为人性自私自利是法家的共识。对于法家而言，在自私这一点上，人性是一样的。饶有趣味的是，商鞅为了说明人与生俱来的本性无有不同，同样以"水之于下"为喻。他的名言"民之于利也，若水之于下也"②，颇有对人性整齐划一的味道。商鞅的"水之于下"不禁使人联想到告子、孟子的"水之就下"；所不同的是，商鞅由人性之平等引向了对水平之法的敬畏。

墨子尽管很少探究人性，然而，他仅用一句"染于苍则苍，染于黄则黄。所入者变，其色亦变；五入必而已则为五色矣"③便将人性的天然平等以及后天的影响表达得淋漓尽致。

面对先秦对于人在本性上整齐划一的人性论，人们不禁要问：既然圣人与凡人在本性上完全相同，生来都站在同一起跑线上，那么，他们为什么会有尧舜与桀跖、君子与小人这样的天差地别呢？答案是：后天的学习修养、社会环境和统治策略使然。在这个问题上，荀子与孟子一样把人与人之间的差别归结为后天的人为："今将以礼义积伪为人之性邪，然则有曷贵尧、禹，曷贵君子矣哉？凡所贵尧、禹、君子者，能化性，能起伪，伪起而生礼义；然则圣人之于礼义积伪也，亦犹陶埏而生之也。"④

在先秦哲学家那里，人性的生而平等表明，包括圣人与凡人、君子与小人在内的人与人之间的所有差别都是后天的人为和外界的环境造成的。这一点是相同的，所不同的是，沿着这个思路，不同学派的思想家从中领悟到了不同的道理，进而推出了不同的行为追求和政治策略。于是，人性哲学在前，政治哲学随后：道家从中看到的是后天环境对人之

---

① 《孟子·告子上》。
② 《商君书·君臣》。
③ 《墨子·所染》。
④ 《荀子·性恶》。

本性的戕害，故而不赞同对人之本性进行任何改变；法家从中看到了儒家仁义礼乐的无能，进而信凭法术的力量；儒家则从中看到了道德引导的巨大作用，进而相信礼乐教化的至关重要，举办各类学校、实施礼乐教化成为孟子和荀子的共同设想。

孟子向往的仁政、王道中有一项重要内容，那就是：在百姓衣食无忧之后，设立各种学校，宣讲人伦道德，实行礼乐教化。他不止一次地写道：

> 不违农时，谷不可胜食也。数罟不入洿池，鱼鳖不可胜食也。斧斤以时入山林，材木不可胜用也。谷与鱼鳖不可胜食，材木不可胜用，是使民养生丧死无憾也。养生丧死无憾，王道之始也。五亩之宅，树之以桑，五十者可以衣帛矣。鸡豚狗彘之畜，无失其时，七十者可以食肉矣。百亩之田，勿夺其时，数口之家可以无饥矣。谨庠序之教，申之以孝悌之义，颁白者不负戴于道路矣。七十者衣帛食肉，黎民不饥不寒，然而不王者，未之有也。①

> 设为庠序学校以教之；庠者，养也；校者，教也；序者，射也。夏曰校，殷曰序，周曰庠，学则三代共之，皆所以明人伦也。人伦明于上，小民亲于下。②

正因为对礼乐教化的重视，荀子不仅著有《礼论》，而且著有《乐论》。不仅如此，他对学习的如饥似渴显然与道德修养和礼乐教化息息相通。荀子对礼十分重视，而他对礼的推崇与礼乐教化密切相关。由于认为礼的作用是分，荀子试图以礼规范人与天、人与人之间的关系，在别亲疏、等贵贱中践履儒家理想。正是出于这一目的，他不仅阐明了礼的来源、作用和特征，而且强调从个人的日常生活到国家的政治举措都要依礼而行。而所有这一切的最终目的，无非是使礼乐教化落到实处。

---

① 《孟子·梁惠王上》。
② 《孟子·滕文公上》。

　　上述内容显示，荀子的"人之性恶明矣"折射出先秦人性哲学对人性整齐划一的时代风尚和精神特质，这一特质在与秦后人性哲学的比较中则看得更加清楚、明白：汉唐人性哲学的特点是性分品级，以西汉董仲舒的性分三品为开端，将性分品级与人类社会中长幼尊卑的宗法等级相对应；中经南朝黄侃的性分九品，对人性的等级之分愈分愈细；到了唐代，性分品极，情亦分品级，韩愈、李翱则将对人之性情品级的论证发挥到了极致。宋明理学人性哲学的特征是宣称人性双重，尽管认为作为共性的天地之性（张载）或天命之性（朱熹）人人相同乃至人物相同，然而，一个不争的事实是，张载、朱熹不约而同地断言，将人与人、人与物区分开来的气质之性各不相同，并且注定了人与人之间的智愚、圣凡、贤不肖之别。这等于将宗法等级下的名分归结为人的先天宿命，说成是人与生俱来、不可更改的先天性命。与汉唐、宋明人性学说旨在突出人性之等级迥异其趣，先秦人性哲学包括对汉唐、宋明影响巨大的孟子和荀子一致主张，人在本性上是相同的，人与人之间的所以差别都是后天形成的。

五、"人之性恶明矣"的中国印记

　　人性问题之所以恒提恒新，与中国哲学的特质密不可分。由于旨在为人寻找安身立命之所，中国哲学历来热衷于人性问题，同时对政治哲学倍加关注。先秦之时，人性问题之所以成为学术热点和争论焦点，致使各种人性学说异彩纷呈，原因在于：人性问题从来都不是纯粹的理论问题，不仅包含着较强的操作性，而且往往牵涉政治哲学和统治方略。正是这一点决定了中国的政治哲学与人性哲学密切相关，也使因循人性而治成为中国几千年不变的政治模式和治国理念。在荀子那里，对人性的作为不仅是个人的道德修养，而且是国家的行政举措；人性完善的目标不仅是个人的超凡入圣，而且是社会的稳定和谐。他之所以对人性问题兴趣盎然，理论初衷无非是在人性中寻找治国平天下的根基，并从人性恶推出了隆礼重法的统治方略和治国理念。这表明，对于荀子来说，探讨人性是为了寻找最佳的政治方案，这使他的人性哲学与政治哲学密切相关。问题的关键是，这并不是荀子思想的特质，而是带有中国哲学的印记。荀子如此，孟子也是这样；儒家如此，道家、法家亦然；先秦哲学如此，秦后哲学也不例外。

首先，就儒家来说，孟子与荀子一样对人性的阐发立足于加强道德修养的需要，并且突出礼乐教化的主导作用。这就是说，无论秉持性善说还是性恶论，孟子和荀子对待人性的做法流露出相同的理论初衷，旨在证明道德教化的有效性而鼓励人积极加强道德修养。在这方面，断言人性善的孟子并没有对人性坐享其成，而是呼吁通过尽心、存心和"求放心"来保养善性；① 正如宣称人性恶的荀子并没有自暴自弃，而是鼓励人竭尽全力地凭借后天的努力"化性而起伪"一样。这表明，孟子和荀子没有放任人性，无论是养还是化都以人性可变为前提，本身就包含对人性施加作为的意图。两人对人性的积极作为沿袭了儒家孜孜不倦、自强不息的一贯作风，流露出不同于道家的价值取向和人生追求。

与此同时，孟子和荀子用以修养、框定人性的仁义道德、礼义法度有别于同样积极作为的墨家和法家。这是因为，孟子和荀子重视礼乐不是为了"极口腹耳目之欲"，满足感官刺激，而是为了陶冶人的心灵，达到"同民心而出治道"的目的。有鉴于此，两人对人性进行善恶判断、善之引导和道德审视受制于儒家政治哲学的伦理本位，强化了儒家有别于百家的伦理政治。在这方面，孟子不仅以救世者自居，发出了"当今之世，舍我其谁"② 的豪言壮语，而且胸怀"达则兼善天下"③ 的远大抱负。荀子与孟子一样有周游列国、渴望仕途的经历，并且拥有同样的圣贤在位的哲学王情结和政治期盼。在这里，政治是伦理、道德的推行和强化，孟子要求统治者与民同乐、荀子强调君人者的榜样作用以及两人的哲学王情结均属此类。对于两人来说，不论是对人性的积极有为还是将人性哲学与政治哲学联系起来都是为了推行礼乐教化，劝导人在

① 《孟子·尽心上》。

② 《孟子·公孙丑下》。

③ 《孟子·尽心上》。

听从统治者上行下效的引导中督人向善，成就全民的圣人事业。由此，回过头来看荀子的"人之性恶明矣"与孟子"道性善"可以发现，两人对人性的不同看法如善与恶的判断、养与化的对待以及道德自觉与法律强制的调控等都基于对人性的不同截取，是从不同切入点对同一问题的关注，表面上呈现出种种差异乃至对立，本质上则流露出相同的道德追求和价值旨趣。这决定了两人均以礼乐教化为手段，中经对人性的去恶扬善，最终在个人的超凡入圣中达到仁政、王道之境界。由此看来，孟子和荀子的人性论均秉持道德主义的人生目标和价值诉求，以礼乐教化为手段，以道德完善为目标，使政治统治之路演绎为道德完善之途。

其次，法家奉法而治，基于对人性自私自利的甄定，倚重法、术、势与认定人性自私自利之间具有内在的逻辑关系：第一，法家将人性视为自为的。例如，慎到指出："人莫不自为也。"① 商鞅也说："民之于利也，若水之于下也。"② 韩非认为，人"皆挟自为心也"，所作所为都是为了利己。"自为心"是人的自然本性，不具有"仁"或"贼"的道德意义，并且是不可改变的。人人利己导致人人"异利"，相互以"计算之心相待"，由此使人与人的关系成为血淋淋、冷冰冰、赤裸裸的利益关系。第二，在确信人性自私自利的基础上，法家推行法治。可以看到，不仅限于韩非，法家诉诸法、术、势是基于对人性自私自利的认定，并且肯定人人都以自私、利己的眼光来看待、处理包括父子、君臣在内的所有人际关系。

尽管在人性是否可变上，韩非与荀子的看法迥异其趣，然而，在由人性哲学推出政治哲学上，两人的思路别无二致。更为重要的是，韩非意识到了人性与统治策略之间的密切相关，自觉地将人性哲学与政治哲学联为一体。正如孟子宣称"先王有不忍人之心，斯有不忍人之政"③，侧重从"人皆有不忍人之心"推出"不忍人之政"（仁政）一样，韩非宣称

---

① 《慎子·因循》。

② 《商君书·君臣》。

③ 《孟子·公孙丑上》。

"凡治天下，必因人情"，①奉法而治就是针对"夫民之性，恶劳而乐佚"②在人性的具体内容是什么的问题上，韩非与荀子的回答并无不同。尽管如此，韩非只讲人性是什么而不对之做善恶鉴定，致使人性的天然性成为自然性和合理性。不仅如此，为了保护人性之私，他推出了依法赏罚的奉法而治。尽管韩非把人的本性和人与人之间的关系描述得丑恶而恐怖，令人不寒而栗，然而，他并没有把人性的自私自利视为恶；恰好相反，利、欲作为人性之本然在韩非那里成为正当性的代名词。在某种程度上可以说，韩非由"凡治天下，必因人情"而来的法治路线正是为了迎合人对利、欲的追求。与此相联系，法家的治国理念和行政举措以功利为诱饵，以赏罚为二柄，崇尚暴力。在禁心、禁言和禁事的过程中，武力威慑和利益引诱成为主要手段。

再次，道家崇向无为而治，亦因循人性而来。儒家、法家对仕途充满渴望，在政治上主张有为，礼乐教化与奉法而治便是两家基于对人性的不同理解提出的有为政治。其实，不仅主张有为政治的儒家、法家到人性哲学中寻找政治哲学的依据，向往无为而治的道家同样秉持因循人性而治的致思方向和理论主旨。

需要说明的是，孟子和荀子对待人性的态度是有为，保养和改变人性表现在人生追求、政治方案上便是加强道德修养和推行礼乐教化，而不是无为而治。老子、庄子代表的道家对道德的崇尚与儒家相比有过之而无不及，道家由此又有道德家之称。尽管如此，道家所推崇的道德绝非儒家所讲的仁、义、礼、智。可以看到，老子、庄子都极力抨击儒家的仁义道德：老子指责礼是乱之首，故而主张去除仁义，实行无为而治。庄子认为，儒家的仁义道德尤其是礼破坏人性之本然，是害生损性和导致虚伪的罪魁祸首。庄子也追求善，不过，在庄子的视界中，善并不是儒家的仁义道德，而是保持天然本性；与善相对应，恶指对天然本性的破坏、损伤或戕害，儒家的仁、义、礼、智当然也包括在内。正是

---

① 《韩非子·八经》。

② 《韩非子·心度》。

在这个意义上,庄子把儒家提倡的仁、义、礼、智视为道德之大敌。于是,他不止一次地指出:

> 屈折礼乐,呴俞仁义,以慰天下之心者,此失其常然也。天下有常然。常然者,曲者不以钩,直者不以绳,圆者不以规,方者不以矩,附离不以胶漆,约束不以纆索。故天下诱然皆生,而不知其所以生;同焉皆得,而不知其所以得。①
>
> 吾所谓臧者,非仁义之谓也,臧于其德而已矣;吾所谓臧者,非所谓仁义之谓也,任其性命之情而已矣;吾所谓聪者,非谓其闻彼也,自闻而已矣;吾所谓明者,非谓其见彼也,自见而已矣。②

道家尤其是庄子认为,人性的天然素朴状态是真、是善、是美,在对人性的作为上崇尚无为;为了保持天然本性,必须去知、去情,一切任其自然。对于老子和庄子来说,无为既是个人的修身养性之方,又是理想的统治之术。庄子推崇本性之真,断言素朴为大美,反对戕害本性的行为。基于这种理解,庄子主张无为而治;与无为的处世原则和统治方案密切相关,他主张消除一切仁义法度的桎梏,对百姓实行"天放"。事实上,庄子也追求和谐,只不过他所追求的和谐不是儒家的亲亲尊尊,而是与万物浑然一体的混沌未分、天然和谐而已。

最后,秦后哲学依然从人性中寻找治国理民之方。如果说先秦时期的百家争鸣呈现出学术自由、文化多元的政治格局和社会局面的话,那么,随着西汉董仲舒提出的"罢黜百家,独尊儒术"被汉武帝所采纳,儒家思想成为政治哲学的主流。此后,中国的人性哲学基本上在儒家善恶判断的框架内进行,性恶与刑法相随,性善与礼乐相伴成为基本模式。

孟子和荀子因循人性而治、从人性中寻找治国理民之方的思路为后

---

① 《庄子·骈拇》。
② 《庄子·骈拇》。

续儒家所继承，无论是汉代大儒董仲舒还是宋明理学家都沿袭了这一传统，并且在因循人性而治上走得更远：第一，将人性与宇宙本原直接联系起来，甚至从人性的善恶中引申出宇宙本原赋予人的先天命令。第二，提升人性哲学的地位，宋明理学家更是在将人性说成是宇宙本原之显现的同时，通过人性的善恶双重、性命不一，将宗法等级秩序注入人性之中；并在此基础上，借助本体哲学、人性哲学和道德哲学的三位一体，加固、强化人性哲学与政治哲学的密不可分。

需要说明的是，荀子对人性进行价值判断时之所以走向性恶论，是因为侧重人的生理欲望和自然本能，正如孟子之所以断言人性善，是因为选取了人的社会属性一样。问题的关键是，人拥有自然与社会双重属性。就对人性的引导和人性对统治策略的支持而言，专注人的社会属性往往倚重人内在的道德自觉，伸张统治秩序的可能性和可行性；执着于人的自然属性常常依赖外在的法律强制，突出统治秩序的必要性和迫切性。就对宗法等级秩序的辩护而言，可能性与必要性同样不可或缺——正如对于统治方案的实施来说，道德引导与武力威慑一个都不能少一样。从这个意义上说，孟子与荀子对人性之善恶的各执一词，由于都只说对了一半而恰成互补之势。正因为如此，后续者对两人的一善一恶之说不是取一弃一，而是兼而取之。最明显的例子是，秦后对人性的认定不是单一的或善或恶，而是善恶兼备——在这个问题上，不论是汉唐时期的性分品级还是宋明理学的人性双重都是如此。这是对孟子和荀子的致敬，以事实证明了孟子性善说与荀子性恶论之间的理论相通性，也在某种程度上从源头处注定了中国人性哲学、政治哲学的理论态势和中国印记。这表明，只有从礼乐教化、治国安民入手审视荀子的"人之性恶明矣"，才能领会荀子和中国哲学对人性问题乐此不疲的秘密以及各种人性学说之间的异同关系。

第七章

"法者，事最适者也"
——韩非的法治思想与行政举措

"法者，事最适者也"语出《韩非子·问辩》，是韩非法治思想的前提。作为先秦法家的集大成者，韩非的法治思想系统而完备。"法者，事最适者也"不仅使韩非坚信奉法而治是治国理民的不二途径，而且以事功为目的建构了一套与之配套的行政举措和法治机制。有鉴于此，"法者，事最适者也"在韩非的法治思想中具有重要地位，不仅牵涉韩非法治思想的理论初衷，而且与他的法治思想的建构息息相通。

一、功多、事半、废私的立法原则

韩非法家集大成者的美誉不仅来自其法治思想的系统完备，而且来自奉法而治的毅然决然。进而言之，这一切并非因为韩非好法，而是因为功利的现实考量，归根结底取决于他对"法者，事最适者也"的认定。在韩非看来，法具有工具价值，可以满足人的功利诉求。而为了使法的工具价值最大化，必须在价值领域树立法的绝对权威。为此，韩非从不同方面极力渲染法的功效性，进而为法治张目。

首先，与其他法家人物一样，韩非呼吁用法术治理国家，并不隐讳自己的功利主义动机。法家之所以弘扬法术，并非好法而法，而是基于对功利的追逐。在这个问题上，韩非也不例外。他之所以游说君主奉法而治，是因为相信：实行法治，暂时痛苦却可以长久得利；实行仁道，苟乐而后患无穷。正是在对利弊轻重的功利权衡中，圣人才狠心地采用法术而放弃了仁道。可见，圣人采用法治并非因为残忍，而是出于大利的考虑。

其次，韩非认为，君主依法治国理民，可以收到事半功倍之效。因此，他反复重申：

> 法者，事最适者也。①
> 法所以制事，事所以名功也。法有立而有难，权其难而事成，则立之；事成而有害，权其害而功多，则为之。②

在韩非看来，正如圣人选择奉法治国是因为法具有工具价值一样，具有功用价值和工具性的法便于处理各种事物，这是法术得到圣王青睐的根本原因。由此不难想象，君主如果能像圣人那样依法治国，同样可以用事简而收效繁。不仅如此，为了让法更好地行使、发挥自身的工具价值，韩非建议君主当初在立法之时就对利害进行权衡和取舍，以确保功利的最大化。这样一来，由于功利是立法的基本原则，便保证了君主推行法治可以收获功利之效果。对于这一点，韩非下面这段话提供了最好注脚：

> 霸王者，人主之大利也。人主挟大利以听治，故其任官者当能，其赏罚无私。使士民明焉，尽力致死，则功伐可立而爵禄可

① 《韩非子·问辩》。
② 《韩非子·八说》。

致，爵禄致而富贵之业成矣。富贵者，人臣之大利也。人臣挟大利以从事，故其行危至死，其力尽而不望。此谓君不仁，臣不忠，则可以霸王矣。①

这就是说，推行法治，君主可受其利。具体地说，法治能够帮助君主有效地达到国富民强的目的，也可以帮助君主拓疆辟土，巩固自身的统治。在国家强盛之时，法治可以让域内百姓承蒙恩泽，获取功利。推行法治而获取功利，这是韩非立法的原则，也是他的人皆自私自利的人性论在法治、政治领域的贯彻和展开。

与此同时，按照韩非等法家人物的人生哲学和处世原则，臣民效力君主并不是因为这位君主是仁君，而是由于他重用自己，给自己以功名利禄等诸多实惠；如果别的君主给自己更多的优惠、更好的待遇，完全可以另择明主而不必对这位君主从一而终。这表明，臣与君之间并没有什么道义、承诺可言，由始至终都只是一个利字在起作用。同样的道理，君主调使臣民，没有丝毫爱怜、宽惠之心，只是利用自己手中的砝码进行利益的引诱而已；在国君的眼中，臣民充其量只是自己手中的一个棋子、工具而已，自己凭着法术随时可以操纵其生死去留。这表明，君与臣之间并不存在惠或礼，权衡的唯一尺度便是国君的利益——一己之私。

再次，韩非认为，法具有废私的作用和功能。这意味着奉法而治不仅可以杜绝君主以自己的好恶强加于国，而且可以使群臣为官廉洁、防止腐败。由此，他确信："夫立法令者，以废私也。法令行而私道废矣。私者，所以乱法也。"②果真如此吗？为了证明这一点，韩非讲了这样一个故事：

公仪休相鲁而嗜鱼，一国尽争买鱼而献之，公仪子不受。其弟

---

① 《韩非子·六反》。
② 《韩非子·诡使》。

谏曰："夫子嗜鱼而不受者，何也？"对曰："夫唯嗜鱼，故不受也。夫即受鱼，必有下人之色；有下人之色，将枉于法；枉于法，则免于相。虽嗜鱼，此不必致我鱼，我又不能自给鱼。既无受鱼而不免于相，虽嗜鱼，我能长自给鱼。"①

公仪休不受鱼的故事发人深省：美味佳肴，非不欲得，尤其面对送上门来的自己之至爱——鱼。尽管如此，公仪休面对投其所好的送礼者，考虑到枉法、守法之利弊，最终还是在权衡了利弊之后，选择了为守职而不受鱼。在韩非看来，是法让公仪休保住了廉洁。或许他内心里拒绝贿赂的理由并不那么伟大或高尚，然而，因为有了法的利剑，杜绝了贪污受贿，不好吗？

总之，在韩非的视界中，"法者，事最适者也"。由于具有工具性，法在实行中可以事半功倍，在效果上能够立竿见影。正是"法者，事最适者也"坚定了韩非奉法而治的决心，也影响了他奉法而治的思路和举措。

二、禁心、禁言、禁事的法治境界

韩非相信，"法者，事最适者也"。因此，只要君主奉法而治，就可以达到天下太平、国富民强的理想境界。具体地说，法治有三个不同的层次或境界，从高到低依次是：禁心、禁言和禁事。这用他本人的话说便是："是故禁奸之法，太上禁其心，其次禁其言，其次禁其事。"②从中可见，法治达到极致不仅可以约束人的行动、言论，而且可以规范人的思想。或者说，虽然禁心、禁言和禁行代表着法治由高至低的三个不同境界，但是，韩非依靠法治所追求的理想境界不仅是使人行动规矩，而且包括更重要、更高级的思想纯正。韩非称之为"太上禁其心"。这

---

① 《韩非子·外储说右下》。
② 《韩非子·说疑》。

表明，他相信，法治具有端正思想（禁心）的功效。在法治达到的理想社会中，不仅人的行动或言论井然有序、规规矩矩，而且思想端正、没有邪念。当然，在韩非那里，这种精神境界不是靠道德感召、礼乐教化得来的，而是法治——人们迫于法律的威严而不敢造次的结果，是法、术、势巨大威力的体现。

进而言之，为了达到法治不仅禁行而且禁心的理想目标，韩非非常重视法律的宣传、教育和普及，建议政府派遣专人主管法律的通报工作，由郎中每天在郎门外传达法律，以使境内之民及时了解新出台的法律法规。这一点与韩非强调法的公开即"法莫若显"是一脉相承的，也可以说是法之公开的必然要求或使法公开的必要手段。与此同时，为了让法律观念深入人心，成为人思想意识中根深蒂固的行为信念，韩非呼吁："故明主之国，无书简之文，以法为教；无先王之语，以吏为师。"① 可见，为了凸显法的至高无上性，韩非公开排斥百家之学，防止其他思想观念妨碍百姓对法家思想的接纳和认同。在此，他企图通过法律的普及达到让臣民不仅知法懂法，而且执法服法的目的。韩非指出，为了达到这一目的，必须忘掉先王的谆谆教导，以官吏为师。只有这样，才能确保人们所听到的、学到的都是法律条文，看到的都是依法办事。也只有通过这样的法律引导和法制教育，人们才会有法可依、行不逾矩。

至此可见，如果说认识到教育在治理国家、规矩百姓行为中的重要性是包括韩非在内的法家与儒家的相同之处的话，那么，由于具体动机和最终目标不同，两家的教育内容大相径庭：强调礼乐教化的儒家以圣贤为师，孔子即以"文、行、忠、信"四教示人。在孔子那里，除了文指古代文化典籍之外，行、忠和信都可以归结为道德教育。儒家以道德教育为主，是为德治、仁政的治国模式服务的。与此不同，韩非把知法懂法视为教育的唯一内容和动机，使普及法律成为教育的唯一宗旨，这些归根结底都是为他的法治路线服务的。

---

① 《韩非子·五蠹》。

　　其实，透过韩非所力陈的推行法治的理由不难看出，法家推行的法治与儒家的德治是两种截然不同的治国理念和政治策略。具体地说，道德给人提供的是最高理想和终极目标。儒家推行德治仁政、礼乐教化，理论前提是人性的不忍恻隐、相亲相爱。"亲亲而仁民，仁民而爱物"①的处世之方作为一种道德说教旨在给人提供一种最高的追求目标和社会理想。去做了，便成为圣人、君子，超凡入圣——这个圣人、君子往往离普通人又是那么遥远；不去做，也无损于做一个平平凡凡的普通人。"无可无不可"②，去不去做关键取决于每个人不同的觉悟境界和价值取向。法则具有强制性，突出一个"禁"字。在这方面，韩非的"禁奸之法，太上禁其心，其次禁其言，其次禁其事"便是明证。由此可见，法律与道德的不同之处在于，从禁止的角度规定了做人的底线，那就是不要做什么，然后才有生存和发展的权力。对于这种禁止，任何人都不例外，也就是说，谁都不能违背。至于在这个最低起点上，还想做些什么更高觉悟的事，那由你自己决定。换言之，法从不应该的角度规定了人能够做什么，尽管是最低限度的，又只能这样做；否则，就要受到制裁。法律的这一特点和原则在韩非那里具有充分体现：不仅法治的境界是以"禁"的形式表现出来的，而且在法治的推行中既有劝导之赏，又有禁止之罚。更有甚者，虽然韩非声称国君奉法而治，依靠的是刑德二柄，赏罚并用，但是，他侧重的则是罚。这极大地凸显了法的禁止作用和功能，以致使"法禁"成为一个重要概念。

　　有人说，法律是"先小人而后君子"，道德则防得了君子而防不了小人。这是因为，道德所感召的恰恰是那些安纪守法、循规蹈矩的人。一旦人的道德天平失衡，道德信念发生动摇或偏离，道德便拿不出行之有效的办法来制裁其叛逆者。这种评价或许偏激，却道出了一个不容否认的事实，那就是：在阶级社会中，法律往往比道德更有力量，故而更行之有效。大致说来，道德为人提供了无限的可塑空间，使人充分发

---

　　① 《孟子·尽心上》。
　　② 《论语·微子》。

挥其内在潜能，自由挥洒，变得富有理想；法律则规定了为人的种种限度，使人变得实际和现实。从这个意义上说，法家思想与儒家相比具有鲜明的现实性和批判性。在这个问题上，韩非断言"法者，事最适者也"，并且相信凭借法、术、势可以治国平天下。

三、法、术、势三位一体的法治路线

"法者，事最适者也"表明，韩非不是像先前法家那样分别对法、术或势予以推崇，而且对三者一并推崇，并且强调三者的相互配合，共同作用。在确立了奉法而治的法治理念之后，以何为法的立法原则和法治路线便提到了议事日程。对于这个问题，韩非在借鉴先前法家思想资源的基础上，通过法、术、势三位一体的建构伸张了自己的法治路线和立法原则。

众所周知，法家学派源远流长，战国末期的韩非则是先秦法家的总结者和集大成者。韩非的法学建构离不开春秋、战国时期的法家先驱，是对先前法家思想吸收和借鉴的结果。值得注意的是，尽管法、术、势三位一体是韩非法治思想的逻辑构架和理论创新，然而，法、术、势并非韩非的首创。历史上，商鞅重"法"，两次在秦国变法，出台了一系列法规，并着重塑造法的严峻和冷酷。申不害重"术"，并为国君谋划了一套深藏不露、克制群臣之术。慎到重"势"，强调法必须借助"势"才能更好地发挥作用；并由此主张君主"握法处势"，把君主的权势看作推行法的力量，即所谓的"贤智未足以服众，而势位足以屈贤者"。正是在继承、发挥和融合这些思想的基础上，韩非建构了以法、术、势为核心的思想体系，进一步强化和巩固了法、术、势的地位。

在借鉴前人思想资料的过程中，韩非进行了自己的理论创新：第一，强调对于国君而言，法、术、势一个都不能少。"法者，事最适者也"使韩非对法青睐有加，在立法上，兼顾法、术、势。第二，强调法、术、势相互配合，才能发挥最佳效果。韩非不仅对法、术、势兼容并蓄，而且让三者相互配合，相互作用。因此，法、术、势在韩非那里不是各不相干的，而是三位一体的。这意味着无论在立法还是在实施的过程中，法、术、势都必须成龙配套，相得益彰。

在韩非那里，尽管法、术、势对于国君治国理民来说一个都不能少，然而，这并不意味着三者的地位或作用相同，可以对三者等量齐观。按照他的说法，法、术、势各自具有不同的特点和作用，在法、术、势的相互配合、三位一体中，必须以法为核心和灵魂。

与"法者，事最适者"一脉相承，韩非极力凸显法的重要性。他指出，国家没有永远强大的，也没有永远弱小的，国家的强大与弱小关键取决于国君奉法的态度：国君坚决奉行法治，则国必强；国君无心奉行法治，则国必弱。正是在这个意义上，韩非这样写道："国无常强，无常弱。奉法者强，则国强；奉法者弱，则国弱。"①这就是说，对于国君来说，康庄大道只有一条，那就是：奉法而治。这是因为，国君只有推行法治，才能使国家成为强盛的国家。

对于术的重要性，韩非论证说，在物与物之间弱肉强食的竞争中，获胜者必有利器。拿老虎来说，之所以能制服犬狗，是因为老虎有锋利的爪牙；假如老虎把爪牙送给狗，反而会被狗所制服。爪牙就是老虎制胜的利器，老虎以爪牙制服犬类证明了利器对于动物生存以及获胜至关重要。对于人而言，利器尤为重要。这是因为，人性自私趋利、相互争斗，这使利器成为人制胜的法宝。特别是对于国君来说，要想制服群臣、威临天下，手中一定要执握利器。具体地说，君主的利器便是术。有鉴于此，韩非为国君设计了一套课能、禁奸之术，作为国君制服臣民的利器。

韩非进一步论证说，法、术是必要的，仅有法、术是不够的。除此之外，明君治国还要依靠他的势——势对于动物的生存至关重要，对于君主更是必不可少。对此，韩非举例子论证说，飞龙可以乘云，腾蛇可以游雾。如果云雾退掉，飞龙和腾蛇便会因为失其所乘而无法翱翔。同

---

① 《韩非子·有度》。

样的道理，尧尽管贤德，若为匹夫，则不能治三人；桀尽管昏庸，由于处在国君的位置上，却足以蛊惑天下，使天下大乱。这些共同证明了国君对势的依赖，从正反两方面说明了一个道理，那就是：国君治国理民凭借的是势位而不是贤智。

总之，韩非强调，法、术、势三位一体，相互作用，只有相互配合才能发挥巨大的威力。因此，对于一个国君来说，法、术、势不可或缺，一个都不能少。缺少任何一个，都不能达到天下大治的目的。进而言之，若使法、术、势相得益彰、相互配合，必须观照各自的特色，采取正确的方法。循着这个思路，在强调法、术、势相互作用、三位一体的同时，韩非阐明了三者之间的不同：法是国家颁布的法律条文，术是君主隐藏不宣的权术，势是君主高高在上的威势。法、术、势的不同不仅表明三者具有不同的特点，而且表明三者具有不同的作用机制。有鉴于此，韩非一面强调法、术、势三位一体，缺一不可；一面强调法、术、势各不相同，必须对三者进行严格区分。例如，对于法与术的不同，他写道：

> 法者，编著之图籍，设之于官府，而布之于百姓者也。术者，藏之于胸中，以偶众端而潜御群臣者也。故法莫如显，而术不欲见也。①

在韩非看来，法与术虽然都是君主治国理民的凭证和手段，但是，二者具有本质区别，作用方式更是差若云泥。归纳起来，法与术的区别表现在三个方面：第一，从适用主体来看，法为臣民所师，术是人主所执。第二，从作用机制来看，法之作用的发挥要通过君主的制定、官府的颁布、百姓的知晓、依法行事等一系列的落实。这用韩非本人的话说便是："法者，宪令著于官府，刑罚必于民心，赏存乎慎法，而罚加乎

---

① 《韩非子·难三》。

奸令者也。"① 可见，民无法必乱，法是用来禁止臣民作奸犯科的。术的作用则在于"操生杀之柄，课群臣之能"。术之目的既为了使群臣相互钳制，也为了使群臣无法窥探国君的好恶而投其所好。第三，从具体特点来看，法详尽公开，术深藏不露。法与术不同的作用机制决定了二者具有不同的特点。具体地说，为了达到禁止臣民犯上作乱的目的，法律条文必须公开、清楚和详尽；只有这样，才能让境内之民在知法懂法的基础上，执法依法。这就是说，不知法，也就谈不上执法或守法；如果做不到公开、明白，法的执行则无从谈起。正因为如此，早在当年郑国子产"铸刑书"时，即把成文的刑法铸在鼎上公布出来，告示天下。韩非显然是继承了法家的这一传统，认为法的特点是明白和公开。他断言："圣人之治也，审于法禁，法禁明著，则官治。"② 这就是说，明白、公开是法的生命线，法只有明白、公开，才能发挥应有的作用。与法的明白、公开相联系，法必须详尽、周全，这样才能避免产生歧义，引起不必要的纠纷。韩非声称："书约而弟子辩，法省而民讼简。是以圣人之书必著论，明主之法必详尽事。"③ 法是人行为的依据，办事、论功的凭证。人时时处处都在活动，要想有凭有据，法律条文必须兼顾到细枝末节，做到事无巨细，完备周详。与法的公开、明白恰好相反，术的特点是深藏不露。在君主执术治理国家时，一定要将术深藏胸中。在他看来，君主执术一定要不形于色，术越隐蔽不露越具有杀伤力，也就越能极大地发挥作用。

至此，围绕着"法者，事最适者也"的初衷，韩非出台了一套完备的法治模式。这套法治建构既与"法者，事最适者也"的功利诉求一脉相承，又大致框定了他的治国策略和法制操作。

---

① 《韩非子·定法》。

② 《韩非子·六反》。

③ 《韩非子·八说》。

四、奉法、执法、守法的具体操作

在确定了立法原则和法治方案之后，如何使之落到实处得以更好地贯彻，运行机制和具体操作便变得重要起来。在法治路线的贯彻推行和具体操作上，韩非借助各项措施，以期通过君主之奉法、官吏之执法和臣民之守法等各个环节逐层落实来保证"法者，事最适者也"。

1. 法之固定统一、不可更改

为了确保"法者，事最适者也"，韩非在法律的制定和执行上始终突出法律的固定统一、不可更改。道理很简单，为了最大程度地发挥法的作用，必须维护法律的尊严。与此同时，为了坚定人奉法而治的决心，无论何人都必须做到依法办事，有法必依。这从正反两方面对法的固定统一、不可更改提出了严格要求，韩非更是将此奉为执法的生命线，强调任何人都不得以任何理由为借口变动或篡改法律。《韩非子》中的许多故事都形象而生动地体现了韩非近乎顽固的对法的坚守，下面即是一例：

> 吴起示其妻以组曰："子为我织组，令之如是。"组已就而效之，其组异善。起曰："使子为组，令之如是，而今也异善，何也？"其妻曰："用财若一也，加务善之。"吴起曰："非语也。"使之衣归。其父往请之，吴起曰："起家无虚言。"①

组织好了，美丽漂亮。出乎预料的是，吴妻工作完成得这么出色却遭到谴责，并因为这么点小事就被休回了娘家。结局是吴妻做梦也想不到的，同样出乎所有人的预料，吴起的做法看起来似乎太不近人情了。然而，从另一个角度看，执法首先必须维护法律的尊严，惟法必从、有法必依、违法必究是对执法者最起码的要求。无论出于什么原因和理由，加入自己的好恶便是对法律的轻漫和亵渎。循着这个逻辑，既然吴

---

① 《韩非子·外储说右上》。

妻修改了"法律"——"加务善之"，既然吴起执法如山，那么，吴妻被出，亦属必然。

借助吴起休妻的故事，韩非旨在强调，在奉法而治的过程中，必须维护法律的固定统一、不可更改。对于这一点，韩非毅然决然、坚定不移。他规劝国君以法术治国制臣，也有使君主隆法尊法，不以个人好恶改法或枉法的意图。

就国家的行政措施和法律的贯彻执行来说，韩非对法律统一和固定的强调恪守了原则性，却忽视了灵活性，在某种程度上与儒家恰成互补之势。儒家的中庸原则落实到从政上便是突出灵活性，具体表现是没有固定、统一的规定，一切都根据具体情况具体分析，然后加以权衡。例如，"叶都大而国小，民有背心"，所以，"叶公子高问政于仲尼，仲尼曰：'政在悦近而来远'"。"鲁哀公有大臣三人，外障距诸侯四邻之士，内比周而以愚君，使宗庙不扫除，社稷不血食"，所以，"哀公问政于仲尼，仲尼曰：'政在选贤'"。"齐景公筑雍门，为路寝，一朝而以三百乘之家赐者三"，所以，"齐景公问政于仲尼，仲尼曰：'政在节财'"。① 可以看出，儒家在突出灵活性时往往忽视原则性，一切都视具体情况而定。在韩非看来，孔子和儒家的做法带有极大的随意性和不确定性，以此治国理民，难免出现无法可依、无章可循的现象，让人不知所措、无所适从，最终遗患无穷。其实，儒家在治国安民方法上体现出来的这种随意性和灵活性与德治、仁政思路是密切相关的。具体地说，儒家希冀的是整个社会自上而下的道德自觉，既不受制于物质利益的驱使，也不迫于外力的压逼。只要应该就去做，不应该、不符合礼义的便不去做。这用孔子的话说便是："君子之于天下也，无适也，无莫也，义之与比。"② 这与《论语》中记载的"子绝四：毋意、毋必、毋固、毋我"③ 是一个意思。不悬空猜测、不绝对肯定、不拘泥固执、不唯我独尊，作为方法论和大的思想原则，无疑具有辩证的、可以肯定的一面。尽管如

① 《韩非子·难三》。
② 《论语·里仁》。
③ 《论语·子罕》。

此，这一原则和方法不可随意扩大。试想，在治理国家和行政工作中，如果没有现成的规定，一切都无成法可依，全凭随机应变，难免唐突和随意，让人无所遵循。应该说，法律的固定、统一是执法的生命线。只有维护法律的尊严，才能加大执法的力度和强度，从而充分发挥法律的社会功用。一日三令、朝令夕改，法律的迭迭变更、频频修改不仅会造成人们思想上的混乱，而且会挫伤法律的威严，极不利于社会的稳固和人心的安定。与儒家的主张和做法相比，韩非对法之固定和统一的强调更为现实和行之有效。

2. 法之公正不倚、人人平等

韩非指出，推行法治，必须以法为准绳。这意味着法对所有人都一视同仁，不论亲疏、贵贱或尊卑都依法进行赏罚或举弃。他强调，国君在奉法而治的过程中，必须量才录用、论功行赏，绝不应该考虑自己与每个人之间关系的亲疏、远近或尊卑。于是，韩非三番五次地声称：

> 法不阿贵，绳不挠曲。……刑过不避大臣，赏善不遗匹夫。①
> 明主赏不加于无功，罚不加于无罪。②
> 是故诚有功，则虽疏贱必赏；诚有过，则虽近爱必诛。疏贱必赏，近爱必诛，则疏贱者不怠，而近爱者不骄也。③
> 故行之而法者，虽巷伯信乎卿相；行之而非法者，虽大吏诎乎民萌。④

在此，韩非主张依法赏罚，力图做到无功者不赏，有罪者必罚。这实际上是肯定了法律面前人人平等，任何人都不可以游离于法律之外。不仅如此，为了贯彻法律面前人人平等的原则，韩非尤其强调法律的一视同仁，以此杜绝法律面前具有特权群体的存在。在他看来，即使是大

---

① 《韩非子·有度》。
② 《韩非子·难一》。
③ 《韩非子·主道》。
④ 《韩非子·难一》。

夫世卿甚至是王公太子在法律面前也没有特权，如果他们触犯法律，一样会受到应有的制裁和惩罚。这方面的例子在《韩非子》中屡见不鲜，下仅举其一斑：

> 荆庄王有茅门之法曰："群臣大夫诸公子入朝，马蹄践霤者，廷理斩其辀，戮其御。"于是太子入朝，马蹄践霤，廷理斩其辀，戮其御。太子怒，入为王泣曰："为我诛戮廷理。"王曰："法者，所以敬宗庙，尊社稷。故能立法从立尊敬社稷者，社稷之臣也，焉可诛也？……"于是太子乃还走，避舍露宿三日，北面再拜请死罪。①

韩非借助这个故事旨在强调，王子犯法与庶民同罪是执法者应有的姿态和气度。在法律面前，没有特殊的臣民和特殊的机构。上至国君下至庶民都必须遵章运作、依法办事，决不允许任何人凭借自己的优越条件或手中的权力随意赏罚乃至以权谋私。只有这样，才能维护法律的尊严；也只有这样，才能使法律充分发挥应有的作用。

早在春秋时期，法家先驱管仲就提出了"君臣上下贵贱皆从法，此之谓大治"的观点。韩非对法律面前人人平等的强调显然是继承了管仲的这个观点。除此之外，韩非强调法律面前人人平等而否定法律面前存在特殊人群，与维护法律的固定、统一具有内在一致性。具体地说，只有在排除法律面前的特权群体的前提下，坚持不因特殊人群而篡改法律，才能真正确保法律的统一和固定；反过来，坚持法律的固定、统一，也就杜绝了法律因人因时而异，从而杜绝了特殊人群的存在。

3.事功相符、赏罚分明

韩非坚定地奉法而治，是因为确信"法者，事最适者也"。而要使法发挥最大的功效，真正成为"事最适者"，首要的一点是：在具体操作上，国君利用刑德两种权柄实施赏罚。他断言："明主之所导致其臣

---

① 《韩非子·外储说右上》。

者，二柄而已矣。二柄者，刑德也。何谓刑德？曰：杀戮之谓刑，庆赏之谓德。"① 这就是说，有了刑与德，在依法赏罚的过程中，君主便可以事半功倍：一方面，有了刑与罚，在残酷的暴力镇压和君主威力的压制下，人们不敢妄为。另一方面，有了德与赏，在利与名的诱导下，人们效死力为君主卖命。沿着这个思路可以想象，国君以刑与德为指挥棒，便可以将臣民牢牢握在自己的掌控之中，由此君临天下，便可以高枕无忧了。韩非相信，刑与德是国君治国理民的两大权柄，并称之为"二柄"。

进而言之，韩非设想以刑德二柄实施赏罚，贯彻的是名实相符的宗旨和原则，具体办法是根据事功进行赏罚。在他看来，奉法而治的具体步骤是先澄明法律概念、确定法律标准，然后根据事功进行赏罚；只有"形名参同"，才能赏罚得当。为此，韩非主张"审名以定位，名分以辨类"，要求审察名分的涵义，辨明事物的类别。在这个过程中，名实必须绝对同一，不得有半点差异。这用他本人的话说便是："刑名者，言与事也。为人臣者陈而言，君以其言授之事，专以其事责其功。功当其事，事当其言，则赏；功不当其事，事不当其言，则罚。故群臣其言大而功小者则罚，非罚小功也，罚功不当名也；群臣其言小而功大者亦罚，非不说于大功也，以为不当名也害甚于有大功，故罚。"② 在这里，韩非将名与实的关系转化或具体化为言与事的关系，名实相符的原则却丝毫没有改变：君依据臣所陈之言授予其事（工作、职务和名分），臣所做的工作一定要符合自己的名分——职位，功、事、言当则赏，功、事、言不当则罚。对于功、事、言不相符（"不当"）的情况，言大功小者罚，言小功大者亦罚。

在实施中，韩非提出的这套名实相符的赏罚原则贯彻到具体操作中便是：失职、渎职者罚，僭越、越职者亦罚。《韩非子》中的许多寓言和故事都生动地诠释了这个原则。其一曰：

---

① 《韩非子·二柄》。

② 《韩非子·二柄》。

　　昔者韩昭侯醉而寝，典冠者见君之寒也，故加衣于君之上，觉寝而说，问左右曰："谁加衣者？"左右对曰："典冠。"君因兼罪典衣与典冠。其罪典衣，以为失其事也；其罪典冠，以为越其职也。非不恶寒也，以为侵官之害甚于寒。①

　　在韩非的眼里，韩昭侯是执法严明的榜样，有法必依，一丝不苟。由于法家恪守所做之事一定要与所受之职相符，所以，韩昭侯同时处罚了典衣和典冠——处罚前者是因为，典衣的职责是为国君加衣，而在国君需要加衣时却没有为之，属于失职；处罚后者则是因为，典冠的职责是为国君加冠，并不负责为国君加衣之事，而他却为之，属于越职。越职与失职表面看来大不相同，实质上都是名实不符，也就是所作所为与自己的身份、职责不符，故而遭罚。按照韩非的设想，如果国君都像韩昭侯那样有法必依，依法赏罚的话，那么，由于职位、事功与赏罚相符，便可使百官各司其职，既不渎职，也不越职。正是在这个意义上，韩非曾说："夫善赏罚者，百官不敢侵职，群臣不敢失礼。"②他所讲的"善赏罚"，基本原则是：渎职者罚，越职者也罚，目的是引导不同职责的人干好自己的本职工作。

　　进而言之，不僭越、不是自己应该干的工作或者超出自己名分的事不参与，这是儒家与法家的共识。所不同的是，儒家对不越职反复三致意，却对不渎职卷舌不议。出于杜绝犯上作乱的动机，儒家强调人之思与行都必须限定在自己的名分内。没有职权、不担任社会管理工作的平民不应该考虑治国之类的大问题。所以，在篇幅不长的《论语》中，"不在其位，不谋其政"就出现了两次——一次出现在《论语·宪问》篇，另一次出现在《论语·泰伯》篇。对于"不在其位，不谋其政"的涵义，曾子解释说："君子思不出其位。"③害怕老百姓参政议政，是孔子正名思想的一部分，也反映了统治阶级对下层民众的抵防、敌视

---

　　①　《韩非子·二柄》。

　　②　《韩非子·难一》。

　　③　《论语·宪问》。

心理，与其"民可使由之，不可使知之"①的观点一脉相承。与此不同，韩非强调，在依法赏罚的过程中，有功者必赏，有罪者必罚，从而使人既不懈怠也不妄为。从这个意义上说，法家不再像儒家那样挫伤人的政治热情和参与意识了。

上述内容显示，"法者，事最适者也"在韩非的法治思想中具有提纲挈领的作用，因而也具有举足轻重的地位。试想，如果不是坚信"法者，事最适者也"不动摇，那么，韩非为何甘愿背负骂名，冒天下之大不韪而推行法治？如果不是"法者，事最适者也"，禁心、禁言、禁事的理想从何而来？如果不了解"法者，事最适者也"，怎能把握法、术、势的三位一体，分工协作？如果不是心怀"法者，事最适者也"，执法何来如此执著而决绝？既然怀抱着功利的目的而来，便想着坐收最大的利益，满载功利的效果而往。以此解读韩非的"法者，事最适者也"，真是太合适不过了！

---

① 《论语·泰伯》。

第八章

"必也正名乎"

——儒家的语言哲学与社会理想

"必也正名乎"语出《论语·子路》篇，是孔子面对子路为政的发问给予的回答。此后，从荀子到董仲舒都对正名予以阐发，正名成为儒家的关注热点和一贯追求。孔子和儒家之所以对正名津津乐道，是因为正如孔子发出"必也正名乎"寄予着治国平天下的抱负一样，儒家以正名抒发了自己的和谐理念与社会理想。

一、正名与孔子的语言哲学

"必也正名乎"抒发了孔子的正名呼吁，也流露出对语言的关注和重视。尽管他的正名之声是基于言与政之关系发出的——至少是基于为政的设想引发的，孔子对语言的关注却并不限于此，而是涉及言与政、言与德、言与行和言与仁等诸多方面。这些方面既构成了孔子语言哲学的基本内容，也蕴含了孔子对正名的诸多期待。

在言与政的关系上，孔子注意到了人的言说方式和内容与政治环境的清浊密切相关。这用他本人的话说便是："邦有道，危言危行；邦无道，危行言孙。"①循着这个逻辑，既然国家的政治环境如何必然在言上有所反映，那么，言便成为显示一个国家或地区政治环境好坏的指示器和晴雨表。事实上，孔子不仅认为言可以反映政治环境的好坏，而且认为言可以给政治带来决定性的影响。这便是：言可以兴邦，亦可以丧邦。据载：

> 定公问："一言而可以兴邦，有诸？"孔子对曰："言不可以若是其几也。人之言曰：'为君难，为臣不易。'如知为君之难也，不几乎一言而兴邦乎？"曰："一言而丧邦，有诸？"孔子对曰："言不可以若是其几也。人之言曰：'予无乐乎为君。唯其言而莫予违也。'如其善而莫之违也，不亦善乎？如不善而莫之违也，不几乎一言而丧邦乎？"②

在孔子看来，语言的舆论导向可以决定国家的兴衰，作用如此之大，以至达到一言或兴邦、或丧邦的地步。鉴于语言在国家政治生活中的重要作用，在言与政的关系上，孔子设想为政从规范语言入手，把正名奉为当官为政的第一步。名是言的基本单位和构成要件，孔子对语言与政治关系的重视在为政从正名做起中可见一斑。

在言与德的关系上，由于看到了言与德的分离现象，孔子意识到了言可以乱德，并且针对言对德的破坏发出了"巧言乱德"③的警告。与此同时，他讲究语言的朴实真诚，对花言巧语（佞）特别反感。在这方面，孔子指出，花言巧语是道德的大敌，尤其与正直的品德相左。《论语》中不止一次地记载了孔子这方面的话语：

---

① 《论语·宪问》。
② 《论语·子路》。
③ 《论语·卫灵公》。

巧言令色，鲜矣仁。①

巧言，令色，足恭，左丘明耻之，丘亦耻之。②

　　孔子之所以反对花言巧语、巧舌如簧，是为了杜绝心口不一、言不由衷的现象。这其中流露出对言与德分离的担忧，又表达出对言德相符的渴望。在这方面，他给人的忠告是"言思忠"③，要讲真话、实话，不说谎话、假话和没有根据的话。著名的"道听而途说，德之弃也"④，就是从这个角度立论的。除此之外，孔子还要求，与人交谈要保证内容真实、态度真诚。

　　在言与行的关系上，由于在自己的学生那里发现了言行分离的现象，震惊之余，孔子调整了自己的言行观。据载：

　　宰予昼寝。子曰："朽木不可雕也，粪土之墙不可杇也，于予与何诛。"子曰："始吾于人也，听其言而信其行。今吾于人也，听其言而观其行。于予与改是。"⑤

　　据此可知，在言与行的关系上，孔子之所以将从前的"听其言而信其行"改为"听其言而观其行"，是为了确保言行一致，让人不仅以光说不行为耻，而且耻于做得少而说得多的言过其实甚至夸夸其谈。不仅如此，为了避免说大话、说空话，他要求人在说之前想想是否能够做到，做不到不说，甚至是做了之后再说。换言之，孔子注意到了言可以掩行，为了言行一致，故而主张先行其言。正是在这个意义上，他不厌其烦地强调：

---

① 《论语·学而》。

② 《论语·公冶长》。

③ 《论语·季氏》。

④ 《论语·阳货》。

⑤ 《论语·公冶长》。

先行其言，而后从之。①

君子耻其言而过其行。②

其言之不怍，则为之也难。③

古者言之不出，耻躬之不逮也。④

循着这个思路，做起来实在是太难了，由于担心自己说到做不到，有道德的君子总是选择少言寡语。至此，孔子的言行关系与言德关系汇合了。在孔子那里，言与行和言与德的关系之间具有某种内在联系，并被归结为言与仁的关系。

在言与仁的关系上，孔子推崇谨言、慎言和讷言。鉴于言与不言或如何言、言什么对于人的道德、行为都有重要影响，他把言语谨慎与人的思想品质直接联系起来，宣称言语谨慎是君子拥有的品质，因而也是一种道德境界。不仅如此，孔子断言"君子欲讷于言而敏于行"⑤，把慎言与仁联系起来。这便是："仁者，其言也。"⑥与此相关，他将寡言说成是仁的表现。这方面的证据在《论语》中并不难发现：

刚、毅、木、讷近仁。⑦

司马牛问仁。子曰："仁者其言也讱。"曰："其言也讱，斯谓之仁矣乎？"子曰："为之难，言之得无讱乎？"⑧

鉴于言的这种惟危惟微，人对言不可小视。有鉴于此，孔子始终对言持谨慎态度，并且反复强调人要对自己说过的话负责。下仅举其

---

① 《论语·为政》。

② 《论语·宪问》。

③ 《论语·宪问》。

④ 《论语·里仁》。

⑤ 《论语·里仁》。

⑥ 《论语·颜渊》。

⑦ 《论语·子路》。

⑧ 《论语·颜渊》。

一斑：

> 君子一言以为知，一言以为不知，言不可不慎也。①
> 惜乎！夫子之说君子也。驷不及舌。②

　　在这里，孔子并没有贬低语言的作用。尽管如此，一向好学不倦、敏于行的孔子却主张在"敏于事"的同时"慎于言"③，还是颇为耐人寻味的。

　　总之，对于正名问题，孔子主要是从言与政、言与德、言与行和言与仁等关系维度入手展开诠释的，既表明了孔子对言之不同维度的彰显和关注，也使这些关系成为他的语言哲学的基本内容。如果说言与德、言与行和言与仁的关系牵涉的主要是个人修养的话，那么，言与政的关系则侧重言对于国家治理和天下兴衰的作用。这从一个侧面表明，孔子所讲的言侧重人生、伦理和政治哲学领域，始终突出言的道德意蕴和伦理维度，与西方哲学对言之逻辑、认知意蕴的挖掘和展开迥异其趣。孔子对言的侧重和定位不仅决定了"必也正名乎"的人文情怀和道德意蕴，而且引领了儒家的价值旨趣和致思方向。

二、正名与儒家的仕途情结

　　春秋时期出现了中国历史上公认的"礼崩乐坏"的局面，剧烈变动的社会现实使名与其所指之实发生错乱。从历史背景和立言宗旨来看，"名实相怨"的严峻局势不仅提出了正名的要求，而且使名实相符成为孔子乃至儒家语言哲学挥之不去的理想和主题。这决定了孔子"必也正名乎"的呼吁以及由此而来的对语言的阐释从根本上说不是出于纯粹的理论思辨，而是基于深切的现实关怀。作为对不理想的社会现实的回

---

① 《论语·子张》。

② 《论语·颜渊》。

③ 《论语·学而》。

应,他的正名思想和语言哲学始终笼罩着浓郁的忧患心结和批判意识。正是名实相符、如何相符使语言问题早在春秋时期就凸显出来,催生了中国语言哲学的早熟;也使孔子的语言哲学饱含忧患意识,"必也正名乎"正是孔子对"名实相怨"的担忧和解决。如果说名实不符的严峻现实使孔子对"必也正名乎"寄予厚望的话,那么,他对言的人文关怀和道德侧重则使"必也正名乎"淋漓尽致地抒发了儒家的仕途情结和社会理想。

春秋之时,急剧变化的社会现实导致了"名实相怨",名与实的不符反过来加剧了思想界的争论和社会的混乱。作为对现实问题的回应,孔子发出了"必也正名乎"的呼吁。据《论语》记载:

> 子路曰:"卫君待子而为政,子将奚先?"子曰:"必也正名乎!……名不正则言不顺,言不顺则事不成,事不成则礼乐不兴,礼乐不兴则刑罚不中,刑罚不中则民无所措手足。故君子名之必可言也,言之必可行也。君子于其言,无所苟而已矣。"①

如果说名实不符的社会现实注定了正名的必要性和迫切性的话,那么,正名的需要反过来又引发了对名实关系的深入研究和探讨。这是中国语言哲学在先秦时期就成为"显学"、蔚为大观的原因,也使中国语言哲学呈现出迥异于西方的精神内涵和递嬗轨迹。正名框定了孔子语言哲学的立言宗旨和主要内容,也寄予了儒家的价值诉求和社会理想。孔子的语言哲学从正名始,以正名终。之后,荀子、董仲舒等人接续了孔子"必也正名乎"的思路——或者大声疾呼正名,或者执着于"深察名号",贯彻的都是孔子开创的正名路线。

进而言之,"必也正名乎"表明了孔子和儒家对名的重视,而孔子和儒家所讲的名具有多重维度和内涵:狭义上,名指名词、概念;广义上,名包括言辞、著述和名分等。在对名实关系的界定和阐发中,孔子

———————————
① 《论语·子路》。

始终坚持名实相符的原则。在孔子"必也正名乎"的引领下，儒家从揭露名实不符的社会现实入手，一面围绕着杜绝"名实相怨"这个共同目标，追究名实不符的各种根源；一面论证名实相符的必要性和紧迫性，并为名实相符提出实施方案。

为了从方方面面共同杜绝言不符实的不良后果，孔子进行了层层把关和预防：在言与德的层面上，反对巧言乱德，以期言德统一、心口一致；在言与行的层面上，主张先行后言，以避免言过其实、言行脱离，追求言行一致；在言与礼的层面上，主张"非礼勿言"，以便所言符合自己的名分和礼仪要求，等等。

荀子对名不符实的现实极为关注，并且忧心忡忡。针对这种局面，他从思维模式和逻辑方法的高度进行了归纳，进而提出了解决方案。具体地说，荀子先是归纳了名实不符的三种情况，以此说明人们对名实关系的三种错误做法——他称之为"三惑"：第一，"惑于用名以乱名"，犯了偷换概念的错误。第二，"惑于用实以乱名"，用个别事实扰乱一般概念。第三，"惑于用名以乱实"，违背大家共同使用名词、概念的习惯，利用名词、概念的不同来抹杀事实，偷换概念。接下来，荀子针对这些错误，提出了一套相应的逻辑规则和思维方法。简言之，这套方法从正名开始，把正确给事物命名作为第一步。对于命名的原则和方法，荀子坚持"制名以指实"，也就是"同则同之，异则异之"，实异则名异，实同则名同。他指出："知异实者之异名也，故使异实者莫不异名也。"[1]在对事物进行准确命名的基础上，以名为基础逐级进行逻辑推理，具体原则是："实不喻然后命，命不喻然后期，期不喻然后说，说不喻然后辩。"[2]此外，荀子专门研究了命、辞、说和辩等思维形式，试图通过正确的逻辑命题和推理确保达到正名的目的。

董仲舒一面断言"王道之三纲，可求于天"[3]，一面在"深察名号"中通过突出名的权威，为现实社会中的君臣父子正名。在他那里，号

---

① 《荀子·正名》。
② 《荀子·正名》。
③ 《春秋繁露·基义》。

指事物的普遍概念，名指事物的具体名称。一方面，号与名具有不同的内涵和外延，并且各有不同的特点。具体地说，号的特点是"凡而略"和"独举其大"，名的特点是"详而目"和"遍辨其事"。另一方面，尽管号与名各不相同，不容混淆，然而，二者都有与生俱来的合理性，都与天意息息相通。他宣称："谪而效天地，谓之号。鸣而施命，谓之名。"①"名则圣人所发天意"，即"鸣号而达天意"。②这就是说，名与号在顺达天意上是一致的。这既证明了名、号的一致性，也彰显了二者的权威性。

由于与作为世界本原的上天相关，或者说，由于有了上天的庇护，号、名拥有了存在的合理性和权威性，也奠定了董仲舒对名、号的推崇以及由此展开的处理名实关系的原则和思路：第一，名必须同事物完全符合，不可有毫厘之差。要想做到这一点，制名便不得有丝毫马虎。在这方面，他提出的具体办法是，根据"《春秋》辨物之理，以正其名"。③对此，董仲舒举例说，君主之所以号称天子，是因为君主"视天如父，事天以孝道"；诸侯之所以号称诸侯，是因为他们"所候（伺候——引者注）奉之天子"；大夫之所以号称大夫，是因为他们"厚其忠信，敦其礼义"，其美德"大于匹夫"，足以教化百姓；士之所以号称士，是因为士者事也，他们的职责是做好本职工作——只管服从上级而不需要教化百姓；百姓之所以号称民，是因为民者瞑也，称之为民，是说他们没有觉悟，有待于教化。如此等等，不一而足。第二，名既然是根据事物之理制定出来的，反映了事物的本质和实质，那么，名便可以作为判别事物的标准。基于这种认识，董仲舒宣称："欲审曲直，莫如引绳；欲审是非，莫如引名。名之审于是非也，犹绳之审于曲直也。"④这就是说，正如木匠画线的墨绳是衡量曲直的准绳一样，名是检验乃至

---

① 《春秋繁露·深察名号》。
② 《春秋繁露·深察名号》。
③ 《春秋繁露·天地阴阳》。
④ 《春秋繁露·深察名号》。

框定实的标准。由此，他坚信："随其名号以入其理，则得之矣。"① 沿着这个思路推而广之，董仲舒呼吁："事各顺于名，名各顺于天。"② 顺，从属、顺从之义。正如人给事物命名要顺从天意一样，各种事物都应该从属于自己对应的名号——如"器从名"等。③

上述内容显示，在名与实的关系上，董仲舒强调名实相符；而他所追求的名实相符不是名符合实，而是实符合名。更有甚者，他断言："名生于真，非其真，弗以为名。名者，圣人之所以真物也，名之为言真也。"④ 这里所说的真，就是正，目的是为了以名正事。这用董仲舒的话说便是"名生于真"，本来就有正物的属性和功能。其实，以名框定事物是正名的题中应有之义，因为当初制名就已经顺从天意而来。这表明，"是非之正，取之逆顺；逆顺之正，取之名号；名号之正，取之天地。"⑤ 圣人制定名号就是为了通过给事物命名，定天下之正。对此，他宣称："圣人之所名，天下以为正。"⑥ 可见，如果说荀子从理论上用逻辑方式确保了名对实之符的话，那么，董仲舒则在"深察名号"的名义下，独辟蹊径——通过实对名之符，从有别于荀子的思路提出了名实相符的解决方案，同时将基于阴阳的等级秩序注入正名之中。

必须注意的是，"必也正名乎"引领的儒家的正名思想具有道德哲学、语言哲学和认识哲学的维度，更有政治哲学的维度和意蕴。甚至可以说，政治哲学才是"必也正名乎"最基本的维度和归宿。一个不争的事实是，孔子"必也正名乎"的发出是基于对"为政……奚为先"的思考和回答。而为政之所以必须从正名做起，初衷是匡定当时君不君、臣不臣、父不父、子不子的现实，使社会恢复到"君君，臣臣，父父，子子"⑦ 的状态。正因为如此，"必也正名乎"拥有两个基本特征：第一，

---

① 《春秋繁露·深察名号》。
② 《春秋繁露·深察名号》。
③ 《春秋繁露·玉英》。
④ 《春秋繁露·深察名号》。
⑤ 《春秋繁露·深察名号》。
⑥ 《春秋繁露·定性》。
⑦ 《论语·颜渊》。

"必也正名乎"之名带有与生俱来的人文气息和社会属性，名分成为"必也正名乎"之名不可或缺的基本含义。第二，"必也正名乎"的主要领域不在逻辑或认识领域，甚至不在语言领域，政治和道德领域才是它的老家和主要阵地。

三、正名与儒家的和谐理念

儒家所讲的名、实以及由此而来的名实相符具有不同的含义和层次，也使"必也正名乎"所追求的和谐理念拥有了多重维度和意蕴：从名与实的实际所指和具体内容来看，名所指之实既可以是自然界的具体事物，也可以是人；与此相对应，名与实的关系既可以指名称与自然物的关系，也可以指人的称谓与其社会地位的关系。当名所指之实是人或人的社会状况、职务和地位时，名实关系以及正名中的认识和逻辑意义便渐渐退却，而让位于伦理、人生、交往和政治意蕴，"必也正名乎"的和谐理念与和谐建构也随之急剧呈现出来。这具体包括三个方面，即人与自然的和谐、人与人的和谐和人与内心的和谐。

就人与自然的和谐而言，儒家和谐理念的哲学根基是天人合一，人与自然的和谐隐含着人与作为万物本原的上天之间的合一。这一点在孔子和董仲舒等人的正名思想中均有所体现。

在孔子那里，人与自然的和谐体现为人与宇宙万物的本原——上天的合一，他"予欲无言"的表白就是基于对上天的效仿而发的。在孔子看来，宇宙本原——上天具有不言之品格，正是对上天的这种认定——天之不言奠定了他对语言的基本态度和认识。据《论语》记载：

> 子曰："予欲无言。"子贡曰："子如不言，则小子何述焉？"子曰："天何言哉？四时行焉，百物生焉，天何言哉？"①

---

① 《论语·阳货》。

从中可知，孔子之所以"欲无言"，具有两层意思：第一，生养万物的上天不言不语，无论从按资排辈还是效仿上天计，人都不应该冒言或妄言。第二，无言既是一种姿态，又是一种素养。上天不言不语，万物却可以沐浴天的恩德——四时运行，万物并生；教育或培养学生，何以用言呢？一言以蔽之，是宇宙本原——上天的不言不语启发了孔子对无言的向往，至少影响了他对待语言的谨慎态度。从无言与宇宙本原密切相关的角度看，孔子的语言哲学带有本体哲学的意蕴，与他对天的敬畏一脉相承。正如孔子的弟子所言："夫子之文章，可得而闻也。夫子之言性与天道，不可得而闻也。"①孔子之所以不言天道，是因为宇宙本原——天难知而难言，同时不排除效仿上天不言方面的因素。这就是说，弟子对于孔子思想的"不可得而闻"可能是因为问题方面的原因，也可能是因为孔子主观上的不欲言。

在董仲舒那里，语言——名、号是圣人传达天意的，正如给事物命名一定要洞察天意一样，正名是"人副天数"的必然要求和组成部分。这些本身就是人与上天和谐的一部分，人与天之间的和谐在"深察名号"中被发挥得淋漓尽致。具体地说，既然名、号是传达上天之意的，那么，人对万物的命名便既是"人副天数"的一个方面，也是天人合一的内容之一。循着这个思路，人先是按照上天之意给万物命名，之后，再通过以实符名，让万物各处其位、各得其所。这样一来，人便达到了与上天创造的自然万物的和谐，并在与上天的合一中使人与上天之间保持和谐。

就人与人的和谐而言，孔子发出"必也正名乎"是为了通过规范语言而规范交往。包括孔子本人在内，儒家对言之探讨在很多情况下是在人与人的交往维度上立论的，这使人与人之间的交往成为正名的题中应有之义，也使通过正名促进人际关系的和谐成为"必也正名乎"的立言宗旨。这就是说，"必也正名乎"的伦理、道德维度和意蕴本身即注定——至少预示了与交往的密切关系。与此相一致，呼唤君之惠、臣之忠、父之慈和子之孝只是正名的一个方面，问题的另一方面是，正名的

---

① 《论语·公冶长》。

理由是"名不正则言不顺",其中潜藏的前提是,言有交流功能和通过规范言谈,规范和促进人与人之间的交流、交往的作用。事实上,正名最重要的目的就是为了交往的方便或者规范交往。可以看到,孔子对言的很多议论都是就言的交往层面立论的。例如,在言与德和言与行的层面上,"巧言"和言行不一都是在人与人的交往中发生的。再如,礼是仁的外在形式和礼节规范,言与行、言与礼的关系归根结底是处理交往中的语言问题。同样,言与政的关系尤其是"一言以兴邦"、"一言以丧邦"透过舆论众口铄金的威力,侧重言在交往中造成的后果。

进而言之,出于通过语言使人与人在交往中达到和谐的理论初衷,孔子和儒家借助"必也正名乎"不仅关注人有无能力或修养去言得真实和完美,而且讲究言之环境和场合。可以看到,孔子非常在意根据不同对象和场合,选择不同的言说方式和内容。据《论语》记载:

孔子于乡党,恂恂如也;似不能言者。其在宗庙、朝廷,便便言,唯谨尔。

朝,与下大夫言,侃侃如也;与上大夫言,訚訚如也。①

孔子在以不同身份出现或与不同身份的人说话时,所运用的方式大不相同——或毕恭毕敬,紧张得好像连话都说不出来了;或语言流畅,谨小慎微;或侃侃而谈,和盘托出……总之,孔子在不同场合的言说方式和内容竟然如此悬殊!与注意言之场合相一致,孔子善于根据不同身份的交流对象选择不同的言说内容和方式,所以能做到真诚自然、合乎礼节。按照他的说法,言或不言以及话语方式、讲述或谈论话题的选择应该根据对象而定,言之道理的深浅应该视交流对象的理解水平而定——这便是"中人以上,可以语上也。中人以下,不可以语上也"②的基本含义;言之话题、时机的选择应该顾及对方的兴致和脸色,应该

① 《论语·乡党》。
② 《论语·雍也》。

视"颜色"而言而非"瞽"说——"瞽":

> 可与言而不与之言,失人。不可与言而与之言,失言。知者不
> 失人,亦不失言。①
> 侍于君子有三愆:言未及之而言谓之躁,言及之而不言谓之
> 隐,未见颜色而言谓之瞽。②

在孔子看来,应该说而没有说或可与言而未与言是失人,不可交流或不懂择言是失言;正确的言说方式和交往原则是,既不失人,又不失言。在中国传统文化中,所谓不同场合不仅指不同的地点和场所,而且指不同的言说对象和交流语境。起于孔子"必也正名乎"的儒家正名思想所讲究的言之场合本质上是对言之资格的观照和注重,与以贵贱、尊卑、长幼为区别对待的宗法等级观念相契合,名教与礼教的合二为一甚至异名而同实便是其典型形态。有鉴于此,孔子不仅把礼视为仁之爱人的外在形式,而且直接将言与礼联系起来,力图在礼的调节下促进人际关系的和谐。为此,他探讨了言与礼的关系,在"非礼勿言"中强调言要符合礼的要求和规定,使言成为"克己复礼"的具体条目之一。③ 与此同时,孔子强调人言或不言、言什么以及如何言等等都要根据礼的要求视场合、对象而定,以此确保言与礼完全吻合,尽显君子风度。

就人与内心的和谐而言,无论是对语言的谨慎态度还是对言之真善美的伦理侧重都使由"必也正名乎"发端的儒家语言哲学从主体出发,始终站在道德修养和人格完善的高度来审视语言。结果是,不仅强调所言的内容有无必要和有无水准,而且讲究言者有无资格或有无能力。在具体的话语情境中,这一追问演绎出说还是不说、说什么和如何说等诸多具体问题,主要视言之场合、真实和美善而定。孔子反对巧言、提倡慎言的做法都有凸显言之真实、美善的意图。

---

① 《论语·卫灵公》
② 《论语·季氏》。
③ 《论语·颜渊》。

　　总之，孔子代表的儒家之所以热衷于正名，是为了通过正名达到别同异、明是非、等贵贱和审治乱的目的。无论是呼唤名实相符还是对名的重视都表明，由孔子开启的"必也正名乎"拥有不容忽视的伦理维度，主旨不是促进知识的积累而是关注人与人的交往，故而与儒家的和谐理念密切相关。孔子呼吁正名是鉴于当时君不君、臣不臣、父不父、子不子的社会现象有感而发的，目的是针砭时弊，引导人按照自己的名分行事——君要有君的样子，臣要有臣的样子，父要有父的样子，子要有子的样子。这一立言宗旨使"必也正名乎"成为儒家为人处世的基本要求和人际交往的基本规范，最终目的是促进人际关系和整个社会的和谐。这用《论语》中有子的话说便是："礼之用，和为贵。先王之道，斯为美。"①换言之，纠正君不君、臣不臣、父不父、子不子之类违礼僭越现象的理论初衷决定了孔子的"必也正名乎"与伦理、政治具有先天的内在关联，讲究正名与恪守名分密不可分，呼吁正名是为了从规范名分入手框定人的行为。具体地说，孔子和儒家所讲的名实关系具体到社会领域侧重名分，而名分则代表着整个社会的宗法等级秩序。孔子所讲的正名之名意指《周礼》规定的等级名分。在孔子之后，历经荀子特别是董仲舒等人的发挥，以三纲为核心的等级秩序被制度化，正名也随之蜕变为名教即礼教。通过效仿天道、传递"天意"以制名，董仲舒在上天那里为名、号取得了合法性和权威性。在此基础上，通过事顺于名，他进而把尊卑、贵贱等宗法等级观念纳入正名体系，实质上是为名教在上天那里寻求合理辩护。不仅如此，伴随着董仲舒的新儒学被定为一尊，当名教成为教化的主要内容，三纲五常从伦理道德规范变成宗法等级的一部分而被制度化、法制化时，肇始于孔子的正名和名教在汉代取得了意识形态的地位，成为社会的强制力量和主流话语，其中蕴涵尊卑贵贱的宗法等级秩序也成为儒家和谐理念的核心。这样一来，在正名的名义下，儒家将名中蕴涵的宗法等级观念贯彻到人的日常生活和国家的政治生活之中，从个人的言与德、言与行的和谐扩展为整个社会的和谐。

---

　　① 《论语·学而》。

四、正名与儒家的价值诉求

孔子"必也正名乎"的呼唤是针对当时社会的"礼崩乐坏"有感而发的，这意味着正名背后隐藏着残酷而混乱的社会现实、历史背景和人文语境。受制于"名实相怨"的社会现实，孔子往往以反思、批判的视角论及语言，对言之立论和诠释以揭露言之弊端而不是以赞扬言之作用为主。于是，对言之忧患、顾虑成为孔子语言哲学挥之不去的一个心理情结，也决定了由此发端的儒家对待语言的根本态度和基本方式以批判、反思为主。总的说来，儒家对语言弱点和破坏力等消极面的揭露是主要方面。以孔子的思想为例，语言的消极面主要集中在言与德、言与行的脱离和言对德的破坏。例如，"巧言乱德"揭示了言对德的破坏和言对人之本质的伪装；"有德者必有言，有言者不必有德"①更是明确指出了言与德的分离，肯定言不代表德；"听其言而观其行"则是受到言行不一即言对人之行为、本质掩盖的震撼提出的矫正之方，等等。

就对语言的根本态度而言，"名实相怨"的社会阴影和反思维度使儒家对语言的阐释不是畅想的、憧憬的，而是现实的、批判的，故而始终保持谨慎的态度。更有甚者，尽管思想大异其趣，孔子却在标榜"予欲无言"上与崇尚无言的老子走到了一起。孔子对言的这种态度和处理方式让人强烈感觉到他对言总是带有一些顾忌或顾虑，即使不得已而言，也绝不苟言而是慎言和谨言。事实上，孔子和儒家语言哲学对言的低调处理乃至批判态度在词语搭配和话语结构上即可一目了然。用不着过多思考即可发现，孔子在言之前多加否定词——这与孟子对心的"尽"、"养"、"求"之积极态度呈现出鲜明对比；此外，还有限制（不是限定）词，从谨言、慎言到"讷于言"，凡此种种、不一而足——这与孔子本人对行的"先"、"敏"等孜孜不倦形成强烈反差。在孔子看来，仅仅要求对言谨慎、木讷还不够，他还发出了著名的"无言"声明。这些否定词和限制词的出现以及对语言的处理方式从根本上说是出

---

① 《论语·宪问》。

于道德原因,正如谨言、慎言和"讷于言"都是从道德角度立论的,是为了杜绝言行不符的后果一样。总之,由于笼罩在"名实相怨"的阴影之下,与畅所欲言、言论自由天差地别,儒家始终对言予以保留,对语言的这种反思和警醒态度也成为其语言哲学与生俱来的气质。

谨言、慎言的做法使为语言立法或规范、限制言之方式成为儒家学者的共识。通过对言与德、言与行、言与礼和言与政之关系的论述,孔子主要从道德角度限制语言,旨在反对弄虚作假。为此,他强调,言要保证内容真实,情感真诚,有理有据,以使言与德一致,合乎礼仪规范等。尽管荀子没有对言做危言耸听的告诫,却一直从各个方面——概念的明确、逻辑的清晰和推理的合理等诸多方面入手为语言设立规范。董仲舒不仅强调名要符实,而且呼吁实要符名;试图凭借名与实的如合符契,引导人严格按照自己的名分做事。

儒家发端于"必也正名乎"的语言哲学以及其中蕴涵的和谐理念影响了中国人的处世原则和交往方式。这集中表现在价值取向和处世原则上,具体地说便是将谦虚视为美德,推崇言行一致,反对说空话、大话、夸夸其谈,崇尚脚踏实地的实干。这些养成了中国人朴实无华、不尚浮夸的优秀品质。从另一个角度看,正名在名实关系上向名的偏袒容易导致崇尚虚名的后果。就本义而言,正名包括两方面:一是名符合实,一是实符合名。不得不承认的是,尽管儒家注重名实相符,不屑于浪得虚名,像陆九渊那样标榜耻于名浮于行的学者大有人在,一个不争的事实是,正名的结果导致了对名的过度重视。可以看到,孔子和儒家对名的热情远远超过了实,致使名在名实关系中始终居于核心地位。这主要表现为两个方面:第一,名之尊贵和对名的推崇。第二,名之不朽和对名的追求。孔子曾经说:"君子疾没世而名不称焉。"①这句话中被君子所疾的"没世而名不称"既可以指君子死后没有得到正名——好名声,也可以指自己做的不好,与君子的称号不符。总之,无论哪种涵义都是对名的珍视乃至执著,其中隐藏着一个基本的判断,那就是:当

---

① 《论语·卫灵公》。

"实"消亡之后，"名"尚能延续一段时间，乃至永远都不会消亡。在儒家的价值观念中，"名存实亡"是正常的，甚至可以说是一种理想状态或"长生不死"的秘诀。一个人的身体死亡了，精神却可以不朽。这就是说，"名"的寿命大于实，甚至可以不朽。正是由于这个原因，中国有名垂青史、流芳百世之说，立德、立功、立言的"三不朽"更是将这一理念推向了极致。这表明，在儒家的名实关系中，"名"比"实"更重要、更神圣。这种重名轻实的价值理念和心理倾向产生了慕虚名轻实事的不良影响，致使顾及名声成为处理各种问题时要考虑的首要因素。

与此同时，儒家推崇的名除了认识领域的名词、概念之外，更多的是社会领域的名分。因此，与为宗法等级辩护一脉相承，儒家关注言者的身份和资格。在这方面，正如对待吃饭、穿衣等其他行为一样，儒家强调说话要讲究尊卑、长幼之序。这有意无意地助长了人与人之间的不平等。在儒家那里，一个人说话的权利与身份、尊严成正比，并非人人皆有权利表达自己的思想、意图和愿望，有权利说是身份和地位的象征。权力大、地位高、年龄长者先说、多说，无权者、年幼者少说、不说。长者先言，幼者后言甚至没有表态的权利。长此以往，话语权的不平等导致上下、尊卑之间失去平等交流和交谈的机会，甚至在家庭内部也会出现家长与子女之间缺少必要的对话和交流的情况。

综上所述，"必也正名乎"是孔子的重要观点，并且带动了儒家对正名的热切关注。更为重要的是，作为一种价值取向和民族心理，"必也正名乎"对中国人产生了诸多方面的深刻影响。

第九章

"物之生也，莫不块然而自生"
——郭象独化论发微

"物之生也，莫不块然而自生"语出《庄子注·齐物论注上》，是郭象著名的玄学命题。这一命题浓缩着郭象的世界观、价值观和人生观，对于理解他的玄学主旨具有非常重要的意义。如果天不能生物，那么，人从何而来？如果人非天生，那么，人之存在、作用和价值又将如何？"物之生也，莫不块然而自生"围绕着这些问题展开：天地是自然界的总称，不能生物。人与万物的产生完全是自然而然的，既无本体又无主宰。人与万物一样因性理而来，只要足性，便无大小、彼此、异同、是非和美丑之别。人的生与死皆其自然，无须哀乐措于其间。人的得失、祸福因情而生，只要无情，无为而自任，一切归于自然，人便可以无寿无夭、逍遥自得。以"物之生也，莫不块然而自生"为切入点，可以更好地把握郭象玄学的思想主旨和一以贯之的逻辑主线。

一、"物之生也，莫不块然而自生"与独化的生成模式

郭象以《庄子注》名世，从书名即可看出他的思想与庄子密切相

关。作为玄学家，他一面继承庄子代表的道家对自然、无为的推崇，一面力图超越道是宇宙本原、派生万物的观点。郭象认为，不惟道不能生物，有或天地均不能生物。其实，万物皆出于自然无为，独化而来，故而没有本体。这就是独化论。对此，他凝聚为一句话，那就是："物之生也，莫不块然而自生。"

1. 天地不能生物

郭象断言，与无形的道或无一样，有形的天地不能化生万物。逻辑很简单：天地之所以长久存在，是因为天地无为；如果天地有为的话，那么，天地便不会长久。他写道："天不为覆，故能常覆。地不为载，故能常载。使天地而为覆载，则有时而息矣；使舟能沉而为人浮，则有时而没矣。故物为焉，则未足以终其生也。"① 这就是说，天地无为，所以能无时而久；如若有为，则会有时而息。天地奉行自然之道，最大的特点就是无为、无知。正是在这个意义上，郭象一再宣称：

> 天者，自然之谓也。夫为为者不能为，而为自为耳。为知者不能知，而知自知耳。自知耳，不知也，不知也则知出于不知矣；自为耳，不为也，不为也则为出于不为矣。为出于不为，故以不为为主；知出于不知，故以不知为宗。②
>
> 虽天地之大、万物之富，其所宗而师者，无心也。③

郭象进而指出，天地包罗万象，是宇宙万物的总称。所以，天地以世界庶品为体，而世界庶品终将以自然为正。所谓自然，也就是不为而自然。例如，大鹏之所以高飞，斥鴳之所以居下，椿木之所以长寿，朝菌之所以短命，都是自然而然的，并非有为所能主宰。不为而所以自然，所以为正。因此，乘天地之正，也就是顺万物之性；御六气之辩，也就是游变化之途。郭象写道：

---

① 《庄子注·德充符注》。
② 《庄子注·大宗师注上》。
③ 《庄子注·大宗师注上》。

天地者，万物之统名也。天地以万物为体，而万物必以自然为正。自然者，不为而自然者也。故大鹏之能高、斥鴳之能下、椿木之能长、朝菌之能短，凡此皆自然之所能，非为之所能也。不为而自能，所以为正也。故乘天地之正者，即是顺万物之性也；御六气之辩者，即是游变化之途也。①

循着这个思路，郭象对天地与万物的关系作如是观：天地是万物的总名，必以万物为体，故而不可能离开万物而独有自体。他声称："大块者，无物也。夫噫气者，岂有物哉？气块然而自噫耳。"② 为了阐明这个道理，郭象比喻说，天地的存在如同天籁一样，天籁并非别有一物，而是由众穴比竹之属，接乎有生之类，会而共成。天籁自然而然，故而谓之天然。所谓天然，也就是无为。分析至此，郭象总结说，天且不能自有，又岂能生物？

2. 万物的自生自化

郭象既否认天地能生物，又否认道或无、有能生物。既然如此，宇宙间的万事万物从何而来？它们又是怎样产生的呢？"物之生也，莫不块然而自生"给出了全部答案。对此，他不止一次地解释说：

无既无矣，则不能生有；有之未生，又不能为生。然则生者谁哉？块然而自生耳。③

物之生也，莫不块然而自生。则块然之体大矣，故遂以大块为名。④

在郭象看来，万物都是块然自生的，其间没有任何主宰或本原。世界上的事物多种多样，千姿百态，而不同的事物又有不同的情况和趣

---

① 《庄子注·逍遥游注》。
② 《庄子注·齐物论注上》。
③ 《庄子注·齐物论注上》。
④ 《庄子注·齐物论注上》。

舍。这神妙的组合好像是有主宰在操纵着，可是，如果我们探索真宰的朕迹，便会终不可得。这表明，根本就不存在所谓的主宰，万物皆其自生，无物使然。对此，他进一步解释说，万物之生皆有原因，如果追因溯源的话，那么，原因背后有原因之原因，原因之原因的背后还有原因之原因之原因。如此究根问底，至于无极之境便是无待，最终发现万物皆独化而来，根本就没有所谓的终极原因。"夫事物之生皆有由"①，"若责其所待而寻其所由，则寻责无极而至于无待，而独化之理明矣"②。按照郭象的说法，万物因由而生表明，万物以由为因，问题的复杂性恰恰在于，在此为因者又以它物为因，由此层层相因，寻至其极便是不可分辨的玄冥之境。更为重要的是，一物之因同时又为别物之因，这种因果关系并非故意而为，一切皆其自然。这用郭象本人的话说便是："自天地以及群物，皆各自得而已，不兼他饰，斯非主之以太一邪？"③基于这种认识，他得出了如下结论：

　　凡物云云，皆自尔耳，非相为使也。故任之而理自至矣。④
　　理必有应，若有神灵以致之也。理自相应，相应不由于故也。则虽相应而无灵也。⑤

郭象进而指出，万物无故而生，便意味着无待而生；万物无待而自生，便意味着独化而来。对此，他举罔网（即魍魉，又称罔阆，指影子外面的淡薄阴影）与景（即影）的例子解释说，世人都说罔网待景、景待形、形待造物者，请问：造物者究竟是有还是无？如果说造物者是无的话，那么，无则不能造物；如果说造物者是有的话，那么，有则不足以物众形。由此推导下去，结论只有一个，那就是：没有造物者，万物

① 《庄子注·外物注》。
② 《庄子注·齐物论注下》。
③ 《庄子注·天下注》。
④ 《庄子注·齐物论注下》。
⑤ 《庄子注·寓言注》。

皆自化而来。正是在这个意义上，郭象宣称：

> 是以涉有物之域，虽复罔网，未有不独化于玄冥者也。故造物者无主，而物各自造。物各自造而无所待焉，此天地之正也。故彼我相因、形景俱生，虽复玄合，而非待也。……今罔网之因景，犹云俱生而非待也，则万物虽聚而共成乎天，而皆历然莫不独见矣。故罔网非景之所制，而景非形之所使，形非无之所化也。则化与不化、然与不然、从人之与由己，莫不自尔，吾安识其所以哉？①

从万物皆自生自化的认识出发，郭象反对把有或无以及有形的天地或无形的道奉为宇宙的本原或万物的主宰，而是认定万物"无根无门，忽尔自然"。② 有鉴于此，他不止一次地强调：

> 夫真者，不假于物而自然也。③
> 物各自生而无所出焉，此天道也。④

循着万物的产生没有本体、皆其自尔的思路，郭象进而指出，驱动天地变化的是一种无力之力，万物的死生、变化亦无主宰，皆其自然。对此，他反复断言：

> 夫无力之力，莫大于变化者也。故乃揭天地以趋新，负山岳以舍故。故不暂停，忽已涉新，则天地万物无时而不移也。世皆新矣，而自以为故；舟日易矣，而视之若旧；山日更矣，而视之若前。今交一臂而失之，皆在冥中去矣。⑤

---

① 《庄子注·齐物论注下》。
② 《庄子注·则阳注》。
③ 《庄子注·大宗师注上》。
④ 《庄子注·齐物论注上》。
⑤ 《庄子注·大宗师注上》。

夫天地万物，变化日新，与时俱往，何物萌之哉！自然而然耳。①

这就是说，事物处于冥冥变化之中，"死生出入，皆歘然自尔，未有为之者也"。②在郭象看来，处在变化中的事物有聚散，有隐显，故而有出入、死生之名。其实，只是徒有虚名而已，究其极终无出入，亦无生死。这是因为，若言出入，必有出入之门。试问：万物的出入之门何在？唯一合理的解释是：人们以无为门，便说明万物无门出入；无门出入，便说明万物没有出入。之所心如此，原因在于，万物的一切变化皆其自尔而已。

"物之生也，莫不块然而自生"解释了万物的由来以及万物之间的关系，也从本体论的高度框定了人与万物的生存状态。这种理论看到了宇宙万物之间的层层相因，却将这种联系推向极端而陷入神秘，最终把事物的一切生灭、变化都归于无助且无奈的自然而然。这在否定天与神的权威的同时，也把人抛向了茫然而不知所措的深渊。

二、"物之生也，莫不块然而自生"与足性的存在状态

"物之生也，莫不块然而自生"不仅从本体的高度解释了世界万物的生成，而且先天地框定了它们的存在方式。前者属于世界观和本体论，构成了郭象的独化论；后者属于价值观和认识论，构成了郭象的足性论。足性论与独化论一脉相承，二者皆由"物之生也，莫不块然而自生"而来。正因为如此，在独化论的基础上，郭象提出了足性论。既然"物之生也，莫不块然而自生"，那么，可以断定万物纵然相差悬殊，也非神灵的驱使，皆其自然如此。这就是说，事物在外形上各不相同，窥其所致，皆其自然。物皆自然而成，这是万物的共同宿命，也是它们

① 《庄子注·齐物论注上》。

② 《庄子注·庚桑楚注》。

的相同点。于是，他反复宣称：

> 物各自然，不知所以然而然。则形虽弥异，其然弥同也。①
> 夫物有自然，理有至极，循而直往，则冥然自合。②

郭象断言："物物自分，物物自别。"③ 天下的事物各有其理，因而各不相同。这用他本人的话说便是："物物有理，事事有宜。"④ 从万物皆自然而成的认识出发，郭象主张，物各足性，性各有极。"物各有足，足于本也"，"本至而理尽"。⑤ 那么，万物之本是什么呢？郭象所讲的本即万物之性，也就是万物与生俱来的天然本性。对此，他不止一次地强调：

> 天性所受，各有本分，不可逃，亦不可加。⑥
> 性之所能，不得不为也。性所不能，不得强为也。⑦

按照郭象的理解，万物各足其性、性各有分表明，人和万物都各有所能，各有所不能——能其性中所能，不能其性中所不能。这就好比举重，举其性内，虽负万钧，不觉其重；外物寄之，虽重不盈锱铢，有不胜任者。这就是说，万物各以性为足——足于性即是有余，不足于性则为不足。这用他本人的话说便是："性各有极，苟足其极，则余天下之财也。"⑧

基于上述认识，郭象进而指出，万物以性为足，只要能尽其自然之

---

① 《庄子注·齐物论注上》。
② 《庄子注·齐物论注下》。
③ 《庄子注·齐物论注下》。
④ 《庄子注·齐物论注下》。
⑤ 《庄子注·大宗师注上》。
⑥ 《庄子注·养生主注》。
⑦ 《庄子注·外物注》。
⑧ 《庄子注·逍遥游注》。

天性，便可以逍遥而无待。例如，箫与管参差不齐，宫、商、角、徵、羽五音异律。其间虽然有长短高下之万形与唱和大小之殊声，但是，它们"莫不称其所受而各当其分"。从这个意义上说，优劣无所措其间。同样的道理，只要足于性，大鹏无以自贵于小鸟，小鸟也无羡于天池，而荣愿有余。"故小大虽殊，逍遥一也。"[①] 再如，大鹏与蜩殊翼，故而所至不同——或翱翔于天地，或毕志于榆枋。之所以如此，二者都是各称其体而足，不知所以然而然也。这表明，它们各有自然之素，决非跂慕之所及。既然如此，正确的态度和做法只能是，各安其天性，不悲其所以异。

从尽性而足的认识出发，郭象强调，一切事物能尽性则为大、为是，不尽性则为小、为非；世间的一切大小、长短、生死、同异、美丑、是非、彼此和觉梦之辨都是多余的——不仅不必要，而且是愚蠢的，到头来只会给人带来无限的烦恼而伤生害性。

其一，天与人。

"物之生也，莫不块然而自生"表明，世间万物（包括人在内）都独化而来，既没有外在的主宰，自身又没有本体。这否定了天派生人的观点，也杜绝了天人之间存在不平等的可能性。不仅如此，郭象特意指出："天人之所为者，皆自然也。"[②] 天与人在本性上并无不同，都本于自然之性。从这个意义上说，天有天之性，人有人之性。天与人各因其性自然而生，因此，天人相同。在此基础上，他进而声称，人们不应该刻意对天与人进行分辨，凸显其间的上下尊卑之别；而是应该对天与人同等看待，即"同天人"。

其二，长与短，多与少。

郭象认为，只要是出于天性，长者不为有余，短者不为不足。这就是说，一切都以本性天然如此为判断标准，而不是在本性之外另找标准，更不应该相互攀比。例如，仙鹤腿长，野鸭腿短，它们之间的长短

---

① 《庄子注·逍遥游注》。

② 《庄子注·大宗师注上》。

差别是天然形成的，属于本性。既然如此，对于长者，没有必要割使之短；对于短者，也没有必要续使之长。从这个意义上说，长与短是相同的，人们不应该计较其间的长短之别。

多与少也是如此。世界上不存在绝对的多与少，多、少都是相对的。天性如此，多不为多；天性如此，少不为少。例如，一般人都有五个手指，因而认为六指为骈，是余赘之物，出于非性，欲割而弃之。这是不对的。其实，骈赘皆出于形性，非假物也。从六指出于天然的角度看，六指不为多；人们对六指割而弃之，更是不可取的。

其三，大与小。

郭象认为，事物都有待，也就是说，它们都依据各种条件产生和存在。不仅如此，"质小者所资不待大，质大者所用不得小"。尽管如此，万物之间所大所小各有定极、各不相同，其各有所待、各有所济则是一样的。从这个角度看，它们之间的大小之差是无从分辨的。与此同时，大与小（比如鹏与蜩）各异其趣。趣之所以异，岂知异而异哉？究其极，皆不知所以然而自然耳。既然它们的志趣天然如此，其间的差异并非故意而为，那么，尽管其间大小相差悬殊，只要放任于自得之场，便能物任其性，事称其称，各当其分，一样地逍遥自得，而没有胜负荣辱之分。

在郭象看来，大与小因性而定，因物而异。现在的问题是，世间体大者怏然谓小为无余，质小者块然谓大为至足。这是愚蠢而可悲的。此外，事物未尝以大欲小，而必以小欲大。然而，事物或大或小皆有定分，绝非羡欲之所及。正是在这个意义上，他写道："以小求大，终不得相。各安其分，则大小俱足矣。若毫末不求天地之功，则周身之余，皆为弃物。天地不见大于秋毫，则顾其形象，裁自足耳。将何以知细之定细，大之定大也？"① 按照郭象的说法，百川之量悬于河，河悬于海，海悬于天地。这并不意味着天地为大而海为小，也不能说海为大而百川为小。之所以如此，原因在于，它们各有其量。一言以蔽之，所谓大

---

① 《庄子注·秋水注》。

者，足性而已；所谓小者，无余而已。沿着这个思路推导下去，因其性足而名大，则秋毫之末与丘山不得异其名；因其无余而称小，则天地与稊米无所殊其称。郭象坚信，这是考察万物唯一正确的方法，如果不用这种方法来考察事物的差别的话，则会"差数相加，几微相倾，不可胜察"；[①] 如果用这种方法来考察事物的话，事物则无固定的大与小，人们也不必执意于其间的大小之差。

其四，彼与此。

郭象指出，天下的事物互为彼此、彼我，可见彼此、彼我是不确定的，可以相互转化。例如，在我自己看来为我的，在他人看来则为彼；在我看来为此的，在他人看来则为彼。这样一来，彼此便成了相反相成的存在。同时，"物皆自明而不明彼。若彼不明，即谓不成。万物皆相与无成矣，故圣人不显此以耀彼。"[②] 其实，彼此、人我犹如唇齿相依，休戚相关，唇亡则齿寒。彼此没有固定的界限，而是你中有我，我中有你。彼之自为，要济我之功弘。基于这种理解，他呼吁人们超越彼此的界限，达到无彼无此、无人无我的玄同境界。郭象断言："物皆自足，故无非是。物皆相彼，故无非彼。无非彼，则天下无是矣。无非是，则天下无彼矣。无彼无是，所以玄同也。"[③]

其五，是与非。

郭象断言："物皆自然，故无不然。物皆相非，故无不非。无不非，则无然矣。无不然，则无非矣。"[④] 这就是说，万物的存在都有然与不然、是与非两个方面：一方面，既然万物"莫不块然而自生"，自然如此，那么，便无不然，都是然而非不然。另一方面，万物相非，从他者的角度看，万物无然而皆非。这表明，从不同的角度看问题，会有不同的是非判断；然与不然、是与非都是相对的，没有绝对的是与非，是、非都来自于人的妄自分别。这是因为，天下莫不自是而莫不相非，是、

---

① 《庄子注·秋水注》。
② 《庄子注·齐物论注下》。
③ 《庄子注·齐物论注上》。
④ 《庄子注·秋水注》。

非皆产生于人们是其所同而非其所异的偏见。基于这种理解，他宣称："夫天地之理，万物之情；以得我为是，失我为非。……然物无定极，我无常适。殊性异便，是非无主。若以我之所是，则彼不得非，此知我而不见彼者耳。故以道观者，于是非无当也。付之天均，恣之两行，则殊方异类，同焉皆得也。"① 按照郭象的说法，一是一非"两行无穷"。是若果是，则天下不得复有非也；同样的道理，非若信非，亦无缘复有是也。既然如此，究竟是是还是非呢？要消除是非、彼此的困扰，就要各安其自然之分而不予分辨。正是在这个意义上，他反复断言：

> 是非然否，彼我更对，故无辩。无辩，故和之以天倪。②
> 夫是非反覆，相寻无亲，故谓之环。环中空矣。今以是非为环，而得其中者，无是无非也。无是无非，故能应夫是非。是非无穷，故应亦无穷。③

其六，美与丑、异与同、善与恶、贵与贱、梦与醒。

郭象指出，天下的一切都是不足分别的，不仅长与短、大与小、多与少、彼与此、人与我如此，美与丑、异与同、贵与贱乃至善与恶、梦与觉也不例外。在他的眼中，贵贱也是相对的。这便是："当其所须则无贱，非其时则无贵。贵贱有时，谁能常也。"④ 事物的贵贱没有定时，皆因人们的需要而定——急需之时，物即为贵；无需之时，物即为贱。贵与贱是随着人之需要变化的，人所急需者为贵，对于人所无用者为贱。由此可见，无论是贵还是贱，都与万物本身并无直接关系。由此，郭象得出了这样的结论："物无贵贱，得生一也。"⑤

在郭象看来，善与恶也是相对的。同一件事，从一个角度看是善

---

① 《庄子注·秋水注》。
② 《庄子注·齐物论注下》。
③ 《庄子注·齐物论注上》。
④ 《庄子注·徐无鬼注》。
⑤ 《庄子注·人间世注》。

的，换个角度看就变成了恶的。拿仁与不仁来说，人们都以仁义为善，故而损身以殉之。这对于人和人之性命来说已经是不仁了。更为可怕的是，人们对于自己的身体都不仁，还谈什么对他人之仁呢？

对于梦与觉的相对性，郭象解释说，梦者会梦见自己正在做梦，梦者之梦与梦者梦见自己所做之梦，何者为梦？此外，做梦的人还会梦见自己在梦中占其梦，这与他醒后知道自己刚才是在做梦没有什么两样。可见，梦与醒是相对的，其间并没有什么本质差别。

郭象认为，美丑是人津津乐道的话题，尽管人与人之间所推崇的美不同，却都认为自己认同的美是美。从每个人都各有其美的角度看，天下万物的美是一样的。对此，他解释说："虽所美不同，而同有所美。各美其所美，则万物一美也。各是其所是，则天下一是也。夫因其所异而异之，则天下莫不异。而浩然大观者，官天地、府万物，知异之不足异，故因其所同而同之，则天下莫不皆同；又知同之不足有，故因其所无而无之，则是非美恶，莫不皆无矣。"① 在这里，郭象由天下各美其美联想到了天下各是其是，进而在"因其所异而异之，则天下莫不异"，"因其所同而同之，则天下莫不皆同"中将足性理论推向极致，得出了天下万物莫不异、莫不同的结论。

问题到此并没有结束，从足性的认识出发，郭象指出，万物无大无小、无寿无夭，应该各安其性，而不应该相互攀比、羡慕和跂尚。于是，他说："蟪蛄不羡大椿而欣然自得，斥鷃不贵天地而荣愿以足。苟足于天然而安其性命，故虽天地未足为寿而与我并生，万物未足为异而与我同得。"②

郭象的足性论尊重万物与生俱来的本性，在崇尚自然中推崇个性。与此同时，他夸大了事物差别的相对性，并且把一切差别都视为无因可循、不可分辨的。这种相对主义的思维方式是郭象观察世界、思考人生问题的理论前提和精神支柱之一。

---

① 《庄子注·德充符注》。
② 《庄子注·齐物论注下》。

三、"物之生也，莫不块然而自生"与人之生存

在郭象那里，"物之生也，莫不块然而自生"不仅适用于物，而且适用于人。借此，郭象通过独化论和足性论阐释了万物的由来和彼此之间的关系，既探究了世界万物的本性，也勾勒了"莫不块然而自生"的人在宇宙中的生存状态。不仅如此，他之所以探讨万物和人的由来，就是为了从形上高度展示人的生存状态，为现实生活中的人提供安身立命之所。因此，从独化论和足性论出发，郭象进一步探讨了人的生死和命运问题，并由此提出了一套系统的命运哲学。

1. 人的生存状态

"物之生也，莫不块然而自生"表明，人与万物一样非由道生，非由天地生，非由无生，亦非由有生。总之，一句话：人之产生由独化而来。正是在这个意义上，郭象强调："夫生之难也，犹独化而自得之矣。"[①] 具体地说，他所讲的人独化而生，是指人的存在完全是一个自然而然的过程，不受任何神灵、本体或人为的主宰，而这一切皆源于"物之生也，莫不块然而自生"。在这个前提下，郭象进一步探究了人的生存状态。

其一，生死皆气化之一遇。

郭象认为，天地时不再来、今不一停，无时无刻不处于运动和变化之中。变化之道，靡所不遇。忽而为人，忽而为物。一旦变为人形，岂故为哉？自然而遇耳。不仅如此，人在自然的变化中偶遇人形，有了四肢、五官和百骸，而这并不是天地或道有意派生的，更不是由于人自己"故意"而变的，一切都是自化、自然的结果。正因为如此，人生的一切都不由自主，即使是此躯干也并非归自己所有。理由很简单：如果身体归你所有的话，那么，你就应该能够决定其美丑、生死；现实的情况却正好相反，正如气聚为人形你无法拒绝一样，气散而死你无法阻止。之所以如此，原因在于你的身体及生命都是在气聚而生、气

---

① 《庄子注·大宗师注上》。

散而死中呈现出来的，原本就是气的自然变化，与你本人的意愿无关。他指出："若身者非汝所能有也，块然而自有耳。身非汝所有，而况无哉？若身是汝有者，则美恶死生，当制之由汝。今气聚而生，汝不能禁也；气散而死，汝不能止也。明其委结而自成耳，非汝有也。"① 这表明，对于人的存在和人的生命来说，生非故为，独化而自生耳。从整个宇宙的变化流程来看，本非人形而化为人形。可见，人形只是万化之一遇耳，未足独善也。既然人形由气聚而成，那么，在气聚气散的无限递嬗之中，所遇者皆若人耳，岂可认定人形可喜而余物无乐耶？事实上，抛弃人类的偏见会骤然发现，人在宇宙间，生死只是一息一得而已。向息非今息，故纳养而命续。这其中的道理就犹如前火非后火，为薪而火传，火传而命续一样。

其二，死生只是隐显、梦觉之异。

按照郭象的逻辑，既然生与死都是气化之所遇，充其量只是气聚散过程的不同表现，那么，气聚的生与气散的死究其极不过是气的不同变化而已，其间并无本质区别。沿着这个思路，他一再宣称：

> 死生者，无穷一变耳，非终始也。②
> 一气而万形，有变化而无死生也。③

这就是说，气只有聚散变化而无生灭，由气聚气散而形成的人与万物都无生死，充其量只不过是形体（对于人来说即人形与非人形）的变化而已。从这个意义上说，生死只是隐显和觉梦之分。在气聚为人或气散为非人的过程中，有不得变而为无，无也不得变而为有。人一受成形，则化无尽期。忽为人形，忽为它形。待隐去人形时谓之死，待显示人形时谓之生。由此可见，这种形态的变化皆由气之聚散而成，究其极则无死生。其实，人之生死犹如觉梦一般：人在做梦时，自以为清醒，

---

① 《庄子注·知北游注》。

② 《庄子注·秋水注》。

③ 《庄子注·至乐注》。

便不明白觉则非梦。

分析至此，郭象总结说，生与死是相对而言的，从不同的角度看，会有不同的生与死。例如，生者方自谓生为生，而死者则自谓生为死；生者方自谓死为死，而死者则自谓死为生。由此看来，人之生死犹如四时变化一样自然而然，纵然其间有隐显、梦觉之异，人也应该任其自然、各安所遇。这用他本人的话说便是："夫死生之变，犹春秋冬夏四时行耳。故死生之状虽异，其于各安所遇一也。"①

其三，死生之异生于有情。

"物之生也，莫不块然而自生"从本体哲学的高度解释了生死现象，证明了人之生与死作为气化一遇在本质上别无二致，充其量只是隐显之异，犹如梦醒一般，不足加以分辨，亦不应予以计较。在此基础上，郭象进一步挖掘了生死之分的根源，指出所谓生死生于有情，是人们的好恶衍生出了生死之别。具体地说，人都恋生故而有死，人都惧死故而有生。由此不难想象，人们若无好恶之情，便无生死之念，也就不会再有生死之别。正是在这个意义上，他断言："夫系生故有死，恶死故有生。是以无系无恶，然后能无死无生。"②人之大哀不是身死而是心死，人若心以死为死，则会被死所吏，由哀以自丧其心，此乃哀之大也。由此说来，人生最大的不幸莫过于心死，即"心以死为死"。沿着这个思路，郭象指出，要想摆脱人生的不幸，最大的秘诀是心不死；而杜绝心死、预防心哀的最好办法即是忘掉生死之异，做到"遗生"而所遇即安。只有这样，人才能"遗生则不恶死，不恶死故所遇即安。豁然无滞，见机而作，斯朝彻也。当所遇而安之，忘先后之所接，斯见独者也"。③在郭象那里，这种所遇即安、坐忘先后的状态就是齐生死。

其四，齐生死。

从一气而万形的认识出发，郭象主张，生死无异，将人的生老病死视为自然的变化，对生死同等对待。对此，他说道："夫形生老死，皆

---

① 《庄子注·齐物论注上》。
② 《庄子注·大宗师注下》。
③ 《庄子注·大宗师注下》。

我也。故形为我载，生为我劳，老为我佚，死为我息。四者虽变，未始非我，我奚惜哉！"①形、生、老、死皆是我在气之变化中呈现出来的不同形态，归根到底"未始非我"。由此看来，以善吾生为善者，吾死亦可以为善了。为了阐明人生的状态，郭象进而指出，人之生命在气化中只是转瞬之间，稍纵即逝。他描绘说："人之生，若马之过肆耳。恒无驻须臾，新故之相续，不舍昼夜也。"②面对这个生命瞬间，人的存在是被动而无奈的：已化而生，不知未生之时；方化而死，不知已死之后。"自我生我，我自然生"。无论人愿意与否，已成人形之后，死者已自死，生者已自生，圆者已自圆，方者已自方，未有为其根者，一切都在自然变化之中。面对这些，人既无法预知，又无法参与。现在的问题是，既知人之死生变化不可逃，就应该"以化为命，而无怪连"。③在此基础上，郭象强调，面对形、生、老、死四者的变化，人应该生而不乐，死而不哀，无所避就，与化俱往，执著于人形和生是没有道理的。既然如此，人应该豁达地面对一切，以生死为昼夜，在昼得昼，在夜得夜，随遇而安，从容自在，逍遥自得。

为了做到这一点，郭象呼吁："事苟变，情亦异。"④在情况发生变化的时候，人的心态也应该随之进行调整。人对待死生之累也是一样。当生之时，人便乐生；当死之时，人便乐死。这样一来，死生之状虽异，但是，对于人各得所愿却是一样的。其实，生死犹如梦觉。人在睡觉时，不愿被人惊扰。人将化而死，也不愿恒而为生。更何况自古及今，有能违父母之命者，未有能违阴阳之变而拒昼夜之节者。既然如此，人何不与化同往，随遇而安呢！

总之，通过描述人在宇宙中的处境，郭象旨在向人昭示：人应该豁达、从容地看待死生，"以变化为形之骇动耳，故不以死生损累其心。以

---

① 《庄子注·大宗师注下》。
② 《庄子注·田子方注》。
③ 《庄子注·德充符注》。
④ 《庄子注·齐物论注下》。

形骸之变为旦宅之日新耳,其情不以为死"。① 这样一来,人便可以超越生死变化,"则死生变化,无往而非我矣。故生为我时,死为我顺,时为我聚,顺为我散。聚散虽异,而我皆我之。则生故我耳,未始有得;死亦我也,未始有丧。夫死生之变,犹以为一。既睹其一,则蜕然无系,玄同彼我,以死生为寤寐,以形骸为逆旅。去生如脱,断足如遗土。吾未见足以撄弗其心也"。② 在他看来,这种超越生死的自得状态就是玄同境界。如果人达到这种境界,就可以玄同内外、弥贯古今、与化日新、无生无死了。至此,人对于生死的一切苦恼和困惑也就都可以迎刃而解了。

2. 生死福祸皆是命

郭象认为,宇宙间的万事万物(包括人在内)都是独化而来的,由独化而生,亦由独化而死。独化即自然之谓,自然则意味着不受人或神的主宰和支配,一切皆自然而然,不期而至。正是在这个意义上,他说:"人之生也,理自生矣。"③ 物之生,也莫不如此。这个主宰人和万物之生的理就是命。对此,郭象不止一次地写道:

> 理必自终,不由于知,非命如何?不知其所以然而然,谓之命。似若有意也,故又遣命之名以明其自尔,而后命理全也。④
> 中与不中,唯在命耳。而区区者各有所遇,而不知命之自尔。故免乎弓矢之害者,自以为巧,欣然多己。及至不免,则自恨其谬而志伤神辱,斯未能达命之情者也。夫我之生也,非我之所生也。则一生之内,百年之中,其坐起行止、动静趣舍、情性知能,凡所有者,凡所无者,凡所为者,凡所遇者,皆非我也,理自尔耳。⑤

这就是说,人的一切遭遇看似偶然,实属必然,因为一切都因所以

---

① 《庄子注·大宗师注下》。
② 《庄子注·德充符注》。
③ 《庄子注·德充符注》。
④ 《庄子注·寓言注》。
⑤ 《庄子注·德充符注》。

然而然；这个所以然而然的存在表明，人的一切际遇都在命的统辖之内。具体地说，人之一切都非偶然误生，而是命运使然：天地虽大，万物虽多，但是，吾所遇正好在此而不在彼，这是命；一个人的动止、遇与不遇，未始有恒，皆自然而然，这也是命；一个国家的治乱成败、盛衰兴废并非人为，亦自然而然，这还是命。由此可见，人的一切行为和遭遇以及国家的祸福兴衰都是"块然而自生"的，因而都在命的掌控之中。

进而言之，在郭象那里，命既然源自气化之理，也就意味着不以人的意志为转移。因此，命对于人具有强制性，属于一种不可抗力，一切人为的努力都不能够使之去留或改变。对于命，天地神明或圣贤也不能违抗。这用他本人的话说便是："夫命行事变，不舍昼夜。推之不去，留之不停。"①因此，人在命的面前，"凡所为者，不得不为；凡所不为者，不可得为"。②在此基础上，从命非己制、皆其自尔的认识出发，郭象主张安命逍遥，无所用心。正是在这个意义上，他一再重申：

　　　苟知性命之固当，则虽死生穷达，千变万化，淡然自若而和理在身矣。③

　　　命非己制，故无所用其心也。夫安于命者，无往而非逍遥矣。故虽匡陈羑里，无异于紫极闲堂也。④

至此，郭象从"物之生也，莫不块然而自生"的思路出发，进一步阐明了人的生存状态，同时彰显命对于人的强制性。在这个前提下，与足性论相印证，他劝导人泯灭生死，对命无所用心，在顺命、安命中逍遥自得。这是郭象的人生态度和处世原则，也是"物之生也，莫不块然而自生"的必然结果。正是基于这一思路，他提出了自任无为的待命之方。

---

① 《庄子注·德充符注》。
② 《庄子注·则阳注》。
③ 《庄子注·德充符注》。
④ 《庄子注·秋水注》。

四、"物之生也，莫不块然而自生"与人生实践

"物之生也，莫不块然而自生"既道出了人的产生和存在状态，又框定了人的生存模式和人生诉求。沿着"物之生也，莫不块然而自生"的思路，以人的生存状态为参照，基于对命的理解，郭象规划了人生，提出了一套自任无为的待命之方。

1. 无情

在郭象看来，人生在世，无情是必须的。这是因为，"人之生，必外有接物之命，非如瓦石，止于形质而已。……夫身在人间，而世有夷险。"① 这就是说，人在世上会遇到各种意想不到的祸端与不幸。这意味着人难免为情所困，为外物所累。如果明白了这一切都是自然而至、命该如此，人便可以心安理得，无怨无哀了。道理很简单，"飘落之瓦，虽复中人，人莫之怨者，由其无情"。② 由此，郭象得出结论，人待命处世的基本原则就是摒除好恶、哀乐，做到无情：第一，好恶之情不惟不能益生，反而会伤身害生，必须完全摒弃。第二，万物万形，趣舍生灭皆从无情中来。既然情者非情之所生，那么，人又何必用情于其间呢？第三，人间的一切哀乐、得失或福祸皆因情所生，有情徒增烦恼；只有无情，才可逍遥自在、无乐无哀。于是，郭象宣称："祸福生于失得，人灾由于爱恶。今槁木死灰，无情之至，则爱恶失得无自而来。"③ 按照他的说法，人要真正做到无哀无乐，就必须安命顺命，任其自然。这就是郭象逍遥无情的处世哲学。于是，他每每曰：

> 知不可奈何者命也而安之，则无哀无乐，何易施之有哉！故冥然以所遇为命而不施心于其间，泯然与至当为一而无休戚于其中。虽事凡人，犹无往而不适。④

① 《庄子注·山木注》。
② 《庄子注·达生注》。
③ 《庄子注·庚桑楚注》。
④ 《庄子注·人间世注》。

　　夫哀乐生于失得者也。今玄通合变之士，无时而不安，无顺而不处。冥然与造化为一，则无往而非我矣。将何得何失，孰死孰生哉！故任其所受，而哀乐无所错其间矣。①

2. 无为

　　依据"物之生也，莫不块然而自生"的逻辑，万物之所以如此，皆自然而然，并非为知所致。足不知而行，目不知而见。不知而知，一切都惚然而自得。或能或否，皆非我之所为。同样的道理，人之生，也非情之所生。人有情为离娄、师旷而终归不能，而离娄、师旷都无情而自聪明。其实，岂止离娄、师旷，一切下愚聋瞽及鸡犬鸣吠，若有情为之，亦终不能。总之，一切自然如此，"不问远之与近，虽去己一分，颜孔之际，终莫之得也"。② 这就是说，一切事物都自然如此，人之知或者人之情根本无法改变之。有鉴于此，郭象呼吁人虚以待物，即"遗耳目，去心意，而付气性之自得，此虚以待物者也"。③ 所谓"虚以待物"，即是无为。

　　对于无为，郭象解释说："无为者，非拱默之谓也。直各任其自为，则性命安矣。"④ 由此可见，无为并非拱手缄默、无所事事，而是任物自然而不加妄为。基于这种理解，他又说："故无为者，因其自生，任其自成。万物各得自为，蜘蛛犹能结网，则人人自有所能矣，无贵于工倕也。"⑤ 郭象所推崇的无为，从根本上说就是保持事物的天然本性，不以肆意巧为破坏万物的天然资质。对此，他写道："苟以不亏为纯，则虽百行同举，万变参备，乃至纯也。苟以不杂为素，则虽龙章凤姿，倩乎有非常之观，乃至素也。若不能保其自然之质而杂乎外饰，则虽犬羊之鞹，庸得谓之纯素哉？"⑥

---

① 《庄子注·养生主注》。
② 《庄子注·德充符注》。
③ 《庄子注·人间世注》。
④ 《庄子注·在宥注》。
⑤ 《庄子注·天下注》。
⑥ 《庄子注·刻意注》。

基于这种认识，郭象断言，对于外物而言，"因其自摇而摇之，则虽摇而非为也；因其自荡而荡之，则虽荡而非动也"。① 在这里，无论是摇还是荡皆因循万物而来，故而都不失其性，都属于无为。他强调，无为对于万物至关重要。只有无为，才能使万物化生无穷。他说："夫唯无其知而任天下之自为，故驰万物而不穷也。"② 相反，如果有为，必然使万物丧失本性，破坏其化生。于是，他宣称："不知与化为体，而思藏之使不化，则虽至深至固，各得其所宜，而无以禁其日变也。故夫藏而有之者，不能止其遁也。无藏而任化者，变不能变也。"③

此外，郭象追求无为，还有一个重要原因，那就是：他认为，天地之物数不胜数，有为则会有所不为。对于这一点，郭象举具体例子解释说，声不可胜举，吹管操弦者虽有繁手，遗声多矣；执籥鸣弦者，本来是想彰其声，结果却适得其反。由此可见，彰声而声遗，不彰声而声全。同样的道理，人以一体之所履、一志之所乐，行于天下，必将是一方得而万方失。这样只能顾此失彼，必失其性。议论至此，他得出结论："用心则背道，助天则伤生。"④ 沿着这个思路，郭象大声疾呼，真人无为。

3. 自任

郭象认为，人要真正做到无为，就必须自任。自任是郭象待命的基本态度和原则，在他的命运哲学中占有重要地位。对于自任，郭象多次予以阐释，赋予其多重意蕴和内涵。总的说来，所谓自任，主要指各任其能与任其自然。

其一，各任其能，不刻意追求。

郭象指出，人有人之能，物有物之能，人与人以及物与物所能又各不相同。这决定了人与万物都应该各任其能，而不应该刻意追求。拿蜘蛛结网来说，蜘蛛结蛢之陋似拙，而它布网转丸不求于工匠，若拙而巧矣。这表明，蜘蛛与工匠各有所能，所能不同，所习却不异。由此，

---

① 《庄子注·天地注》。
② 《庄子注·齐物论注下》。
③ 《庄子注·大宗师注上》。
④ 《庄子注·大宗师注上》。

郭象进一步设想："故善用人者使能方者为方，圆者为圆。各任其所能，人安其性，不责万民以工倕之巧，故众技以不相能似拙，而天下皆自能则大巧矣。夫用其自能，则规矩可弃而妙匠之指可擟也。"① 在他看来，各任其能、不刻意追求就是自任，自任即万物各任其天性自然，既非无所事事，又非强力而为。这包括两方面的含义：第一，自任即任万物之自然，不刻意追求。这用郭象本人的话说便是："物畅其性，各安其所安，无远迩幽深，付之自若。"② 从大的方面说，自任就是"庖人尸祝，各安其所司。鸟兽万物，各足于所受"。③ 就每个人来说，自任就是"视不过于所见，听不过于所闻，事不过于所能，知不过于所知，德不过于所得"。只有这样，才能众目无不明，众耳无不聪，众技无不巧，群性无不适，群德无不当。对此，他以骑马为例解释说，善御者将尽马之能，千里马日驰千里，驽马日行三百，或走或驱各任其能。只有这样，才能"任驽骥之力，适迟疾之分，虽则足迹接乎八荒之表，而众马之性全矣"。④ 相反，如果御者求其过能之用，马则不堪疲累而死者多矣。第二，自任并非无所事事，弃而不用。还是拿骑马来说，自任即是不求过马之性，而非放而不乘。从这个意义上说，自任与无为并非行不如卧是一个的道理。

其二，任其自然，不闻不问。

郭象指出，自任即任物自然、不闻不问，也就是不以自己的意志和作为来干预万物的化生。在他看来，任物而物性自通，则功名归于物，故而对物不闻不问。郭象之所以让人任物自然、不加干预，用心有二：第一，按照他的说法，万物由独化而来，"性分各自为者，皆在至理中来，故不可免"。⑤ 这正如阴阳天地对生、是非治乱互有，人根本无法除去任何一方一样。正因为如此，人思福避祸、沉思免难，或思而

---

① 《庄子注·胠箧注》。
② 《庄子注·齐物论注下》。
③ 《庄子注·逍遥游注》。
④ 《庄子注·马蹄注》。
⑤ 《庄子注·至乐注》。

免之，或思而不免，或不思而免之，或不思而不免。凡此种种，皆非我也。既然如此，又何为哉？第二，事物各由其性理而至，非我之所及。因此，人的视听言动根本无法改变事物的现状。更有甚者，人的作为还会妨碍万物的化生，使庶物失性而丧生。对此，郭象指出："物各有极，任之则条畅。"① 如果刻意追求，便会伤物之性。正是在这个意义上，他写道："人在天地之中，最能以灵知喜怒扰乱群生而振荡阴阳也。故得失之间，喜怒集乎百姓之怀，则寒暑之和败，日时之节差，百度昏亡，万事夭落也。"②

4. 玄同、坐忘

郭象指出，人要真正做到任万物之自然，不加以主观干预，就必须在思想上泯灭万物的差别和对立，同等地对待天人、彼我、大小、长短、异同、是非、善恶、亲疏、美丑、梦觉、寿夭和生死。这就是玄同。

郭象认为，人若想真正做到自任和玄同，必须进行自身的修养，基本途径和修养工夫就是坐忘。坐忘的具体办法是心中空虚，遗忘一切。对此，他描绘说："夫坐忘者，奚所不忘哉！既忘其迹，又忘其所以迹者。内不觉其一身，外不识有天地。然后旷然与变化为体，而无不通也。"③ 在郭象看来，坐忘可以使人忘天地、遗万物，外不察乎宇宙，内不觉其一身。止若立枯木，动若运枯枝。坐若死灰，行若游尘。人一旦凭借坐忘臻于忘我状态，便能够旷然无累，无所不适。在他看来，坐忘主要是忘我。这是因为，"人之所不能忘者，己也。己犹忘之，又奚识哉！"④ 人最难以遗忘的就是自己，一个人如果连自己都忘了，还有什么不能忘的呢？循着这个思路，郭象坚信，只要人通过坐忘而忘我，便可以"滑疑之耀则图而域之；恢诡憰怪，则通而一之。使群异各安其

---

① 《庄子注·逍遥游注》。
② 《庄子注·在宥注》。
③ 《庄子注·大宗师注下》。
④ 《庄子注·天地注》。

所安，众人不失其所是。……物皆自用，则孰是孰非哉？"① 这就是说，人只要忘我，便可玄同死生、无寿无夭，进入玄同状态；只要忘我，便可忘了善恶和哀乐，从根本上做到无情。

郭象进而指出，由于有得失、利弊之念，人才有喜怒哀乐之情。这表明，若能坐忘一切，与时俱化，人便可以无累心于物而逍遥自得。于是，他一再断言：

> 夫率自然之性，游无迹之途者，放形骸于天地之间，寄精神于八方之表，是以无门无房，四达皇皇，逍遥六合，与化偕行也。②
> 夫俯仰乎天地之间，逍遥乎自得之场，固养生之妙处也。③

无哀无乐，一切任其自然，这便是郭象的处世原则和养生之道，其中时常闪现着独化论、足性论的影子。其实，稍加留意即可发现，郭象的所有待命之方包括对人之生存的解释皆隐含在"物之生也，莫不块然而自生"之中。

上述内容显示，"物之生也，莫不块然而自生"从独化论的宇宙观讲起，通过足性论转换为价值观，中经生存论，最终落实到人生观，成为安身立命的思维方式和价值依托。由此观之，郭象的玄学思想一脉相承，贯穿始终的则是"物之生也，莫不块然而自生"。

---

① 《庄子注·齐物论注下》。
② 《庄子注·知北游注》。
③ 《庄子注·养生主注》。

第十章

"造物者岂有心哉"

——张湛玄学的要义与诉求

"造物者岂有心哉"语出《列子注》,是张湛的主要观点。这一命题既隐藏着张湛玄学的玄机,又透露出他的人生诉求。因此,以"造物者岂有心哉"为视角,可以深入解读张湛玄学的思想主旨和人生意趣。

一、"造物者岂有心哉"与万物"忽而自生"

张湛认为,天地万物并不是一开始就存在的。起初,宇宙只是一片混沌未分的气;后来,浑然之气剖判开来,形成了天和地;再后来,气分散离合,形成了人和万物。正是在这个意义上,他写道:"夫混然未判,则天地一气,万物一形;分而为天地,散而为万物,此盖离合之殊异,形气之虚实。"① 在张湛看来,与宇宙万物一样,天地是气派生的产物——地是气的聚积状态,天则是气的弥散状态。对此,他反复指出:

---

① 《列子注·天瑞注》。

气亦何所不胜？虽天地之大，犹自安于太虚之域，况乃气气相举者也。①

夫天之苍苍，非铿然之质，则所谓天者，岂但远而无所极邪？自地而上，则皆天矣。故俯仰喘息，未始离天也。②

张湛认为，从地面往上直到无限远的宇宙太空，都叫作"天"。人类生存的大地和其他天体是气的凝聚状态，它们被太虚之气包围着，举托着，在无限的太虚中浮游，而宇宙万物又被天地包含着。由此推演下去，他得出了如下结论："夫含万物者，天地；容天地者，太虚也。……夫太虚也，无穷；天地也，有限。以无穷而容有限，则天地未必有形之大者也。"③这就是说，天地包含着万物，太虚包含着天地。太虚是无限的，天地则是有限的。在无限的太虚中，天地不是最大的有形之物，反而小得可怜，甚至小到若有若无。对此，张湛的解释是："天地笼罩三光，包罗四海，大则大矣。然形器之物，会有限极。穷其限极，非虚如何？计天地在太虚之中，则如有如无耳。"④循着这个思路可以想象，一方面，天地在太虚中属于有形之物，是有限的，无法与至大之太虚相比。另一方面，天地在有形之物中具有特殊的地位，与万物更是密不可分："夫天地，万物之都称；万物，天地之别名。"⑤这表明，天地尽管比万物大，是万物之"都称"，然而，从根本上说，天地仍然是万有中的一种，也属于有的范畴。借此，张湛旨在强调，天既不能成为万物的存在依据，又不能派生万物。之所以如此，道理很简单："天尚不能自生，岂能生物？"⑥

接下来的问题是，既然天地不能生物，那么，万物又是由何而生的呢？对此，张湛的回答是："天地者举形而言，阴阳者明其度数统理。

---

① 《列子注·天瑞注》。
② 《列子注·天瑞注》。
③ 《列子注·汤问注》。
④ 《列子注·汤问注》。
⑤ 《列子注·天瑞注》。
⑥ 《列子注·天瑞注》。

谓之生者，则不死，无者则不生。……则有何由而生？忽尔自生。忽尔而自生而不知其所以生，不知所以生，生则本同于无。本同于无而非无也。此明有形之自形，无形以相形者也。天地无所从生而自然生，此明物之自微至著，变化之相因袭也。"①张湛认为，万物忽尔自生、忽尔自灭，完全是一个自然而然的过程，并非出于造物主有心的安排。对此，他反问道："造物者岂有心哉？自然似妙耳。夫气质喷薄结而成形，随化而往，故未即消灭也。假物而为变革者，与成形而推移，故暂生暂没。功显事著，故物皆骇。"②这就是说，气聚万物形显而生，随化而往，由微入著；气散万物由显入隐，形消而亡。这是万物乃至天地不能违背的自然法则。正是在这个意义上，张湛宣称："天地虽大，不能违自然也。圣神虽妙，不能逆时运也。鬼魅虽妖，不能诈其正也。"③

基于这种理解，张湛进而强调，人与万物所不可逃遁的自然之理就是命。对此，他反复断言：

> 命者，必然之期，素定之分也。虽此事未验，而此理已然。④
> 天者，自然之分；命者，穷达之数也。⑤

在张湛的视界中，命就是一种不可预知的自然之理，不可改变的必然之数。这种自然之理、必然之数是决定自然界、人类社会和人生际遇的决定力量，人的一切死生寿夭、贫富塞达咸定于此。人对于命不惟不可抗拒，甚至不可预知。张湛写道："自然者，不资于外也。"⑥这就是说，命作为一种必然之数，不是外力（包括人为力量）可以改变或者操纵的，而是完全出于自然之理的驱使："此皆冥中自然驱使，非人力所

---

① 《列子注·天瑞注》。
② 《列子注·周穆王注》。
③ 《列子注·力命注》。
④ 《列子注·力命注》。
⑤ 《列子注·仲尼注》。
⑥ 《列子注·黄帝注》。

制也。"①如此一来，命成为一种存在于人身之外却又时时主宰和操纵着人之吉凶祸福的异己力量。这用张湛的话说便是：

> 自然之理，不可以智知，知其不可知，谓之命也。②
> 不知所以然而然者，命也，岂可以制也。③

进而言之，在张湛那里，既然命是自然之理使然，作为一种必然之数而非人力所为，并且人对此"不可以智知"，那么，在命的洪流面前，人便永远只能是茫茫然不知所向，惶惶然无能为力。因为无论人的能力、智慧、道德或操行如何，都不能改变或影响他的命。这正如《列子注·力命注》所云：

> 或积德履仁，或遇时而通，得当年之欢，骋于一己之志，似由报应，若出智力。自然生耳，自然泰耳，未必由仁德与智力然。交履信顺之行，得骋一己之志，终年而无忧虞，非天福如之何也！
> 或积恶行暴，或饥寒穷困，故不顾形戮，不赖生存而威之，而死似由身招，若应事而至也。自然死耳，自然穷耳，未必由凶虐与愚弱然。肆凶虐之心，居不赖生之地，而威之于死，是之死得死者，故亦曰天福者也。

对此，张湛从逻辑上推论说："若其非命，则仁智者必寿，凶愚者必夭，而未必然也；若其非时，则勤俭者必富，而奢惰者必贫，亦未必然也。"④按照他的逻辑，如果不是人的一切都命中注定的话，那么，仁智者必寿，凶愚者必夭，勤俭者必富，奢侈者必贫。现实情况却是，正如仁智者不必寿，凶愚者不必夭一样，勤俭者不必富，奢惰者不必贫。

---

① 《列子注·力命注》。
② 《列子注·黄帝注》。
③ 《列子注·力命注》。
④ 《列子注·力命注》。

这从反面证明，人之生死寿夭、贫贱富贵皆由命定，与他后天的道德品行、能力智慧、人为努力之间均无必然联系或因果关系。由此，张湛一而再、再而三地声称：

> 夫生者自生，形者自形，明者自明，忽然自尔，固无所因假也。自夭者不由祸害，自寿者不由接养，自然者都无所假也。①
>
> 祸福岂有内外，皆理之玄定者也。见其卒起，因谓外。至见其渐著，因谓内成也。动止非我则非智所识也。②
>
> 夫死生之分，修短之期，咸定于无为天理之所制矣。但愚昧者之所惑，玄达者之所悟也。③

出于对命的这种理解，张湛告诉人们，没有必要对命去做无谓的努力和争取，因为造物者无心，万物"忽而自生"，一切皆属自然而必然。面对这一切，人即使有心也是枉然。既然一切都是徒劳的，人能做的便是安时处顺，听任命的安排，以己之无心应对造物者之无心。正是在这个意义上，他宣称："夫顺天理而无心者，则鬼神不能犯，人事不能干。若迎天意，料倚伏，处顺以去逆，就利而违害，此方与逆害为巨对，用智之精巧者耳，未能使吉凶不生，祸福兼尽也。"④

在此基础上，张湛指出，安时顺命就必须摒弃寿夭、是非或安危之念，因循自然，随遇而安；而做到这一切的大忌就是时刻计较寿夭、是非和安危，因为人若有寿夭、是非和安危之念，就要非命、非理和非性。有鉴于此，他反复强调：

> 有寿夭则非命，有是非则非理，有安危则非性。⑤

---

① 《列子注·汤问注》。
② 《列子注·力命注》。
③ 《列子注·力命注》。
④ 《列子注·力命注》。
⑤ 《列子注·力命注》。

> 圣人顺天地之道，因万物之性，任其所适，通其逆顺。使群异各得其方，寿夭咸尽其分也。①

基于这种认识，张湛进而指出，人对待命的最好态度和方法便是："不为外物视听改其度也，物往亦往，物来亦来，任物出入"，从而"无所不为，亦无所为"。②

至此，张湛以"造物者岂有心哉"为切入点，从形上高度解释了人和万物的由来，并且沿着这一思路将人与万物的产生和存在都视为自然而然的过程。在他看来，面对造物者的无心，人应该报以同样的"无心"，对一切坦然淡然，安然泰然。

二、"造物者岂有心哉"与人之无心肆情

从"造物者岂有心哉"的逻辑出发，张湛认为，命非有由，人不可以智知，并在此基础上让人安时顺命，对于人无能为力的命不作改变或强求。然而，问题到此并没有结束，因为张湛一面让人安于命的安排，一面又让人肆情享乐。有鉴于此，在安命的前提下，张湛提出了肆情论，向往在命所许可的范围内尽情享受生活。

安于命的安排与肆情享乐表面上看似乎是矛盾的，其实不然。关于二者之间的关系，《列子注·力命注》云：

> 此篇（指《力命篇》——引者注）明万物皆有命，则智力无施；《杨朱篇》言人皆肆情，则制不由命。义例不一，以相违反。然治乱推移，爱恶相攻，情伪万端，故要时竞，其弊孰知所以？是以圣人两情而不辨。将以大扶名教，而致弊之由不可都塞。或有恃诈力以干时命者，则楚子问鼎于周，无知乱适于齐；或有矫天真以殉

---

① 《列子注·汤问注》。
② 《列子注·力命注》。

名者，则夷齐守饿西山，仲由被醢于卫。故列子叩其二端，使万物
自求其中。苟得其中，则智动者不以权力乱其素分，矜名者不以矫
抑亏其形生。发言之旨其在于斯。

按照张湛的说法，在现实生活中，有些人依仗智谋和权势肆无忌
惮，不守本分；有些人为了追求虚名矫情刻意，违背真性。这两种人的
作为表面上看截然相反，本质上都是走极端，因而都是不达生生之旨的
表现。人对待生活和命运的正确方法是"两情而不辨"——既要安于自
己的命运，不胡作非为；又要无拘无束，不违背自己的本性。前者是安
命，后者是肆情，二者缺一不可——如果固执于一端，将会使人生跌入
死胡同，不是肆意纵情导致祸乱，就是以身殉名，伤生害性。在此基础
上，他进而指出，人的本性就是好逸恶劳，贪图享乐。因此，人生在世
就应该以享乐为务，享乐的前提是肆情。所谓肆情，质言之，就是抛弃
名教的羁绊和世俗的桎梏；只有这样，才能无拘无束地尽情享乐。

1. 人生苦短，应及时行乐

张湛认为，世间万物终始相返，整个宇宙就是一个永无休止的生灭
大循环。在这个宇宙的大循环之中，只有"生生物者不生，形形物者无
形"是不变的；对于具体存在来说，生者返于死，形者返于虚，一切有
形的生命现象的存在都是短暂的。对此，他描述说：

> 生者反终，形者反虚，自然之数也。此不生者先有其生，然后
> 之于死灭。……此无形亦先有其形，然后之于离散。本无形者，初
> 自无聚无散者也。夫生生物者不生，形形物者无形。故能生形万物
> 于我体无变。今谓既生既形而复反于无生无形者，此故存亡之往，
> 复尔非终始之不变者也。①

张湛特别指出，人与天地万物一样处于宇宙的生死聚散之中，"生

---

① 《列子注·天瑞注》。

实暂来，死实长往"。① 对于人来说，聚形而生的时间远远小于隐形而死的时间。既然如此，人应该抓住有限的生命时间，及时行乐；否则，一切都来不及了。正是在这个意义上，他写道："夫生者，一气之暂聚，一物之暂灵。暂聚者终散，暂灵者归虚。而好逸恶劳，物之常性。故当生之所乐者，厚味、美服、好色、音声而已耳。而复不能肆性情之所安，耳目之所娱，以仁义为关键，用礼教为矜带，自枯槁于当年，求余名于后世者，是不达乎生生之极也。"② 在张湛看来，人生苦短，转瞬即逝，任何人都逃遁不了这一宿命。究而言之，人的生命不过是气的暂时凝聚而已，由于气聚，人才暂时有了性情之灵。问题的关键是，正因为人的生命并非由自己主宰，说到底无非是暂时的因缘合和，终归要气散灵消而归虚。因此，人应该抓紧这稍纵即逝、机不再来的时间，让一切愿望都在有生之年及时兑现。而要做到这一切，就必须抛开一切道德约束，更不要计较死后名誉，碰到何种境况就在其中肆意享乐。进而言之，既然好逸恶劳是人之本性，那么，人就应该放纵自己好逸恶劳的本性，活得轻松潇洒，而不必自寻烦恼；既然当生之乐在于"厚味、美服、好色、音声"各方面的享乐，那么，人就必不再矜持于仁义礼教，而应该肆性情之所安。

2. 生死寿夭、贫富贵贱皆由命定，应随遇而安

"造物者岂有心哉"表明人与万物一样是造物者无心而为，人无法决定甚至无法预知生命的长度，并且无法决定自己的生命状态。张湛指出，处于生灭变化中的人是生是死、得富得夭皆由命定，人对此既不可预知，也无法改变。既然如此，人所要做的不是对不能改变的富贵、寿夭之命孜孜以求、徒增烦忧，而是随遇而安、随遇而乐。循着这个思路，人为了追求长命百年和荣华富贵而忧苦愁怨是愚蠢的，也是徒劳的。在这方面，他特意强调，有些人不能肆情享乐是由于恋生怕死所致。其实，对于人来说，贪生惧死是大可不必的。原因在于："生者不

---

① 《列子注·杨朱注》。

② 《列子注·杨朱注》。

生而自生，故虽生而不知所以生。不知所以生，则生不可绝；不知所以死，则死不可御也。"① 这就是说，正如生不可绝一样，死也是不可御的自然之理。在由造物者无心而呈现出来的生死之命的洪流面前，人既不知所以生，又不知所以死，生与死皆非我之所及。既然如此，人又何必自寻苦恼呢？死尚未来而悲伤忧戚，何似杞人忧天？于是，张湛又写道："生死之理，既不可测，则死不由物，生不在我。岂智之所必，无际无分是自然之极，自会自运，岂有役之哉？"② 在他看来，人在宇宙的大流变中，忽尔形聚而生，忽尔形散而死。或生或死，或安或危，处于永恒的交替循环之中。生者不常有，死者不永灭。生与死、安与危对于人而言并没有本质区别。正是在这个意义上，张湛一再断言：

> 夫一生之经历如此而已，或好或恶，或安或危，如循环之无穷。若以为乐邪则重来之物无所复欣。若以为苦邪则切己之患不可再经。③

> 夫生死变化，胡可测哉？生于此者，或死于彼。死于彼者，或生于此，而形生之主未尝暂无。是以圣人知生不常存，死不永灭。……故出无入有，散有反无，靡不由之也。④

基于这种认识，张湛告诉人们，不必在意生命的短暂，而应该"即形色而不求其终始"。⑤ 既然人早晚都要死，那么，在死之前尽情享乐才是硬道理。为此，人应该豁达地对待生命，不贪生，不怕死，随化而迁，随遇而安，不以悲喜忧乐系乎生死，存乎心间。他宣称："夫万物与化为体，体随化而迁。化不暂停，物岂守故？故向之形生非今形生，俯仰之间，已涉万变；气散形朽，非一旦顿至。而昧者操必化之器，托

---

① 《列子注·天瑞注》。
② 《列子注·力命注》。
③ 《列子注·杨朱注》。
④ 《列子注·天瑞注》。
⑤ 《列子注·黄帝注》。

不停之运，自谓变化可逃，不亦悲乎？"①

总之，按照张湛的说法，人的生死寿夭取决于无可奈何的命，为了延长寿命所做的种种努力都是徒劳的。既然如此，人大可不必对生死恋恋不舍，"瞻前顾后"。这用他本人的话说便是："夫不谋其前，不虑其后。无恋当今者，德之至也。"②在张湛看来，生是不足恋的，如果真的恋生的话，那么，珍惜生命便是恋生的唯一办法，其具体表现则是随遇而安，及时享乐。

3. 人生的意义在于不被名教、礼法所拘而肆情享乐

"造物者岂有心哉"解构了人之存在的本体论承诺，表明人之生与万物一样是偶然的，并无神圣的使命、尊贵的地位或永恒的价值可言。在这个前提下，如果非要为人生寻找意义的话，那么，除去肆情享乐，别无他求。有时间、有条件是一码事，有心情、有意愿则是另一码事。换言之，人有了生命的时间保障，明白了生死、贵贱并不由我而了却了挂碍，并不一定能肆情享乐。要真正做到肆情享乐，必须彻底抛开世俗羁绊，不被名教、礼法所拘。张湛认为，如果人洞彻了人生的真相，领悟了命不在我、生不可恋的道理，就可以从容面对生死，从而抛开一切世俗的羁绊，真正做到不被名教、礼法所拘。这样一来，人便可以彻底摆脱顾虑和忧愁而肆情享乐，以待终年。正是在这个意义上，他断言："但当肆其情以待终耳，制不在我则无所顾恋也。"③

基于这种理解，张湛指出，肆情而不恋生是道德的最高境界，君子正因为领悟了人生的真谛，所以以对命运泰然处之。他写道："乐天知命，泰然以待终，君子之所以息去离忧苦，昧然而死。"④张湛所讲的乐天知命，主要指人遗名誉利欲于外，不以忧乐存于胸中。对此，他解释说："不勤行则遗名誉，不竞时则无利欲。二者不存于胸中，则百年之寿不

---

① 《列子注·天瑞注》。

② 《列子注·杨朱注》。

③ 《列子注·杨朱注》。

④ 《列子注·天瑞注》。

祈而自获也。所谓乐天知命，故无忧也。"① 按照张湛的说法，人生的价值和意义不在于富贵和名利，而在于肆情享乐而快乐生活。一个人即便是富有四海之尊，如果不能肆情享乐的话，同样忧郁穷苦，这样的人生同样是没有意义的。他声称："虽养以四海，未始惬其心，此乃忧苦穷年也。"② 相反，一个人如果能尽情享乐的话，那么，即便是短命夭折，也不白活一回。这用张湛的话说便是："任情极性，穷欢尽娱，虽近期促年且得尽当生之乐也；惜名拘礼，内怀于矜惧忧苦，以至死者长年遐期非所贵也。"③ 通过正反两方面的例子，张湛力图告诉人们，人生在世，不必拘于名教、礼法，而应尽量因任自然的性情来享乐；如果谨小慎微，为了虚伪的名誉拘于礼法，只会使人失去生存的意义和价值。他宣称："达于理者，知万物之无常。财货之暂聚，聚之非我之功也。且尽奉养之宜，散之非我之施也，且明物不常聚。若斯人者岂名誉所劝、礼法所拘哉？"④

在张湛那里，造物者的无心消解了人之存在的本体论承诺，也使人的神圣使命无从谈起。这样一来，纵然人生苦短，也没有了壮志未酬的遗憾。至此，造物者的无心演绎为人面对生命的无心以对。这就是说，无心肆情、及时行乐是张湛对待人生的基本态度，也是"造物者岂有心哉"的必然结果——既然造物者原本无心，人的产生、存在与万物无异，人生不过是一场偶然的美丽错误，那么，人又何必为本来虚无、荒谬的人生倾注不必要的执著呢？游戏人生，逢场作戏，何乐而不为呢？对于这样的人来说，游戏至死，快乐至上。如果明天是世界末日，那么，今天就是狂欢节。

---

① 《列子注·天瑞注》。
② 《列子注·杨朱注》。
③ 《列子注·杨朱注》。
④ 《列子注·杨朱注》。

三、"造物者岂有心哉"与"我无心"之炼心顺性

循着"造物者岂有心哉"的逻辑，在命不可改、生死皆非由我的前提下，张湛让人在有生之年抓住机会、肆情享乐，同时反对任意恣睢，肆无忌惮。道理很简单，如果任意恣睢、肆无忌惮的话，那么，便不能达到肆情享乐的目的。换言之，要想肆意享乐，必须因循一定的限制。具体地说，他所讲的肆情，是在现有的环境和条件下（命定的基础上）、在不刻意强求的前提下（任性）进行的。张湛断言："若夫刻意从俗，违性顺物，失当身之暂乐，怀长愁于一世。虽支体且存，实邻于死者。"①沿着这个思路，他一面讲"肆情"，一面讲"顺性无情"；强调只有在顺性的前提下不刻意追求，才能达到肆情享乐的目的。

1. 无心顺性

张湛注重性与情的区别，指出性与情具有本质的不同：性是与生俱来的本质，即天然资质。因此，性至纯至美，不需要外求；人只要对性慎而不失，就能不为物害。与性的先天禀赋、与生俱来有别，情是后天形成的，也就是人在后天产生的欲望。人与人之间的欲望并不一样，即使是同一个人的不同器官也会有不同的欲望。因此，欲望之间相互抵牾，由此便不难想象："用其情，有其身，则肌骨不能相容，一体将无所寄。"②有鉴于此，张湛劝导人对性与情要区别对待，具体做法便是："禀生之质谓之性，得性之极谓之和；故应理处顺，则所适常通；任情背道，则遇物斯滞。"③这就是说，人内心虚静，不欲动求，才能无心顺性。他指出："凡贵名之所以生，必谓去彼而取此，是我而非物。今有无两忘，万异冥一，故谓之虚。"④动求就是有知有为，虚静即是无知无为。无知无为并非有意不知、有意不为，而是内心空虚，无所知，无所为。如果心怀名利而不敢言、心有物我而不敢为，那不是真正的无知无

---

① 《列子注·杨朱注》。
② 《列子注·黄帝注》。
③ 《列子注·黄帝注》。
④ 《列子注·天瑞注》。

为；真正的无知无为必须做到心寂然而无意想，口默然而自吐纳。对于这种状态，张湛描述说："心既无念，口既无违，故能恣其所念，纵其所言。体道穷宗，为世津梁。终日念而非我念，终日言而非我言。若以无念为念，无言为言，未造于极也。所谓无为而不为者如斯，则彼此之异，于何而求？"①

2. 至虚

张湛认为，无心顺性的最高精神境界便是至虚。所谓至虚，就是"以无为心"。对于"以无为心"，他如是说："不居知能之地，而无恶无好，无彼无此，则以无为心者也。"② 这表明，"以无为心"就是指人心中至虚，无好恶之情，故而对万物不加分辨，随遇而安。张湛认为，只有至虚，才能了无挂碍，绝对自由。在此基础上，他强调，圣人都是至虚的典范，都能无心应物，言行无心。张湛写道："圣人之心，豁然洞虚。应物而言，而非我言；即物而知，而非我知。故终日不言，而无玄默之称；终日用知，而无役虑之名。故得无所不言，无所不知也。"③ 如此看来，人生的最高境界不是不言、不知，而是在至虚、无心的状态下"应物而言"，"即物而知"，进而超越言与不言、知与不知的界限，最终臻于至虚的境界。

基于这种理解，张湛以虚为贵。他的贵虚论有两个基本概念：一为太虚，一为至虚。其中，太虚指无限的宇宙，属于宇宙发生论；至虚指宇宙本体，同时具有物我合一的意蕴，实际上指圣人达道后的最高境界。从人生哲学和修养境界来说，至虚就是自同于物，"虚己以循理"。④ 张湛强调，要达到至虚的境界，最关键的是要做到无心。他声称："夫顺天理而无心者，则鬼神不能犯，人事不能干。"⑤ 可见，张湛所讲的至虚、无心，要点是去掉自我之私心，以天下之心为心。这用他本人的话

---

① 《列子注 · 黄帝注》。
② 《列子注 · 仲尼注》。
③ 《列子注 · 仲尼注》。
④ 《列子注 · 黄帝注》。
⑤ 《列子注 · 力命注》。

说便是："乐天下之乐，知天下之知，而我无心者也。"① 张湛强调，由于达到了至虚、无心的境界，至人、圣人不再像俗人那样役心住形，当然也就不会用聪明以乱神，忧于生死，困于利害，制于美恶，凡此种种，拖累一生。事实上，圣人开出了人生的新境界——超俗无累，不当于一象，不系于一味，不滞于一方，超越利害，包容一切，泯灭是非，遗生忘死，齐一梦醒。圣人的这种境界和人生状态超拔无比，妙不可言，有乐而无苦，无为而无所不为。这用张湛的话说便是：

> 心和而形顺者，物所不恶。②
>
> 忘怀任遇，通亦通，穷亦通，其无死地，此圣人之道者也。③

张湛进一步解释说，至人并非不言不行，故而在外表上与俗人并没有什么区别；圣人与俗人的不同之处在于，保持内心虚静，彻底消除是非、利害、彼此、物我、生死和内外种种之分别，故而能终日言而非我言，终日为而非我为。这正如他所云："夫至人其动也天，其静也地，其行也水流，其湛也渊嘿。渊嘿之与水流，天行之与地止，其于不为而自然一也。……苟无心而应感，则与变升降，以世为量，然后足为物主而顺时无极耳。"④ 在张湛看来，天下的事物各有自己的不同习性，因而有自己的适应范围；如果超出一定范围，事物就无法生存了。至人则不然——由于方寸与太虚齐空，形骸与万物并有，物我两忘，内外双遗，不受任何条件的限制，圣人能在一切环境中自由往来。张湛断言：

> 天下有能之而能不为者，有能之而不能不为者，有不能而疆欲为之者，有不为而自能者。至于圣人，亦何所为？亦何所不为？亦何所能？亦何所不能？俛仰同俗，升降随物，奇功异迹，未尝

---

① 《列子注·仲尼注》。
② 《列子注·黄帝注》。
③ 《列子注·仲尼注》。
④ 《列子注·黄帝注》。

暂显；体中之绝妙处，万不视一焉。……顺性命之道，而不系著五
情，专气致柔，诚心无二者，则处水火而不焦溺，涉木石而不挂
碍，触锋刃而无伤残，履危险而无颠坠。万物靡逆其心，入兽不乱
群，神能独游，身能轻举；耳可洞听，目可彻照。……夫阴阳递化，
五才偏育。金土以母子相生，水火以湿燥相乘，人性以静躁殊途，
升降以所能异情。故有云飞之翰，渊潜之鳞，火游之鼠，木藏之
虫。何者？刚柔炎凉，各有攸宜；安于一域，则困于余方。至于圣
人，心与元气玄合，体与阴阳冥谐，方圆不当于一象，温凉不值于
一器；神定气和，所乘皆顺，则五物不能逆，寒暑不能伤。谓含德
之厚，和之至也；故常无死地，岂用心去就而复全哉？蹈水火，乘
云雾，履高危，入甲兵，未足怪也。①

借此，张湛旨在强调，无心顺性、臻于至虚既是人待命的基本方式
和根本原则，也是肆情享乐的方便法门和不二途径。圣人得益于此，故
而成为圣人。

总之，张湛力图告诉人们，一方面，至人、圣人能解脱苦难，破除
困碍，使精神保持最大的快乐。另一方面，至人、圣人随俗处世，不需
要离开世俗事务和所在环境隐遁修行就能够肆情享乐。之所以如此，秘
诀就在于无所用心。事实上，他们做自己该做的事，只不过是顺着自己
和事物的自然之性去做，不使自己的心思执迷于一事一时，不故用心
智、故作分别罢了。由此可见，至人与凡夫、圣人与俗人的差别只在通
与滞的觉解上、静与动的心态上。换言之，至人、圣人之所以能臻于快
乐之境，秘诀和方法在于无情，以无为心，精神进入到了至虚状态。沿
着这个思路可以想象，即使是常人、凡人，只要能够保持无心，达到至
虚，完全可以像至人、圣人那样不被祸害所累，不被外物所伤，从而长
乐无忧。正是在这个意义上，张湛说："夫虚静之理，非心虑之表，形
骸之外；求而得之，即我之性内，安诸己则自然真全矣。故物以全者皆

① 《列子注·黄帝注》。

由虚静，故得其所安；所以败者，皆由动求，故失其所处。"①这是张湛为常人、凡人走向至人、至人指点迷津，也是他以"造物者岂有心哉"为出发点，找到的永葆快乐的枕中鸿秘。

中国古代哲学崇尚天人合一，试图在天地万物的宏大叙事中为人寻找安身立命之所。具体到张湛那里，这一切则是通过"造物者岂有心哉"完成论证的。"造物者岂有心哉"铺就了人的存在状态，忽而自生，忽而自灭。这表明，人并没有得到造物者的青睐，因而在宇宙中犹如沧海一粟那样渺小和卑微，与万物的存在无异。因此，人不惟没有与生俱来的神圣使命，甚至连对于自己的命运也不知所然，无法预知，无从把握。这消解了人的宏大理想和作为，也在关上一扇窗的同时，为人打开了一道门：既然造物者原本无心，那么，人何必处心积虑？由此肆情享乐，顺性而为，岂不更好？既然造物者无心，那么，人大可跟随造物者之无心而将无心进行到底，这样的人生岂不悠哉游哉！

循着"造物者岂有心哉"的逻辑，张湛并没有因为命运的无奈、无助而陷入无边的茫然和悲戚，而是向往着在既得的环境中有滋有味地生活。可以看到，他让人在沉湎于肆情享乐之时，并没有使人陷入极端的肆无忌惮，而是强调享乐要在命的范围内进行。这一切表明，"造物者岂有心哉"为人框定了一种现实的处世态度——既不像道教那样沉醉于羽化成仙的无限遐想，也不同于儒家追求道德的理想诉求。借助"造物者岂有心哉"，张湛昭示人们，平平淡淡、从从容容才是真，内心的安静就是人生最大的平安和幸福。没有宏图大愿，摒弃尊贵崇尚，人要永远保持一颗平常心。身处什么样的环境都能现实地面对，从容不迫，自得其乐。对待生活的这种态度使张湛现实地审视人生，关注现实，而不奢谈理想，奢望未来。这种处世态度尽管带有东晋门阀士族江河日下、无可奈何的悲哀，却尽显魏晋风度，是那一时代个性崛起在人生哲学和命运哲学领域的反映。当然，在肯定张湛的人生哲学具有个性解放意义的同时，必须看到其中的消极因素。而这一切都由"造物者岂有心哉"

---

① 《列子注·天瑞注》。

而来，故而成为无法逃脱的宿命。这是因为，"造物者岂有心哉"既可以是豁达的，洒脱的；也可以是无奈的，甚至是悲观的。无论这一命题的基调和色彩如何，由造物者之无心始，以至人、圣人对之以无心终，则是不变的主旨和要义。正是由于这个原因，抓住了"造物者岂有心哉"，也就等于领悟了张湛玄学的思想主旨和人生追求。

第十一章

"仁者，以天地万物为一体"
——二程对仁的创新与对宋明理学的奠基

　　"仁者，以天地万物为一体"语出《河南程氏遗书》卷二上，是程颢对仁的全新诠释。这一观点既构成了二程仁学的基本命题，又引领了宋明理学对仁的热切关注和深入探讨。作为儒家的重要范畴，仁在先秦时就受到孔子、孟子等人的提倡和重视，西汉大儒董仲舒也对仁予以系统阐释。宋明时期，仁更是受到了前所未有的关注和推崇，其肇始者则是北宋时期的二程，作为大程的程颢（人称明道先生）尤其如此。程颢作《识仁篇》，强调"学者须先识仁"。黄宗羲评价说："明道之学，以识仁为主。"①

　　二程对仁情有独钟，同时不满意前人对仁的界说。他们自诩是自己第一次对仁进行了创造性的诠释。例如，程颐说："自古元不曾有人解仁字之义。"②言外之意是，只有他才真正领悟了仁的真谛。那么，二程

---

①《宋元学案》卷十三，《明道学案上·案语》。

②《河南程氏遗书》卷十五。

独家创意的仁究竟是什么？或者说，二程对仁的创新之"解"究竟体现在何处？程颢的一句"仁者，以天地万物为一体"给出了答案。作为二程对仁的创新性解读，这一命题不仅决定着对二程思想的理解和把握，而且关系到对整个宋明理学的认识和评价。因此，深入解读"仁者，以天地万物为一体"，不仅可以直观感受二程之仁的新内涵和新境界，而且有助于深刻把握二程对整个宋明理学的奠基。

一、"仁者，以天地万物为一体"与仁之地位的提高

二程对仁的创新性诠释最先表现在对仁之势力范围的拓展上。孔子、孟子所讲的仁是伦理范畴，这意味着仁的势力范围主要在道德领域。通过二程的论证，仁的统辖范围骤然扩大：在道德领域，保持了先前领地，并且成为"百善之首"；在本体领域，拓展了新的领地，并且成为宇宙本原。势力与地位息息相通，二程对仁之势力的急剧扩展预示着仁之地位的极大提升。因此，仁在二程的哲学中不仅成为道德的代名词和善的化身，而且拥有了宇宙本体的意蕴，以至于成为"天理"的核心或代名词。

程朱理学乃至全部宋明理学被称为理学，与宋明理学家奉理为世界本原不无关系。理又称天理，是宋明理学的最高范畴和核心价值。程朱理学奉理为世界本原，推崇心的陆九渊、王守仁同样承认吾心即是天理。其实，无论是宋明理学家对理之地位的提升还是理在宋明理学中倍受青睐均与二程密切相关，将理奉为宇宙本原更是二程前无古人的创新。可以看到，二程对理的推崇无以复加，对仁的界定、诠释更是独辟蹊径。加固理与仁的内在关联，以推崇天理的名义彰显仁，正是二程的创举。

二程对于天理的创新，正如程颢所自诩："吾学虽有所受，天理二字却是自家体贴出来。"① 作为"体贴出来"的结果，二程夸大理的普适

---

① 《河南程氏外书》卷十二。

性，把万物视为理派生、主宰的产物，并将自然界和宇宙万物均纳入理的管辖、规范之中。于是，二程一而再、再而三地宣称：

> 凡眼前无非是物，物物皆有理。①
>
> 天理云者，这一个道理，更有甚穷已？不为尧存，不为桀亡。②
>
> 万物皆是一理，至如一物一事，虽小，皆有是理。③

这些说法共同伸张了理的神圣性、永恒性和普适性，使理的地位得以空前提升。诚然，将理作为一个哲学范畴古已有之，战国末期的韩非就曾经用理指称万物的属性，使理与道、德一样成为本体哲学的重要范畴。需要说明的是，韩非哲学的世界本原是道，万物所禀得的"弘大而无形"的道的一部分便是德，作为内在本质的德的外在表现如大小、黑白等便是理。可见，理在韩非那里尽管是一个哲学范畴，却不是宇宙本原。至于程颢自诩"自家体贴出来"的天理一词，也并非二程的独创；而是最早出现在《庄子·养生主》篇中，原文是："依乎天理。"尽管如此，一个不争的事实是，二程开奉理为宇宙本原之先河，并将天理从在庄子那里与哲学无关的天然纹理转换成一个哲学概念。不仅如此，二程对理的界定有两个基本特征，这两个特征成为整个宋明理学的共性：第一，由于理是世界本原，将天理奉为本原。这拉开了二程与庄子、韩非哲学的学术分野。第二，天理作为宇宙本原，不仅指自然法则，而且指人类社会的道德准则和人之行为规范。这表明了宋明理学的道德意趣和价值旨归，也将儒家的道德形上学推向了一个新的高度。这两个特征是二程对理或天理的诠释，也是理前所未有的内涵。从这个意义上说，程颢声称"天理二字却是自家体贴出来"，此言不虚。

进而言之，二程强化天理与仁的内在关联，奉天理为世界本原的做

---

① 《河南程氏遗书》卷十九。

② 《河南程氏遗书》卷二上。

③ 《河南程氏遗书》卷十五。

法为仁之地位的提升奠定了本体哲学的基础。这是因为，被二程神化为宇宙本原的天理，基本内容是伦理道德和行为准则。这用二程本人的话说便是："人伦者，天理也。"① 在二程那里，作为天理的人伦，具体内容和实际所指就是三纲五常，核心则是仁。

至此，人们不禁要问：即使承认把以三纲五常为核心的伦理道德奉为天理，说成是宇宙本原是二程的原创，那么，二程的这一创举也只意味着对理、天理或三纲五常代表的伦理道德的地位提升，与仁何干？退而言之，即使承认二程的做法在客观效果上提升了仁之地位，那么，这种提升对于仁或五常来说意义是一样的。既然如此，为什么说二程对天理的提升使仁成为最大的受益者？或者说，二程对天理的推崇偏偏是对仁之地位的提升？答案在于，二程强调，作为天理的伦理道德的核心就是仁，并通过进一步追问仁与五常以及仁与其他道德条目之间的关系，从不同角度共同彰显、突出仁的特殊地位。这样一来，他们对天理的推崇最终演绎为对仁的推崇。为此，他们强调，四端、五常虽然都是天理和人性的具体内容，但是，它们之间的关系并不是并列的，其中最根本的便是仁。为了论证这一点，二程连篇累牍地断言：

> 义、礼、知、信皆仁也。②
>
> 仁载此四事，由行而宜之谓义，履此之谓礼，知此之谓智，诚此之谓信。③
>
> 仁、义、礼、智、信五者，性也。仁者，全体；四者，四支。仁，体也。义，宜也。礼，别也。智，知也。信，实也。④
>
> 且譬一身，仁，头也；其它四端，手足也。⑤

① 《河南程氏外书》卷七。
② 《河南程氏遗书》卷二上。
③ 《河南程氏外书》卷一。
④ 《河南程氏遗书》卷二上。
⑤ 《河南程氏遗书》卷十五。

　　可见，对于仁与其他德目之间的关系，二程的表述前后并不一致。大致说来，对于仁与义、礼、智、信的关系，二程有时说成是支配与被支配的纲目关系，有时说成是全体与部分的包含关系。尽管具体表述有所出入，然而，无论哪种说法或比喻都突出仁与其他德目的区别，彰显仁在五常中首屈一指的致思方向和价值旨趣是一致的。事实上，正是通过凸显仁在五常中的特殊地位，二程将仁推向了无可比拟的首要地位。

　　二程将义、礼、智、信归于仁，把五常、四端以外的其他道德条目和规范也归于仁。按照他们的理解，各种道德观念都是仁的体现，是从属于仁这个纲的目。循着这个思路，二程一而再、再而三地声称：

> 盖孝弟是仁之一事，……盖仁是性也，孝弟是用也。①
> 孝弟，仁之事也。仁，性也；孝弟，用也。②
> 恕者入仁之门。③

　　在这里，二程将传统道德的主要条目——孝、悌和恕等统统纳入仁的统辖范围，不仅用仁将它们贯穿、统率起来，而且确立了仁与这些道德条目之间的体用关系。

　　上述内容显示，二程对仁之地位的提高包括两个方面，相应地分为两个步骤：先是将包含仁在内的伦理道德提升为宇宙本原，接着突出仁在五常乃至全部伦理道德中的首要地位，直至使之成为伦理道德的代名词。这使二程所讲的仁与先前不可同日而语，即使是与孔子、孟子等人相比，也呈现出不容忽视的巨大差异。诚然，凸显仁在五常中的地位的做法先秦就已经开始，在这方面，孔子和孟子的做法人们耳熟能详。尽管如此，二程对仁与其他道德条目关系的梳理——特别是仁为"百善之首"的提法开辟了前人所不曾关注的视角，给予仁的地位更是达到了前

---

① 《河南程氏遗书》卷十八。
② 《河南程氏粹言》卷一，《论道篇》。
③ 《河南程氏遗书》卷十五。

所未闻的高度。如果说当二程把天理说成是宇宙本原时，仁还作为五常之一，与其他道德条目相比并无特殊之处的话，那么，他们对五常次序以及仁与其他德目关系的界定则使仁与其他道德条目之间的距离骤然拉大，仁的地位也随之得以空前提升。更为重要的是，作为儒家道德主义的延续，二程把以仁为核心的天理奉为宇宙本原，仁随之具有了宇宙本体、万物本原的身份。这使仁的势力范围从伦理领域扩展到本体领域，在改变仁之身份的同时，极大地扩展了其统辖范围。

二程把以三纲五常为核心的天理说成是宇宙本原，印证了仁的宇宙本原意蕴；对五常关系的说明则在突出仁在五常中的首要地位的同时，反过来强化、加固了仁的本原地位。不仅如此，基于仁在五常中的首要地位，他们进一步把全部道德条目都归在仁之麾下——总之，或者说成是仁的形式和表现，或者使它们受仁之统率。换言之，二程关于理是世界本原的观点肯定了四端、五常的本体地位，对五常关系的厘定则将仁在五常中的首屈一指的权威性推向了极致，使仁直指天理。正是在这个意义上，程颐宣布："仁即道也，百善之首也。"①

总之，经过二程的论证，仁具有了前所未闻的地位和高度：第一，借助天理的权威，仁成为最高价值，拥有了作为世界本原的形上意蕴。在这方面，二程不仅将仁的地位提到了前所未有的高度，而且极大地开拓了仁的统辖范围。第二，仁是全部伦理规范、道德条目的总称乃至代名词，因而成为善的化身。在这方面，尽管二程是在道德领域立论的，却由于将仁与道并提而使仁成为道德哲学的核心范畴乃至第一范畴。

二、"仁者，以天地万物为一体"与仁之内涵的拓展

二程对仁之地位的提升和对仁在五常中的凸显共同为仁之内涵的界定提供了理论基础和方便条件。在此基础上，他们进一步深化和拓展了仁的内涵，将对仁的创新推向深入。具体地说，在对仁的阐释中，二程

---

① 《河南程氏遗书》卷二十二上。

特别重视公、爱和恕——不仅强调仁与公、爱、恕密切相关，而且在仁与公、爱、恕的密切联系中推进仁的具体实践和操作。

1. 仁与公

二程将公视为仁的题中应有之义，旨在强调仁与公密切相关。更有甚者，他们以公名仁，体仁，将能公说成是判断、考察人是否近仁的标准。在二程的论著中，多次出现这样的记载和论断：

> 仁道难名，惟公近之。①
> 仁者用心以公，故能好恶人。公最近仁。②
> 又问："如何是仁？"曰："只是一个公字。学者问仁，则常教他将公字思量。"③

按照二程的说法，公作为仁的题中应有之义，对于仁非常重要——既是仁的基本要求，也是践行仁的前提和原则。这是因为，只有崇公，才可能体仁；如果杂有私意，便会阻挠仁的感应。事实上，他们以公释仁，就是为了让人以公体仁；以此杜绝私意，真正做到至公无私。在二程看来，"不违（指《论语·雍也》篇的"子曰：'回也，其心三月不违仁，其余，则日月至焉而已矣。'"——引者注）处，只是无纤毫私意。有少私意，便是不仁"。④ 基于这种认识，二程大声疾呼以公灭私、大公无私，以期达到"以天地万物为一体"的境界。于是，他们不止一次地说道：

> 天心所以至仁者，惟公尔。人能至公，便是仁。⑤
> 仁之道，要之只消道一公字。⑥

---

① 《河南程氏粹言》卷一，《论道篇》。
② 《河南程氏外书》卷四。
③ 《河南程氏遗书》卷二十二上。
④ 《河南程氏遗书》卷二十二上。
⑤ 《河南程氏外书》卷十二。
⑥ 《河南程氏遗书》卷十五。

事实上，正是鉴于公对于仁的重要性，二程将公视为仁之理。在这个前提下，他们不仅声称天心至公，而且将公奉为实现仁之爱、恕的原则。

2. 仁与爱

二程继承了孔子、孟子以来以爱释仁的传统，彰显仁的爱之内涵。需要说明的是，二程尽管强调公最近仁，然而，他们却没有将仁与公画等号，而是指出"仁道难名，惟公近之，非指公为仁也"。① 对于其中的原因，他们解释说："公只是仁之理，不可将公便唤做仁。公而以人体之，故为仁。只为公，则物我兼照，故仁，所以能恕，所以能爱，恕则仁之施，爱则仁之用也。"② 仁的基本内容和精神实质是爱人，这是孔子、孟子对仁的基本界定，也奠定了儒家以爱释仁的致思方向和价值旨趣。二程对仁之爱的内涵的彰显秉持了儒家的这一立场和传统。在这方面，二程将爱以及与爱相关的恕注入仁中，并使爱、恕成为仁的题中应有之义。所不同的是，二程对仁之爱的内涵予以深入阐释，使仁之爱拥有了在孔子、孟子那里所没有的新内涵、新意蕴和新诉求。

对于仁之爱的内涵，二程的新解具体表现在两个方面：第一，强调爱只是仁的必要条件和内涵之一，并不等于仁，故而反对将爱与仁画等号。据载：

> 或问："爱何以非仁？"子曰："爱出于情，仁则性也。仁者无偏照，是必爱之。"③

这就是说，仁与爱的关系要从两个维度来理解：一方面，爱是仁的题中应有之义。另一方面，爱与仁并非同等层次的概念，其间具有本末之别：仁是性，是第一性的；爱是情，是仁这一本性发之于外的表现和作用。因此，仁与爱的体用关系不可忽视，更不容混淆或颠倒。第二，对

---

① 《河南程氏粹言》卷一，《论道篇》。
② 《河南程氏遗书》卷十五。
③ 《河南程氏粹言》卷一，《论道篇》。

仁之爱提出了更高的要求。二程强调，一方面，既然爱是仁的题中应有之义，那么，没有爱便不是仁。另一方面，爱并非仁的全部内涵，除了爱之外，仁还有其他的内涵和规定。因此，对于仁而言，爱是不可或缺的，而只有爱显然又是不够的。公与爱对于仁来说缺一不可：公为了推爱而恕，与万物一体；爱有了公，仁才能一体而差等。这使二程所讲的仁与孔子一样重视恕。所不同的是，与对仁之爱的界定一脉相承，二程视界中的恕不再是孔子所讲的"己所不欲，勿施于人"①的消极的爱人，而是由仁之爱的差等而一体所决定的外推。

3. 仁与恕

二程强调，恕是仁的基本内涵，是爱由亲至人、由人至物之推。这表明，恕保证了爱之对象的广泛性，架起了仁通往与天地万物为一体的桥梁。正是在这个意义上，他们将恕视为"入仁之门"。恕印证了爱的差等和分别，并在仁的恕之推中将爱引向了礼。二程宣称，仁以爱为基本内涵，在强调仁与爱密切相关上与孔子、孟子所讲的"仁者爱人"②同义。所不同的是，他们对恕的理解以及对恕与仁、爱关系的厘定。一个公开的秘密是，儒家所讲的仁历来都是有差等的，绝非一视同仁地爱一切人。尽管如此，对于这个问题，每个人提出的具体方法并不相同：孔子的解决办法是强调仁之外在表现形式是礼，孟子则强调仁中蕴含着"亲亲而仁民，仁民而爱物"③的顺序。同样为了突出仁之爱的差等，二程在肯定仁之一体的同时，突出一体中的分别。换言之，虽然二程与孔子主张"泛爱众"，孟子主张"仁民而爱物"一样突出仁爱对象的广泛性，并且通过"仁者，以天地万物为一体"使仁之爱的对象普适化、最大化，但是，二程所讲的仁之一体并不是平等的，而是有差别的。"仁者，以天地万物为一体"中的"一体"旨在强调仁之爱的对象的最大化，天地万物无一遗漏，都是爱的对象，然而，这并不意味着仁便是对所有爱之对象施予同样的爱。恰好相反，在二程看来，仁之爱不是一视

---

① 《论语·颜渊》。
② 《孟子·离娄下》。
③ 《孟子·尽心上》。

205

同仁的兼爱，而是有差异、等级的分疏之爱。正是为了突出仁之爱的差等原则，程颐强调，仁之爱始于亲亲，遵循由亲及人的外推原则，并非没有亲疏、分别的兼爱。据《河南程氏遗书》记载：

> 又问："为仁先从爱物上推来，如何？"曰（指程颐——引者注）："不敬其亲而敬他人者，谓之悖礼；不爱其亲而爱他人者，谓之悖德。故君子'亲亲而仁民，仁民而爱物'。能亲亲，岂不仁民？能仁民，岂不爱物？若以爱物之心推而亲亲，却是墨子也。"①

在程颐看来，仁之爱与墨子的兼爱具有本质区别，不可相互混淆。具体地说，二者的区别在于：仁爱内含森严的亲疏之分和尊卑之别，对爱的对象一定要分出差等。正是在这个意义上，他不止一次地断言：

> 夫上下之分明，然后民志有定。民志定，然后可以言治。②
> 名分正则天下定。③

二程对仁之恕的内涵的强化正是为了在肯定恕为爱之推的前提下，借助恕彰显爱的秩序等级。同样，出于凸显仁爱中的亲疏之差、尊卑之等的需要，二程以恕强化礼的重要。其间的逻辑是，随着爱之推，恕的范围越来越广，爱的对象也随之越来越多。为了给越来越多的被爱对象划分亲疏、厚薄、尊卑、贵贱，礼的必要性和重要性急剧上升。因此，在对四端、五常之间的关系进行认定时，除了突出仁的地位之外，二程特别推崇别上下、明尊卑的礼。他们之所以在重仁的前提下崇礼，流露出以礼规范仁爱之秩序、彰显仁爱之差等的理论初衷和强烈企图。依照二程的说法，只有对"尊卑贵贱之分，明之以等威，异之以物采"，才

① 《河南程氏遗书》卷二十三。
② 《周易程氏传》卷一。
③ 《河南程氏遗书》卷二十一下。

能"杜绝陵僭，限隔上下"。① 进而言之，对于明等级、别上下而言，礼显然不可缺少，甚至是最行之有效的。他们坚信："礼治则治，礼乱则乱，礼存则存，礼亡则亡。"② 更有甚者，为了提升礼的地位，二程把礼与世界本原——天理（理）相提并论，声称"理者，礼也"。这既宣布了礼与理异名而同实，又使礼拥有了与理一样的权威性。质言之，二程对礼的推崇显然是看中了礼的分别和等级意蕴。对于这一点，程颐的下列说法便是明证："凡人须是克尽己私后，只有礼，始是仁处。"③

必须明确的是，通过仁爱之中的差等来彰显分别，进而为现实的宗法等级制度辩护是二程仁学的宗旨，这一宗旨使二程在推崇仁时对礼十分重视。二程推崇礼，是为了强化宗法等级制度；并非像孔子那样认为礼是仁的外在表现形式，仁需要礼表现出来。在二程的思想中，除了用仁支配、包含礼之外，仁与礼并无特殊关系，反倒是公、爱、恕与仁的关系更为密切。二程所讲的仁爱不需要通过礼表现其差等，因为仁本身就有差等内涵，蕴涵着一体与差等的秩序：一方面，仁与爱相关，爱本身却并不是仁；仁与爱之间不能画等号的原因是，仁是爱之理，仁所条分出来的爱是有差等的。仁与恕、公、无私密切相关，仁爱的范围、对象要最大化，这就是仁之一体。另一方面，尽管强调仁与爱、恕、公密切相关，然而，为了突出仁的至尊地位，二程严守其间的本末之别。为此，二程不仅反对将仁与爱、恕或公相提并论，而且肯定爱、恕、公相互作用，三者对于仁来说缺一不可。这用他们本人的话说便是："公者仁之理，恕者仁之施，爱者仁之用。"④ 这表明，仁之一体与差等是一个问题的两个方面，一体是内涵差等的一体，而不是平等的一体；差等是一体中的差等，而不是各不相涉的疏离。只有牢牢抓住一体与差等之间一而二、二而一的关系，才能不偏离"仁者，以天地万物为一体"的本义。

在对仁之内涵的挖掘上，无论是对公的推崇还是对爱、恕、公的三

① 《河南程氏粹言》卷一，《论政篇》。
② 《河南程氏文集》，《遗文·礼序》。
③ 《河南程氏遗书》卷二十二上。
④ 《河南程氏粹言》卷一，《论道篇》。

位一体以及对于仁不可或缺的强调都体现了二程对仁的全新界定和诠释。这非常重要，不仅与他们对仁之地位的提高相对应，而且为二程对仁之境界的升华奠定了前提。

三、"仁者，以天地万物为一体"与仁之境界的升华

不论地位的提高还是内涵的拓展都为二程对仁之境界的升华提供了条件。可以看到，正是在仁之身份递嬗和地位提高的前提下，二程进一步把仁界定为与天地万物为一体。这是一种宇宙境界和本体维度，也是仁之境界的升华。在他们的思想中，既然仁是宇宙本体，那么，仁便是宇宙的普遍法则；反过来，作为一种宇宙法则，仁便不能限于人与人之间，而是拥有放诸四海而皆准的普适性。同样的道理，既然仁的基本内涵是爱，那么，通过秉持公之理，以恕之推将爱由亲至人，由人及物，便可以使仁之爱遍布流行——不仅爱亲、爱人，而且爱物。这决定了"以天地万物为一体"原本就是仁的题中应有之义，当然也是人践履仁所应达到的境界。

在二程那里，正是仁之爱、恕、公决定了仁者与天地万物成为一体的。事实上，二程以爱、恕、公释仁不仅指向了体仁方案，而且进一步突出了仁之一体的内涵。他们所以奉仁为五常之首，是因为"仁者以天地万物为一体"；在这个前提下推崇仁，就是为了用仁建立一个人与天地万物为一体的爱之世界。具体地说，仁者之所以能够与天地万物为一体，是因为人心的存在以及人心的功能。如果有了仁之爱，那么，人就可以凭借这种爱心，与天地万物相互感应，以知万物之痛痒。这种状态就是一种人与万物休戚相关的一体境界。于是，二程不厌其烦地强调：

天地之间，只有一个感与应而已，更有甚事？①

---

① 《河南程氏遗书》卷十五。

子曰：至诚感通之道，惟知道者识之。①

天地之间，非独人为至灵，自家心便是草木鸟兽之心也，但人受天地之中以生尔。②

对于仁，程颢断言："仁者，浑然与物同体。"③在他看来，仁就是要求人"浑然与物同体"，"以天地万物为一体"。凭借仁，人之所以能够臻于"浑然与物同体"的状态或境界，是因为这就隐含在仁之内涵之中，原本就是仁的基本要求和必然归宿。换言之，"仁者，以天地万物为一体"既是仁这一范畴的内涵和境界，也是人体悟、践行仁的基本要求和方法原则。正因为如此，在解释何者为仁时，二程一而再、再而三地如是说：

医家以不认痛痒谓之不仁，人以不知觉不认义理为不仁，譬最近。④

医书言手足萎痹为不仁，此言最善名状。仁者，以天地万物为一体，莫非己也。认得为己，何所不至？若不有诸己，自不与己相干。如手足不仁，气已不贯，皆不属己。⑤

若夫至仁，则天地为一身，而天地之间，品物万形为四肢百体。夫人岂有视四肢百体而不爱者哉？……医书有以手足风顽谓之四体不仁，为其疾痛不以累其心故也。夫手足在我，而疾痛不与知焉，非不仁而何？世之忍心无恩者，其自弃亦若是而已。⑥

二程对仁的解释旨在强调，正如人的四肢、手足与己一体、痛痒自知一样，仁者与物同体，以世间万物为四肢、百骸；由于与天地万物连为一体，仁者能够与天地万物相互感应，从而知其痛痒。这就是说，仁

---

① 《河南程氏粹言》卷一，《论道篇》。
② 《河南程氏遗书》卷一。
③ 《河南程氏遗书》卷二上。
④ 《河南程氏遗书》卷二上。
⑤ 《河南程氏遗书》卷二上。
⑥ 《河南程氏遗书》卷四。

即不分彼此、人为地将天地万物视为自己的一部分，正如对待自己的四肢、百骸一样。因此，二程进而指出，"仁者，以天地万物为一体"是一种"至公无私，大同无我，虽眇然一身，在天地之间，而与天地无以异也"的境界。① 既然仁者可以与天地万物浑然一体，那么，与天地万物为一体并非人类的主观愿望或幻想，而是天然且应然的。基于天地是生物之本的理念，二程反问道："人在天地之间，与万物同流，天几时分别出是人是物？"② 如此说来，与天地万物为一体之仁爱是人基于天地秩序的存在方式，天地生物之时，就已经使人与天地万物混然不分、天然一体，并且使人作为"天地之心"具有认识、践履这种一体的能力了。正是在这个意义上，二程再三指出：

若不一本，则安得"先天而天不违，后天而奉天时？"③

所以谓万物一体者，皆有此理，只为从那里来。"生生之谓易"，生则一时生，皆完此理。人则能推，物则气昏，推不得，不可道他物不与有也。人只为自私，将自家躯壳上头起意，故看得道理小了它底。放这身来，都在万物中一例看，大小大快活。④

人于天地间，并无窒碍处，大小大快活。⑤

可见，二程宣称"仁者，以天地万物为一体"从推广、光大天地之德的意义上说，具有天人合一的意蕴。这里的潜台词是：人与天合一的方式和能力在于人有心，而仁则是人心之用。在此基础上，他们将人心之仁与天地之仁相对接，把人心之仁的发育流行说成是天地的生生之德。事实上，二程正是在推广天地生生之德的意义上强调"仁者，以天地万物为一体"的。他们的仁而至公说使仁爱成为天地之公理，也使

---

① 《河南程氏粹言》卷一，《论道篇》。
② 《河南程氏遗书》卷二上。
③ 《河南程氏遗书》卷二上。
④ 《河南程氏遗书》卷二上。
⑤ 《河南程氏遗书》卷十五。

"以天地万物为一体"成为宇宙秩序在人间的光大。

沿着这个思路，二程用生生释仁，用仁释心，进而将天地万物都说成是从仁心之种子中发育出来的。据载：

> 问："仁与心何异？"曰（指二程——引者注）："心是所主处，仁是就事言。"曰："若是，则仁是心之用否？"曰："固是。若说仁者心之用，则不可。心譬如身，四端如四支。四支固是身所用，只可谓身之四支。如四端固具于心，然亦未可便谓之心之用。"或曰："譬如五谷之种，必待阳气而生。"曰："非是。阳气发处，却是情也。心譬如谷种，生之性便是仁也。"①

一方面，二程用仁释心，致使天地发育万物的过程由于从仁心之谷种中发育出来，拥有共同的本原而成为一体的。另一方面，正是这种发育流行决定了仁之一体之中的差异：第一，分殊、差异是天然如此、与生俱来的，天地生物之时已经注定了其间的大小差别。程颢指出："夫天之生物也，有长有短，有大有小。君子得其大矣，安可使小者亦大乎？天理如此，岂可逆哉？以天下之大，万物之多，用一心而处之，必得其要，斯可矣。"②基于这种理解，他不仅肯定天地生物之时，已经预设了其间的大小之分，将天地万物安排在既定的位置上；而且认定物与物之间的这种分殊和由此分殊构成的等级秩序就是"天理"，可顺而不可逆。对于仁体现天道即仁是一体而差等的，程颐解释说："自古元不曾有人解仁字之义，须于道中与他分别出五常，若只是兼体，却只有四也。且譬一身：仁，头也；其他四端，手足也。至如《易》，虽言'元者善之长'，然亦须通四德以言之。"③按照这种说法，天道即生生之德，仁之道的要求是"分别"；正如五常之间的关系并非并列平等而是以仁为首一样，天地与人、人与物以及物与物之间的差等天然如此，就像人

---

① 《河南程氏遗书》卷十八。
② 《河南程氏遗书》卷十一。
③ 《河南程氏遗书》卷十五。

的头与手足的生理分工一样自然而然，天然合理，故而毋庸置疑，不可颠倒。第二，正是由于天、地、人、物的差等组成了宇宙秩序，这种秩序包括自然秩序、社会秩序、家庭秩序乃至人的生理秩序等诸多方面，并且通过这些方面共同体现出来。

四、"仁者，以天地万物为一体"与宋明理学

"仁者，以天地万物为一体"对于二程的哲学意义非同一般，先天地框定了二程理学的基本内容、核心话题和致思方向。如果说二程以"自家体贴出来"的天理开创了儒家的理学时代的话，那么，通过二程对仁的推崇和阐发，仁成为二程理学的基本内容和关注焦点。借助仁，二程不仅将在本体领域作为形而上的天理落实到人性、道德等诸多领域，从而使天理具有了落脚点和笃行处，而且奠定了本体哲学、人性哲学与道德哲学三位一体的思维方式和价值旨趣。在此过程中，为了从本体领域到道德领域即从天道到人道的承接，二程求助于《周易》天、地、人三个世界的建构模式。就道德修养而言，有了天理和仁的引导，二程将诚、敬、格物和致知等纳入伦理领域，使它们成为最基本的伦理概念和主要的道德修养工夫。

"仁者，以天地万物为一体"对于整个宋明理学至关重要，也成为二程奠基宋明理学的重要贡献。"仁者，以天地万物为一体"不仅是二程对仁的创新解读，而且体现了二程对仁的推崇和青睐。事实上，仁不仅是二程理学的基本范畴和主要内容，而且在一定程度上奠定了二程的理学家地位。不仅如此，他们对仁的阐释使仁成为宋明理学关注的共同话题，引领了宋明理学后续的致思方向和中心话语。

首先，继二程之后，仁成为宋明理学家的热门话题而受到普遍关注。例如，张栻作《仁说》和《洙泗言仁序》，并且申论"仁者圣学之枢，而人之所以为道也"。① 此外，胡宏、朱熹、吕祖谦和王守仁等一大批宋明

---

① 《南轩集》卷二十五，《答陈择之》。

理学家都先后对仁进行过系统研讨。从这个意义上说，二程不仅彰显了仁的地位，拓展了仁的内涵，提升了仁的境界；而且以仁带动了宋明理学的核心话题和关注热点，在某种程度上决定了宋明理学的基本走向、理论视界和思想维度。

其次，就对仁之地位的提升来说，张栻、朱熹都突出仁在五常中的首要地位，接续了二程仁为"百善之首"的论断。至于将仁视为宇宙本体的核心内容，无论是朱熹理学崇奉的天理还是陆王心学膜拜的吾心都以仁为基本内涵。

再次，就对仁之内涵的界定来说，尽管宋明理学家对仁的具体理解见仁见智，更有个别人对二程之仁含有微词，如朱熹反对二程以爱言仁等，然而，一个不争的事实是，二程之后的宋明理学家都沿着二程的思路对仁予以诠释。张栻代表的湖湘派、朱熹代表的闽学派和王守仁代表的浙学派都深化了仁的公、爱和恕内涵，二程对仁之公、爱、恕的彰显与强化成为宋明理学的主旋律。在这方面，即使是批评二程以爱言仁的朱熹也不例外。不仅如此，在阐释仁与爱的密切关系和以恕、公释仁的过程中，朱熹进一步强化和扩展了仁之爱的内涵。

复次，"仁者，以天地万物为一体"更是得到了其他宋明理学家的热烈反响，并通过他们进一步的深入阐发和诠释，创生了古代仁学的最高峰。在释仁为"以天地万物为一体"上，朱熹与二程的思路、做法别无二致。不仅如此，仁者与天地万物为一体是朱熹、王守仁津津乐道的话题，两人对仁之一体而差等的理解更是深得二程思想的精髓。尤其值得一提的是，王守仁对仁者与天地万物为一体的发挥酣畅淋漓，不仅使其成为《大学》的基本思想和新解，而且建构了"天下一家，中国一人"的理学版。

最后，二程提出的公最近仁和以大公无私体仁等观点更是开启了宋明理学家克私、灭私的价值旨趣，得到宋明理学家的一致响应而成为一种共识。于是，张栻、朱熹等人大力提倡体仁必须灭私、克私，王守仁则将仁与私截然对立起来，并且基于公与私、天理与人欲不共戴天的思路修订了圣贤标准，把功绩、著述从圣贤标准中删除，使圣人只剩下了

"其心纯乎天理而无一丝人欲之杂"。二程强调，公是仁之理，爱、恕必须以公为原则；只有让公在爱之前引领，才能保证仁之爱、恕的正确践履。这强化了公对于仁的至关重要，意味着离开了公，也就无所谓仁；反之，要推崇仁，必须弘扬作为仁之第一要义的公。正是二程的这一做法使公私关系成为热门话题，公私观也由此与由来已久的义利观一样成为宋明道德哲学的中心话题。朱熹不仅对公与私的关系格外重视，而且将公私观奉为价值观的中心。很显然，离开了二程"仁者，以天地万物为一体"的引领，这一切都是无法想象的。

第十二章

"命有两种"

——朱熹理学的逻辑构架与人生规划

　　"命有两种"语出朱熹，作为对命的基本看法，既秉持了儒家一贯的人生理想和价值旨趣，又隐藏着朱熹的道德追求和行为目标。旨在为人寻找安身立命之所的中国古代哲学热衷于对命的探究，宋明理学更是如此；作为道德形上学，宋明理学对命的理解与其形上建构一脉相承。朱熹在理与气的本体框架和逻辑结构中以共性与个性双重的审视维度解读人之命，呈现出不同于以往的时代烙印和理论特征。"命有两种"既彰显了朱熹思想的个性魅力，又极富时代气息。透视"命有两种"，在深入解读朱熹思想的同时，有助于把握宋明时期性命之学的一般特征。

一、"命有两种"的形上框架

　　中国哲学之所以对命津津乐道，是为了通过揭示人在宇宙中的位置和人的存在状态，为人提供安身立命之所。这使中国哲学的命运观属于人生观的一部分，同时也是自然观、存在论、伦理观和价值观的主要内容。在这方面，朱熹的"命有两种"也不例外。具体地说，作为程朱理学的集大成者，朱熹恪守理本论，沿着理本气末、理先气后和理主气从的逻辑思考、探究人的命运问题。在他看来，宇宙之间，只有理才是最高的根本性的存在；正如天禀得了理成为天、地禀得了理成为地一样，包括人在内的世间万物都由于禀得了理才获得了自己的存在和本性。正是在这个意义上，朱熹宣称："宇宙之间，一理而已。天得之而为天，地得之而为地。而凡生于天地之间者，又各得之以为性。"①朱熹的这段文字阐明了两个问题：第一，理是世界本原，天地万物都是理派生的，都作为理的产物和表现而存在。第二，理派生天地万物之时，就赋之以各自不同的本性。沿着这个思路，正如所有存在的根基都必须追溯到理一样，人之命只有在宇宙本原——理那里才能得到最终的解释和说明。可见，理本论是朱熹性命之学的本体根基，也使他的性命之学拥有了形上意蕴。反过来，也只有从理派生万物的本体哲学入手，才能从源头处领悟朱熹对命的诠释和阐发。

1. 理的特点与命的形上背景

理，又称天理，是朱熹哲学的第一范畴。他对理情有独钟，故而论述颇多。归纳起来，朱熹所讲的理具有如下特点和规定：

首先，理先于天地、绝对永恒。朱熹认为，作为宇宙万物的本原，理是一种绝对永恒的存在。这主要表现在两个方面：第一，理在时间上具有优先性，早在天地存在之前就已经存在了。对于这一点，他断言："未有天地之先，毕竟也只是理。有此理，便有此天地；若无此理，便亦无天地，无人无物，都无该载了！"②这就是说，理存在于天地之前，在时间上具有天地以及万物无法比拟的优越性。在此基础上，朱熹进一步把理在时间上的优先性转化为存在上的优先性，宣称理是天地、人和万物的本原，致使人、万物乃至天地都成为理的派生物。第二，理凌驾

---

① 《朱文公文集》卷七十，《读大纪》。
② 《朱子语类》卷一，《理气上》。

于天地、万物之上，不会因为天地万物的动静、生灭而有所改变，甚至将来有一天天地毁灭、宇宙万物都不存在了，理仍然岿然不动、浩然永存。于是，他又说："且如万一山河大地都陷了，毕竟理却只在这里。"①可见，朱熹所讲的理不是事物的内在条理或规律，而是一种绝对永恒的存在。

其次，理完美无缺、独一无二。朱熹强调，作为世界本原的理只有一个，是至高无上的，也是独一无二的。对此，他援引佛教"月印万川"的比喻解释说，天理绝对无二，犹如天上的月亮只有一个；同一个天理体现于万物之上形成了万理，就像天上的同一轮明月映在江河湖泊之中形成了无数个月亮一样。这就是说，天地间的事物表面看来千奇百怪、斑驳繁多，实质上都是天理的反映和体现，故而拥有同一个本原。在此基础上，朱熹指出，作为一种完美无缺的最高存在，天理是不可分割的整体；万物并不是体现天理的某一部分或侧面，而是呈现了天理的全部和整体。正是在这个意义上，他一再声称：

> 浑然太极之全体，无不具于一物之中。②
> 人人有一太极，物物有一太极。③

进而言之，为了突出天理的至高无上性，也为了把作为宇宙本体之理（一理）与万物禀得之理（万理）区分开来，朱熹把本原之理称为"太极"，以示与万物之理的区别。于是，他宣称："总天地万物之理，便是太极。"④

再次，理空阔洁净、至善至静。朱熹认为，作为宇宙本原的理无形迹、无计度、无造作，是寂然纯然、空阔洁净的。对此，他描绘说："理却无情意，无计度，无造作，……若理，则只是个净洁空阔底世界，

---

① 《朱子语类》卷一，《理气上》。
② 《朱子语类》卷九十四，《周子之书·太极图》。
③ 《朱子语类》卷九十四，《周子之书·太极图》。
④ 《朱子语类》卷九十四，《周子之书·太极图》。

无形迹，他却不会造作。"① 依照朱熹的逻辑，正因为无情意、无计度、无造作，理才湛然纯粹、晶莹透彻；正因为无渣滓、无躁动、无邪妄，理才成为至善纯美的世界。

总之，经过对理的上述界定和描述，朱熹既拉开了理与天地万物之间的距离，又赋予理以绝对性、永恒性和神圣性。也正是在这层意义上，他把理称为"天理"。

2. 理气观与命的思维框架

在朱熹对理的上述界定中，如果说共同点是凸显理与万物的区别，伸张理成为宇宙本原的资格的话，那么，第三点则在表明理之纯粹、有别于万物的同时，无意间暴露了理的某种欠缺和无能——不会造作。理的这一特点在朱熹本人看来或许不是缺点，然而却使人不禁要问：既然理是无形、至静的，不会造作，那么，无形且不会造作之理怎么能派生出有形、运动的世界万物呢？为了解决这个难题，朱熹搬来了气。按照他的说法，理在创造宇宙万物时，不是单独派生万物的，而必须借助气这一中介和工具：一方面，由于没有形迹，理必须依附于气，以气作为自己的挂搭处和附着处，才不至于悬空。另一方面，由于生动活泼，具有"凝聚"、"造作"等特点，气能在与理的结合中赋万物以形。鉴于以上原因和气在理派生万物时的不可或缺，朱熹从理本论转向了气本论——准确地说，应该是气禀论，指出天地万物之所以生是由于气的造作。于是，他反复断言：

> 天地初间只是阴阳之气。这一个气运行，磨来磨去，磨得急了，便拶许多渣滓；里面无处出，便结成个地在中央。气之清者便为天，为日月，为星辰，只在外，常周环运转。地便只在中央不动，不是在下。②
>
> 自天地言之，只是一个气。自一身言之，我之气即祖先之气，

---

① 《朱子语类》卷一，《理气上》。
② 《朱子语类》卷一，《理气上》。

亦只是一个气，所以才感必应。①

这就是说，万物和人都禀气而生，溯本逐源，天地也是由气而生的。由此可以想象，若没有气，天地及天地之间的万物和人都将不复存在。不仅如此，为了将气生万物的过程和方式讲得更加真切和生动，朱熹以磨的运行作比喻解释说：

> 造化之运如磨，上面常转而不止。万物之生，似磨中撒出，有粗有细，自是不齐。又曰："天地之形，如人以两碗相合，贮水于内。以手常常掉开，则水在内不出；稍住手，则水漏矣。"②

至此可见，朱熹一面主张天地万物禀理而生，一面强调空阔至静的理不能单独生物，殊物之生是理与气共同作用的结果。这就是说，人和万物都是理与气结合的产物，对于每一个具体事物来说，理与气相依不离、缺一不可。正是在这个意义上，他一再宣称：

> 有是理，必有是气，不可分说。③
> 天下未有无理之气，亦未有无气之理。④

值得注意的是，朱熹一面指出理与气对于人和万物而言"有则皆有"、缺一不可，一面凸显理气之间的本末之分、主从之别。按照他的说法，包括人在内的天地万物虽然都由理与气两种成分构成，理与气缺一不可，但是，这并不意味着可以对理与气等量齐观。这是因为：第一，在派生万物之时，理与气的作用不容颠倒——理是本，气是末（具）。朱熹指出："理也者，形而上之道也，生物之本也；气也者，形

---

① 《朱子语类》卷三，《鬼神》。
② 《朱子语类》卷一，《理气上》。
③ 《朱子语类》卷三，《鬼神》。
④ 《朱子语类》卷一，《理气上》。

而下之器也，生物之具也。是以人物之生，必聚此理，然后有性；必禀其气，然后有形。其性其形，虽不外乎一身，然其道器之间，分际甚明，不可乱也。"①在这个层面上，理是生成万物的准则和本原，气则是构成万物的材料和工具，其间具有不容混淆的本末之分。第二，在万物产生之后，理与气在万物中所处的地位不容混淆——理是主，气是从。这用他本人的话说就是："气之所聚，理即在焉，然理终为主。"②这表明，对于一个具体事物而言，尽管理与气同在，然而，二者的地位相差悬殊。具体地说，理总是处于主宰、支配地位，气只能服从理。一言以蔽之，理与气之间是不容颠倒的主从关系，这种主从关系"如人跨马相似"。

至此可见，朱熹所讲的理与气未尝分离是就万物产生之后的现象界而言的，对于本体界或根源处，他毫不含糊地肯定理先气后——"必欲推其所从来，则需说，先有是理然后有是气"。③更有甚者，即使是对于理与气"有则皆有"、"未尝分离"的现象界而言，理与气也是以不相混杂而理自理、气自气的形式"相依不离"的。对此，朱熹强调："所谓理与气，此决是二物。但在物上看，则二物浑沦，不可分开各在一处，然不害二物之各为一物也；若在理上看，则虽未有物而已有物之理，然亦但有其理而已，未尝实有是物也。大凡看此等处须认得分明，又兼始终，方是不错。"④这从一个侧面表明，尽管朱熹宣称理气相合生物，然而，由于强调理本气末和理主气从，理与气不是并列关系而是派生关系。朱熹不是二元论者而是独尊天理的一元论者、理本论者。因此，从严格意义上说，朱熹所讲的万物由气而生准确地应该叫作气禀论而不是气本论——因为气在他的哲学中始终不是本原。

朱熹对理气生物的论述为他探讨万物之生尤其是人之命搭建了形上背景和思维框架，对理气关系的界说更是直接决定了人的安身立命之

① 《朱文公文集》卷五十八，《答黄道夫》。
② 《朱文公文集》卷四十九，《答王子合》。
③ 《朱子语类》卷一，《理气上》。
④ 《朱文公文集》卷四十六，《答刘叔文》。

方。正是沿着本体哲学的套路，朱熹展开了对命的探究，并且提出了"命有两种"的观点。

二、"命有两种"的基本内容

朱熹认为，与天地万物一样，人的产生也是理气相合的结果，这决定了人之命是由理与气共同决定的。正是在这个意义上，他声称："人之所以生，理与气合而已。天理固浩浩不穷，然非是气，则虽有是理而无所凑泊。故必二气交感，凝结生聚，然后是理有所附着。凡人之能言语动作，思虑营为，皆气也，而理存焉。故发而为孝悌忠信仁义礼智，皆理也。然而二气五行，交感万变，故人物之生，有精粗之不同。"①循着这个思路，在用理和气共同解释人之命时，朱熹申明了两个主要观点：第一，人之命分为两种，即理命与气命；前者由于理，后者由于气。第二，命之不同归根结底取决于气。

1. 人之命由理与气共同决定、缺一不可

朱熹关于人之命由理和气共同决定的观点在他理气相合而生物的本体框架中已经初露端倪。循着理与气在万物之中不可分离、理以气为挂搭处的思路，他进一步强调，天或理命人以命是以气来安顿的。对此，朱熹一再宣称：

> 盖天非气，无以命于人；人非气，无以受天所命。②
> 所谓天命之与气质，亦相衮同。才有天命，便有气质，不能相离。若缺一，便生物不得。既有天命，须是有此气，方能承当得此理。若无此气，则此理如何顿放！③

在这里，朱熹极力强调，正如理与气对于人的产生来说均不可或缺

---

① 《朱子语类》卷四，《性理一》。
② 《朱子语类》卷四，《性理一》。
③ 《朱子语类》卷四，《性理一》。

一样，就人之命而言，天命与气质缺一不可。尽管如此，在天命与气质的相互依赖中，他讲得更多的还是天命对气质的依赖。这是因为，天理之命离开了气质便无安顿处——天理之命好比是水，非有物器盛之则无归着处；对于天理之命来说，气质就是那盛天理之命的器皿。

至此为止，朱熹始终用理和气共同解释人之命。那么，进而言之，理与气在共同决定人之命时，是融为一体，共同组成了人之命？还是各自各，致使人由理与由气决定的命一分为二？对于朱熹来说，问题的答案不言而喻。循着理与气不混不杂而各自各的原则，理与气反映在人之命上依然泾渭分明，结果是使人之命一分为二：一种是由气决定的贫富、贵贱、死生、寿夭之命，一种是由理决定的清浊、偏正、智愚、贤不肖之命。于是，朱熹断言："命有两种：一种是贫富、贵贱、死生、寿夭，一种是清浊、偏正、智愚、贤不肖。一种属气，一种属理。"[1] 不仅如此，基于理与气是人之立命根基的考虑，朱熹强调，人不论是对待出于理之命（理命）还是出于气之命（气命）都应该"自尽其道"，视为正命。在这个意义上，他断言："命之正者出于理，命之变者出于气质。要之，皆天所付予。……但当自尽其道，则所值之命，皆正命也。……也只是阴阳盛衰消长之理，大数可见……如今人说康节之数，谓他说一事一物皆有成败之时，都说得肤浅了。"[2]

按照朱熹的说法，不管命出于理还是出于气，都是上天在人受生之初"付予"的，正如人与万物禀理与气而生、理与气就是上天对人的命令一样。那么，理与气又是如何命人以命的呢？人究竟应该如何领会理与气对人的先天命令呢？对于诸如此类的问题，他一而再、再而三地解释说：

> 天只生得许多人物，与你许多道理。[3]
> 这个物事，即是气，便有许多道理在里。人物之生，都是先有

---

① 《朱子语类》卷四，《性理一》。
② 《朱子语类》卷四，《性理一》。
③ 《朱子语类》卷十四，《大学一·序》。

这个物事，便是天当初分付底。既有这物事，方始具是形以生，便有皮包裹在里。若有这个，无这皮壳，亦无所包裹。如草木之生，亦是有个生意了，便会发出芽蘖。芽蘖出来，便有皮包裹著。而今儒者只是理会这个，要得顺性命之理。……所以死生祸福都不动。只是他去作弄了，……各正性命，保合太和，……人之所以为人，物之所以为物，都是正个性命。保合得个和气性命，便是当初合下分付底。保合，便是有个皮壳包裹在里。如人以刀破其腹，此个物事便散，却便死。①

禀得厚，道理也备。尝谓命，譬如朝廷诰敕；心，譬如官人一般，差去做官；性，譬如职事一般，郡守便有郡守职事，县令便有县令职事。职事只一般，天生人，教人许多道理，便是付人许多职事。气禀，譬如俸给。贵如官高者，贱如官卑者，富如俸厚者，贫如俸薄者，寿如三两年一任又再任者，夭者如不得终任者。朝廷差人做官，便有许多物一齐趁，……如禀得气清明者，这道理只在里面；禀得昏浊者，这道理也只在里面，只被昏浊遮蔽了。譬之水，清底里面纤毫皆见，浑底便见不得。②

可见，所谓命，就是理与气在生人之初先天赋予人的道理，命即命人应该如此。基于这种认识，朱熹把人的一切视听言动都归结为天之命。于是，他声称："而今人会说话行动，凡百皆是天之明命。"③这就是说，命如命令的命一般，人禀理与气而生，就应该遵照理与气的命令而行。在此，朱熹强调，无论哪种命均是先天命令，是人之所以为人之根和人之所以安身立命之本；正如没有命，人便会死一样，人对于命只有禀受、尽命而别无他途。

2.理固均一、气禀不齐

人之命都是由理与气决定的，具有相同的本体依托和构成部分，应

---

① 《朱子语类》卷十六，《大学三·传一章释明明德》。

② 《朱子语类》卷四，《性理一》。

③ 《朱子语类》卷十六，《大学三·传一章释明明德》。

该是一样的。可是，为什么人与人、人与万物会有不同的命呢？对此，朱熹的回答是，理对于每个人乃至万物未尝有别，是理与气的结合造成了人与万物以及人与人之间命的参差不齐。这个说法实质上是把人与人、人与万物之命的参差不齐乃至相差悬殊统统都归结于气。正因为如此，在分析、阐释人物之命时，他尽管肯定"命有两种"，却始终侧重"属于气"的气禀之命，尤其是把人与物、人与人之命的不同归结为气。事实上，也正是出于用气来解释命之悬殊的需要，朱熹从气禀的参差、不齐走向了气命论。

朱熹认为，气生万物的过程如磨盘一样运转不止，磨出之物定然有粗有细。循着这个逻辑，由于万物所禀之气有粗有细，禀受不同之气致使万物之命有别便是顺理成章的了。同样的道理，在人、物禀气而生的过程中，气的运动、聚散和造作使人、物所禀之气具有厚薄精粗、偏正清浊之不同也在情理之中。因此，在强调理固均一的同时，他宣布气禀不齐。正是在这个意义上，朱熹一再指出：

> 天之所命，固是均一，到气禀处便有不齐。看其禀得来如何。①
>
> 人物之生，其赋形偏正，固自合下不同。然随其偏正之中，又自有清浊昏明之异。②

循着这个逻辑，既然人和万物都禀气而生，那么，气便是人和万物的构成质料，所禀之气的不同性质必然要在人、物之命上有所反映和体现。事实正是如此，朱熹指出，人、物所禀之气的性质不同，彼此之命也就千差万别。举例来说，人与万物都禀气而生，"但气有清浊，故禀有偏正，惟人得其正"。③ 由于动植物得到的只是"偏气"，所以，禽兽横生，草木大头朝下，尾反在上，而无所知。即使是动物之中的有知

---

① 《朱子语类》卷四，《性理一》。
② 《朱子语类》卷四，《性理一》。
③ 《朱子全书》第十三册，《延平答问》。

者，也不过只通得一路。例如，鸟之知孝、獭之知祭、犬之能守御或牛之能耕等等皆属此类。惟独人禀得的是正气，所以，头圆象天、平正端直，懂道理、有知识，无不能、无不知；同禀正气，每个人得到的气之成分也不一样，具有精英与渣滓之差和昏明与清浊之异，于是才有了其间的圣愚、贤不肖之别。这用他本人的话说便是："气，是那初禀底；质，是成这模样了底。如金之矿，木之萌芽相似。……只是一个阴阳五行之气，滚在天地中。精英者为人，渣滓者为物；精英之中又精英者，为圣，为贤；精英之中渣滓者，为愚，为不肖。"①

在此，朱熹试图把宇宙间一切事物的差异都说成是由于气禀决定的命。当然，就立言宗旨和理论侧重而言，他关注最多、用力最著的当属人之命。与此相关，朱熹总是不厌其烦地借助气禀之不同解释和论证人命之迥异、参差和不齐。下仅举其一斑：

> 但禀气之清者，为圣为贤，如宝珠在清泠水中；禀气之浊者，为愚为不肖，如珠在浊水中。所谓"明明德"者，是就浊水中揩拭此珠也。物亦有是理，又如宝珠落在汙浊处，然其所禀亦间有些明处，就上面便自不昧。如虎狼之父子，蜂蚁之君臣，豺獭之报本，雎鸠之有别，曰"仁兽"，曰"义兽"是也。②

> 都是天所命。禀得精英之气，便为圣，为贤，便是得理之全，得理之正；禀得清明者，便英爽；禀得敦厚者，便温和；禀得清高者，便贵；禀得丰厚者，便富；禀得久长者，便寿；禀得衰颓薄浊者，便为愚、不肖，为贫，为贱，为夭。天有那气生一个人出来，便有许多物随他来。③

> 有人禀得气厚者，则福厚；气薄者，则福薄。禀得气之华美者，则富盛；衰飒者，则卑贱；气长者，则寿；气短者，则夭折。

---

① 《朱子语类》卷十四，《大学一·序》。
② 《朱子语类》卷四，《性理一》。
③ 《朱子语类》卷四，《性理一》。

此必然之理。①

在朱熹看来，是气造成了人与物之不同，并且注定了人与人之间的寿夭、贵贱、贫富和圣愚。这就是说，人与人之间的命之所以会千差万别、参差不齐都是先天禀气所致，甚至人的一切生理特征、性情才智、道德操行和经历遭遇等都可以在气禀之中得到印证或解释。例如，有一次学生问，孔子为什么不得命呢？朱熹答，《中庸》云"大德必得其位"，孔子却不得；这是因为，孔子气数极差，故不能反。又有人问，《大学》云："一有聪明睿智能尽其性者，则天必命之以为亿兆之君师，何处见得天命处？"朱熹答曰："此也如何知得。只是才生得一个恁地底人，定是为亿兆之君师，便是天命之也。他既有许多气魄才德，绝不但已，必统御亿兆之众，人亦自是归他。如三代以前圣人都是如此。及至孔子，方不然。然虽不为帝王，也闲他不得，也做出许多事来，以教天下后世，是亦天命也。"②

上述内容显示，朱熹所讲的命只是就天所赋予人的应当与不应当的职守而言的，并非指有一位喋喋不休、谆谆教导的人格神在操纵、在指挥。面对他用先天禀气的盈满与亏欠来解释人生经历和际遇的做法，有人问，圣人得天地清明中和之气，应该无所欠缺，为什么孔子却反而贫贱？究竟是时运使然呢？还是所禀亦有不足？朱熹的回答是，孔子所禀即有不足——孔子禀得的清明之气只管他做圣贤，却不管他富贵。对于每个人来说，凡禀得长的则寿，贫贱夭者正好相反。孔子禀得清明之气而成为圣人，同时又禀得了那些气中低的、薄的，所以贫、贱；颜渊又不如孔子，禀得的是那些气中短的，所以贫、贱且夭。

朱熹如此相信禀气的命定作用，以至于把一切怪异现象都归结为气。据《朱子语类卷三·鬼神》记载，厚之问，都说人死后为禽兽，恐怕没有此理。然而，我却亲眼看见永春人家生有一子，耳朵上长有猪

① 《朱子语类》卷四，《性理一》。
② 《朱子语类》卷十四，《大学一·序》。

226

毛和猪皮。这是为什么呢？朱熹回答说，此不足怪，自己也曾经看见在籍溪供事的一位士兵前胸长有猪毛，睡觉时还做猪鸣。这些都与气禀有关，是"禀得猪气"造成的。

必须说明的是，由于认为人的遭遇都是先天禀气造成的，一切都是命中注定、无可奈何的，朱熹的气命论带有浓郁的宿命论色彩。事实上，他所讲的气禀之命完全是随机的，根本就没有固定的因果必然性或规律可循。例如，有人问，一阴一阳，宜若平匀，则贤不肖宜均。何故君子常少，而小人常多？朱熹曰："自是他那物事驳杂，如何得齐！且以扑钱譬之：纯者常少，不纯者常多，自是他那气驳杂，或前或后，所以不能得他恰好，如何得均平！且以一日言之：或阴或晴，或风或雨，或寒或热，或清爽，或鹘突，一日之间自有许多变，便可见矣。"①

按照朱熹的理解，气禀之命是如此随机而飘忽不定，以至于与扑钱一样，与阴晴一般。问题到此并没有结束，尽管气禀之命如此随机莫测、飘忽不定，却又是先天注定的。这表明，从本质上说，气命论只能是一种神秘的先天命定论。道理很简单：既然是先天禀气所致，那么，一切都既为命中注定，又都不可改变。对此，朱熹连篇累牍地断言：

> 富贵、死生、祸福、贵贱，皆禀之气而不可移易者。②
>
> 死生有命，当初禀得气时便定了，便是天地造化。③
>
> 命者万物之所同受，而阴阳交运，参差不齐，是以五福、六极，值遇不一。④
>
> 人之禀气，富贵、贫贱、长短，皆有定数寓其中。禀得盛者，其中有许多物事，其来无穷，亦无盛而短者。若木生于山，取之，或贵而为栋梁，或贱而为厕料，皆其生时所禀气数如此定了。⑤

---

① 《朱子语类》卷四，《性理一》。
② 《朱子语类》卷四，《性理一》。
③ 《朱子语类》卷三，《鬼神》。
④ 《朱子语类》卷四，《性理一》。
⑤ 《朱子语类》卷四，《性理一》。

朱熹把气禀之命视为"不可移易者",目的是让人安命、认命。接下来的问题是,既然一切都是天命,那么,天是以什么样的方式赋人以命,人又应该如何认领自己的命呢?面对学生关于《大学》云"天必命之以为亿兆之君师"、天如何命之的提问,朱熹曰:"只人心归之,便是命。"① 这个回答明确肯定了命在本质上是人心所归。这个说法不仅凸显了命与心的内在联系,而且为人通过尽心来认命、安命指明了方向,奠定了前提。

三、"命有两种"的人性支持

朱熹讲"命有两种",不仅仅是为了解决人如何认识命的问题,从根本上说,是为了从行动上解决人在现实生活中如何对待、处理命的问题。因此,在他那里,追究命的来源固然是必要的,更重要的则是对待命的态度和方法问题。为了使人正确地对待、处理命,朱熹进一步探讨了命与性的关系,并在强调天理至善与气质有恶的基础上框定了人待命的基本原则和践履路径。

1.性命相关

朱熹认为,命与性具有内在联系,二者是一而二、二而一的关系。这是因为,所谓命,从本质上说,也就是天"付予"人的性。正是在这个意义上,他一再指出:

> 只是这理,在天则曰"命",在人则曰"性"。②
> 性则命之理而已。③

这就是说,命与性都是理的表现,在本质上是一致的,只是侧重不同而已。由此可见,命、理(天理或天)与性在朱熹那里密不可分。对

---

① 《朱子语类》卷十四,《大学一·序》。
② 《朱子语类》卷五,《性理二》。
③ 《朱子语类》卷四,《性理一》。

于三者之间的关系，他不厌其烦地从不同角度反复予以界定和立论。下仅举其一斑：

> 理者，天之体；命者，理之用。性是人之所受，情是性之用。①
>
> 天之明命，是天之所以命我，而我之所以为德者也。②
>
> 天所赋为命，物所受为性。赋者命也，所赋者气也；受者性也，所受者气也。③

基于这种认识，与"命有两种"类似，朱熹把性分割为二，强调人性包括天命之性与气质之性两个方面，二者缺一不可。在他看来，人之生是理气相合的结果：离开了气，理不能凝聚而无所依附；离开了理，气不能自作主宰而无从凑泊。因此，剖析、理解人性不可对理或气取一弃一，只有兼顾二者，才能确保对人性的理解完备而免于极端。于是，朱熹再三声称：

> 性非气质，则无所寄；气非天性，则无所成。④
>
> 论性不论气，有些不备。……论气不论性，故不明。⑤
>
> 天命之性，若无气质，却无安顿处。且如一勺水，非有物盛之，则水无归着。⑥

值得注意的是，朱熹强调天命之性与气质之性缺一不可，并不意味着他对二者同等看待。事实上，朱熹始终凸显天命之性与气质之性的区别，指出尽管天命之性人人皆有，然而，从理气的相合相混来看则会发现如下情形："天命之性，非气质则无所寓。然人之气禀有清浊偏正之

---

① 《朱子语类》卷五，《性理二》。
② 《朱子语类》卷十六，《大学三·传一章释明明德》。
③ 《朱子语类》卷五，《性理二》。
④ 《朱子语类》卷四，《性理一》。
⑤ 《朱子语类》卷四，《性理一》。
⑥ 《朱子语类》卷四，《性理一》。

殊，故天命之正，亦有浅深厚薄之异，要亦不可不谓之性。"①

由此，朱熹进一步推导出两个结论：第一，天命之性人人相同、乃至人物无异，并且皆正、皆善。人人皆禀天理而生，作为天理体现的天命之性不仅人人相同，而且人人皆善。天命之性的具体内容就是仁、义、礼、智。他写道："仁义礼智，性也。然四者有何形状？亦只是有如此道理。有如此道理，便做得许多事出来，所以能恻隐、羞恶、辞逊、是非也。譬如论药性，性寒、性热之类，药上亦无讨这形状处。只是服了后，却做得冷做得热底，便是性，便只是仁义礼智。"② 第二，气禀有清浊偏正之殊，气的不同成分决定了每个人的气质之性各不相同，有善有不善。朱熹认为，人与天地万物之所以相去甚远是由气禀决定的，正如草木与禽兽之不同归根结底取决于气一样。有鉴于此，他指出：

> 草木都是得阴气，走飞都是得阳气。各分之，草是得阴气，木是得阳气，故草柔而木坚；走兽是得阴气，飞鸟是得阳气，故兽伏草而鸟栖木。然兽又有得阳气者，如猿猴之类是也；鸟又有得阴气者，如雉雕之类是也。唯草木都是得阴气，然却有阴中阳、阳中阴者。③

这就是说，草木之所以不会言动，猿猴之所以灵巧敏捷，走兽之所以伏草，飞鸟之所以栖木，凡此种种，都是禀气造成的。至于兽与兽、鸟与鸟、草与草以及木与木之间的坚柔、灵顽，同样是气的造作。于是，朱熹又说："健是禀得那阳之气，顺是禀得那阴之气，五常是禀得五行之理。人物皆禀得健顺五常之性。且如狗子，会咬人底，便是禀得那健底性；不咬人底，是禀得那顺底性。又如草木，直底硬底，是

---

① 《朱子语类》卷四，《性理一》。
② 《朱子语类》卷四，《性理一》。
③ 《朱子语类》卷四，《性理一》。

禀得刚底；软底弱底，是禀得那顺底。"①依据这种说法，对于动植物而言，禀得何等之气便有何等之性。草木禽兽等动植物如此，风雨雷电等自然现象也不例外，人类当然不能逃遁这一法则。正是在这个意义上，他断言："且就这一身看，自会笑语，有许多聪明知识，这是如何得恁地？虚空之中，忽然有风有雨，忽然有雷有电，这是如何得恁地？这都是阴阳相感，都是鬼神。看得到这里，见一身只是个躯壳在这里，内外无非天地阴阳之气。"②在这里，朱熹把人类会笑语言动、有知识睿智说成是禀气使然，并且试图用禀气之"偏重"及阴阳五行之气的参伍杂错来解释人的性格性情。与此相关，对于为什么同禀阴阳五行之气而生却有人仁慈，有人廉洁，有人谦逊，有人刚直，他解释说："人性虽同，禀气不能无偏重。有得木气重者，则恻隐之心常多，而羞恶、辞逊、是非之心为其所塞而不发；有得金气重者，则羞恶之心常多，而恻隐、辞逊、是非之心为其所塞而不发。水火亦然。唯阴阳合德，五性全备，然后中正而为圣人也。"③

循着这一思路，面对为什么有人敏于外而内不敏，有人敏于内而外不敏的发问，朱熹言道："气偏于内故内明，气偏于外则外明。"④这再次表明，朱熹把人的敏鲁灵顽也说成是禀气所致，这个看法与他关于万物或人之所以通于此而塞于彼、明于此而暗于彼都是先天禀气所拘的观点如出一辙。

一方面，朱熹对人性的看法与对人命的解释具有明显的相同性和相通性，如不仅界定了人之命与性的内在联系，而且承续"命有两种"的思路把人性分割为二等等。另一方面，他对待人性与人命的态度迥然不同，那就是：一面主张认命，一面主张变性。对于命，朱熹虽然区分了两种命，但是，他在坚信命不可变的前提下让人对两种命都要安、都要认；对于性，朱熹虽然承认气质之性与天命之性一样与生俱来，但是，

① 《朱子语类》卷十七，《大学四·第一章》。
② 《朱子语类》卷三，《鬼神》。
③ 《朱子语类》卷四，《性理一》。
④ 《朱子语类》卷四，《性理一》。

他在强调天命之性至善、气质之性有恶的基础上呼吁人变化不善的气质之性，以使气质之性与天命之性统一。朱熹的这个做法使人不禁要问：既然性与命都是气禀所致、与生俱来，那么，为什么一个不可变、一个却要变？其实，朱熹对性、命的定性和分别对待归根结底都与理气关系密切相关，共同的目的和宗旨则是"存天理，去人欲"。

2. 天理之善与气质有恶

在用理与气创造纷繁复杂的大千世界时，朱熹试图用理气的结合来阐释人和万物的性命。在此过程中，正如承认理气相依不离却始终强调其间的本末、主从和先后之差以及不相混杂一样，他凸显理与气之间的善恶有别、不容混淆。为此，朱熹从不同角度、运用多种比喻对理与气、天命之性与气质之性的结合方式及其相互关系进行阐释和说明，从中足以看出他对两种人性分别对待的良苦用心。

其一，珠与水。

理、天命之性是珠，气、气质之性是水。明珠、宝珠之喻源于佛教，把天理比喻为明珠是不少宋明理学家惯用的手法，朱熹也对这一比喻乐此不疲。可以看到，他不止一次地指出：

> 理在气中，如一个明珠在水里。理在清底气中，如珠在那清底水里面，透底都明；理在浊底气中，如珠在那浊底水里面，外面更不见光明处。①

> 但禀气之清者，为圣为贤，如宝珠在清泠水中；禀气之浊者，为愚为不肖，如珠在浊水中。……物亦有是理，又如宝珠落在至污浊处，然其所禀亦间有些明处，就上面便自不昧。②

在珠水之喻中，理、天命之性无有不善，就像宝珠晶莹剔透、熠熠发光一样；气、气质之性有善有不善，就像藏珠之水有清有浊一样。这

---

① 《朱子语类》卷四，《性理一》。
② 《朱子语类》卷四，《性理一》。

个比喻旨在强调，是水之时清时浊导致了水中之珠的或明或暗。在这个层面上，如果说宝珠的明暗之殊喻示人与人之间的圣愚之差以及人与物之间的灵顽之别的话，那么，造成这一后果的则是水的清浊之异。

其二，日与隙。

天命之性犹日，气质之性犹隙。运用这个比喻，朱熹反复申明：

> 性如日光，人物所受之不同，如隙窍之受光有大小也。人物被形质局定了，也是难得开广。……如隙中之日，隙之长短大小自是不同，然却只是此日。①

> 性最难说，要说同亦得，要说异亦得。如隙中之日，隙之长短大小自是不同，然却只是此日。②

这就是说，天命之性如太阳光芒万丈、至善纯美，是隙窍的大小妨碍了太阳光芒的放射，正如气质之性遮蔽了天命之性一样。此外，尽管角度略有不同，下面这段记载却同样反映了朱熹用日与隙比喻天命之性与气质之性的初衷，并且援引各种动物进行了具体说明。他写道："谓如日月之光，若在露地，则尽见之；若在篰屋之下，有所蔽塞，有见有不见。昏浊者是气昏浊了，故自蔽塞，如在篰屋之下。然在人则蔽塞有可通之理；至于禽兽，亦是此性，只被他形体所拘，生得蔽隔之甚，无可通处。至于虎狼之仁，豺獭之祭，蜂蚁之义，却只通这些子，譬如一隙之光。至于猕猴，形状类人，便最灵于他物，只不会说话而已。到得夷狄，便在人与禽兽之间，所以终难改。"③

利用日隙之喻，朱熹想要表达的观点是：天命之性如日，光芒四射，无届弗达，没有偏塞；气禀各不相同，正如间隙分长短、大小或宽窄一样。结果是，气禀的好坏显露或遮蔽了天命之性，恰似间隙之异舒展或限制了日之光芒的四射。

---

① 《朱子语类》卷四，《性理一》。
② 《朱子语类》卷四，《性理一》。
③ 《朱子语类》卷四，《性理一》。

其三，水与器。

理、天命之性如水，气、气质之性如器。朱熹对这个比喻十分得意，反复从不同角度将天命之性与气质之性的关系比喻为水与盛水之器的关系。正是借助水器之喻，他一而再、再而三地说道：

> 人物之生，天赋之以此理，未尝不同，但人物之禀受自有异耳。如一江水，你将杓去取，只得一杓；将碗去取，只得一碗；至于一桶一缸，各自随器量不同，故理亦随以异。①
>
> 人物性本同，只气禀异。如水无有不清，倾放白碗中是一般色，及放黑碗中又是一般色，放青碗中又是一般色。②
>
> 性譬之水，本皆清也。以净器盛之，则清；以不净之器盛之，则臭；以污泥之器盛之，则浊。本然之清，未尝不在。但既臭浊，猝难得便清。③

在水器之喻中，水清澈湛一、无有不同，器却在大小、颜色或味道等方面相去甚远。这就是说，人物之性本同，天理、天命之性都是至善的，如同水无不清、无不同；气禀之异如同盛水的器皿呈现出不同容量、不同颜色或不同气味，彼此迥然相异。结果不言而喻：同是一江水，用勺、用碗、用桶或用缸去盛，由于盛器的器量不同，所盛之水会有盛衰之差；本是清泠水，及放在不同颜色的器皿中便会迥然不同——放白碗中是一般色，放黑碗中又是一般色，放青碗中又是另一般色——总之，皆是清水，由于盛器不同，水便显现出清臭污浊之异。

借助水器之喻，朱熹旨在重申，正如水的差异是盛水之器造成的一样，人性的差异是气禀决定的；犹如盛器有大小、黑白之分一般，人之气禀有善不善之殊。

其四，君令与守职。

---

① 《朱子语类》卷四，《性理一》。
② 《朱子语类》卷四，《性理一》。
③ 《朱子语类》卷四，《性理一》。

天命之性为君令，气质之性为守职。朱熹认为，天命好比是君主的命令，气禀好比是守职；能守职的好比是气禀好的，不能守职的好比是气禀不好的。正是在这个意义上，他宣称："天命，如君之命令；性，如受职之君；气，如有能守职者，有不能守职者。"①

如果说珠水、日隙、水器等比喻侧重天命之性皆善、气质之性有不善的话，那么，君令与守职之喻则同时突出了天命之性对气质之性的主宰。除此之外，朱熹还对天命之性与气质之性进行过其他诸多比喻，如水与酱与盐、光与镜与水等等。凡此种种，不一而足。下仅举其一斑：

> 好底性如水，气质之性如杀些酱与盐，便是一般滋味。②
> 且如言光：必有镜，然后有光；必有水，然后有光。光便是性，镜水便是气质。若无镜与水，则光亦散矣。③

进而言之，朱熹之所以不遗余力地对理与气、天命之性与气质之性进行各类比喻，反映了对这些关系的重视。他所运用和进行的比喻，角度和侧重不尽相同——珠水之喻侧重性质，日隙之喻侧重气量，水器之喻兼顾性质和气量，君令守职之喻突出主宰与服从、应然与实然等等。尽管如此，正如喋喋不休中流露出深切关注一样，名目繁多的各种比喻指向了相同的用意和宗旨：第一，强调天命之性无人不同，无有偏塞，人人皆善。第二，突出气禀有通有塞，人之不善皆气禀所拘。对于这一点，朱熹曾经进行过如下阐释："天命之性，本未尝偏，……然仁义礼智，亦无缺一之理。但若恻隐多，便流为姑息柔懦；若羞恶多，便有羞恶其所不当羞恶者。……谓如五色，若顿在黑多处，便都黑了；入在红多处，便都红了。却看你禀得气如何，然此理却只是善。既是此理，如何得恶！所谓恶者，都是气也。"④这就是说，现实生活中的人究竟行善

---

① 《朱子语类》卷四，《性理一》。
② 《朱子语类》卷四，《性理一》。
③ 《朱子语类》卷四，《性理一》。
④ 《朱子语类》卷四，《性理一》。

还是作恶，器量是大还是小，完全取决于气禀之性。这用他本人的话说便是："世间万事皆此理，但精粗小大之不同尔。"①

对于朱熹的这套天命之性至善与气禀之性有恶的说法，有人提出了这样的疑问：既然气质有昏浊之不同，那么，天命之性是否有偏全呢？对此，朱熹决然肯定天命之性"非有偏全"，同时重申"气质所禀，却有偏处"。气禀之所以有偏全之分，原因在于，气有昏明厚薄之别。不仅如此，针对这个问题，他还进一步进行了如下展开和论证："气禀所拘，只通得一路，极多样：或厚于此而薄于彼，或通于彼而塞于此。有人能尽通天下利害而不识义理，或工于百工技艺而不解读书。如虎豹只知父子，蜂蚁只知君臣。惟人亦然，或知孝于亲而薄于他人。如明皇友爱诸弟，长枕大被，终身不变，然而为君则杀其臣，为父则杀其子，为夫则杀其妻，便是有所通，有所蔽。是他性中只通得一路，故于他处皆碍，也是气禀，也是利害昏了。"②这段话出自《朱子语类》卷四，此卷的另一处朱熹之语也揭示了天命之性皆善、人人相同，却因气禀不同、气禀之恶最终导致人之本性各殊的道理，其中流露出朱熹把两者截然分开的思想倾向。现摘录如下：

> 人之性皆善。然而有生下来善底，有生下来便恶底，此是气禀不同。且如天地之运，万端而无穷，其可见者，日月清明气候和正之时，人生而禀此气，则为清明浑厚之气，须做个好人；若是日月昏暗，寒暑反常，皆是天地之戾气，人若禀此气，则为不好底人，何疑！③

在区分天命之性与气质之性，并进行善恶判定之后，朱熹进而指出，至善的天命之性与有善有不善的气质之性在少数人身上是统一的——由于禀得气好，天命之性与气质之性皆善，这样的人便是圣贤。

---

① 《朱子语类》卷三，《鬼神》。
② 《朱子语类》卷四，《性理一》。
③ 《朱子语类》卷四，《性理一》。

大多数人的天命之性与气质之性是矛盾的：尽管他的天命之性与圣贤的天命之性一样是善的，然而，由于所禀之气的成分不好，气质之性却是恶的。对于这些人来说，天命之性决定他向善，恶的气质之性又决定他作恶，结果陷入善恶的矛盾挣扎之中不能自拔。要解决这个矛盾，挣脱善恶的冲突，唯一的途径就是变化气质。具体地说，朱熹所讲的变化气质就是改造恶的气质之性，使之日臻于善，从而达到与天命之性的统一。正是在这个意义上，他反复断言：

> 性只是理。然无那天气地质，则此理没安顿处。但得气之清明则不蔽锢，此理顺发出来。蔽锢少者，发出来天理胜；蔽锢多者，则私欲胜，便见得本原之性无有不善。……只被气质有昏浊，则隔了，故"气质之性，君子有弗性者焉。学以反之，则天地之性存矣。"故说性，须兼气质说方备。①

> 人之为学，却是要变化气禀，然极难变化。……若勇猛直前，气禀之偏自消，功夫自成，故不言气禀。看来吾性既善，何故不能为圣贤，却是被这气禀害。如气禀偏于刚，则一向刚暴；偏于柔，则一向柔弱之类。人一向推托道气禀不好，不向前，又不得；一向不察气禀之害，只昏昏地去，又不得。须知气禀之害，要力去用功克治，裁其胜而归于中乃可。②

在此基础上，对于如何变化气质，达到气质之性与天命之性的和谐统一，朱熹提出了一套以存心、格物、致知为核心的修养工夫和践履之方。至此，他的命运学说与人性哲学合二为一，从先天禀赋最终转化为道德实践，都落实到修养工夫上。与此相伴而来的是，朱熹的人命论、人性论也转换成认识论、知行观和工夫论。

---

① 《朱子语类》卷四，《性理一》。
② 《朱子语类》卷四，《性理一》。

四、"命有两种"的人生追求

朱熹对人之命的探究是从本体领域开始的，却并没有停留在本体层面上。可以看到，沿着理气相依、理本气末的思路，他一面声称"命有两种"，人性双重，一面要求人对两种命和性区别对待。正如理气关系决定了人之性命的双重和差异一样，朱熹对理善气恶所作的价值判断是他对待两种命的理论前提。对于朱熹来说，"命有两种"不是展示人之命的丰富多彩，而是指示人生规划和行为目标。在这方面，如果说天理注定了超凡入圣是人之神圣使命的话，那么，气则使这个朝圣的路途充满荆棘和艰辛；如果说理之善伸张了"存天理"的正当性、合理性的话，那么，气之恶则侧重"去人欲"的必要性、紧迫性。这些使"存天理，去人欲"成为朱熹两种命的共同归宿，也成为超凡入圣的不二法门。

朱熹认为，理是天地万物的本原，也是人命、人性的本体依托。这决定了他用理去创造人类，也用理去诠释人之性命，进而规划、指导人生。由理所规定的人之性命如何，归根结底取决于理为何物。对于神圣而纯美的天理究竟是什么，朱熹的回答是："其理便是仁义礼智。"①既然理是以仁、义、礼、智为核心的伦理纲常和行为规范，那么，他把它们抬高为世界本原、奉为人类存在的本体依托就是为了彰显道德准则的神圣性，进而将它们说成是人人先天共有的本性。这一点正如朱熹本人所言："此理亦只是天地间公共之理，禀得来后便为我所用。"②人人都有至善的本性表明，人人都有成为圣贤的可能性即先天条件，做圣成贤就是来自上天的命令。换言之，理的至高无上和至善纯美使禀理而生的人拥有了高贵的本性和光明的前途，这个人人相同的性命就是充分发挥仁、义、礼、智之善，成为圣贤。当然，朱熹的"命有两种"不仅设置了人生的最高价值和行为目标，而且为人设计了达到这一目标的践履方式和

---

① 《朱子语类》卷九十四，《周子之书·太极图》。
② 《朱子语类》卷一百一十七，《训门人五》。

现实途径。

1. 正确处理、对待两种人命和双重人性

在用理与气共同阐明人之性命的过程中，朱熹没有对它们一视同仁，而是念念不忘其间的差异——理至善纯一、气有善有恶。他强调，理至善纯美，作为理之显现的天命之性也是至善的，此善人人无异，乃至人物皆同；人之所以有恶，是因为先天禀气的性质不好，与理无关。这用他本人的话说便是："人之所以有善有不善，只缘气质之禀各有清浊。"① 具体地说，人之所以为人，是因为人禀天地之正气，与庶物禀天地之偏且塞气不同。对此，人们不禁要问：既然人人皆禀正气，为何又分出善恶呢？对此，朱熹的回答是："人所禀之气，虽皆是天地之正气，但衮来衮去，便有昏明厚薄之异。盖气是有形之物。才是有形之物，便自有美有恶也。"② 这表明，说到底是有善有不善的气禀造成了人与人之间千差万别、各自不同的性命。其实，在朱熹的性命之学中，气的出现往往带来负面效应，人之命的差异、人之性的不齐以及不善等等都归咎于气。质言之，他在推崇理时之所以要搬来气作为理的挂搭处，正是为了给现实社会中人的不同等级、名分提供理论说明和本体论证，并在此基础上让人安于先天气禀之命。因此，在具体说明每个人的命运、禀赋及守职奉命的途径各不相同之时，朱熹把人之性命分为可能的性与现实的命，进而强调性与命的冲突和区别——性以理而言、人人皆善，命兼理与气而言、有善有恶。于是，他反反复复地讲：

> 性分是以理言之，命分是兼气言之。命分有多寡厚薄之不同，若性分则又都一般。此理，圣愚贤否皆同。③
>
> "死生有命"之"命"，是带气言之，气便有禀得多少厚薄之不同。"天命谓性"之"命"，是纯乎理言之。然天之所命，毕竟

---

① 《朱子语类》卷四，《性理一》。
② 《朱子语类》卷四，《性理一》。
③ 《朱子语类》卷四，《性理一》。

皆不离乎气。①

　　"命"之一字,如"天命谓性"之"命",是言所禀之理也。"性也有命焉"之"命",是言所以禀之分有多寡厚薄之不同也。②

　　如此说来,纯乎天理的性命规定了人生的终极轨迹和尽命目标,那就是:追求天理、扩充良知而成为圣贤;善恶混杂的气禀指示了人通向圣贤的具体道路和方法,那就是:变化气质,即在日常生活中磨炼道德意志,自觉加强道德修养。在此,气禀的善恶之差也决定了人用功磨炼的程度——气禀愈下,其工愈劳。这就是说,对于那些先天气禀差的人而言,只有"人一己百、人十己千"地在自身努力上下工夫,才能真正变化气质。一言以蔽之,这些就是"存天理,去人欲"。

　　如上所述,在剖析理气相合的人命时,朱熹把人之命分为两种:一种是贫富、贵贱、死生、寿夭之命,一种是清浊、偏正、智愚、贤不肖之命;前者侧重人之社会地位和生死寿夭,后者侧重人之道德品质和善恶本性。尽管他承认这是两种不同性质的命——一个出于气、一个出于理,然而,他却让人对二者都视为正命而安之。其实,对于这两种命,朱熹的安命方法迥然相异,故而不可同日而语。

　　对于贫富、贵贱、死生、寿夭之命,朱熹让人在知命的前提下安于既定的安排,对命不做强求。正是在这个意义上,朱熹指出:

　　"不知命"(即"不知命无以为君子"之命——引者注)亦是气禀之命,知天命知其性中四端之所自来。如人看水一般,常人但见为水流,圣人便知得水之发源处。③

　　朱熹认为,人往往计较自己的命不如别人,其实,你的命之所以会夭、会凶,别人的命之所以会寿、会吉,完全是你自己先天禀气决定

----

① 《朱子语类》卷四,《性理一》。
② 《朱子语类》卷四,《性理一》。
③ 《朱子语类》卷四,《性理一》。

的，怪不得别人，只能怪自己运气不佳。有鉴于此，他一再强调：

> 以此气遇此时，是他命好；不遇此时，便是有所谓资适逢世
> 是也。如长平死者四十万，但遇白起，便如此。只他相撞着，便
> 是命。①
>
> 数只是算气之节候。大率只是一个气。阴阳播而为五行，五行
> 中各有阴阳。甲乙木，丙丁火；春属木，夏属火。年月日时无有非
> 五行之气，甲乙丙丁又属阴属阳，只是二五之气。人之生，适遇其
> 气，有得清者，有得浊者，贵贱寿夭皆然，故有参错不齐如此。圣
> 贤在上，则其气中和；不然，则其气偏行。故有得其气清，聪明而
> 无福禄者；亦有得其气浊，有福禄而无知者，皆其气数使然。②

这就是说，人与人之间的社会地位和生死寿夭之所以不同，在于禀
得了性质不同的气。对于这种气禀之命，朱熹让人任其自然、不去改
变。进而言之，由于把贫富、贵贱归于此命之中，他的这个说法实际
上是把等级制度规定的上下尊卑奉为先天所禀之命；让人对此知之、认
之，也就意味着对现实社会的贫富、贵贱、寿夭之殊不去计较。从这个
意义上说，气禀之命从本体论的高度为人提供了安时处顺、听命任命的
安身立命原则。与此同时，为了让人真正安于等级之命，朱熹把超出名
分的欲望称为人欲，判斥为恶。这样一来，人安于气禀之命的过程便成
为"去人欲"的过程。

与对待贫富、贵贱、寿夭之命安然处之的态度和做法截然相反，对
于人的清浊、善恶、贤不肖之命，朱熹所讲的安指安于天理而不是安于
清浊、偏正、智愚或贤不肖之既定。因此，对于每个人的清浊、偏正、
智愚和贤不肖之差异，他不允许人等闲视之：一方面，对于气禀差的，
朱熹告诫人要不甘示弱，不应妄自菲薄；而是要向圣贤看齐，在"人一

---

① 《朱子语类》卷四，《性理一》。
② 《朱子语类》卷一，《理气上》。

己百"中痛下工夫。于是，他断言：

> 然就人之所禀而言，又有昏明清浊之异。故上知生知之资，是
> 气清明纯粹，而无一毫昏浊，所以生知安行，不待学而能，如尧舜
> 是也。其次则亚于生知，必学而后知，必行而后至。又其次者，资
> 禀既偏，又有所蔽，须是痛加工夫，"人一己百，人十己千"，然
> 后方能及亚于生知者。①

另一方面，朱熹呼吁保存清、正、贤之先天所禀，并且使之延之
扩之，运用无穷。正因为如此，他声称："只有许多气，能保之亦可延。
且如我与人俱有十分，俱已用出二分。我才用出二分便收回，及收回二
分时，那人已用出四分了，所以我便能少延。"②可见，朱熹所讲的人安
于理命的过程，实际上是一个不断扩展天理即"存天理"的过程。

总之，朱熹将人之命一分为二，却罕谈命之吉凶、通塞、祸福而奢
谈命之善恶、清浊、贤否。如果说前者侧重"去人欲"的话，那么，后
者则侧重"存天理"。这些做法使加强道德修养、追求道德完善成为朱
熹命运学说的核心内容和行为目标，也使他的人命论与人性论在"存天
理，去人欲"中汇合，并且殊途而同归。

2. 存心、格物和致知的修养工夫

朱熹区分两种人命和双重人性并且要求人要正确对待，是为了引导
人通过践履天理，超凡入圣。这使他的人命论与人性论最终都汇聚为
"存天理，去人欲"。

正因为如此，在朱熹那里，不论是"存天理，去人欲"还是对待性
命的方法在现实生活和道德修养中都具体转化为存心、格物和致知等践
履工夫。

朱熹认为，天命人以命就是使天理体现为人之性命，这一切是通过

---

① 《朱子语类》卷四，《性理一》。
② 《朱子语类》卷三，《鬼神》。

心来完成的。对于天命人以命的方式，他曾经进行过多次比喻和说明：

> 命，便是告札之类；性，便是合当做底职事，如主薄销注，县尉巡捕；心，便是官人；气质，便是官人所习尚，或宽或猛；情，便是当听处断事，如县尉捉得贼。情便是发用处。①
>
> 心固是主宰底意，然所谓主宰者，即是理也。不是心外别有个理，理外别有个心。……"人"字似"天"字，"心"字似"帝"字。②

在朱熹看来，天命人以命就是把天理注入人心之中，命好比告命公文，吩咐人所应当做的事。这使人之命在实践操作层面转化成了人的性和心。接下来的问题是，既然人的心中包含着天赋予人的性和命，那么，通过存心，人便可以知性、尽性、尽命、待命。同时，他指出，人禀理而生，生来就具有仁、义、礼、智之善。这使人心至灵，宇宙万物之理都被包容于人的一心之内。对此，朱熹反复宣称：

> 心包万理，万理具一心。③
>
> 盖人心至灵，有什么事不知，有什么事不晓，有什么道理不具在这里。④

基于这种认识，朱熹呼吁存心。对于存心的重要性和必要性，他声称："人只一心为本。存得此心，于事物方知有脉络贯通处。"⑤一方面，存心是尽性、穷理、至命的前提和必要条件：心包含理，理就存在于心中；只有存心，才可能尽性、穷理。另一方面，对于穷理、尽命来说，

---

① 《朱子语类》卷四，《性理一》。
② 《朱子语类》卷一，《理气上》。
③ 《朱子语类》卷九，《学三·论知行》。
④ 《朱子语类》卷十四，《大学一·经上》。
⑤ 《朱子语类》卷十四，《大学一·经上》。

仅有存心还不够，必须在存心的同时，把存心与格物、致知结合起来，才能达到预想之目的。这是因为，"心之所主，又有天理人欲之异。二者一分，而公私邪正之涂判矣。"① 只有通过格物、致知，才能保存人心的善良本性而"存天理，去人欲"。

朱熹强调，人心本来是善良而全知的，这种至善的心却被人不好的气禀所蒙蔽，因而不能得到充分呈现和发挥。他断言："人心莫不有知，所以不知者，但气禀有偏，故知之有不能尽。所谓致知者，只是教他展开使尽。"② 在朱熹看来，要使人的至善之心充分发挥出来，就必须涤除物欲，拨开气禀所拘。这个过程或工夫就是格物、致知。

对于格物，朱熹界定说："格物者，格，尽也，须是穷尽事物之理。"③ 可见，格物在他的视界中指彻底弄懂、弄通事物之理。所谓彻底弄懂事物之理，就是深刻体悟天理在不同事物上的呈现。与此相关，朱熹十分重视格物的广泛性，要求人最大限度地接触外界事物，格一草一木一昆虫之理。因为一物不格，便缺了一物的道理；一书不读，便缺了一书的道理。格物就是"今日格一件，明日格一件，格得多后，自脱然有贯通处"。④ 换言之，格物的方法和过程是先接触各类事物，进行量的积累；在积累多了之后，豁然贯通，进而穷得天理。朱熹云：

> 世间之物，无不有理，皆须格过。古人自幼便识其具。且如事
> 君事亲之礼，钟鼓铿锵之节，进退揖逊之仪，皆目熟其事，躬亲其
> 礼。及其长也，不过只是穷此理，因而渐及于天地鬼神日月阴阳草
> 木鸟兽之理，所以用工也易。今人皆无此等礼数可以讲习，只靠先
> 圣遗经自去推究，所以要人格物主敬，便将此心去体会古人道理，
> 循而行之。如事亲孝，自家既知所以孝，便将此孝心依古礼而行
> 之；事君敬，便将此敬心依圣经所说之礼而行之。——须要穷过，

① 《朱文公文集》卷十三，《辛丑延和奏札二》。
② 《朱子语类》卷十四，《大学一·经上》。
③ 《朱子语类》卷十五，《大学二·经下》。
④ 《朱子语类》卷一百零四，《自论为学工夫》。

自然浃洽贯通。①

朱熹进而指出，是否能够通过格物达到致知的目的，关键在于格物时是否存心。若想在格物中"穷天理"，必须以存心为格物的前提，格物前一定要先存心；不仅如此，格物以致知为目的，在格物的过程中，必须始终围绕致知这一目的。有鉴于此，他强调，格物就是去领会体现在一草一木一昆虫之中的天理，而非真的要以草木、昆虫本身为对象；格物有先后、本末和缓急之序，如果在格物时忘了其中的先后、本末、缓急之序，而"兀然存心于一草木、一器用之间，……是炊沙而欲其成饭也"。② 这再次表明，在朱熹的意识中，格物是致知的一个步骤、一种手段。这决定了格物的真正目的不是穷尽事物本身之理，而是"穷天理，明人伦"。因此，他所讲的格物从根本上说是对伦理道德的体悟。对于这一点，朱熹的下面两段话便是明证：

> 如今说格物，只晨起开目时，便有四件在这里，不用外寻，仁义礼智是也。③
>
> 君臣父子兄弟夫妇朋友，皆人所不能无者，但学者须要穷格得尽。事父母，则当尽其孝；处兄弟，则当尽其友。如此之类，须是要见得尽。若有一毫不尽，便是穷格不至也。④

事实上，朱熹不仅主张格物以致知为归宿，而且强调格物与致知是"一本"。在他看来，格物与致知是同一过程的两个方面，讲的是一回事，只是侧重和视角不同而已：格物就主体作用于认识对象而言，致知则就认识过程在主体方面引起的结果而言。因此，格物与致知决无本质之别，且"无两样工夫"。正是在这个意义上，朱熹一再申明：

---

① 《朱子语类》卷十五，《大学二·经下》。
② 《朱文公文集》卷三十九，《答陈齐仲》。
③ 《朱子语类卷十五·大学二·经下》
④ 《朱子语类卷十五·大学二·经下》

　　致知，是自我而言；格物，是就物而言。①

　　致知、格物，只是一事，非是今日格物，明日又致知。格物，以理言也；致知，以心言也。②

　　这就是说，格物与致知不仅在本质上一致、在内容上相通，而且在时间上同步。对于这个与格物在时间上同步，并且作为格物目的的致知究竟是什么，朱熹指出，致，"推极也"，也就是扩充到极点之义；知则指人内心先天固有的天赋之知即良知，或称"天德良知"。致与知合而言之，即"推极吾之知识，欲其所知无不尽也"。③简言之，致知就是彻底地扩充、显露人内心先天固有的天理良知。这用他本人的话说便是："致知工夫，亦只是且据所已知者，玩索推广将去。具于心者，本无不足也。"④这个说法使致知与格物一样成为一个伦理范畴。事实上，朱熹每每都在人伦日用间、围绕着伦理道德来理解致知。据载：

　　问："致知莫只是致察否？"曰："如读书而求其义，处事而求其当，接物存心察其是非、邪正，皆是也。"⑤

　　可见，与存心一样，朱熹所讲的格物、致知不仅仅是认识方法，更重要的是明天所命、尽性至命的修养工夫。因此，无论存心还是格物、致知从根本上说都是体悟上天赋予人的、作为人之性命的天理——仁、义、礼、智。不仅如此，他确信，通过存心、格物和致知等一系列的修养工夫，人完全能够明天所命，进而通过穷理、明命、明德而尽性、至命。于是，朱熹断言：

---

　　① 《朱子语类》卷十五，《大学二·经下》。
　　② 《朱子语类》卷十五，《大学二·经下》。
　　③ 《四书章句·大学章句一》。
　　④ 《朱子语类》卷十五，《大学二·经下》。
　　⑤ 《朱子语类》卷十五，《大学二·经下》。

（指"明德"、"明命"——引者注）便是天之所命谓性者，……自人受之，唤做"明德"；自天言之，唤做"明命"。今人多鹘鹘突突，一似无这个明命。若常见其在前，则凛凛然不敢放肆。……人之明德，即天之明命。虽则是形骸间隔，然人之所以能视听言动，非天而何，……天岂曾有耳目以视听！只是自我民之视听，便是天之视听。如帝命文王，岂天谆谆然命之，……若一件事，民人皆以为是，便是天以为是；若人民皆归往之，便是天命之也。①

如上所述，朱熹在探索人之性命时，断言仁、义、礼、智之天理体现于人便形成了人人同善的天命之性。这实际上是把加强道德修养、践履仁、义、礼、智视为天之命令和人共同的命。朱熹的命运学说带有浓厚的道德哲学色彩，穷理、尽性、至命等在他那里就是加强道德修养的实践操作和践履工夫。这套主张和思路体现了儒家一贯的伦理取向和道德追求，所不同的是，朱熹对人之性命的阐释和探讨植根于理学的本体建构，进而深入到性命的生成机制和实践操作，在君臣父子、人伦日用的道德修养、躬行实践中为人之性命的展开和实际操作找到了笃实的落脚点和切入口，故而极富针对性和操作性。他的性命之学不仅提出了加强道德修养、成圣成贤的人生追求，而且为目标的实现设计了一套具体的实施方案。这使其理论从实然与应然、现实与理想等多个层面展开，既有形上背景的高屋建瓴，又有人伦日用的笃实根基。

上述内容显示，"命有两种"是朱熹对命的集中阐释，既秉持了儒家一贯的道德理想主义，又带有宋明理学的思维印记：前者表现为，朱熹通过对命的两种划分和区别对待，引领人在对出于气的贫富、贵贱、死生、寿夭之命的淡然泰然与对出于理的清浊、偏正、智愚、贤不肖之命的执著追求中"存天理，去人欲"而超凡入圣；后者表现为，朱熹对"命有两种"的论证从理本论和理气观入手，中经人性论，最终落实到伦理观和工夫论——既以自己的命运观印证了宋明理学本体哲学—人性

———————————

① 《朱子语类》卷十六，《大学三·传一章释明明德》。

哲学—道德哲学的三位一体，又为自己的命运哲学找到了本体根基和现实操作。有鉴于此，对于朱熹的"命有两种"，不应该仅仅理解为伦理观、命运观，而应该兼顾理本论、理气观、人生观等诸多领域综合予以透视和解读。

第十三章

"致良知"

——王守仁哲学的全部秘密

　　"致良知"语出王守仁,是他对格物、致知的新解,也是王守仁哲学的立言宗旨和全部秘密。王守仁对"致良知"的推崇无以复加,甚至标榜"吾平生讲学,只是'致良知'三字"。[①]"致良知"由致知与良知两部分组成,致知源于《大学》八条目中的第二条,良知则源于孟子的"所不虑而知者,其良知也"[②]。王守仁把《大学》的致知说与孟子的良知说结合起来,提出了"致良知"说。在王守仁的哲学中,良知既是吾心,又是天理,同时还是是非标准。这使"致良知"同时拥有了本体、认识和道德等多重内涵和意义。

---

　　① 《王阳明全集》卷二十六,《寄正宪男手墨二卷》。
　　② 《孟子·尽心上》。

一、"致良知"的含义

"致良知"由《大学》的致知与孟子的良知构成，王守仁对"致良知"的诠释便从对《大学》的格物、致知入手。总的说来，他对格物、致知的解释颇为别出心裁，基本精神便是把格物、致知与良知联系起来，进而纳入"致良知"的体系。正是在这个前提下，王守仁对于格物、致知一再界定说：

> 若鄙人所谓致知格物者，致吾心之良知于事事物物也。吾心之良知，即所谓天理也。致吾心良知之天理于事事物物，则事事物物皆得其理矣。致吾心之良知者，致知也。事事物物皆得其理者，格物也。①

> 然欲致其良知，亦岂影响恍惚而悬空无实之谓乎？是必实有其事矣。故致知必在于格物。物者，事也。凡意之所发必有其事，意所在之事谓之物。格者，正也，正其不正以归于正之谓也。正其不正者，去恶之谓也。归于正者，为善之谓也。夫是之谓格。②

王守仁坚决反对朱熹等人从扩充知识的角度去理解致知，同时特意指出："'致知'云者，非若后儒所谓充广其知识之谓也，致吾心之良知焉耳。"③在此基础上，他把致知界定为致吾心之良知，使致知成为充分显露、发挥人之心中先天固有的良知。对于格物，王守仁把物训为事，把格训为正；如此一来，格物便成了"正事"——端正自己的行为，严格按照道德准则行事。至此，致知、格物在他那里都成了伦理范畴，也从根本上堵塞了向外求理的可能性和必要性。这使致知、格物都成为内求的过程，也奠定了"致良知"的基础和方向。依据王守仁的说法，良知万善具足，万理具备，"完完全全"；只要忠实地将良知作为"自家底

---

① 《王阳明全集》卷二，《答顾东桥书》。
② 《王阳明全集》卷二十六，《大学问》。
③ 《王阳明全集》卷二十六，《大学问》。

准则"和"明师","实实落落地依着他做去",便能存善去恶,知是知非,"无有不是处","稳当快乐"。基于这种认识,他把"致良知"奉为求理明道的唯一门径和成贤入圣的不二法门。

王守仁对"致良知"的诠释与对格物、致知的理解密切相关,集中反映在"王门四句教"中。极负盛名的"王门四句教"是:"无善无恶是心之体,有善有恶是意之动,知善知恶是良知,为善去恶是格物。"①心之本体无善无恶,由心所生的意念却有善有恶。这是因为,"意之所发必有其事",由意所生的事即人的行为也有善有恶。为了使事即人的行为符合天理,必须克服意念中的不善,致吾心之良知。充分显露、发扬吾心之良知,便是致知。遇事时,在良知的指导下自觉地为善去恶,"正其不正以归于正",使我之行为时时处处合于天理,便是格物。在这里,格物作为为学进德的方法,成为道德修养过程的一部分。同时,要保证格物的正确,必须先致知。换言之,只有在充分显露吾心之良知的前提下,用良知"正其不正以归于正",才能达到"正事"的目的。有鉴于此,对于格物与致知之间的关系和顺序,王守仁一改《大学》先格物、后致知的惯例,而主张先致知而后格物。王守仁这一独特的思维方式和价值旨趣体现在话语结构上便是,把格物致知称为"致知格物",故而与《大学》八条目中的格物、致知或朱熹的"致知在格物"、"格物所以致知"的先格物、后致知顺序相反。

与此同时,王守仁强调,致知不是一句空话,而"必实有其事"。这意味着致知必须落到实处,也就是一定要体现在行动上。正是在这个意义上,他说:"致知必在于格物。"这就是说,只是知善知恶还不够,重要的是切实地在行动上为善去恶;只是对善好之、对恶恶之是不够的,重要的是在行动上"实有以为之","实有以去之"。②这表明,只有切实端正自己的行为,在事上为善去恶,致知才能落到实处。基于这种认识,王守仁不仅把致知落实到格物上,而且把"致良知"的手段和

---

① 《王阳明全集》卷三,《传习录下》。
② 《王阳明全集》卷二十六,《大学问》。

工夫最终都归结为格物，反复强调"致良知"应该"在格物上用功"。①

进而言之，王守仁之所以将自己的学说都归结为"致良知"三个字，是因为他对"致良知"寄予厚望。他对"致良知"的界定大致框定了其内涵，也对"致良知"的方法和目的提出了具体要求。在这方面，王守仁将"去人欲，存天理"说成是"致良知"的具体办法和修养工夫，而将成圣成贤说成是"致良知"的唯一宗旨和最终目标。

二、"致良知"与"去人欲，存天理"

无论王守仁重视格物还是强调致知必须在事上磨炼，目的只有一个，那就是：引导人在道德实践上下工夫，把对伦理道德的认识最终落实到行动上。正是出于这一目的，他把德育放在首位，甚至将通过"去人欲，存天理"而成为圣人视为教育的唯一内容和根本宗旨。正因为如此，下面的句子在王守仁的著作中俯拾即是：

> 学校之中，惟以成德为事。②
> 古圣贤之学，明伦而已。……人伦明于上，小民亲于下，家齐国治而天下平矣。是故，明伦之外无学矣。外此而学者，谓之异端；非此而论者，谓之邪说。③
> 学是学去人欲，存天理；从事于去人欲，存天理，则自正。④
> 学者学圣人，不过是去人欲而存天理耳。⑤

循着这个思路，王守仁将作为"致良知"题中应有之义的格物、致知最终都归结为"去人欲，存天理"。从逻辑上讲，良知人人同具，因

---

① 《王阳明全集》卷三，《传习录下》。
② 《王阳明全集》卷二，《答顾东桥书》。
③ 《王阳明全集》卷七，《万松书院记》。
④ 《王阳明全集》卷一，《传习录上》。
⑤ 《王阳明全集》卷一，《传习录上》。

而人人都可以成为圣人。这用他本人的话说便是，"良知之在人心，无间于圣愚"。尽管如此，由于人欲的障碍，每个人的良知保存或显露程度相差悬殊。对此，王守仁比喻说，如果说良知是日、人欲是云的话，那么，圣人如晴天朗日，万里无云，阳光普照；贤人如浮云蔽日，阳光随时照耀；常人则如阴霾天日，阳光始终透射不出来。由此可以想象：在可能性上，人人都有成为圣贤的先天条件和资质，因为人有良知，正如太阳永远都光芒万丈一样；在现实性上，大多数人成不了圣贤，因为良知被人欲遮蔽了。结论不言而喻，人只要——也只有肯下一番致的工夫，自觉清除人欲，才能成圣成贤。至此可见，在他那里，所谓致知、格物，也就是"致良知"，具体途径和修养工夫都可以归结为"去人欲，存天理"。王守仁坚信，人只要不断地改过迁善，"胜私复理"，逐渐做到"此心纯乎天理而无人欲"，便可以使心中先天固有的良知充分显露出来，也就最终修成了圣人。

接下来的问题是，既然"致良知"可以归结为"去人欲，存天理"，"去人欲，存天理"对于"致良知"至关重要而不可或缺，那么，最关键的则是究竟如何"去人欲，存天理"。对此，王守仁提出了"静处体悟，事上磨炼"等具体方法。他说："初学时心猿意马，拴缚不定，其所思虑多是人欲一边，故且教之静坐、息思虑。久之，俟其心意稍定，只悬空静守如槁木死灰，亦无用，须教他省察克治。"①王守仁进一步解释说，静坐的目的是使此心清静收敛，而不是让人形若槁木、心如死灰。正是为了与佛老的修养方法划清界限，王守仁宣布："吾儒养心，未尝离却事物。"②具体地说，人在静坐时，必须痛下决心"省察克治"，向人欲发起主动进攻。于是，他写道："省察克治之功，则无时而可间，如去盗贼，须有个扫除廓清之意。无事时，将好色好货好名等私逐一追究，搜寻出来，定要拔去病根，永不复起，方始为快。常如猫之捕鼠，一眼看着，一耳听着，才有一念萌动，即与克去，斩钉截铁，不可

---

① 《王阳明全集》卷一，《传习录上》。
② 《王阳明全集》卷三，《传习录下》。

姑容与他方便，不可窝藏，不可放他出路，方是真实用功，方能扫除廓清。"①基于这种认识，王守仁反对"入坐穷山，绝世故，屏思虑"的修养方法，指出这样的修行不仅会沦于空寂，而且"临事便要倾倒"；相反，只有在应事接物上切实"致良知"，才能收到实效。

对于如何"去人欲"，王守仁特别强调，对好色、好货和好名等人欲要不间断地主动进攻，坚决彻底地把它们消灭于萌芽状态。为了做到这一点，关键便是在事上磨炼——无事时对人欲决不姑容，逐一追究搜索、加以克治。正是在这个意义上，他指出："人须在事上磨炼做功夫，乃有益。若只好静，遇事便乱，终无长进。"②

在王守仁那里，就具体内容、方法途径和根本宗旨而言，"致良知"就是"去人欲，存天理"。为了凸显"致良知"是道德修养唯一正确的方法途径，也为了切实磨炼"去人欲，存天理"的工夫，他提出了"心外无学"的主张。对此，王守仁一再断言：

> 圣人之学，惟是致此良知而已。……是故致良知之外无学矣。③
> 良知之外，更无知；致知之外，更无学。外良知以求知者，邪妄之知矣；外致知以为学者，异端之学矣。④

循着心外无知、致知外无学的逻辑，可以窥见王守仁"致良知"的两个要点：第一，"致良知"与"求理于吾心"的本体哲学一脉相承。第二，与陆九渊一样轻视读书对道德修养的作用和意义。从吾心之良知即是天理的认识出发，王守仁比喻说，天理好比财宝，吾心乃是装满财宝的仓库，六经则是记载财宝的帐本；由于"六经之实则具于吾心"，读经的作用充其量只是印证吾心之良知而已。正是在这个意义上，他断

---

① 《王阳明全集》卷一，《传习录上》。
② 《王阳明全集》卷三，《传习录下》。
③ 《王阳明全集》卷八，《书魏师孟卷》。
④ 《王阳明全集》卷六，《与马子莘》。

言:"万理由来吾具足,六经原只是阶梯。"① 沿着这个思路,既然无论有无账簿都无损于仓库中的财宝,那么,读书自然成为可有可无的。基于这种认识,王守仁注重"致良知"的内求工夫,而坚决反对一些人皓首穷年读书明理的做法。

三、"致良知"与成贤入圣

无论内涵还是方法都预示了王守仁所讲的"致良知"在本质上是一个内求的过程,具体途径和宗旨不是让人积累知识,而是让人通过道德完善超凡拔俗,成贤入圣。正是为了引导人向内而不是向外用功,切实做"致良知"的工夫,他修改了圣贤标准,以此抵制那种"专去知识才能上求圣人"的想法和做法。在王守仁看来,人如果只从知识、才能上求做圣人,必然是南辕北辙,结果只能是离圣人越来越远。这是因为,终日"从册子上钻研,名物上考索,形迹上比拟,知识愈广而人欲愈滋,才力愈多而天理愈蔽"。② 基于这种认识,他对人们的求圣之方和原有的圣贤标准极为不满,并且针锋相对地提出了新的标准。对此,王守仁一再如是说:

> 圣人之所以为圣,只是其心纯乎天理,而无人欲之杂。犹精金之所以为精,但以其成色足而无铜铅之杂也。③
> 所以谓之圣,只论精一,不论多寡。只要此心纯乎天理处同,便同谓之圣。若是力量气魄,如何同得!后儒只在分量上较量,所以流入功利。④

王守仁反复声称,圣人所以为圣者,只在于圣人之心"纯乎天理而

---

① 《王阳明全集》卷二十,《林汝桓以二诗寄次韵为别》。
② 《王阳明全集》卷三,《传习录下》。
③ 《王阳明全集》卷一,《传习录上》。
④ 《王阳明全集》卷三,《传习录下》。

不在才力也"。举例来说，就如同鉴别一块金子是否精纯，只看成色而不在分量一样。由此，他坚信："盖所以为精金者，在足色而不在分两，犹一两之金比之万镒，分两虽悬殊，而其到足色处可以无愧。"①

事实上，王守仁不仅提出了一套自己的圣贤标准，而且提出了一套与之对应的做圣成贤的方法途径和践履工夫。正是他对圣贤标准的改变使"去人欲，存天理"、"致良知"成为超凡入圣的不二途径和修养工夫。

首先，王守仁宣称，人人都可以通过"致良知"而成为圣人。"致良知"对于超凡入圣是必要的，迫切的，同样也是有效的，可能的。为了论证"致良知"的可能性，他坚称良知就在人心中，圣人原本就是人生而固有的。对此，王守仁一再指出：

> 个个人心有仲尼。②
> 人胸中各有个圣人。③

这就是说，良知人人皆有，"致良知"是可能的；人只要坚持不懈地"致良知"，就可以成为圣人。这表明，人人都有成为圣贤的先天条件。于是，王守仁一再勉励人在道德修养中树立自信心，坚信圣人可学而至。他多次申明：

> 自己良知原与圣人一般，若体认得自己良知明白，即圣人气象不在圣人而在我矣。④
> 各人尽着自己力量精神，只在此心纯天理上用功，即人人自有，个个圆成，便能大以成大、小以成小，不假外慕，无不

---

① 《王阳明全集》卷三，《传习录下》。
② 《王阳明全集》卷二十，《咏良知四首示诸生》。
③ 《王阳明全集》卷一，《传习录上》。
④ 《王阳明全集》卷二，《启问通道书》。

具足。①

其次，王守仁断言，人超凡入圣的方法、途径是加强道德修养和践履工夫，只有切实进行"去人欲，存天理"、"致良知"的工夫，才能臻于圣人。这就是说，在人通往圣贤的路途中，仅仅树立信心是不够的，还要培养主观自觉性，切切实实地践履伦理道德。在他看来，人只有时时处处自觉磨炼，才能在修养中有所成就，从而超凡入圣。其实，良知不分圣愚，人人皆同；人与人之间所以有圣愚之分，关键在于是否自觉地从事"致良知"。正是在这个意义上，王守仁不止一次地断言：

> 圣人之学，惟是致此良知而已。自然而致之者，圣人也；勉然而致之者，贤人也；自蔽自昧而不肯致之者，愚不肖者也。②
> 良知良能，愚夫愚妇与圣人同，但惟圣人能致其良知，而愚夫愚妇不能致，此圣愚之所由分也。③

这样，王守仁的道德修养工夫便由"致良知"开始，通过格物、致知，在超凡入圣中以"致良知"终。就方向、途径而言，"致良知"省略了向外格物的环节，堵塞了向外穷天理、求圣贤的途径；就宗旨而言，良知成为唯一的真知。

四、"致良知"与王学神韵

既然王守仁公开声明自己讲学的全部内容都可以归结为"致良知"，那么，便可以由此推出"致良知"一语便浓缩着王守仁哲学的基本信息——至少能够概括王守仁的思想。下面便以"致良知"为线索，梳理王守仁思想的理论初衷和逻辑主线，借此分析、探究王守仁与其他宋明

---

① 《王阳明全集》卷一，《传习录上》。
② 《王阳明全集》卷八，《书魏师孟卷》。
③ 《王阳明全集》卷二，《答顾东桥书》。

理学家的思想异同。

首先，作为明代理学家，王守仁（1472—1528）的思想带有鲜明而深刻的时代烙印，"致良知"便直观地再现了宋明理学家的共同关注。用不着深谙宋明理学也可以发现一个显而易见的现象，那就是：在宋明理学中，存心、格物和致知成为共同关注的学术焦点。存心、格物和致知如此备受宋明理学家的热捧，以至于与此相关的《孟子》（孟子）和《大学》骤然升温：孟子的地位一再擢升，《孟子》也从此跻身于经典行列；《大学》则和《孟子》一样与《论语》、《中庸》并提，于是有了四书的称谓。王守仁的"致良知"便是在这种文化背景和历史语境中提出的，在带有与生俱来的宋明理学的共同特征和时代印记的同时，也注定了与其他宋明理学家的思想的一致性：第一，"致良知"便是孟子之良知与《大学》之格物、致知（尤其是致知）的和合，生动再现了宋明理学家对《孟子》和《大学》的推崇。第二，重视格物、致知，并将二者界定、诠释为伦理范畴。无论是将致知诠释为充分显露心中固有的良知还是将格物训为"正事"都表明，王守仁与其他宋明理学家一样突出格物、致知的伦理维度和道德内涵，并且由于轻视书本和主张"求理于吾心"而将这一思想诉求推向了极致。第三，源自《大学》的出身表明格物、致知从严格意义上说并不是认知范畴，其主业是道德修养。宋明理学家则在沿袭这一思路的同时，将格物、致知与"去人欲，存天理"而超凡入圣直接联系起来。在这方面，王守仁与其他宋明理学家——尤其是与朱熹等人的观点如出一辙。如上所述，王守仁讲格物、致知的目的是加强道德修养，旨在引导人通过"去人欲，存天理"成为圣人。

其次，"致良知"践履了王守仁的心学路线，采取有别于程朱理学的立场思考、解答宋明理学的共同话题，带有鲜明的王学风采和神韵。"致良知"旗帜鲜明地亮出了王守仁哲学的内求方向和思想旨归，也注定了王守仁对格物、致知的理解与朱熹等人的分歧。王守仁之所以大声疾呼"致良知"，从理论上说，是因为不满意朱熹对格物、致知的解释。程朱讲道德修养时极其重视格物、致知，并将它们奉为道德修养的根本途径。二程对格物、致知的诠释提升了《大学》的地位，也奠定了宋明理学家对格物、致知的关注和热衷。朱熹对格物、致知的关注有赖于二程的引领，并且承袭二程的衣钵，沿着道问学的思路，寄希望于"今日格一件，明日格一件"的日积月累。很显然，这是一条外求路线。与程朱的思维意趣和方法途径迥然相异，王守仁的"致良知"与孟子的"先立乎其大者"、陆九渊的"自存本心"一样，走的是"求理于吾心"的内求路线。正如当年陆九渊抨击朱熹的格物说"支离"一样，王守仁对程朱理学特别是朱熹哲学发生怀疑是从格物开始的。有鉴于此，他屡屡批判朱熹的格物说，主要论点如下：

> 朱子所谓"格物"云者，在即物而穷其理也。即物穷理，是就事事物物上求其所谓定理者也。是以吾心而求理于事事物物之中，析"心"与"理"而为二矣。①

> 先儒解格物为格天下物。天下之物，如何格得？且谓一草一木亦皆有理，今如何去格？纵格得草木来，如何反来诚得自家意？②

引文内容显示，王守仁是从三个方面反驳朱熹的格物说的：第一，指出朱熹格物的方向不对。在王守仁看来，由于"求理于事事物物"，朱熹犯了"析'心'与'理'而为二"的错误。王守仁坚称，"心外无物"，"心外无事"，"心外无理"。沿着这个思路，既然理不在事物而在吾心，那么，"求理于吾心"才是认识和修养的唯一途径，当然也是格物的正确方向和不二法门。第二，指出朱熹格物的方法是错误的。朱熹注重格物的广泛性，强调一物不格，便缺了一物的道理；一书不读，便缺了一书的道理。如此说来，格物就是"今日格一件，明日格一件，格得多后，自脱然有贯通处"。③这被王守仁看成是朱熹要人格尽天下之物，故而是不可能的。正是在这个意义上，王守仁攻击朱熹说：

---

① 《王阳明全集》卷二，《答顾东桥书》。
② 《王阳明全集》卷三，《传习录下》。
③ 《朱子语类》卷一百零四，《自论为学工夫》。

"要格天下之物，如今安得这等大的力量？……其格物之功，只在身心上做。"①第三，宣布朱熹所讲的格物与道德修养脱节，终归解决不了自家诚意的问题。在王守仁看来，朱熹一面把"穷天理，明人伦"作为格物的目的，一面把"格一草一木一昆虫之理"作为格物的手段，目的与手段之间是脱节的，故而永远也达不到格物的目的。

总之，正是以朱熹为前车之鉴，王守仁对格物、致知进行了自己的新解，也拉开了与朱熹思想的距离：第一，王守仁的基本精神是把格物、致知完全纳入"致良知"的体系；随着将格物、致知定义为"正事"、扩充吾心之良知，确保手段与目的合二为一，也就不会再出现朱熹哲学中格物之手段与"穷天理，明人伦"之目的之间相脱节的情况了。第二，王守仁强调先致知、后格物，对格物、致知进行了顺序上的调整乃至颠倒，以捍卫其心学体系，旨在从根本上纠正朱熹向外用工的做法。

一方面，如果说宋明理学具有本体哲学、认识哲学与道德哲学三位一体的逻辑结构和思维模式的话，那么，王守仁则以最简捷明快的方式表达了这种三位一体。在他那里，良知就是本体，既是宇宙本原，又是吾心之天理。这省略了程朱分两步走的程序：先是宣称天理是本原，然后断言天理体现在人性中——二程讲性即理，朱熹讲作为三纲五常的天理呈现为人与万物共有的至善的天命之性。到了王守仁这里，良知存在上的优越性省略了人向外求天理的步骤，也避免了天理的支离破碎，在直指本心中，"致良知"使一切都变得简单、便捷起来。

另一方面，王守仁的"致良知"与朱熹思想以及程朱理学的差异是方法途径上的，思想主旨并无不同。对于这一点，他们对"去人欲，存天理"的执著以及对超凡入圣的道德追求等都是明证。王守仁关于格物、致知的目的是"穷天理，明人伦"，并且通过显露先天良知而加强道德修养的做法与朱熹并无本质区别。其实，这也是他们共同捍卫"去人欲，存天理"的前提所在。再加之宋明理学家对格物、致知的热衷如

---

① 《王阳明全集》卷三，《传习录下》。

出一辙，讲格物、致知的初衷别无二致，预示了他们对格物、致知的理解拥有不可否认的一致性。这具体表现为讲格物、致知时侧重知——朱熹甚至将二者一同归于知，致使格物、致知成为伦理、道德范畴等等。这些表明，王守仁与朱熹等人的思想异同是立体的或多维的。对此，既要看到其中的差异，又不能将差异绝对化或扩大化。

再次，"致良知"与王守仁的个人经历密不可分，是独特的个人际遇和诉求决定了他对"致良知"的呼唤。王守仁是中国几千年的历史长河中为数不多的三不朽人物之一，在立德、立言的同时，为明王朝立下了赫赫战功。在多年的戎马生涯中，王守仁深切感受到"破山中贼易，破心中贼难"。特殊的经历和立场使"心中贼"成为他心中挥之不去的阴影，也激起了王守仁"破心中贼"的强烈愿望。正是围绕着"破心中贼"的宗旨，他建构了自己的哲学，提出并推崇"致良知"也不例外。那么，什么是"心中贼"？对于心中之贼究竟应该怎样破？通过"致良知"，"去人欲，存天理"是全部答案。按照王守仁本人的解释，"心中贼"就是人心中的恶念，具体指不合理的欲望；"破心中贼"的含义就是"去人欲"，铲除人心中的不善之念，具体途径和方法就是"致良知"，"去人欲，存天理"。正因为如此，他对朱熹"去人欲，存天理"的主张完全赞同，理解完全一致。唯一不同的是，王守仁将"去人欲，存天理"纳入"致良知"的体系中，试图通过尊德性而非朱熹所倚重的道问学的方式进行而已。更有甚者，出于"破心中贼"的愿望，王守仁对"去人欲，存天理"的提倡和期许与朱熹相比有过之而无不及。讲到"去人欲，存天理"，人们往往将焦点投向朱熹，其实，作为王守仁哲学宗旨的"致良知"和他念念不忘的"破心中贼"就是"去人欲，存天理"。可以看到，与"破心中贼"的理论初衷相呼应，王守仁将格物、致知等所有的道德修养都归结为"致良知"、"去人欲，存天理"，希望借此使人破除心中的恶念而成为圣人。他将通过"致良知"、"去人欲，存天理"成为圣人视为最高的价值追求和行为目标，而圣人在王守仁那里不过是涤除"心中贼"的典范，说到底，圣人无非是心中纯乎天理而无一丝人欲之杂而已——在这个意义上，圣人也可以说是"破心中贼"的榜样。

综上所述，"致良知"对于王守仁的思想如此重要，所以，他才开诚布公地宣布自己的学说可以归结为三个字——"致良知"。"致良知"对于王守仁的思想至关重要，不啻为解开王学的金钥匙。以此为线索疏理王守仁的思想可以深中肯綮，既可以更好地把握王守仁思想的逻辑脉络和思想精髓，又可以借此深刻透视王守仁与其他宋明理学家的思想异同。有鉴于此，解读王守仁的思想，切不可忘却一句话，那就是："致良知"。

第十四章

"夫童心者，真心也"

——李贽启蒙思想的灵魂与主线

"夫童心者，真心也"语出李贽，是李贽启蒙思想的核心与灵魂，在哲学、文学和艺术等领域均产生了巨大影响。李贽（1527—1602）生活的时代（明末）是宋明理学由盛转衰，由于僵化而弊端日益暴露的时代。这使他投入到早期启蒙思潮之中，对宋明理学展开猛烈批判。声称"夫童心者，真心也"的李贽追求童心，释放真心，我行我素，率性而为。放荡不羁的性格使李贽在批判宋明理学时选择了有别于其他早期启蒙思想家的独特视角，始终围绕着童心、真心这个宗旨展开，也使童心、真心成为其启蒙思想一以贯之的主线和灵魂。因此，探究"夫童心者，真心也"既有助于把握李贽启蒙思想的逻辑脉络和精髓，又有助于直观感受李贽有别于其他早期启蒙思想家的理论个性和风采。

一、"夫童心者，真心也"与异端、狂者

与大声疾呼"夫童心者，真心也"一脉相承，李贽追求真性情，素

有狂人之称，并被统治者诬为"异端"、"妖人"。他也乐于以"异端"自居，公开站在宋明理学的对立面对之发出挑战。李贽指出，作为官方哲学，宋明理学的社会影响力不可小觑，它的错误绝非只关乎一人一行，因而不能轻易放过。正是在这个意义上，他写道："惟是一等无紧要人，一言之失不过自失，一行之差不过自差，于世无与，可勿论也。若特地出来，要扶纲常，立人极，继往古，开群蒙，有如许担荷，则一言之失，乃四海之所观听；一行之谬，乃后生小字辈之所效尤，岂易放过乎？"①鉴于宋明理学极高的社会地位和公众影响，李贽不放过它的错误，以防其贻害无穷。

进而言之，"夫童心者，真心也"决定了李贽审视、批判宋明理学的独特视角和视域，促使他指责宋明理学有奴性心态，盲目顺从，严重扼杀了人的个性。秉持"夫童心者，真心也"的原则，李贽指出，盲目顺从、不敢创新是宋明理学的痼疾，宋明理学家"依门傍户，真同仆妾"，"尊孔"犹如"矮子观场，随人说妍"，"一犬吠形，百犬吠声"一样盲目可笑。不仅如此，由于盲目顺从、缺乏创新，宋明理学家无一技之长，只会"高谈阔论"，毫无"真才实学"——"解释文字，终难契入；执定己见，终难空空；耘人之田，终荒家穑"。②更令李贽忍无可忍的是，宋明理学家们"平居不以学术为急，临事又把名教以自持"。对于宋明理学家们既不学无术又故作姿态的做法，李贽毫不留情地揭露说："平居无事，只解打躬作揖，终日匡坐，同于泥塑，以为杂念不起，便是真实大圣大贤人矣。其稍学好诈者，又挨入良知讲席，以阴博高官，一旦有警，则面面相觑，绝无人色，甚至互相推诿，以为能明哲。"③

与此同时，李贽揭露了宋明理学的虚伪不实，指出宋明理学家内心对功利极为热衷，表面上却满口仁义道德，摆出将功利置之度外的样子。例如，宋明理学家讲学的目的明明不是为了"昌明圣道"，也不是

---

① 《焚书》卷一，《复周柳塘》。
② 《焚书》卷一，《答耿司寇》。
③ 《焚书》卷四，《因记往事》。

为了"济世救民"，而是为了沽名钓誉、攫取富贵；可是，他们却断然否认自己的私欲和功利之心，整日里满口仁义道德来欺世盗名、招摇过市。对于宋明理学家的言不由衷、虚伪狡诈，李贽进行了入木三分的刻画。对此，他不止一次地写道：

> 试观公之行事，殊无甚异于人者。人尽如此，我亦如此，公亦如此。自朝至暮，自有知识以至今日，均之耕田而求食，买地而求种，架屋而求安，读书而求科第，居官而求尊显，博求风水以求福荫子孙。种种日用，皆为自己身家计虑，无一厘为人谋者。及乎开口谈学，便说尔为自己，我为他人；尔为自私，我欲利他；我怜东家之饥矣，又思西家之寒难可忍也；某等肯上门教人矣，是孔、孟之志也，某等不肯会人，是自私自利之徒也；某行虽不谨，而肯与人为善，某等行虽端谨，而好以佛法害人。以此而观，所讲者未必公之所行，所行者又公之所不讲，其与言顾行、行顾言何异乎？以是谓为孔圣之训可乎？翻思此等，反不如市井小夫，身履是事，口便说是事，作生意者但说生意，力田作者但说力田。凿凿有味，真有德之言，令人听之忘厌倦矣。①
>
> 阳为道学，阴为富贵，被服儒雅，行若狗彘。②

对于宋明理学家的这种极端虚伪、心口不一，李贽概括为"口谈道德而志在穿窬"。在他看来，宋明理学家尽是一些言不由衷、口是心非之徒，由于满口仁义道德、道貌岸然而欺世盗名，他们倒不如追求功利就实话实说的市井百姓。与宋明理学家相比，市井百姓有一说一、言行一致，反而多了难得的淳朴和坦诚。正是在这个意义上，李贽感叹，"从来君子不如小人"。

通过上述剖析，李贽得出结论，宋明理学家"不可以治天下国家"，

---

① 《焚书》卷一，《答耿司寇》。
② 《续焚书》卷二，《三教归儒说》。

任用他们治国理政，必将祸国殃民，为害匪浅。其中，最直接的后果是，"盖因国家专用此等辈"，"举世颠倒，故使豪杰抱不平之恨，英雄怀罔措之戚，直驱之使为盗也"。①

总之，在李贽的视界中，宋明理学错误多多，从盲目顺从、毫无真才实学、对现实无能为力到虚伪做作等等，凡此种种，不一而足。这些错误有的是李贽一人的观点，有的则是早期启蒙思想家对宋明理学公认的看法：如果说认定宋明理学毫无真才实学、无裨于现实等是早期启蒙思想家的共识，体现了李贽与同时代人认识的一致性的话，那么，盲目顺从、压制个性和缺少独立人格则是其他人在审视宋明理学时很少关注的，展示了李贽思想的独特性。李贽思想的独特性与"夫童心者，真心也"息息相关，取决于他由崇拜童心、真心而来的心学旨趣和思路。

二、"夫童心者，真心也"与个性、独立人格

"夫童心者，真心也"表明，李贽不崇拜外界权威，而是膜拜自己的真心。正如他以童心的视角审视宋明理学，进而发现了宋明理学的弊端和奴性一样，"夫童心者，真心也"使李贽追求个性、自主和独立人格。

1. 提倡人格的个性化和多样化

坚信"夫童心者，真心也"的李贽渴望和推崇个性，期盼人格的自立和独立。针对宋明理学对个性的钳制，尤其是面对纲常名教造成的人格单一化局面，李贽沿着"夫童心者，真心也"的思路，借鉴儒学、佛学术语，把个性、独立人格与"德性"、"中和"和"大圆镜智"相提并论。正是在这个意义上，他一再强调：

> 人之德性，本自至尊无对。所谓独也，所谓中也，所谓大本

---

① 《焚书》卷四，《因记往事》。

也，所谓至德也。①

　　盖人人各具有是大圆镜智，所谓我之明德是也。是明德也，上与天同，下与地同，中与千圣万贤同，彼无加而我无损者也。②

　　在此，李贽将人的个性说成是"至尊无对"、至高无上的，进而对个性加以神化和推崇。沿着这一思路，他进一步博采儒、佛、道诸家学说加以发挥，以便从各个角度共同伸张个性和独立人格的价值。因此，这样的句子在李贽的著作中绝非个案：

　　夫天下至大也，万民至众也，物之不齐，又物之情也。③

　　是故一物各具一乾元，是性命之各正也，不可得而同也。④

　　夫道者，路也，不止一途；性者，心所生也，亦非止一种已也。⑤

　　李贽强调，物与物、人与人各有自己不同于他物、他人的个性，个性是万物和人与生俱来的本性；其实，个性不仅对于人至关重要，而且是天地万物位育的基础。这是因为，"一人之'中和'为天下之'大本'、'达道'"，"天地人物都赖我'位'、'育'"。⑥循着这个逻辑，他进一步指出，只有充分张扬个性，人格彻底独立，人人"致中和"，才能天地位、万物育。如此说来，人之个性和独立人格不论对于人自身的存在还是对于天地万物都是不可或缺的，弘扬人之个性、独立人格也由此拥有了毋庸置疑的重要价值和意义。有鉴于此，李贽对个性和人格独立极为向往，从各个方面推崇个性，极力张扬独立人格，声称"夫童心者，真心也"的"童心"说更是将李贽对个性和独立人格的张扬表达得

---

① 《道古录》卷上，《第十一章》。

② 《续焚书》卷一，《与马历山》。

③ 《道古录》上，《第十五章》。

④ 《九正易因·乾》。

⑤ 《焚书》卷三，《论政篇》。

⑥ 《四书评·中庸》。

淋漓尽致。

李贽断言："夫童心者，真心也。若以童心为不可，是以真心为不可也。夫童心者，绝假纯真，最初一念之本心也。若失却童心，便失却真心；失却真心，便失却真人。人而非真，全不复有初矣。"①这就是说，童心对于人至关重要，作为人之本心、真心，是人之为人的根本；丧失了童心，人即成为假人、伪人，在某种意义上也就不复为人。他进而指出，童心、本心就是人的个性和独立人格，童心的与生俱来以及对于人的至关重要表明，个性和独立人格是人之为人的根本，缺少之，人即失去了自我，虽生犹死。可见，个性和独立人格不仅与童心、真心一样与生俱来，而且不啻为人的第二生命，对于人的重要性是无可替代的。基于这种认识，李贽特别渴望个性自由，大力提倡个性的多样化，强烈呼吁给人格独立和个性发展以最大空间。为此，他不禁一次又一次地畅想：

> 念佛时但去念佛，欲见慈母时但去见慈母。不必矫情，不必逆性，不必昧心，不必抑志，直心而动。②
>
> 怕作官便舍官，喜作官便作官；喜讲学便讲学，不喜讲学便不肯讲学。此一等人心身俱泰，手足轻安，既无两头照顾之患，又无掩盖表扬之丑，故可称也。③

沿袭"率性而为"的古老命题，李贽主张不问"人知与否"，不管别人议论，不受礼教束缚，不受教条干预，每个人完全可以根据自己的兴趣、爱好和才能愿意干什么就干什么，愿意怎么干就怎么干，"无拘无碍"，"自由自在"。至此，李贽对由"夫童心者，真心也"而来的真性情的推崇表露无遗。

2. 把个性写进理想人格

李贽认为，由人生而具有的童心、真心呈现出来的个性"至尊无

---

① 《焚书》卷三，《童心说》。
② 《焚书》卷二，《失言三首》。
③ 《焚书》卷二，《复焦弱侯》。

对"，拥有至高无上的价值，必须加以保护和伸张。为此，他将个性和独立人格与君子联系起来，写进理想人格，进而断言是否具有个性和拥有独立人格是判断君子与小人的标准。正是在这个意义上，李贽连篇累牍地宣称：

> "大"字，公要药也。不大则自身不能庇，安能庇人乎？且未有丈夫汉不能庇人而终身受庇于人者也。大人者，庇人者也；小人者，庇于人者也。凡大人见识力量与众不同者，皆从庇人而生，日充日长，日长日昌。若徒荫于人，则终其身无有见识力量之日矣。……豪杰、凡民之分，只从庇人与庇于人处识取。①
>
> 贵莫贵于能脱俗，……贱莫贱于无骨力。②
>
> 能自立者必有骨也。有骨则可藉以行立；苟无骨，虽百师友左提右挈，其奈之何？③

面对儒家把仁义道德作为区分君子与小人标准的做法，李贽代之以独立人格，从价值观的高度提升个性的意义和地位。更有甚者，出于标榜个性、反对盲从的迫切心理，他鄙视世故圆滑、庸庸碌碌的乡愿，而崇拜敢作敢为、有棱有角的狂狷。对于狂狷，李贽赞叹说："狂者不蹈故袭，不践往迹，见识高矣，所谓如凤凰翔于千仞之上，谁能当之！……狷者行一不义，杀一不辜而得天下不为，如夷、齐之伦，其守定矣，所谓虎豹在山，百兽震恐，谁敢犯之。"④

李贽坦言，狂狷有不足之处，都是"破绽之夫"。值得注意的是，在明知狂狷皆"破绽之夫"的前提下，他依然对狂狷心仪不已。究其原因，无非是景仰狂狷的敢作敢当、个性飞扬。按照李贽的说法，独立人格是人成就大业的动力和凭借所在，古往今来，能成大业者非狂

---

① 《续焚书》卷一，《别刘肖甫》。
② 《焚书》卷六，《富莫富于常知足》。
③ 《焚书》卷五，《荀卿李斯吴公》。
④ 《焚书》卷一，《与耿司寇告别》。

即狷。这是因为，狂狷富有个性、敢想敢干，所以勇于担当，能够成就大事；相反，乡愿之徒、好好先生只会唯唯诺诺、俯首听命，终究成不了大器。基于这种分析，李贽得出了如下结论："求豪杰必在于狂狷，必在于破绽之夫，若指乡愿之徒遂以为圣人，则圣门之得道者多矣。"①

3. 用童心取缔权威标准

李贽认为，中国人缺少独立人格，是因为宋明理学禁锢个性、盲目顺从造成的恶果。如果说宋明理学对此难辞其咎的话，那么，盲目崇拜权威是其中最重要的原因。有鉴于此，为了培养独立人格，他本着"夫童心者，真心也"的原则大胆怀疑一切，并最先把怀疑的目光投向了孔子以及四书、六经代表的是非标准和绝对权威。

李贽指出，由于以孔子为唯一的是非标准，在孔子的权威面前，人们只能闭塞耳目，千篇一律地恪守古训，万口一辞地背诵教条。这种做法严重压抑了人的个性和人格独立，也造成了孔子之后"千百余年而独无是非"的盲从、专制局面。他痛恨由于"以孔子之是非为是非"而造成的其他学派"独无是非"的现象，更痛恨由此造成的文化垄断现象。为了改变这种局面，李贽提出了是非"无定质"、"无定论"的观点。正是在这个意义上，李贽反复指出：

> 不执一说，便可通行。不定死法，便可活世。②
> 人之是非，初无定质。人之是非人也，亦无定论。无定质，则此是彼非并育而不相害；无定论，则是此非彼亦并行而不相悖矣。③

在这里，李贽试图用两种思想可以并行共存来排斥是非标准的唯一性，用是非的相对性抵制把孔子之是非绝对化、永恒化和教条化的做法，以此反对文化专制主义、独断主义并且，他用"颠倒千万世之是

---

① 《续焚书》卷一，《与焦弱侯太史》。
② 《藏书·孟轲传》。
③ 《藏书·世纪列传总目前论》。

非"的怀疑、批判精神，反对"咸以孔子之是非为是非"的盲目崇拜和
盲从心理。这一切归根结底都是为了彰显人之个性和独立人格，"夫童
心者，真心也"便是李贽不竭的勇气源泉和理论武器。

与此同时，怀抱变易的是非观，针对宋明理学家把孔子的学说奉为
唯一真理，把其他学说斥为异端的做法，李贽指出，儒、释、道"三教
圣人，顶天立地，不容异同"，诸子百家也"各有一定之学术"，"必至
之事功"。基于这一理解，他大声疾呼，不应以孔子为唯一的是非标准。
这些说法以是非标准的相对性肯定了权威的多样性和多元性，从真理观
的高度伸张了个性的价值。正是为了渲染真理的多样性，在否定孔子标
准唯一性的同时，他进而指出，是非是变化的，不能把孔子的是非奉为
万世之定论。李贽写道："前三代，吾无论矣。后三代，汉、唐、宋是
也。中间千百余年，而独无是非者，岂其人无是非哉？咸以孔子之是
非为是非，故未尝有是非耳。……夫是非之争也，如岁时然，昼夜更
迭，不相一也。昨日是而今日非矣，今日非而后日又是矣。虽使孔夫子
复生于今，又不知作如何是非也，而可遽以定本行刑赏哉！"① 按照他的
分析，是非与时俱进，如昼夜更替一般，昨日为是而今日为非，今日为
非而明日为是。如此说来，孔子的言论和是非即使是正确的，可以被奉
为是非标准，充其量也只能适用于孔子之时而不适用于后世。由此不难
设想，如果复生于今世，孔子的是非也会因时而变的。这些议论在空间
与时间的双重维度印证了孔子或孔子思想不可能具有超越时空的权威性
和真理性，进而排除了以孔子为唯一的是非标准的合理性和正当性。

与否定孔子权威是为了张扬个性、提倡独立人格的初衷相呼应，
在排除了孔子标准的唯一性的基础上，李贽声称"天生一人自有一人
之用"，进而鼓励人们坚持自我、发挥个性，不必以孔子之是非为是
非——"不待取给于孔子而后足"。正是在这个意义上，他不止一次满
怀激情地写道：

---

① 《藏书·世纪列传总目前论》。

人皆以孔子为大圣，吾亦以为大圣；皆以老、佛为异端，吾亦以为异端。人人非真知大圣与异端也，以所闻于师父之教者熟也。师父非真知大圣与异端也，以所闻于儒先之教者熟也。儒先亦非真知大圣与异端也，以孔子有是言也。……儒先臆度而言之，父师沿袭而诵之，小子蒙聋而听之，万口一辞，不可破也；千年一律，不自知也。……至今日，虽有目，无所用矣。①

夫天生一人自有一人之用，不待取给于孔子而后足也。若必待取足于孔子，则千古以前无孔子，终不得为人乎？故为"愿学孔子"之说者，乃孟子之所以止于孟子，仆方痛憾其非夫，而公谓我愿之欤？②

孔子是传统道德的化身，千百年来被顶礼膜拜乃至奉若神明。在向圣贤看齐、唯超凡入圣是务的古代社会中，孔子的思想被歪曲，形象被神化，致使孔子权威从某种程度上说确实存在压抑个性、禁锢自由之弊。从这个意义上说，李贽对孔子权威的撼动无疑是一次思想启蒙，也在理论上使人的个性和人格独立得以张扬。

问题到此并没有结束，出于同样的目的和动机，李贽对儒家经典表现出极大的不屑甚至蔑视，甚至把批判的矛头直接对准了四书和六经。他断言："夫六经、《语》、《孟》，非其史官过为褒崇之词，则其臣子极为赞美之语。又不然，则其迂阔门徒、懵懂弟子，记忆师说，有头无尾，得后遗前，随其所见，笔之于书。后学不察，便以为出自圣人之口也，决定目之为经矣，孰知大半非圣人之言乎？纵出自圣人，要亦有为而发，不过因病发药，随时处方，以救此一等懵懂弟子，迂阔门徒云耳。药医假病，方难定执，是岂可遽以为万世之至论乎？然则六经、《语》、《孟》，乃道学之口实，假人之渊薮也，断断乎其不可以语于童心之言明矣。呜呼！吾又安得真正大圣人童心未曾失者而与之一

---

① 《续焚书》卷四，《题孔子像于芝佛院》。
② 《焚书》卷一，《答耿中丞》。

言文哉！"① 这就是说，《诗》、《书》、《礼》、《乐》、《周易》和《春秋》以及《论语》、《孟子》等儒家经典绝大部分并非出自圣人之口，不是史官、臣子的溢美之词，就是"迂阔门徒"、"懵懂弟子"记忆师说的片段，所以，有头无尾、不成体系。退一步说，即使这些经典真的出自圣人之口，那也不过是即兴随时的"因病发药，随时处方"，充其量只能在当时起到临时作用，根本就不应该被执为"定本"或"万世之至论"。现在的问题是，这些经典成为宋明理学的口实为害甚深，压抑了人的个性和思想自由，在残害人之童心、真心的同时，也成为制造假人的渊薮。经过如此一番剖析之后，李贽总结说，儒家经典都不可信，其权威性更是值得怀疑，当然也就没有资格作为是非标准了。

值得注意的是，"夫童心者，真心也"不仅使李贽敢于向孔子、六经和四书等权威发出挑战，而且预示了三教的平等。道理很简单，既然人人皆以童心、真心行事，那么，孔子、老子和释迦创教解决的是同一问题，关心的无非是"自家性命下落"；由于问题相同，纵然是解决问题的方式有别，亦不过是大同小异而已。这用李贽本人的话说便是："凡为学皆为穷究自己生死根因，探讨自家性命下落。是故有弃官不顾者，……唯三教大圣人知之，故竭平生之力以穷之，虽得心应手之后，作用各个不同，然其不同者特面貌尔。……同乎，不同乎？唯真实为己性命者默默自知之，此三教圣人所以同为性命之所宗也。"②

进而言之，李贽质疑孔子和四书五经的权威是为了释放个性，培养独立人格，这一立言宗旨在他以童心替代孔子、经典权威的做法中达到了极致。可以看到，李贽不仅否定了孔子代表的圣人标准和六经、四书代表的经典标准，而且有针对性地推出了自己的新标准——童心。他坚信："天下之至文，未有不出于童心焉者也。……苟童心常存，则道理不行，闻见不立，无时不文，无人不文，无一样创制体格文字而非文者。"③这就是说，童心与生俱来、人人皆有，却非常容易失去，尤其是后天的

---

① 《焚书》卷三，《童心说》。

② 《续焚书》卷一，《答马历山》。

③ 《焚书》卷三，《童心说》。

"闻见"、"道理"会给童心带来致命的破坏。李贽所讲的给童心造成致命戕害的"闻见"和"道理"指古代社会的伦理道德和纲常名教,具体指以孔子言论、经典和宋明理学为代表的主流意识形态。在他的眼里,这些都是束缚人的枷锁,严重扼杀了人的个性和独立人格。人一旦在这些"闻见"、"道理"的侵蚀下失去童心,泯灭童真,丧失真心,就会由真人变成"假人";更为严重的是,"其人既假,则无所不假矣"——说话会言不由衷,做事会矫揉造作,从政会成为两面派。总之,后果极其严重、不堪设想。有鉴于此,李贽强烈呼吁恢复人的天性,以真心、童心来为人处世。而要做到这一点,前提便是把童心作为至高无上的唯一标准。

4. 提出了发挥个性的政治理想

为了使真心能够尽情流露,人的个性真正得到张扬,也为了在现实生活中培养独立人格,李贽在理论上论证了个性的至关重要性,张扬人格独立的意义和价值。更为重要的是,他在实践上为发挥个性拓展操作平台和现实空间,提出了培养、塑造个性和独立人格的政治理想。在李贽看来,宋明理学家不顾人之个性的千差万别,偏要以一己的好恶"执之以为一定不可易之物","于是有德礼以格其心,有政刑以絷其四体,而人始大失所矣"。① 这是对人"强而齐之"的钳制,严重扼杀了人的个性,禁锢了独立人格。这种政治制度有悖人道,是不合理的。不仅如此,他针锋相对地提出了"因乎人者"的理想政治,并将之称为"至人之治"。对此,李贽一贯如是说:

> 只就其力之所能为,与心之所欲为,势之所必为者以听之,则千万其人者,各得其千万人之心;千万其心者,各遂其千万人之欲。是谓物各付物,天地之所以因材而笃也。所谓万物并育而不相害也。②
>
> 君子以人治人,更不敢以己治人者,以人本自治。人能自治,

---

① 《焚书》卷一,《答耿中丞》。
② 《道古录》卷上,《第五章》。

不待禁而止之也。……既说以人治人，则条教禁约，皆不必用。①

"至人之治"是李贽理想的政治制度，这种政治制度以尊重个性、保护独立人格为宗旨，具体做法是：根据"物各付物"的原则，充分尊重个性，实行"并育而不相害"的政策，"因其政不易其俗，顺其性不拂其能"；通过让每个人都充分发展个性，来满足"千万人之心"，"千万人之欲"，最终达到天下大治的目的。在这里，顺应个性、尊重独立人格是前提、是条件，发展个性、培养人格独立是结果、是目的。李贽相信，生活在这样的政治制度和社会环境中，每个人的个性都能够得到充分关注和尊重，人人都可以拥有独立的人格而人格平等。在这里，个性的张扬与天下大治是同步进行、相辅相成的，人格的多样化和个性的尽情挥洒是衡量天下大治的标准，当然也成为天下大治的题中应有之义。

需要说明的是，明清之际，渴望、张扬个性者并不限于李贽一人。甚至可以说，鉴于对宋明理学盲目顺从、扼杀个性的认定和不满，推崇个性、肯定个体的价值是早期启蒙思想家共同的理论倾向和价值诉求。他们对气质之性的偏爱、对人欲和功利的肯定都从不同角度反映了这一点。在这个前提下，必须肯定的是，即使抛开生活于明末的李贽在时间上对于明清之际的黄宗羲、王夫之、颜元和清代早期的戴震等人的优先性不谈，仅就思想而言，"夫童心者，真心也"使李贽对个性的渴望、崇拜和推崇热切而执著，远非他人可及：行动上率性而为、特立独行，成为中国历史上最有个性的思想家之一；言论上为个性振臂高呼，对独立人格的渴望和推崇不遗余力。这些都使李贽成为推崇个性的典型代表，即使是在明清之际的早期启蒙思想家中也无人能出其右。

三、"夫童心者，真心也"与功利诉求

"夫童心者，真心也"中的童心、真心也就是人的功利心和私心。

---

① 《道古录》卷下，《第六章》。

正因为如此，李贽把功利心和私心视为人与生俱来的本性，在肯定追求功利、怀有私心是人之行为本能和进取动力的基础上，公开伸张自己功利主义的理论主旨和行为追求。他宣称："我以自私自利之心，为自私自利之学，直取自己快当，不顾他人非刺。"①李贽膜拜个性和人格独立，对功利的追求是人之个性和独立人格的题中应有之义。在他看来，个体价值的实现本质上是通过"为己"、"自适"而满足个人利益。于是，李贽断言："士贵为己，务自适。如不自适而适人之适，虽伯夷、叔齐同为淫僻。不知为己，惟务为人，虽尧、舜同为尘垢秕糠。"②循着这个逻辑，李贽以"夫童心者，真心也"表达了自己的功利意趣和诉求。

1."童心"即功利心和私心

李贽不仅断言"夫童心者，真心也"，而且宣称人人皆有的童心、真心本质上就是功利之心。这使私心成为童心、真心的同义语，也使追求功利成为人人共有的"同心"。对此，他不止一次地解释说：

> 趋利避害，人人同心。是谓天成，是谓众巧。③
>
> 如好货，如好色，如勤学，如进取，如多积金宝，如多买田宅为子孙谋，博求风水为儿孙福荫，凡世间一切治生产业等事，皆其所共好而共习，共知而共言者，是真迩言也。④

在李贽的视界中，作为人人皆有的本性、"同心"之一，人的"势利之心"天然禀赋，与生俱来。这使"趋利避害"拥有了天经地义性，也由此成为人人共同的行为法则。不仅如此，人对功利的追求势不可挡，理应得到满足。正是在这个意义上，李贽一而再、再而三地声称：

> 夫天下之民物众矣，若必欲其皆如吾之条理，则天地亦且不

---

① 《焚书》增补，《寄答留都》。
② 《焚书》增补，《答周二鲁》。
③ 《焚书》卷一，答邓明府》。
④ 《焚书》卷一，《答邓明府》。

能。是故寒能折胶，而不能折朝市之人；热能伏金，而不能伏竞奔之子。何也？富贵利达所以厚天生之吾五官，其势然也。是故圣人顺之，顺之则安之矣。①

大圣人亦人耳，既不能高飞远举，弃人间世，则自不能不衣不食，绝粒衣草而自逃荒野也。故虽圣人，不能无势利之心。②

财之与势，固英雄之所必资，而不圣人之所必用也，何可言无也？③

依据李贽的分析，"势利之心"是人与生俱来、不可改变的本性，人的一切活动都围绕着功利展开，从根本上说都是对功利的追逐。在这一点上，即使圣人也不例外。更有甚者，由于断言人性皆"趋利避害"，他把人与人之间的关系都说成是利益关系、交换关系，进而得出了"天下尽市道之交"的结论。这就是说，人与人之间的关系与商品交换一样，都是建立在利害之上的，究其极"也不过交易之交耳，交通之交耳"。④一般人之间的关系如此，父子之间的关系也是这样。例如，父"以子为念"，无非是因为"田宅财帛欲将有托，功名事业欲将有寄，种种自大父来者，今皆于子乎授之"。⑤父子关系尚且如此，朋友关系便不言而喻。李贽写道："以利交易者，利尽则疏；以势交通者，势去则反，朝摩肩而暮掉臂，固矣。"⑥同样的道理，被视为神圣的师生关系在他的眼里也是一种利益关系，即便是作为圣人的孔子与弟子的关系也是利益关系，说白了也无非是一种交易而已。于是，李贽写道："七十子所欲之物，唯孔子有之，他人无有也；孔子所可欲之物，唯七十子欲之，他人不欲也。"⑦

对于李贽来说，人皆有"势利之心"，人将追逐功利作为行为目标

---

① 《焚书》卷一，《答耿中丞》。

② 《道古录》上，《第十章》。

③ 《道古录》上，《第十章》。

④ 《续焚书》卷二，《论交难》。

⑤ 《焚书》增补卷一，《答李如真》。

⑥ 《续焚书》卷二，《论交难》。

⑦ 《续焚书》卷二，《论交难》。

和处世原则是必然的。这是因为，"夫童心者，真心也"之心就是私心，私心是人人共有的"同心"。有鉴于此，他把自私说成是人的本性，提出了"人必有私"说。李贽断言："夫私者，人之心也。人必有私，而后其心乃见；若无私，则无心矣。"[①]按照他的说法，人不可须离的童心即自私自利之心，自私自利是童心的本质。自私自利是人的本性，即使圣人也未能免俗——"虽圣人不能无势利之心"。拿孔子来说，同样以一己之私来决定自己的去留。李贽坚信："虽有孔子之圣，苟无司寇之任，相事之摄，必不能一日安其身于鲁也决矣。此自然之理，必至之符，非可以架空而臆说也。"[②]在上述论证中，李贽一面将功利、私心视为童心的题中应有之义，一面断言追求功利、自私自利是人与生俱来的本性。这道出了自私自利与个性、人格独立之间的内在联系，也使功利追求成为推崇个性、提倡人格独立和培养人格多样化的手段之一。

2. 伸张功利、自私的价值和意义

与断言人的一切活动都为了趋利避害相一致，李贽把伦理道德与人的物质生活和生理欲望联系起来，指出伦理道德来源于人的物质生活，究其极不过是百姓处理穿衣吃饭等日常事务的共同准则而已。基于这种认识，他推崇"迩言"。迩，近也；所谓"迩言"，就是通俗浅显、与人的日常生活息息相关的道理。李贽借助对"迩言"的推崇旨在强调，人伦离不开人之趋利避害的本性，善、道德与功利密切相关；所谓义，并非空洞的说教，其实就是利。对于这些，他概括为"迩言为善"。作为童心的表现，"迩言""古今同一"，"天下同一"，是百姓"共好而共习，共知而共言者"。有鉴于此，李贽把"迩言"说成是区分善恶的道德标准，并且一再断言：

> 大舜无中，而以百姓之中为中；大舜无善，而以百姓之迩言为善。[③]

---

① 《藏书》卷三十二，《德业儒臣后论》。
② 《藏书》卷三十二，《德业儒臣后论》。
③ 《道古录》下，《第一章》。

> 夫唯以迩言为善，则凡非迩言者必不善。何者？以其非民之
> 中，非民情之所欲，故以为不善，故以为恶耳。①

接下来的问题是，既然"迩言"为善，那么，正如作为"民情之欲"的"迩言"为善一样，天理离不开人的各种欲望，天理就是百姓日常生活中遵循的共同准则。这表明，天理与人欲绝不是脱节的，更不是对立的，而是统一的。循着这个逻辑，李贽强调，道德的目的是为了功利，不计功利也就无法实现仁义。对此，他一再宣称：

> 夫欲正义，是利之也。若不谋利，不正可矣。吾道苟明，则吾
> 之功毕矣。若不计功，道又何时而可明也。②
> 尝论不言理财者，绝不能平治天下。何也？民以食为天，从
> 古圣帝明王无不留心于此者。③

基于上述认识，李贽崇尚功利，并以功利的视角重新评价了许多历史人物。例如，他一反传统看法，称赞秦始皇是"千古一帝"，汉武帝是"大有为之圣人"等等。

为了凸显道德与功利的密不可分，也为了提升功利的地位，李贽反对董仲舒"正其谊（义——引者注）不谋其利，明其道不计其功"的说教，并对朱熹代表的宋明理学家的义利观进行了批判。李贽声称："夫欲明灾异，是欲计利而避害也。今既不肯计功谋利矣，而欲明灾异者何也？既欲明灾异以求免于害，而又谓仁人不计利，谓越无一仁又何也？所言自相矛盾矣。且夫天下曷尝有不计功谋利之人哉！若不是真实知其有利益于我，可以成吾之大功，则乌用正义明道为耶？"④依据李贽的分析和揭露，那些标榜不计功利的道义论不仅自相矛盾，而且极端

---

① 《道古录》下，《第一章》。
② 《藏书》卷三十二，《德业儒臣后论》。
③ 《四书评·大学》。
④ 《焚书》卷五，《贾谊》。

迁腐、虚伪。董仲舒一面欲明灾异以求除害，一面标榜"正其谊不谋其利"，这种做法在理论上和逻辑上都是讲不通的，承袭董仲舒义利观的宋明理学也是这样。更为严重的是，在宋明理学家的影响下，当今士人尽管人人谋利却竭力否认自己的功利动机。于是，言行不一、口是心非之风大行其道，造成了极端的虚伪局面。这表明，并不仅仅止于理论上的矛盾和荒谬，宋明理学家的义利观在实践上造成了极大的社会危害。

从自私是人的本性、"势利之心"是人人共有的"同心"出发，李贽极力声明自私不是罪恶，而是人之一切活动的动力和成功的保证。对此，他列举了大量的例子加以论证。下仅举其一斑：

> 如服田者，私有秋之获而后治田必力。居家者，私积仓之获而后治家必力。为学者，私进取之获而后举业之治也必力。故官人而不私以禄，则虽召之，必不来矣。苟无高爵，则虽劝之，必不至矣。①
>
> 农无心则田必芜，工无心则器比窳，学者无心则业必废，无心安可得也。②

按照这种说法，"人必有私"，人的一切活动和行为都是在私的发动下，以功利为动力展开的。正如农夫辛苦种田是因为"私有秋之获"一样，士人努力读书是因为"私进取之获"。当初，正是这种私心促成了人的各种活动，没有了私心，人便会由于没有进取的动力而最终一事无成。

鉴于私对人之成功和社会进步的重要意义，李贽否认无私说，尤其对无私说的虚伪予以无情的揭露和鞭挞。他指出，无私说犹如画饼充饥一样，只是好听而没有实效，甚至还会混淆视听，危害极大，绝对是不可取的。针对无私说的虚伪不实，李贽抨击说："然则为无私之说者，皆画饼之谈，观场之见，但令隔壁好听，不管脚跟虚实，无益于事，只

---

① 《藏书》卷三十二，《德业儒臣后论》。
② 《藏书》卷三十二，《德业儒臣后论》。

乱聪耳，不足采也。"① 在他看来，无私说于世无补，不惟无益反而有害。质言之，无私说之所以流于虚伪，并且无益于现实，是因为私是人之本性，不可能彻底废私。

与功利旨趣息息相关，李贽推崇经世致用，强调"唯治贵适时，学必经世"。"夫治国之术多矣"，自古以来帝王将相，"凡有所挟以成大功者，未常不皆有真实一定之术数"。② 这些议论不仅流露出对宋明理学的不满，而且凸显了学术必须具有经世致用之价值，以期有利于国家社会。正是在这个意义上，李贽断言："真正学问，真正经济，内圣外王，具备此书（指《大学》——引者注）。岂若后世儒者，高谈性命，清论玄微，把天下百姓痛痒置之不问，反以说及理财为浊耶！尝论不言理财者，决不能平天下。"③

一方面，经世致用是明清之际早期启蒙思潮的主要诉求之一，反对宋明理学空谈性理，呼吁学问与现实的政治、经济联系起来，以期有利于国计民生是明清之际早期启蒙思想家的共识。在这一点上，李贽与其他早期启蒙思想家的看法完全一致。另一方面，李贽对功利的提倡基于人之本性——童心，其中蕴涵着满足人的个性、提倡人格平等和人格多样化等独特意蕴，这是其他人很少关注的。这决定了只有把提倡功利与推崇个性、膜拜独立人格联系起来，才能深刻体会李贽功利思想的独特内涵和启蒙意义，因为他的功利诉求与"夫童心者，真心也"一脉相承，二者具有内在的理论关联。

四、"夫童心者，真心也"与李贽的启蒙思想和人生际遇

上述内容显示，"夫童心者，真心也"既构成了李贽启蒙思想的内容，又是贯穿其中的灵魂和主线。正是从"夫童心者，真心也"的心学立场出发，李贽认为，宋明理学的所有错误都源于盲目顺从以及丧失独

---

① 《藏书》卷三十二，《德业儒臣后论》。

② 《焚书》卷五，《晁错》。

③ 《四书评·大学》。

立人格，对宋明理学的批判和自己的思想建构均以此为重心。于是，他一面在理论上对宋明理学压抑个性和独立人格的做法予以鞭挞，一面大力提倡个性和独立人格。与此相一致，面对宋明理学的虚伪做作，李贽坦言人皆有私，人的一切活动归根结底都在追逐功利，以此宣称追求私利是人之本性，进而为人的功利追求和宋明理学家极力反对的人欲正名。由此可见，李贽的所有思想均与"夫童心者，真心也"密切相关，由始至终贯穿着对真心、童心的执著追求。作为"异端"、"狂者"对宋明理学展开批判是从反面对"夫童心者，真心也"的印证，对个性、独立人格的提倡则是对"夫童心者，真心也"的正面阐扬，基于人性自私自利的功利诉求从根本上说便是对"夫童心者，真心也"的具体贯彻和运用。

"夫童心者，真心也"预示着李贽既追求童心，又膜拜真心。事实上，他率性而为，我行我素，常有惊世骇俗之举，引起众人侧目而视。这一点从原来是其好友、后来与其绝交的耿定向等人对他的揭发中可见一斑。尽管李贽对自己的不拘形迹毫不掩饰，然而，李贽的行为被认为伤风败俗，众人鸣鼓而攻之，有人甚至雇佣地痞、打手焚烧了李贽晚年在麻城的栖身之地——芝佛院。由此可以想象，李贽的行为举止是多么冒天下之大不韪乃至于"惊天动地"了。

作为一种心理趋向和文化积淀，中国传统文化具有浓郁的尚同取向；反过来，这种尚同心理又对中国古代哲学的建构产生了深刻影响，并被进一步提升为思维方式和价值旨趣影响到中国人的方方面面，推崇共性、贬低个性则是其集中表现：价值追求上，膜拜正统、追求大同，抵制新奇、排斥个性；行为追求上，恪守传统、因循守旧，反对创新或标新立异；人格塑造上，标榜法先王，呼吁人人都向圣贤看齐而争做圣贤，反对人格发展的多样化。

作为中国古代哲学尚同情结最完整、最极端的表达，宋明理学一面将传统文化的尚同情结发挥到了极致，一面在各个环节尚同而贬异：第一，宋明理学对共性之推崇、对个性之抑制集中体现在双重人性论中。从根本上说，宋明理学家之所以把人性分为两个部分，就是为了认定人之共性为善，个性有恶。因此，尽管具体观点有些出入，张载、朱熹都把人性分为共性（张载称之为天地之性，朱熹称之为天命之性）与个性（气质之性）两个相对独立的部分，并在人性双重的思维格局中把共性——人人相同甚至人物相同的天地之性或天命之性说成是善而备加推崇，把个性——参差不齐的气质之性判为有恶而疾呼变化。这里隐藏着一个共同的理论预设，那就是：共性是善，个性有恶——恶只能潜伏在个性之中，与共性无涉；要消除恶，就要消磨个性。第二，令宋明理学家念念不忘的"去人欲，存天理"在思想主旨和价值追求上就是求同而去异——如果说所存的天理是同的化身甚至是对同的神化的话，那么，所去的人欲则代表着个性之异。第三，由张载发其端，被二程和朱熹等人津津乐道的"理一分殊"更是从形而上学的高度揭示，宇宙本体只有一个，万殊源于同一个本体——在这一点上，气本论者张载与理本论者程朱的看法完全相同。循着这个逻辑，既然同出一源，那么，世界万殊不论表面上如何丰富多彩、千姿百态，在本质上却并无不同。这就是说，"理一分殊"传递着这样的信息：从本原上讲，同、一是根、是本，殊、异作为一、同的现象从属于前者；源于一理的分殊、个性都是相对的。更为重要的是，由于分殊源于理一，是一、同派生了殊、异，所以，一、同比殊、异具有更高的价值。一言以蔽之，一、同是善，殊、异是恶。总之，"理一分殊"从形而上学的高度论证了尚同贬异、崇一抑殊的正当性和合理性。

明代中期以后，中国南部沿海城市的商业发展给尚同抑异和宋明理学的价值观带来了冲击，物质追求和功利价值的上扬带动了个体意识的崛起。这些不仅促使早期启蒙思想家开始反思宋明理学的异同观、理欲观、义利观和公私观，而且要求他们从理论上为个体价值和物质追求提供合理性辩护。在这种历史背景下，以反思宋明理学为己任的早期启蒙思潮应运而生。

在很大程度上可以说，所谓启蒙就是人之主体意识的觉醒，启蒙思想的核心是对个体存在和人之个性的尊重。这决定了张扬个性、推崇个体价值是启蒙思想的内在要求。当然，面对的历史背景和文化语境不同，由于所启之"蒙"迥然相异，启蒙思想的具体内容和表现方式也会随之相去甚远。如果说启蒙思想在西方是针对中世纪神学对人之遮蔽而呼唤人的出场，启蒙运动最终被还原为"人的发现"过程的话，那么，在中国则是针对三纲五常代表的伦理道德对个人的压抑而渴望人向自然属性的回归。因此，在明清之际的中国早期启蒙思潮中，彰显个性是一股普遍的时代风尚，渴望、张扬个性者也不限于李贽一人。

一方面，鉴于对宋明理学盲目顺从、扼杀个性的认定，推崇个性、肯定个体价值是早期启蒙思想家共同的理论倾向、价值诉求和人生目标。事实上，颜元、戴震等人对气质之性的情有独钟以及黄宗羲、顾炎武和唐甄等人对欲、利、私的肯定都反映了这一点，因为无论是对人之自然本性的还原还是对个体生存权利的尊重本质上都是对人之个体价值和个性的张扬。在这方面，李贽与其他早期启蒙思想家并无不同。不仅如此，就指责宋明理学有奴性心态而盲目顺从，严重扼杀人的个性而言，傅山的认识与李贽极为类似。傅山认识到了宋明理学家的盲目顺从，并且深恶痛绝。他还依据缺少个性、自主精神而把宋明理学和宋明理学家称为"陋儒"、"奴儒"：陋儒即"瞎儒"，称宋明理学家为"瞎儒"是因为他们的言行与瞎子没什么不同——"沟渎之中，而讲谋猷"①，"在沟渠中而犹然自以为大"②。"奴儒"比"陋儒"更多了几分奴性，称宋明理学家为"奴儒"是因为他们生前借偶像以自尊，死后配祭孔庙以盗名。傅山批评宋明理学家"多不知诗文为何事何物"，而"妄自谓我圣贤之徒，岂可无几首诗、几篇文字为后学师范？"③宋明理学家们平日里或者"从半路里看得俗儒一句半句省事话"来吓唬人，或者"单单靠定前人一半句注脚"便认定是"有本之学"；实际上，他们不过是"奴君子"而已，好比"矮人观场，人好亦好，瞎子随笑，所笑不差"。④以此观之，宋明理学家的人格存在致命缺陷，他们所讲的学问也不过是不知所云的梦话而已。

---

① 《荀子评注》。

② 《读经史·学解》。

③ 《傅山手稿一束》。

④ 《霜红龛集·杂记二》。

另一方面，与"夫童心者，真心也"密不可分，李贽的启蒙思想极富个性，在早期启蒙思想家中独树一帜、卓尔不群。就彻底和激进而言，李贽的启蒙思想是包括傅山在内的早期启蒙思想家无法比拟的。换言之，即使是在明清之际的早期启蒙思想家中，李贽对个性、独立人格的呼吁也是最为激进、热烈和大胆的。换言之，从独立人格的角度推崇个性，并从人之本性、真理观、政治制度等各个方面为个性和独立人格大声疾呼是李贽不同于其他人之处，也使他对个性和独立人格的提倡最为全面。更为重要的是，本着"夫童心者，真心也"的逻辑和思路，李贽的论证省去了理气观、道器观、有无观和动静观等等形而上学的大叙事，从人的私心、功利入手，着眼于普通人的日常状态和市井生活。这使他的启蒙思想亲切有味，贴近百姓，由精英式转入大众化，并且具有了可操作性。这些构成了李贽启蒙思想的独特视域和理论价值。

"夫童心者，真心也"是李贽植根于市民阶层的崛起而反思宋明理学的产物，以最极端、最彻底的形式回击宋明理学的尚同贬异，推动了中国启蒙历程从群体之人到个体之人的转换。作为明清之际最激进的早期启蒙思想家，李贽一面质疑圣人、经典的权威，一面将"夫童心者，真心也"奉为至理名言，并身体力行。"夫童心者，真心也"不仅展示了李贽启蒙思想的与众不同，而且注定了他的特立独行和必将以悲剧收场的个人命运。

崇尚真性情的李贽特立独行，孤高傲世。提起中国古代的异端，最著名的人物则非李贽莫属。他是科举考试的受益者，25岁中举，却瞧不起科举制度，当场嘲笑考官无能。李贽的行为时时处处挑战着世人的底线，并且公开以异端自居，对于异端之名当之无愧。由于尚同抑异观念的根深蒂固和宋明理学的正统地位，李贽的思想不可能得到官方的认可，甚至得不到民众的理解而屡遭百姓的抵制。这从反面证明了李贽思想和言论的振聋发聩，也预示了李贽个人命运和启蒙思想的悲剧结局。在中国传统文化的价值系统中，异端与邪说并举，一种学说一旦被视为异端便等于被宣判了死刑。由于思想的离经叛道和行为的特立独行，李贽被称为"妖人"，学说被贬为异端，著作多次被焚禁。在李贽76岁时，万历皇帝下令禁毁他的所有著作。其实，对于自己著作的这种命运，他本人早已预料到了，所以给自己的著作起名为《焚书》、《藏书》等。对于这样的书名，李贽进行过不止一次的解释和说明：

> 《藏书》者何？言此书但可自怡，不可示人，故名曰《藏书》也。①
>
> 一曰《藏书》，上下数千年是非，未易肉眼视也，故欲藏之，言当藏于山中以待后世子云也。一曰《焚书》，则答知己书问，所言颇切近世学者膏肓，既中其痼疾，则必欲杀我矣，固欲焚之，言当焚而弃之，不可留也。②

据此可知，《焚书》意为此书早晚会被付之一炬，《藏书》则意味着不合时适，"言当藏于山中以待后世子云也"。梅国桢印证了李贽的说法："知其与世不相入，而曰吾姑书之而姑藏之，以俟夫千百世之下有知我者而已。……惟其不得已而笔之于书，又不得已而藏之。"③然而，李贽明知自己的书不合时宜，会给自己招致麻烦——甚至导致杀身之祸，却毫不畏惧。他曾经表白说："我可杀不可去，我头可断而我身不可辱。"④于是，李贽毅然决然地把《焚书》、《藏书》这些可能引火烧身的"祸端"公之于众，结果可想而知：《焚书》万历十八年（1590）初刻，万历二十八年（1600）重刻，均遭禁毁。《藏书》最早刻于万历二十七年（1599）。正是这些著作和李贽的行为让明朝最高统治者忍无可忍。1602年，万历皇帝以"敢倡乱道，惑世诬民"的罪名，将李贽逮捕入狱。李贽不愿受辱，在狱中以剃刀自杀身死，以自己的方式再次张扬了放荡不羁的个性和独立人格，也用自己的生命为"夫童心者，真心也"做了最好的注脚。

---

① 《藏书·世纪列传总目前论》。
② 《焚书·自序》。
③ 《藏书·梅国桢序》。
④ 《续焚书》卷一，《与耿克念》。

第十五章

"诵说中度一日，便习行中错一日"

——颜元读书观的多维透视

"诵说中度一日，便习行中错一日"语出颜元，既道出了对读书的看法，又直观地呈现出颜元与朱熹等宋明理学家的分歧。在中国哲学的视域中，读书观不仅包括读书的方法即如何读书的问题，而且包括为何读书即读书的目的和宗旨等问题，后者往往比前者更为重要和根本。这使读书观具有了多重内涵和意蕴，也使颜元的"诵说中度一日，便习行中错一日"拥有了多重意蕴和诉求——不仅与他对宋明理学之虚的批判和对实的崇尚一脉相承，而且与他的习行哲学密不可分。透视"诵说中度一日，便习行中错一日"，以读书观为切入点，有助于深刻领悟颜元知行观的致思方向和价值旨趣，并且可以直观感受明清之际早期启蒙思想家与宋明理学家的分歧所在。

一、理学之虚与世界之实

作为明清之际的早期启蒙思想家，颜元（1635—1704）的哲学是在对宋明理学的批判中展开并建构起来的。与将宋明理学的弊端归结为一个虚字相一致，他的哲学灵魂是实，对读书和习行的基本态度便源于此。

颜元认为，坐而论道、空谈玄理之风造成了宋明理学脱离实际，于现实无补的无用无能。而宋明理学正是在把世界和包括人在内的宇宙万物虚化的过程中，使人丧失了本有的生机和活力，并且由于把人的基本生存掏空，最终酿成杀人的悲剧。这表明，宋明理学的错误一言以蔽之就是虚。鉴于宋明理学之虚对现实毫无用处并且酿成了巨大的社会灾难，颜元对宋明理学之虚深恶痛绝。因此，他不仅在理论上指出了宋明理学的病症所在，而且提出了根治的药方，那就是："以实药其空，以动济其静。"①可见，由于认定宋明理学的病症一言以蔽之是虚，颜元开出了实这剂药方。进而言之，如果说为了根治宋明理学的空和静，颜元针锋相对地提倡实和动的话，那么，具体到读书观上，他认定读书对应的是空和静，习行则对应着实和动。这表明，批判宋明理学之虚与倡导实学的共同初衷促使颜元提出了"诵说中度一日，便习行中错一日"，也使这一命题具有了本体、价值、认识、知行等诸多意蕴和维度。

针对佛学、老学和宋明理学将世界虚幻化、静止化的做法，颜元一面论证世界的本质是实和动，一面反对将世界归为虚和静。对此，他不止一次地断言：

> 天地之实，莫重于日月，莫大于水土，使日月不照临九州，而惟于云霄外虚耗其光；使水土不发生万物，而惟以旷闲其春秋，则何以成乾坤？人身之实，莫重于聪慧，莫大于气质，而乃不以其聪慧明物察伦，惟于玩文索解中虚耗之；不以其气质学行习艺，惟于读、讲、作、写旷闲之，天下之学人，逾三十而不昏惑衰惫者鲜矣，则何以成人纪！②

---

① 《存人编》卷一，《唤迷途·第二唤》。
② 《颜习斋先生言行录》卷上，《学人第五》。

凡天地所生以主此气机者，率皆实文、实行、实体、实用，卒为天地造实绩，而民以安，物以阜。虽不幸而君相之人竟为布衣，亦必终身尽力于文、行、体、用之实，断不敢以不尧舜、不禹皋者苟且于一时，虚浮之套，高谈袖手，而委此气数，置此民物，听此天地于不可知也。亦必终身穷究于文、行、体、用之源，断不敢以惑异端、背先哲者，肆口于百喙争鸣之日，著书立言，而诬此气数，坏此民物，负此天地于不可为也。①

颜元认为，实、动不仅是世界的本质，而且是最高价值，并把之视为人生追求和为学标准。为此，他一面积极倡导实和动，一面坚决抵制虚和静。"诵说中度一日，便习行中错一日"便在这种理论初衷和背景下拉开了帷幕。

二、诵读之虚与习行之实

颜元认为，宇宙的本质是实、是动，性能是光照天地、生发万物；生活在这样的世界上，人应该务实而不是蹈空。具体地说，务实即习行，蹈空则指静坐读书。

在颜元看来，习行不仅是世界对人的要求，而且是上天赋予人的能力。这是因为，由四肢、五官、百骸等形体及其功能构成的气质之性是人性的唯一内容，人之实的载体是气质之性，具体表现和作用便是在不断的生命运动中明察物理、习行技艺。人有了气质这个先天条件却不知不行，本性便发挥不出来。这样的人由于不能践形、尽性而终不成人，等于虚度年华。在这方面，朱熹教人静坐读书便是反面典型。

颜元进一步指出，气质之性必须在习行中得以贯彻、发挥，人体、人性之实离不开习行。颜元批判朱熹，这是最主要的原因之一。例如，颜元曾经批评朱熹说："朱子之学，全不觉其病，只由不知气禀之

---

① 《习斋记余》卷三，《上太仓陆桴亭先生书》。

善。以为学可不自六艺入，正不知六艺即气质之作用，所以践形而尽性者也。"①依据颜元的分析，朱熹理学的病症在于不承认人的形体——气质是善的，更不明白人的气质之善就在于可以习行六艺，习行六艺是气质之性的作用；事实上，人的形体生来就有各种功能，通过后天的习行可以获得各种知识、技术和技能。沿着这个思路，颜元得出结论：朱熹让人静坐读书而放弃习行，也就等于让人放弃了向善的努力，并且最终使人成为废人或对社会无用之人。在这里，颜元通过揭露朱熹的错误及其危害，试图从反面证明无论为人还是为学都要将精力放在习性上。对于颜元而言，如果说气质之性作为人性的唯一内容、是天地之实在人之本性上的体现的话，那么，习行则是人性之实的具体展示。习行是人之形体的必然属性、功能和要求，也只有习行，才能践形、尽性——使人之形体的作用充分发挥出来。

颜元认为，习行是孔子思想的宗旨，也是儒家之要义。正是在这个意义上，他说道：

> 孔子开章第一句，道尽学宗。思过、读过，总不如学过。一学便住也终殆，不如习过。习三两次，终不与我为一，总不如时习方能有得。"习与性成"，方是"乾乾不息。"②

与此同时，颜元声称，孔子对习行极为重视，以至于记载孔子言论的《论语》开头第一句话就用"学而时习之"概括孔子思想的宗旨。然而，令人痛心疾首的是，汉儒尤其是宋儒背离了孔子本意和儒学圭臬，由于漠视习行，最终导致了虚而无用。在这个前提下，颜元特别把批判的矛头对准了程朱理学，指出由于背离了孔子的习行原则，朱熹对知行关系的看法陷入荒谬。对此，他评价说："朱子知行竟判为两途，知似过，行似不及。其实行不及，知亦不及。"③

---

① 《存学编》卷三，《性理评》。
② 《颜习斋先生言行录》卷下，《学须第十三》。
③ 《存学编》卷三，《性理评》。

值得注意的是，颜元一面批判以朱熹为首的理学家一味地推崇知而不重视习行，表面上看"知似过，行似不及"，本质上则是行与知均不及；一面揭露这种做法的本质是以诵读代替习行，归根结底是由于没有正确处理读书与习行的关系。这用颜元本人的话说便是："宋儒如得一路程本，观一处又观一处，自喜为通天下路程人，人亦以晓路称之；其实一步未行，一处未到。"① 这表明，以朱熹为首的理学家对知行关系的看法导致了知而不行、以知代行的后果，犹如以看路程本代替走路一样。更有甚者，宋明理学的无用无能以至于以理杀人，在本质上都可以归结为崇尚空谈而不能习行，脱离现实、虚而无用。因此，如果像宋明理学家倡导的那样去做，天下大多百姓将无法生活。这就是说，理学"不啻砒霜鸩羽"，致使"入朱门者便服其砒霜，永无生气生机"。② 基于这种认定和评价，颜元称宋明理学家是"与贼通气者"。有了这样的认识，颜元宣称"诵说中度一日，便习行中错一日"便不难理解了。

三、人生之实与习行为主、读书为辅

为了使学以致用真正落到实处，也为了把人培养成对社会有用的人，颜元主张，能够兼通六艺固然最好，如果不能兼通六艺的话，精通一艺也是为圣为贤；因为人只要具有一技之长，就可以对天下苍生造福不浅。由此，他呼吁："人于六艺，但能究心一二端，深之以讨论，重之以体验，使可见之施行，则如禹终身司空，弃终身教稼，皋终身专刑，契终身专教，而已皆成其圣矣。如仲之专治赋，冉之专足民，公西之专礼乐，而已各成其贤矣。不必更读一书，著一说，斯为儒者之真，而泽及苍生矣。"③

可见，在人才培养和人生目标上，一向不尚浮华而崇尚务实的颜元脚踏实地，不是追求华而不实的大而全，而是力图让人尽可能地掌握真

---

① 《颜习斋先生年谱》卷下。
② 《朱子语类评》。
③ 《颜习斋先生言行录》卷下，《学须第十三》。

才实学。在他看来，只要有真才实学，只要对社会有用，人不必兼通全体，甚至"不必更读一书，著一说"。

循着"诵说中度一日，便习行中错一日"的思路，颜元强调，人生以实、以动为本，具体到对读书的看法上就是以习行为主，以讲学为辅。在人的一生中，用于习行的时间应该远远超过花在讲读上的时间，习行与讲读的正确比例应该是八九比一二。他曾经这样说道："仆气魄小，志气卑，……而垂意于习之一字；使为学为教，用力于讲读者一二，加功于习行者八九，则先民幸甚，吾道幸甚。……但以人之岁月精神有限，诵说中度一日，便习行中错一日；纸墨上多一分，便身世上少一分。"①在颜元看来，人的一生时光短暂，精力有限，读书与习行不可两用；为了把主要精力花费在习行上，就要减少读书的时间，这正如用于读书的时间多就会占用习行的时间一样。循着这个逻辑，他甚至断言："人若外面多一番发露，里面便少一番著实，见人如不识字人方好。"②为了避免人将精力浪费在读书上，颜元在这里甚至说"不识字"才好，由此将对读书的蔑视推向了极致。颜元对读书作如是观，无非是为了凸显人生的意义在于习行致用。在他看来，就人生的意义和目的来说，读书绝不是目的本身；作为致知的诸多手段之一，读书充其量只能是格物、习行的辅助手段。正因为如此，人如果终身以读书、著书为业而荒废习行，则会因为舍本逐末而得不偿失，最终无益于成就儒者事业。正是在这个意义上，颜元宣称："幼而读书，长而解书，老而著书，莫道讹伪，即另著一种四书、五经，一字不差，终书生也，非儒也。幼而读文，长而学文，老而刻文，莫道帖括词技，虽左、屈、班、马、唐、宋八家，终文人也，非儒也。"③

更有甚者，颜元不仅认为读书占用了习行的时间，而且认为读书妨碍了习行。按照他的说法，既然人生的意义是在习行中强身健体、践形尽性，那么，人便不仅要将主要时间和精力放在习行上，而且要以习行

---

① 《存学编》卷一，《总论诸儒讲学》。
② 《颜习斋先生言行录》卷上，《理欲第二》。
③ 《习斋记余》卷三，《寄桐城钱生晓城》。

与强身健体相得益彰——在习行中强身健体，以强健的体魄习行。问题恰恰在于，读书会给人的身体带来巨大伤害，如果方法不当或长期读书而不去习行的话，恰恰最损害身体。他对长期读书给人的身体带来的损害具有切身感受，尤其是认识到了"多看读书，最损精力，更伤目"①。更为致命的是，由于读书不是一时能够见效的，必须花费巨大的时间和精力。人若从幼年就开始终日读书而荒废习行，等到壮衰之年，便会养成娇脆病弱之体；这样的人，纵然腹有诗书也成了体不能行的废人。

不难看出，颜元对读书的上述看法与对实、习行的崇尚一脉相承，也是针对朱熹的做法有感而发的。众所周知，朱熹特别重视书本（经典），并教人把主要精力用于读书。颜元对此十分反感，指责朱熹把书当作疗人饥渴的精神食粮，"既废艺学，则其理会道理、诚意正心者，必用静坐读书之功，且非猝时所能奏效。及其壮衰，已养成娇弱之体矣，乌能劳筋骨，费气力，作六艺事哉！吾尝目击而身尝之，知其为害之锯也"②。颜元指责朱熹的为学之方原则有误，"只是说话读书度日"，"自误终身，死而不悔"；由于让人常年端坐书斋死读书本，使人损耗精神，最终养成娇态病弱之体，成为弱人、病人和无用之人。对此，颜元不止一次地写道：

　　千余年来率天下入故纸堆中，耗尽身心气力，作弱人、病人、无用人者，皆晦庵为之，可谓迷魂第一、洪涛水母矣。③

　　况今天下兀坐书斋人，无一不脆弱，为武士、农夫所笑者，此岂男子态乎！④

按照颜元的说法，由于把一生精力都用在读书、注书和讲书上，甚至把读书当作人生的唯一目标，朱熹等理学家的做法等于让人荒废光

---

① 《颜习斋先生年谱》卷下。
② 《存学编》卷三，《性理评》。
③ 《朱子语类评》。
④ 《存学编》卷三，《性理评》。

阴、虚度年华，背离了人生的宗旨。有了对朱熹读书观的这种批判，颜元发出"诵说中度一日，便习行中错一日"便顺理成章了。

四、习行之实与读书的目的和方法

"诵说中度一日，便习行中错一日"尽管具有多重意蕴和维度，然而，不可否认的是，其最基本的维度则是读书求知与力行的关系，其中的"诵读"便指读书。因此，颜元借助这一命题不仅表达了读书占用习行的时间，人应该将精力放在习行上的人生追求；而且框定了读书要以习行为目的和标准，在习行中读书的过程和方法。

1. 知之虚与行之实

颜元一面借助知无体来凸显知之虚，一面将格物纳入行的范畴。这奠定了行在知行关系中的决定作用，也为"诵说中度一日，便习行中错一日"充实了知行观的维度。这一点从他对格物、致知的解释中可以窥其究竟：

> "知"无体，以物为体，犹之目无体，以形色为体也。故人目虽明，非视黑视白，明无由用也。人心虽灵，非玩东玩西，灵无由施也。今之言"致知"者，不过读书、讲问、思辨已耳，不知致吾知者，皆不在此也。辟如欲知礼，任读几百遍礼书，讲问几十次，思辨几十层，总不算知。直须跪拜周旋，捧玉爵，执币帛，亲下手一番，方知礼是如此，知礼者斯至矣。辟如欲知乐，任读乐谱几百遍，讲问、思辩几十层，总不能知。直须搏拊击吹，口歌身舞，亲下手一番，方知乐是如此，知乐者斯至矣。是谓"格物而后知至"。故吾断以为"物"即三物之物，"格"即手格猛兽之格，手格杀之之格。①

---

① 《四书正误》卷一，《大学·戴本大学》。

在这里，颜元赋予知、行不同于宋明理学的内涵：知不再是先天固有之知，而是感性认识、直接经验；行不再是意念而是实际行动，即动、习行。知、行的这种特定含义决定了知必须源于行。按照他的解释，知无体而"以物为体"，这意味着知是通过接触外物得来的，而这个接触外物的过程就是格物。这就是说，知皆从格物而来，不经过格物这一步骤就不可能致知。进而言之，颜元所讲的格物与习行、力行是同等意义的概念，致知源于格物决定并证明了只有亲身躬行才能致知，真正的知是从行中得来的。正因为如此，在将格物归入行，强调致知必须通过格物的基础上，他突出行在知行关系中的决定作用。

首先，颜元强调，知源于行，是在行中获得的；如果不行，则不会知。对此，他举日常生活中的例子论证说："如欲知礼，凭人悬空思悟，口读耳听，不如跪拜起居，周旋进退，捧玉帛，陈笾斗，所谓致知乎礼者，斯确在乎是矣；如欲知乐，凭人悬空思悟，口读耳听，不如手舞足蹈，搏拊考击，把吹竹，口歌诗，所谓致知乎乐者，斯确在乎是矣。推之万理皆然，似稽文义，质圣学为不谬，而汉儒、朱、陆三家失孔子学宗者，亦从可知矣。"[1]通过具体的例子，颜元旨在说明，要知礼，任你读几百遍礼书，讲问几十次，思辨几十层，总不算知礼；必须跪拜周旋，捧玉爵，执币帛，才知道礼是如此。要知乐，任你读几百遍乐谱，讲问几十次，思辨几十层，总不算知乐；直须搏拊击吹，口歌身舞，才知道乐是如此。这表明，学礼不能只读礼书，学乐不能只读乐书，关键是在跪拜操作、弹奏歌舞的"动"中反复习行。

其次，颜元指出，行是知的目的和检验标准。第一，行是知的目的。颜元重视习行的作用，指出行是知的目的，知必须通过行发挥作用。从行是知的目的出发，他提出了寓知于行的主张。第二，行是知的检验标准。颜元认为，知的目的在于行表明，知是为了指导行的，知的价值在于应用。因此，是否能行是检验知是否真的标准。由此可以推定，一个人如果"读得书来，口会说，笔会做"，都无济于事；只有从

---

① 《习斋记余》卷六，《阅张氏王学质疑评》。

身上行过，才算是真有学问。

秉持凡事必亲历诸身的原则，颜元对间接经验或书本知识置之不理，甚至把书本知识和传统文化都视为多余的。从这个意义上说，颜元的思想容易导致对书本知识和传统文化的蔑视，甚至潜伏着蒙昧主义或历史虚无主义的危险。其实，颜元思想的这一端倪在他对读书的认识中已经明显地流露出来。与此相关，正如不能一切都亲历诸身一样，颜元所讲的凡事都从身上行过，一切认识都源于直接经验，不仅不可能，而且是对间接经验的浪费。

2. 读书以习行为方法和目的

恪守以实药虚、以动济静的原则，颜元将读书的方法和目的实化。为此，他强调，读书必须把握两个要领：一是以习行为方法，一是以习行为目的。

颜元认为，书中的文字记载是虚理，不可"徒读"；只有在"自己身上打照"而习行此理，才能将书中之理实化。有鉴于此，他强调，人静坐读书永远也达不到读书的目的，因为能知、能说、能写，并不等于能做；如果不做，就等于无用，这样读书最终也等于没读。根据这一认识，针对朱熹等人读书静坐造成的弊端，颜元呼吁，读书必须在习行上用"著力"，以习行作为读书的方法。对此，他不厌其烦地强调：

> 读书无他道，只须在"行"字著力。如读"学而时习"便要勉力时习，读"去为人孝弟"便要勉力孝弟，如此而已。①
> 凡书皆宜如此体验，不可徒读。②
> 吾人要为君子，凡读书须向自己身上打照，若只作文字读，便妄读矣。③

从中可见，颜元读书观的精髓是通过习行体验书中的道理，在身体

---

① 《颜习斋先生言行录》卷上，《理欲第二》。
② 《颜习斋先生言行录》卷下，《杜生第十五》。
③ 《颜习斋先生言行录》卷下，《刁过之第十九》。

力行中练习、掌握书中的技能。在他看来，读书必须以"动"而不是"静"为主，如果不亲手去做，亲身去行，那就是纸上谈兵，在文字中讨生活，根本谈不上穷理。

与此同时，颜元认为，正如学问的价值在于实际应用一样，读书的目的在于习行。从价值上看，书是习行之谱，读书应该以利于习行为目标。在此基础上，他进而指出，获得的真知必须运用于习行，不去实行，书本中的知识便体现不出任何价值，读书也就失去了意义。不仅如此，从读书的目的是为了习行的认识出发，颜元强调，是否读书、读书是否有用，关键取决于是否有利于习行；若因读书而妨碍习行，读书不惟无用反而有害。这就是说，书不可不读，然而，若只停留在诵读而不去习行的话，那么，读书也是徒读，甚至还会南辕北辙。

基于这种认识，颜元批判朱熹等人把主要精力放在读书上的做法。众所周知，朱熹把读书视为格物的主要内容和方法，并有"一书不读，则阙了一书的道理"① 之说。与强调格物的广泛性一样，他认为，只有泛观博览圣贤之书而豁然贯通，才能窥悟圣义。因此，朱熹发愤要读尽天下圣贤之书，并要求每部经典要读三万遍。对此，颜元指责说，朱熹离开习行，只知读书，长期蛰居书斋、不问政事，自己不做事，也不让别人做事。这种读书方法误国害政，已非一日。由于宋明理学的影响，当时的许多知识分子终日坐在书斋读书而不去习行，不仅学不到知，而且变得四体不勤、五谷不分，对社会毫无用处。这足以证明朱熹的读书方法无一利而有百害，必须彻底改变。

上述内容显示，按照颜元的说法，由于静坐读书、不去习行，宋明理学将人变成了弱人、病人、对社会无用之人。这既是个人的不幸，也是社会的悲哀。因为这从根本上戕害了人的肢体，使人的本性得不到发挥，也使人的欲望得不到实现。为了扭转这种风气和局面，颜元以"诵说中度一日，便习行中错一日"来转变社会风气和人的观念，以期引导人将精力投注到习行上。

---

① 《朱子语类》卷十五，《大学二·经下》。

3. 致知之实与读书的过程和作用

颜元进一步将读书的过程和致知实化，以习行作为读书的过程和致知的方法。因此，他反对以读书作为求得真理的主要手段，更反对以读书作为认识的目的本身。在颜元看来，就读书的方法来说，读书不光是知识的积累，更重要的是行的问题。他断言：

> 盖四书、诸经、群史、百氏之书所载者，原是穷理之文，处事之道。然但以读经史、订群书为穷理处事以求道之功，则相隔千里；以读经史、订群书为即穷理处事，曰道在是焉，则相隔万里矣。……譬之学琴然：诗书犹琴谱也。烂熟琴谱，讲解分明，可谓学琴乎？故曰以讲读为求道之功，相隔千里也。更有一妄人指琴谱曰，是即琴也，辨音律，协声韵，理性情，通神明，此物此事也。谱果琴乎？故曰以书为道，相隔万里也。千里万里，何言之远也！亦譬之学琴然：歌得其调，抚娴其指，弦求中音，徽求中节，声求协律，是谓之学琴矣，未为习琴也。手随心，音随手，清浊、疾徐有常规，鼓有常功，奏有常乐，是之谓习琴矣，未为能琴也。弦器可手制也，音律可耳审也，诗歌惟其所欲也，心与手忘，手与弦忘，私欲不作于心，太和常在于室，感应阴阳，化物达天，于是乎命之曰能琴。今手不弹，心不会，但以讲读琴谱为学琴，是渡河而望江也，故曰千里也。今目不睹，耳不闻，但以谱为琴，是指蓟北而谈云南也，故曰万里也。①

在这里，颜元对读书、知识与技能进行了区分，指出书中记载的都是穷理之文、处事之道而非求道之功。这表明，读书与致知根本就不是一回事，其间相距十万八千里；如果以读书作为穷理处事的方法，并且自以为可以求道，可以在书本中获取知识的话，那就大错特错了。之所以如此，原因在于：人如果只读书而不去习行，便不能弄懂书中的技

---

① 《存学编》卷三，《性理评》。

巧、知识和道理；即使心领神会了，若不能习行也等于不知，因为这样的知到头来还是无补于现实。正是在这个意义上，他反复声称：

> 人之为学，心中思想，口内谈论，尽有百千义理，不如身上行一理之为实也。①
>
> 心中醒，口中说，纸上作，不从身上习过，皆无用也。②

基于这种认识，颜元进而强调，读书的过程其实就是一个习行的过程，这正如致知、认识的过程就是一个格物、习行的过程一样。由此可见，他关注的是读书一定要与习行联系起来，尤其要让书中的道理从身上亲自行过。与此相联系，颜元指责理学以读书为求知手段的做法是死读书、读死书，最终导致读书死，并且着重批判了朱熹的读书观。众所周知，朱熹把读书当作求知穷理的主要手段，并有半日静坐、半日读书之说。颜元指出，程朱理学"以主敬致知为宗旨，以静坐读书为功夫"③，这种做法无异是让人半日当和尚，半日当汉儒，滑稽可笑、荒谬不经。此外，由于朱熹的读书方法脱离实际，口能言而身不能行，像"砒霜鸩羽"一样害人匪浅，给整个社会带来了极大的危害。鉴于朱熹只读书而不习行，颜元称之为"率天下入故纸堆"的带头人。

"诵说中度一日，便习行中错一日"表明，颜元对读书的看法独树一帜，主导精神是倡导习行。在这方面，他的某些观点对当时以读书为业、皓首穷年死读书的文人来说具有振聋发聩的作用，对读书副作用的揭露尤为令人深思。在颜元的意识中，除了上面提到的损害身体、伤害眼睛之外，读书还有更可怕的后果，那就是：如果方法不当或者背离习行原则——特别是光读书、不实践的话，那么，读书不仅不能开人愚昧、益人才智，反而损害人的精神气力，使人愈读愈惑。这用他本人的

---

① 《颜习斋先生言行录》卷下，《刁过之第十九》。
② 《存学编》卷二，《性理评》。
③ 《存学编》卷一，《明亲》。

话说便是:"读书愈多愈惑,审事愈无识,办经济愈无力。"① 不仅如此,为了反对拘泥于书本的死读书、读死书,颜元认定书中所记并非全是真理,就读书依据的文本来看,由于各种原因,书本知识或书中的记载往往错误百出。由此,他进而质疑书本的权威性和真理性,对于纠正盲目相信书本——四书、五经的权威具有启蒙意义。特别是在文化垄断的时代,这种怀疑精神难能可贵,值得提倡。尽管如此,颜元抓住了某些书籍的缺陷,进而夸大书本的缺陷,最终得出了一个十分夸张的结论:"且书本上所穷之理,十之七分舛谬不实。"② 很明显,他的这个结论是以偏概全,难免有因噎废食之嫌。正因为如此,有人指责颜元倡导蒙昧主义,理由是他反对读书。其实,这是一个误解。事实上,颜元并不一味地反对读书。下面两则记载足以改变对颜元的这种错误印象:

> 谓门人曰:"汝等于书不见意趣,如何好;不好,如何得!某平生无过人处,只好看书。忧愁非书不释,忿怒非书不解,精神非书不振。夜读不能罢,每先息烛,始释卷就寝。汝等求之,但得意趣,必有手舞足蹈而不能已者,非人之所能为也。"③

> 与李命侯言:"古今旋乾转坤,开务成物,由皇帝王霸以至秦、汉、唐、宋、明,皆非书生也。读书著书,能损人神智气力,不能益人才德。其间或有一二书生济时救难者,是其天资高,若不读书,其事功亦伟,然为书损耗,非受益也。"命侯问:"书可废乎?"曰:"否。学之字句皆益人,读著万卷倍为累。如弟子入则孝一章,士夫一阅,终身做不尽;能行五者于天下一章,帝王一观,百年用不了,何用读著许多!"④

上述内容显示,一方面,颜元并不反对读书,只是对读书的理解与

---

① 《朱子语类评》。
② 《习斋记余》卷六,《阅张氏王学质疑评》。
③ 《颜习斋先生言行录》卷上,《齐家第三》。
④ 《颜习斋先生言行录》卷下,《教及门第十四》。

众不同而已，如强调读书要有正确的方法和态度，读书一定要始终以习行为方法、为目的；只有把书本上的道理从身上行过，才能使空虚之理变成习行之实等等。归根结底，这些都是针对朱熹的为学之方而言的，目的是让人具有真才实学——掌握实际本领，拥有一技之长，成为对社会有用的人。另一方面，颜元的确具有轻视读书、蔑视书本知识的思想倾向。例如，他曾经说："故仆谓古来《诗》、《书》不过习行经济之谱，但得其路径，真伪可无问也，即伪亦无妨也。"①循着这个逻辑，既然对书的真伪可以不闻不问，那么，书本只不过是噱头或习行的口实而已。这样一来，不仅读何种书完全任由我选、各取所需，甚至有无书本也变得不再重要了。颜元这么说，与其他思想家所谓的"六经皆我注脚"、"我注六经"等具有原则区别：如果说"六经注我"与"我注六经"呈现出尊德性与道问学的区别，只是表明读书的方法侧重内心体悟还是向外用功的话，那么，颜元表达的则是价值观上对习行的推崇与对读书以及经典文本的蔑视。因此，"诵说中度一日，便习行中错一日"是颜元习行哲学的一部分。

习行哲学是颜元务实、倡导以实药虚的具体表现，流露出对行的极端推崇，也注定了两个必然结果：第一，在审视知行关系时，永远把习行、践履奉为第一性的决定因素。第二，在人生追求和现实生活中，以力行为主，主张人生的主要精力用于实行、习行。正因为如此，在把人生追求实化、把为学方法实化的基础上，颜元把读书的过程、方法和目的实化，提出了一套独特的读书观。这套方法以注重习行为原则，旨在从思想方法、修养实践上医治宋明理学的虚玄学风。

与此同时，读书有修身养性、增长智识、强化动手能力和培养一技之长等多种作用。读书的方法千差万别、因人而异，读书的目的和意义也丰富多彩、不一而足：就目的而言，正如读书可以增长实际本领一样，读书有时为了增智，有时为了休闲，有时为了陶冶情操；就方法而言，书中的知识有些可行，如实用科目或技术方面的；有些则不可亲身

---

① 《习斋记余》卷三，《寄桐城钱生晓城》。

实行，如历史、考据方面的。就颜元所举的例子而言，冠固然可以通过戴在头上（也就是颜元所说的"加诸首"）而知其暖与不暖，然而，一个不争的事实是，冠中所积淀的审美、人文、历史知识和价值却不是通过戴可以感知到的。这就是说，只通过戴无法完全获得对冠的认识和了解。事实上，在颜元对冠之知的认识中，根本就不在意冠往日的肃穆、等级之序。更为严重的是，如果像颜元要求的那样读书都从身上行过的话，显然比他批评的朱熹所谓的读尽天下之书还难。

"诵说中度一日，便习行中错一日"表明，由于不能辩证地理解虚实关系，颜元有排斥形而上学的倾向。由于尚实疾虚，他认为，讲读有限而习行无限，断言性命之学不可言传。即使讲解性命之学，别人也不明白；即使听者明白了，也不能去行。基于这种认识，颜元得出了可以与别人共讲、共醒、共行的只限于性命之用而非性命之理的结论。于是，他断言：

> 仆妄谓性命之理不可讲也，虽讲，人亦不能听也；虽听，人亦不能醒也；虽醒，人亦不能行也。所可得而共讲之，共醒之，共行之者，性命之作用，如《诗》、《书》、六艺而已。即《诗》、《书》、六艺，亦非徒列坐讲听，要唯一讲即教习，习至难处来问，方再与讲。讲之功有限，习之功无已。孔子惟与其弟子今日习礼，明日习射。间有可与言性命者，亦因其自悟已深，方与言。盖性命，非可言传也。不特不讲而已也；虽有问，如子路问鬼神、生死，南宫适问禹、稷、羿、奡者，皆不与答。盖能理会者渠自理会，不能者虽讲亦无益。①

"诵说中度一日，便习行中错一日"表明，颜元的思想带有极端的功利性，最终陷入了狭隘的经验论。由于过度推崇实用性、技术性或技艺性，他所讲的知、行均侧重实用价值、实用技术或日常生活经验，均

---

① 《存学编》卷一，《总论诸儒讲学》。

被打上了深厚的经验烙印。由于崇尚习行，强调凡事必须亲历诸身，颜元轻理性而重经验；在经验中，偏袒直接经验而漠视间接经验。如此一来，由于理性审视不够，由于形而上学欠缺，他对知行关系的处理以及对读书的理解均显得功利之心有余而理性沉思不足。在这方面，颜元给人留下最深印象的是，凡事都强调"亲下手一番"的对直接经验的执著和对读书、书本知识的过分怀疑乃至蔑视。

第十六章

"造命立命以成其安命"

——魏源的造命说与心学取向

　　"造命立命以成其安命"语出魏源，既代表了魏源对命运的基本观点，又流露出试图改变乃至创造命运的心学旨趣。人的命运是上天事先安排好的，还是人自己创造的？人在哪些方面可以决定自己的命运？人通过何种方式把握乃至主宰自己的命运？魏源以"造命立命以成其安命"回答了这些问题：一方面，人同万物一样本于天，人与人之间的圣凡才性都是天的造化所致，这便是天命。另一方面，天之造化无全功，人之命运需要人与天相辅相成。其实，人之心即天地之心，人之身就是一个小宇宙。人只要不懈奋斗、不断学问，亲历诸身、经受磨难，就可以改变命运，乃至创造命运。因此，有道的君子从不祈天永命，坐伺上天的恩赐，而是依凭自己的心力自造自化。"造命立命以成其安命"以中国古代哲学乐此不疲的命运话题为切入点，彰显了人的价值和作为。这一命题既表达了魏源不向逆境低头，勇于挑战命运的勇气与豪迈；又饱含着近代的时代呼唤和价值诉求，展示了近代哲学的心学转向和旨趣。

一、"造命立命以成其安命"的哲学语境

命是中国古代哲学恒提恒新的核心话题，天则是中国古代的命运依托，中国人对命的津津乐道与对天的顶礼膜拜密不可分。身处古代与近代之交的魏源（1794—1857）对人之命运的诠释从天讲起，得出的结论则是"造命立命以成其安命"。具体地说，他承袭了中国古代的文化传统，断言圣人与众人同本于天。魏源写道："万事莫不有本，众人与圣人皆何所本乎？人之生也，有形神、有魂魄。于魂魄合离聚散，谓之生死；于其生死，谓之人鬼；于其魂魄、灵蠢、寿夭、苦乐、清浊，谓之升降；于其升降，谓之劝戒。虽然，其聚散、合离、升降、劝诫，以何为本，以何为归乎？曰：以天为本，以天为归。黄帝、尧、舜、文王、箕子、周公、仲尼、傅说，其生也自上天，其死也反上天。其生也教民，语必称天；归其所本，反其所自生，取舍于此。大本本天，大归归天，天故为群言极。"[①]这就是说，万事莫不本于天，万物如此，人类亦是如此；众人如此，圣人也不例外。

对于何为天是人之本，魏源的具体解释和阐发是：人的生命是由形神、魂魄构成的，人的形神、魂魄乃至寿夭、灵顽都是由气的聚散、合离、升降或劝戒造成的。进而言之，气何以有聚散、合离、升降、劝诫？曰：天。这表明，只有天才是宇宙群生的最终本原，人的一切皆天所为，人之形神、魂魄乃至寿夭、灵顽归根结底"以天为本，以天为归"。正因为如此，贤明的圣人生自于天，死返于天；生时称天教民，死后以天为归。有鉴于此，他呼吁"大本本天，大归归天"。这便是魏源的天本论，也是他认定"造命立命以成其安命"的哲学语境和逻辑前提。

从天本论出发，魏源宣扬天命论，断言人的才智和福禄都是天注定的。正是在这个意义上，他强调：

---

① 《默觚·学篇一》，《魏源集》（上册），中华书局1976年版，第5页。

才量受诸天，福量亦受诸天。人之福有不足庇一身一家者，有仅足庇身家而不足庇一国者，有图功辄成、有谋辄就并足济天下者；故有安天下之才，不若有安天下之命。功名与运会相值不相值，势天渊焉；相值而成，亦才十之三而天命十之七。郑禹、郭子仪、曹彬、徐达，乘开国全盛屡胜之威，而皆曾为败军之将，使当蜀汉、晚唐、南宋之末，有不议其见事迟而用兵短者乎？使刘备、诸葛亮、文天祥、史可法易地而处开国之运，鬼神启之，河冰、江潮济之，雷雨、反风助之，有不席卷天下者乎？①

这就是说，不论是人的聪明才智还是福禄寿夭、通塞成败都是上天注定的。人与人的际遇相差悬殊，势若天渊，归根结底逃遁不了上天的命中注定。基于这种认识，魏源利用各种比喻来说明人与人之命运的参差不齐源自上天。下仅举其一斑：

人之受福泽于天也，或钟焉，或蠡焉，或勺焉。②

熙者，人心本觉之光明乎！……夫岂离人人灵觉之本明而别有光明也哉？……而觉之小、大、恒、暂分焉。大觉如日，明觉如月，独觉如星，偏觉如燎炬，小觉如灯烛，偶觉如电光，妄觉如磷火。日光，圣也；月，贤也；星，君子也；燎，豪杰也；灯，儒生也；电，常人也；磷，小黠也。星月借日以为光，灯燎假物以为光；电磷乍隐乍见，有光如无光，岂知光之本体得于天，人人可以为日，可以为月乎？③

魏源认为，人的聪明才智或如日、或如月、或如灯、或如电，参差不齐，彼此殊异。而这一切咸取于天，并非人力所为。换言之，人与人之间的圣众、贤不肖、敏鲁或觉寐之别都是天生如此的，这一切在天降

---

① 《默觚·治篇十五》，《魏源集》（上册），中华书局 1976 年版，第 75 页。
② 《默觚·学篇八》，《魏源集》（上册），中华书局 1976 年版，第 21 页。
③ 《默觚·学篇五》，《魏源集》（上册），中华书局 1976 年版，第 14 页。

民之前即人在受生之初就已经命中注定了。上天决定人的祸福如此，决定人的才智或明或昏，或觉或寐也是这样。不仅如此，人与人同受生于天，其间之所以会有寿夭、吉凶、明昏之分，是气的聚散、升降、劝诫所致，完全出于天意，与人为无关。有鉴于此，魏源强调，人对待天的态度应该是敬天、全天而不是亵天、亏天。这用他本人的话说便是："人之为道也，敬天地之性而不敢亵，全天地之性而不敢亏。"[1] 至此，魏源由天本论讲到了天定论，不仅相信人命天定，而且让人敬畏、保全由天命定给人的这种"天地之性"。

二、"造命立命以成其安命"的人本根基

魏源一面断言人以天为本，让人敬天、全天；一面宣称人身小天地，天地大人身。在对人之力量的张扬中，他由天本论最终转向了人本论，而促使他由天本走向人本的关键则是仁。在魏源的视界中，仁既是人与天合一的纽带，也是人的力量源泉和本质确证。他断言："仁者天地之心也，天生一人，即赋以此种子之仁，油然浡然不容已于方寸。故一粒之仁，可蕃衍化育，成千百万亿之仁于无穷，横六合，亘古今，无有乎不同，无有乎或变者也。"[2] 这就是说，任何人都有仁森然于方寸之间，因为天生一人，即赋予他以此仁之种子，使仁在他的心中油然浡然、蕃衍化育，于是成千万仁乃至无穷仁。由于仁，人接天地之心而发扬光大，是仁使人完成了天之命。魏源强调，对于人来说，仁之种子虽然是天赋予的，但是，待仁既成，发为人的性情意念，便不会因形气而生死了。正是在这个意义上，他写道："因树以为荣枯者华也，华之内有果，果之内有仁，迨仁既成而不因树以荣枯矣；因气以为生死者身也，身之内有心，心之内有仁，迨仁既成而不因形气以生死矣。性根于心，萌芽于意，枝分为念，畅茂为情，则性之华也。善其果实之

---

[1] 《默觚·学篇六》，《魏源集》（上册），中华书局1976年版，第15页。

[2] 《默觚·学篇十三》，《魏源集》（上册），中华书局1976年版，第30页。

熟，恶其荆棘之歧乎！果复其核，情返乎性，核复生果；由一至万，则果遍天下，众善齐归而性大成矣。故曰：'天下归仁焉。'圣人以天下万世为果，善人君子以一国数百年为果，众人以一身一家为果。"① 在魏源看来，人性根于心，由于人心之内存有仁之种子，因此，待人性邕茂之时，心中的仁之种子长成了大树，开花结果。花为实、果为核，核复为花、为实，如此由一而万以至无穷，仁便会充塞人之身心。仁为天地之心，待心中充满了仁，人便可以与天合一了。天人合一是魏源命运哲学的理论前提，也奠定了他造命的人学根基。正因为如此，魏源宣称："地本阴窍于山川，口耳人之窍，空谷天地之窍，山泽其小谷与！天地其大谷与！……人之心其白日乎！人知心在身中，不知身在心中也。'万物皆备于我矣'，是以神动则气动，气动则声动，以神召气，以母召子，不疾而速，不呼而至。大哉神乎！一念而赫日，一言而雷霆，一举动而气满大宅。……知天人之不二者，可与言性命矣。"②

1. 天地一人身

在魏源的视界中，人身就是一个小天地，正如天地就是大人身一样。这是他所讲的天人合一的主要内容。对此，魏源论证并解释说："人身，一小天地也；天地，一人身也。地气有枝干脉络者，不犹人身之有脉理经络乎？地气有起伏敛放，不犹人身之有呼吸乎？地气有环拱、向背、止聚，不犹人身之有气海孔窍乎？地有生气者，验以土之外晕，冷暖枯润美恶，灼然可目验而指示，不犹人身之有肌血华色乎？民生天地之间，广谷大川异势，刚柔燥湿风气异宜。'歌于斯，哭于斯，聚国族于斯'，得山气者崛以特，得泽气者圆以折，得平原气者疏以达。气大聚则建都立邑，生人以托命焉；气小聚则卜兆归藏，死人以复命焉。呴之吹之，笃之薄之，窳之粹之，衰之盛之，皆一气所埏埴而已。虫处发而黑，处汗而腴，生长老死于人身，而莫知所以然也；号万物之灵者当不若是。于是箸形家言，不专言形而言气，气乎气乎，其形之所以形乎！"③

---

① 《默觚·学篇十三》，《魏源集》（上册），中华书局 1976 年版，第 30 页。
② 《默觚·学篇五》，《魏源集》（上册），中华书局 1976 年版，第 13 页。
③ 《支陇承气论序》，《魏源集》（上册），中华书局 1976 年版，第 235—236 页。

魏源认为，人的身体构造与天地是同构的，并进一步让人的生理功能和生理特征同于天。在《五言古诗》中，他抒发了这样的感悟："梦觉小生死，死生大梦觉，寤寐即影形，谁道殊忧乐；昼夜小古今，古今大昼夜，……天地大人身，人身小天地，若非万物灵，曷奠三才位；父母小乾坤，乾坤大父母。"① 正如地形有枝干脉络一样，人身有脉理经络。这足以证明，天地和人身都是有机整体。此外，他还意识到地理环境能够影响人之生活方式和民族性格。不难看出，如果说前者隐藏着道教的影子的话，那么，后者则带有地理环境决定论的痕迹。

2. 人心即天地之心

魏源指出，人赖日月之光以生，便有光明与人俱生。人之心灵光如日，人之目神光如月。光明聚则人生，光明散则人死，寤则昼，寐则夜，全则觉，昧则愚。于是，他写道："人赖日月之光以生，抑知身自有其光明与生俱生乎？灵光如日，心也；神光如月，目也。光明聚则生，散则死；寤则昼，寐则夜；全则哲，昧则愚。火非此不明，水非此不清，金非此不荧，木石非此则不生成。故光明者，人身之元神也。神聚于心而发于目，心照于万事，目照于万物。目不能容一尘，而心能容多垢乎？诚能心不受垢如目之不受尘者，于道几矣。回光返照，则为独知独觉；彻悟心源，万物备我，则为大知大觉。"② 这表明，人之心具有巨大的威力，神奇无比；原因在于，人之心即是天地之心，人与天地是合一的。正是基于天人合一的思路，魏源得出了这样的结论："己之灵爽，天地之灵爽也。……何微之不入？何坚之不劘？何心光之不发乎？是故人能与造化相通，则可自造自化。"③

3. 天命就是人命

在魏源那里，既然人身即天地，人心即天地之心，那么，天命也就是人命了。正是循着这个逻辑，他强调指出，人皆知天地以上皆

---

① 《偶然吟十八首呈婺源董小槎先生为和师感兴诗而作》，《魏源集》（下册），中华书局1976年版，第582页。

② 《默觚·学篇五》，《魏源集》（上册），中华书局1976年版，第13—14页。

③ 《默觚·学篇二》，《魏源集》（上册），中华书局1976年版，第5—6页。

天，而不知一身之内外皆天。其实，正如《诗经》所云，"天聪明自我民聪明，天明威自我民明威"。因此，人如果能在物交物引之际回光返照的话，那么，天命便会赫然于人的方寸之间。不仅如此，天时、天命往往是由人心的向背和人为的努力所左右的。对此，他写道："人者，天地之仁也。人之所聚，仁气积焉；人之所去，阴气积焉。山谷之中，屯兵十万，则穷冬若春；邃宇华堂，悄无綦迹，则幽阴袭人。人气所缊，横行为风，上泄为云，望气吹律而吉凶占之。……人聚则强，人散则尫，人静则昌，人讼则荒，人背则亡。"① 基于这种认识，魏源指出，在决定胜负成败的过程中，天不是唯一的因素，既可能"人胜天"，又可能"天胜人"。具体情况是，"言天之未定则人胜天，天既定则天胜人矣"。② 这个说法为人的作为留下了巨大的空间，也使人心的创造具有了广阔的用武之地。更为重要的是，纵观魏源的思想可以发现，他更重视"人胜天"而不是"天胜人"。例如，魏源曾经指出，古今宇宙、胜败得失犹如一盘大棋局。天时有从逆，地理有险易，人情有爱恶，机事有利害，于是便形成了攻取之局。在这场大博弈中，由于天时、地利、人情与机事种种因素的纵横交错，最终演绎出了无尽的结局："古今宇宙，其一大弈局乎！天时有从逆，地理有险易，人情有爱恶，机事有利害，而攻取之局生焉。或逸之而得，或劳之而不得；或拙之而反得，或巧之而不得；或奇之而正，或正之而奇，……故废谱而师心，与泥谱而拘方，皆非善弈者也；有变易之易而后为不易之易，……孰是局中而具局外之识者乎？"③ 在这里，魏源旨在告诉人们，事件的结局是未定的，天时、地利固然重要，更重要的则是人情的爱恶以及对利害的权衡。既然如此，人应该在考察天时、地利的前提下，充分发挥自己应有的作用。这才是决定成败的关键所在。

---

① 《默觚·治篇三》，《魏源集》（上册），中华书局 1976 年版，第 44 页。

② 《默觚·治篇十五》，《魏源集》（上册），中华书局 1976 年版，第 76 页。

③ 《默觚·治篇十六》，《魏源集》（上册），中华书局 1976 年版，第 78—79 页。

三、"造命立命以成其安命"的时代呼唤

魏源认为，命是由天、地、人、事各种因素共同决定的结果，由于人与人之间的认识水平和道德修养不同，对待命的态度和作为也各不相同。于是，他这样写道："吾读《国风》始《二南》终《豳》，而知圣人治情之政焉；读大、小《雅》文王、周公之诗，而知圣人反情于性之学焉；读大、小《雅》文王、周公之诗，而知圣人尽性至命之学焉。乌乎！尽性至命之学，不可以语中人明矣；反情复性之学，不可语中人以下又明矣。"① 这就是说，中等之人较之下等之人稍有长进，亦只能服从圣人的治情之政而已。这种人在命运面前是消极被动的，不能自己把握自己的命运。这意味着即使是中等之人，也只能做到反情复性而已。只有圣人，才能尽性至命；反过来，尽性至命是只有圣人才能达到的境界。在魏源那里，尽性至命是对待命的最高境界，更是他所期待、提倡的对待命运的态度和方法。

在此基础上，魏源进而指出，尽性至命之人又把命分为两种类型：一是立命之命，一是造命之命；于是，便有了立命之君子与造命之君子的分别。他断言："命当富而一介不取，命当贵而三公不易，命当寿而杀身成仁，舍生取义。匹夫确然其志，天子不能与之富，上帝不能使之寿，此立命之君子，岂命所拘者乎？人定胜天，既可转贵富寿为贫贱夭，则贫贱夭亦可转为贵富寿。《诗》三百篇，福禄寿考，子孙昌炽，颂祷嘏祝而不疑。祈天永命，造化自我，此造命之君子，岂天所拘者乎？"② 按照魏源的说法，上天降才而殊，赐予不同人或钟、或蠡、或勺等迥然悬殊的才量和福量，使人在天资上、地位上显示出各种差别。尽管如此，对于一个人后天的才智和福禄来说，天赋并不是唯一的因素，更不是决定性因素，因为后天的修养和积习往往会比天赋更重要。这用他本人的话说便是："内自啬而外日积之，则挹彼注兹，一厄

---

① 《默觚·学篇四》，《魏源集》（上册），中华书局 1976 年版，第 11—12 页。

② 《默觚·学篇八》，《魏源集》（上册），中华书局 1976 年版，第 21 页。

之福，或可至蠹至钟，用之而不尽；不外益而内日狼藉之，则盈钟之福渐至为蠹为勺，立涸而无余。故曰：尊酌者众则速尽。万物之酌大贵之生者众矣，故大贵之生常速尽，非徒万物酌之也，又自酌其生以资天下之人。"①

基于这种认识，魏源虽然认定立命与造命都是君子的待命之方，但是，在立命与造命的比较中，他更重视造命。在这方面，魏源大声疾呼造命之君子，鼓励人不被天命所拘，奋起而自造自化，勇于做"造化自我"的造命之君子。

1. 造命之必要

魏源指出，人与万物以天为本，理应以天为归。然而，天的造化无全功，这意味着人与万物仅恃天赐，不能自行完美。具体地说，由于天在生物之时，气运的升降、聚散和盈虚各不相同，因而不能确保上天的造化完美无缺或万事齐全。这就是说，由于"造化无全功，阴阳无全能"，天地也有所能而有所不能。结果是，天地生才之时，总是对万物既有所赋予，又有所限制。对此，他论证说：

> 天地之生才也，"予之齿者去其角，两其足者傅其翼"，是以造化无全功，阴阳无全能。以虞廷五臣皆圣人之材，而明刑、教稼、治水、典胄，终身不易其官。吾知孔子用世，必不使游、夏司繁剧而由、求典文章，必不使曾、冉专对使命而宰、赣师保坐论。天地有所不能强，而况于人乎？后世之养人用人也不然。其造之试之也，专以无益之画饼，无用之雕虫，不识兵农礼乐工虞士师为何事；及一旦用之也，则又一人而遍责以六官之职，或一岁而遍历四方民夷之风俗；举孔门四科所不兼，唐、虞九官所不摄者，而望之科举兔册之人。始也桃李望其松柏，继也纷胜望其桃李；及事不治，则拊髀而叹天下之无才。乌乎！天下果真无才哉？《诗》曰"螟蛉有子，蜾蠃负之。教诲尔子，式穀似之"，言所用必所养，

① 《默觚·学篇八》，《魏源集》（上册），中华书局1976年版，第21页。

所养必所用也。①

这就是说，由于天地在造物时使万物得于此而失于彼，万物都有所缺欠而不能自行完美。这样一来，在先天禀赋方面，万物皆既有所能又有所不能，人也不例外。对于人与人之间的能不能之别，魏源不厌其烦地指出：

> 人各有能有不能。孔融名节重一世，而敌遇袁、吕，再战辄衄；张昭睿谔于东吴，而曹兵南下，惟劝迎降。②
>
> 三代以上之人材，由乎教化；三代以下之人材，乘乎气运。乘气运而生者，运尽则息，惟教化出之无穷。气运所生亦有二：国之将昌也，其人材皆如霆启蛰，乘春阳愤盈，而所至百物受其祥；衰则反是，其人材如蛰堇户，湫闭槁瘵，所至而百物受其怆恨。③

在魏源看来，不同时代的人禀赋相去甚远，即使是同一时代的人也各有所能、有所不能；天生人的有所能、有所不能表明，天下之物没有两全其美的，正如人没有无所不能的一样。上天的缺陷为人留下了用武之地，天造人的不完美凸显了人造命的必要——不惟不是人的遗憾，反而成就了人"造命立命以成其安命"的君子之风、圣人之德。在此，魏源强调，即使是圣人也不是天自然成就的，因为圣人也不能生而知之、安而行之，甚至不免犯错误。要想知之、安行，就不能坐待天赐。古今圣贤之所以成为圣贤，都是自己发愤自造，"造命立命以成其安命"的结果。在"造命立命以成其安命"方面，古代圣贤文王、周公和孔子就是人学习、崇拜的榜样。魏源写道："圣其果生知乎，安行乎？孔何以发愤而忘食？姬何以夜坐而待旦？文何以忧患而作《易》？孔何以假年而学《易》乎？圣人之过，圣人知之，贤人不知也；贤人之过，贤人知

---

① 《默觚·治篇一》，《魏源集》（上册），中华书局1976年版，第37页。
② 《默觚·治篇十》，《魏源集》（上册），中华书局1976年版，第62页。
③ 《默觚·治篇十一》，《魏源集》（上册），中华书局1976年版，第65页。

之，众人不知也。假年学《易》，可无大过，小过虽圣人不免焉。"① 沿着这个思路，魏源得出结论，道德修养高深的君子对待命运的态度和做法不是待命、恃命，坐享其成；而是凭借自己的才质德智，全力以赴自我造命。同样，圣贤明王治理国家不是因袭气运，而是信凭教化。

与此同时，魏源认为，既然人以天为本、以天为归，那么，人必然要顺天。进而言之，人怎样做才算是顺天呢？他的回答是，一阴一阳、一治一乱的相反相成表明，对于天道之顺就是反其道而行之，顺天的方式就是不顺天。对此，魏源解释说："一阴一阳者天之道，而圣人常扶阳以抑阴；一治一乱者天之道，而圣人必拨乱以反正；何其与天道相左哉？天左旋，日月五星右转，一经一纬而成文，故人之目右明，手右强，人之发与蛛之网、螺之纹、瓜之蔓，无不右旋而成章，惟不顺天，乃所以为大顺也。物之凉者，火之使热，去火即复凉；物之热者，冰之使凉，去冰不可复热；自然常胜者阴乎！故道心非操不存，人心不引自炽。政教之治乱，贤奸之进退亦然。"②

按照魏源的说法，天之道一阴一阳，天道需要人道相辅相成；上天造物的缺陷——有所不能只有在人的参与中才能得到弥补。这就是只有不顺天才是顺天的基本逻辑，也是"造命立命以成其安命"的理论前提。圣人正因为洞悟了这个天机，才成为圣人。因此，圣人功绩各异，却殊途同归，那就是：他们的行为都与天道相左——或"常扶阳以抑阴"，或"必拨乱以反正"。同样的道理，在对待性才德智的问题上，只有逆天自造，才是顺天。于是，他说道：

> "予之齿者去其角，傅之翼者两其足。"非天以是限之也，齿即角所变，翼即足所化也。人之智虑亦然，丰于此则必啬于彼，详于末则必荒于本。故劳心者不劳力，尚武者不修文；文学每短于政事，政事多绌于文学；惟本原盛大者，能时措出之而不穷，故君子

---

① 《默觚·学篇三》，《魏源集》（上册），中华书局1976年版，第9页。
② 《默觚·学篇四》，《魏源集》（上册），中华书局1976年版，第10页。

务本，专用力于德性而不敢外骛，恐其分吾德性之功而两失之也。羽翼美者伤其骸，枝叶茂者伤其荄。经霜雪而后彫之木，必非有灼灼夭艳之材也。故饰其外，伤其内；扶其情，害其神；见其文，蔽其真。能两美者，天下无之。……举足者，举左则止右，举右则止左，动根于所止也；举手者，左画圆则右不成方，左画方则右不成圆，有二形无二心也。梦盗箪食而耻，梦盗黄金而耻，梦盗一国之宝而耻，事有小大，心无小大也。君子观于举足，知动静之不二；观于举手，知内外之不二；观于举念，知大小之不二。故旧习一销者百销，本体一复者百复。①

2. 造命之可能

如果说魏源断言天地造化无全功凸显的是人类造命之必要性的话，那么，他宣布人之心即天地之心侧重的乃是造命之可能性。事实上，魏源之所以断言"造命立命以成其安命"，呼吁君子造命，所依凭的正是人心。在他看来，人之心具有无比巨大的神奇威力，精诚所至，金石为开；只要人积精凝神，便可无往而不化，无往而不格。于是，魏源宣称："至神无不化也，至诚无不格也。精神全而光气发，……至诚积而风教移。"②正如行军打仗，胜败取决于人心之谋一样，人之成就都是人心至诚、精益求精和积习成性的结果。由此，他坚信："上谋之天，下谋之地，中谋之人，人谋敌谋，乃通于神，非神之力也，心之变化所极也。变化者，仁术也；上古圣人，以其至仁之心挽水火而胜之，挽龙蛇虎豹犀象而胜之。恩生于害，害生于恩。微观于五行相生相克之原，天地间无往而非兵也，无兵而非道也，无道而非情也。精之又精，习与性成，造父得之以御名，羿得之以射名，稷得之以稼名，宜僚以丸，秋以奕，越女以剑。虽得诸心，口不能云；口即能云，不能宣其所以云。若夫由其云以通其所以云，微乎，微乎，深乎，深乎！"③

① 《默觚·学篇十一》，《魏源集》（上册），中华书局 1976 年版，第 27—28 页。

② 《默觚·学篇十三》，《魏源集》（上册），中华书局 1976 年版，第 32 页。

③ 《孙子集注序》，《魏源集》（上册），中华书局 1976 年版，第 227—228 页。

魏源进一步指出，尽管人命本于天，然而，一个人究竟是该寿该夭或该贵该贱，在很大程度上视其对待命运的态度而定。正是在这个意义上，他断言："命贫贱夭，而欲其贵富寿，难矣哉！命贵富寿，而欲其贫贱夭，奚难矣！命所不能拘者三，有君子焉，有小人焉。岔山欲壑，立乎岩墙，……此恃命之小人，非命所拘者乎？诚知足，天不能贫；诚无求，天不能贱；诚外形骸，天不能病；诚身任天下万世，天不能绝。"①这表明，一个人的贵与贱、寿与夭，往往是他本人待命的态度造成的。纵然是命中该贫、该贱、该夭，而欲贵、欲富、欲寿至难，然而，可以肯定的是，即使是命中该富贵寿，欲其贫贱夭则至易。鉴于人之态度和作为对于命至关重要的影响，魏源得出了如下结论："克己之谓强，天爵之谓贵，备万物之谓富，通昼夜知生死之谓寿；反是之谓至困、大辱、甚穷、极夭。故君子者，佚乐而为君子者也；小人者，忧劳而成小人者也。"②这就是说，一个人的态度和作为与他的命如影随形，其间的法则是：只要佚与乐，人便会即强、即富、即寿；只要忧与劳，人便会即困、即穷、即夭。

3. 造命之必然

魏源提出"造命立命以成其安命"，是因为确信人心至灵，人可以凭借人心造命，君子造命就是依靠自己的心力。心力的作用是神奇而伟大的，人依凭自己的心力不仅可以增长技艺和知识，而且可以改变道德和素质。他坚信："力之小大，由于心之翕散，天地人之所同也。天地之气，翕则灵，不翕则不灵，小翕则小灵，大翕则大灵。风、云、雷、雨之气翕，则为震动之能，而郁邑摧茂分焉；水、火、土、石之气翕，则为岳渎之神，而淑慝章瘅分焉；耳目、手足、口腹之气翕，则为心性之用，而是非好恶分焉。雷雨少者震动少，山川小者神示卑，人物细者知觉运动蠢而微，视其翕聚之小大而作用之小大因之，孰谓发扬之不由于翕聚哉？人能翕其数十年之精力于技艺，则技艺且必通神，而况翕聚之于道德者乎？"③这就是说，人心有多大，他的世界就有多大。人心愈大，

---

① 《默觚·学篇八》，《魏源集》（上册），中华书局 1976 年版，第 20—21 页。
② 《默觚·学篇二》，《魏源集》（上册），中华书局 1976 年版，第 6 页。
③ 《默觚·学篇十一》，《魏源集》（上册），中华书局 1976 年版，第 27 页。

技艺愈通，道德愈高，自化、自造的能力也就愈大，人之命运随之改变的可能和幅度也就愈大，至于人的智力和知识更是后天学习、实践的结果。对于后天的努力对人之智力的改变和影响，魏源举例子论证说，聪明人与蠢笨者一起学习，最后的结果取决于两人的努力程度，而不取决于先天的禀赋。他写道："敏者与鲁者共学，敏不获而鲁反获之；敏者日鲁，鲁者日敏。岂天人之相易耶？曰：是天人之参也。溺心于邪，久必有鬼凭之；潜心于道，久必有神相之。……技可进乎道，艺可通乎神；中人可易为上智，凡夫可以祈天永命；造化自我立焉。"① 在这里，魏源揭示，天赋并不能够决定一个人的学识，即使是圣人也不是生而知之者。事实上，不是先天的禀赋决定一个人的后天的学识，恰好相反，后天的努力可以改变先天的禀赋。人的一切知识都是通过后天的学习和实践获得的，生而知之、不劳而获是不可能的。沿着这个思路，魏源援引韩愈的"及之而后知，履之而后难"②，肯定行而后知，以此鼓励人们通过广泛实践，在身体力行中增长知识、积累经验。于是，他写道：

> "及之而后知，履之而后艰"，乌有不行而能知者乎？翻《十四经》之编，无所触发，闻师友一言而终身服膺者，今人益于古人也；耳聒义方之灌，若罔闻知，睹一行之善而中心惕然者，身教亲于言教也。披五岳之图，以为知山，不如樵夫之一足；谈沧溟之广，以为知海，不如估客之一瞥；疏八珍之谱，以为知味，不如庖丁之一啜。③

综合以上各方面的情况，魏源从事与心、法与人、今与古和物与我四个方面权衡了决定人之命运和成败的各种要素，进而得出了如下结论：

---

① 《默觚·学篇二》，《魏源集》（上册），中华书局 1976 年版，第 5 页。
② 《答李翱书》。
③ 《默觚·学篇二》，《魏源集》（上册），中华书局 1976 年版，第 7 页。

事必本夫心。玺一也，文见于朱者千万如一，有玺籀篆而朱鸟迹者乎？有朱籀篆而玺鸟迹者乎？然无星之秤不可以程物，故轻重生权衡，非权衡生轻重。善言心者，必有验于事矣。

法必本于人。转五寸之毂，引重致千里；莫御之，跬步不前。然恃目巧，师意匠，般、尔不能闭造而出合。善言人者，必有资于法矣。

今必本夫古。轩、挠上之甲子，千岁可坐致焉。然昨岁之历，今岁而不可用，高、曾器物，不如祖、父之适宜；时愈近，势愈切，圣人乘之，神明生焉，经纬起焉。善言古者，必有验于今矣。

物必本夫我。然两物相摩而精者出焉，两心相质而疑难形焉，两疑相难而易简出焉。……善言我者，必有乘于物矣。①

在这里，魏源指出，"事必本夫心"，"法必本于人"，"物必本夫我"，从不同角度反复凸显心、我和人的作用。例如，对于今与古的关系，他在肯定"今必本夫古"的前提下，强调"善言古者，必有验于今"，进而呼吁人们像圣人那样乘时势，生神明，起经纬，勇于为自己、为社会造命。

四、"造命立命以成其安命"的操作途径

中国人讲哲学，不只是阐明道理，更重要的是给人提供一个安身立命之所。因此，中国哲学的最终归宿和最高境界是提出安身立命的方法即处世待命之方，将人度越到理想之所。魏源的哲学也是这样，具体到对待命运的问题上，他不仅以"造命立命以成其安命"为人间正道和行为追求，而且提出了通往"造命立命以成其安命"的具体途径和操作方案。

1. 经受磨难

魏源认为，天地造化无全功，这注定了天下正道是沧桑，人生不可能一帆风顺，故而圣人逆天而不顺天。他甚至认为，人生若一片坦途，

---

① 《皇朝经世文编叙》，《魏源集》（上册），中华书局 1976 年版，第 156—157 页。

动而辄成，是被上天剥夺了造命的机会；人生若满路荆棘，为而不成，则是上天用磨难告诫自己不要放松自身的努力。正是循着这一思路，魏源声称：

> 为徼幸而辄成者，非小人之幸，天所以弃之而厚其疢乎！为徼幸而辄不成者，非君子之不幸，天所以厚之而戒其偷乎！必使雨露不膏荆棘，瑞雪不周污巷；雷霆日殷于三家之市，春风不及于空隧之谷；铢量寸度，石丈必差，操券责偿，曷以见天地之大哉？恢恢之网，疏而不失；石量寻度，径而寡失。"物之不齐，物之情也。"恩生害，害生恩，天地之苦心也。若夫不必困衡孤孽而后进，不以富贵燕安而辄溺者，尤君子中之君子哉！①

在魏源那里，逆天才是顺天的逻辑向人昭示了一个深刻的道理：逆境是锻炼毅力、磨炼意志和提升人生的绝佳机会。人只有身处逆境，经受上天降下的各种磨难，才能在逆境中通过逆天而顺天。由此，他宣称，君子、圣人都是在逆境中成就的，逆境对于人的成长不惟不是坏事，反而是好事。这是因为，恩生害，害生恩，让某人身处逆境体现了天地造就人的良苦用心。基于逆境的势不可免，基于让某人身处逆境出于上天的格外恩赐，魏源将逆境视为成就人的精神财富和机遇，并在草木、水族和禽兽那里找到了印证。这便是："草木不霜雪，则生意不固；人不忧患，则智慧不成。大哉《易》之为逆数乎！五行不顺生，相克乃相成乎！鱼逆水则鳞不颉，禽逆风则毛不横。"②基于这种理解，魏源对逆境乐在其中。他指出，造命之君子不放弃任何一个磨难，而是乐于、敢于在失败中崛起，振奋精神，以备再战。

2. 忧与愤

按照魏源的逻辑，逆境是上天对人的玉成，逆天则是顺天。这注定

---

① 《默觚·学篇八》，《魏源集》（上册），中华书局1976年版，第21—22页。
② 《默觚·治篇二》，《魏源集》（上册），中华书局1976年版，第39页。

了人的一生与忧、愤同在，而不是与安、乐同行。人生在世，总要经历种种磨难，这是成才的必要条件，也是君子造命的必经之路。因此，面对人生的磨难和逆境，人不应该自暴自弃，怨天尤人；而应该愈挫愈奋，借助逆境培养自己的毅力和能力。有鉴于此，他一再鼓励人们要有忧愤意识，并且阐明了忧愤生治世、安乐生乱世的道理。正是在这个意义上，魏源写道：

"天下之生久矣，一治一乱"；治久习安，安生乐，乐生乱；乱久习患，患生忧，忧生治。《洪范》贵不列于五福，崇高者忧劳之地，非安享之地也。……故真人之养生，圣人之养性，帝王之祈天永命，皆忧惧以为本焉。真人逆精以反气，圣人逆情以复性，帝王逆气运以拨乱反治。逆则生，顺则夭矣；逆则圣，顺则狂矣。①

魏源进而指出，人之才生于情，若是无情，便不可能有才。慈母爱赤子，便有能鞠赤子之才；小人对国对民对君皆漠然无情，便无济物济民济世之才。他说："人有恒言曰'才情'，才生于情，未有无情而有才者也。慈母情爱赤子，自有能鞠赤子之才；手足情卫头目，自有能捍头目之才。无情于民物而能才济民物，自古至今未之有也。"② 如此看来，人的能力皆由情而生，甚至连人的苦乐之情本身也由情而生。例如，魏源写道："人必有终身之忧，而后能有不改之乐。君子所忧乐如之何？曰：所忧生于所苦。不苦行险，不知居易之乐也；不苦嗜欲，不知澹泊之乐也；不苦驰骛，不知收敛之乐也；不苦争竞，不知恬退之乐也；不苦憧扰，不知宁静之乐也；苦生忧，忧生嗜，嗜生乐。岂惟君子之性分然哉？即世俗亦有终身之忧乐焉，忧利欲之不遂其身也，忧利禄之不及其子孙也，忧谀闻之不诈于一世也。庸讵知吾所谓苦，非彼所谓甘，

① 《默觚·治篇二》，《魏源集》（上册），中华书局 1976 年版，第 39 页。
② 《默觚·治篇一》，《魏源集》（上册），中华书局 1976 年版，第 35 页。

吾所谓忧，非彼所谓乐乎？"①按照魏源的说法，人的毅力、志趣都是在忧愤中培养而成的，正如"人必有终身之忧，而后能有不改之乐"一样，人的一切喜乐皆从忧愤中来，忧愤对于喜乐甚至对于人的一生至关重要。

基于这种认识，魏源对愤与忧寄予厚望，将之视为天与人的共由之道。他在《海国图志叙》中将这一思想表达到了极致："《海国图志》六十卷，何所据？……曰：为以夷攻夷而作，为师夷长技以制夷而作。……然则执此书即可驭外夷乎？曰：唯唯，否否！此兵机也，非兵本也；有形之兵也，非无形之兵也。明臣有言：'欲平海上之倭患，先平人心之积患。'人心之积患如之何？非水，非火，非刃，非金，非沿海之奸民，非吸烟贩烟之莠民。故君子读《云汉》、《车攻》，先于《常武》、《江汉》，而知《二雅》（指《诗经》的大雅、小雅——引者注）诗人之所发愤；玩卦爻内外消息，而知大《易》作者之所忧患。愤与忧，天道所以倾否而之泰也，人心所以违寐而之觉也，人才所以革虚而之实也。"②沿着这个思路，人要安命，必先怀有忧愤之心；只有这样，才能造命、立命而安命。人只有胸怀愤忧，才能使自己的内心"违寐而之觉"，进而"革虚而之实"。之所以如此，原因在于：这是必然法则。对于个人如此，对于国家也不例外。

3. 中虚

魏源认为，人在天地之间，要想安身立命，就必须中虚。简言之，中虚就是效仿竹子心中空虚，去除心中之窒塞。在他看来，人心空虚则灵，通过中虚，去除心中窒塞，便可包容万物，足以日益；人若不能中虚，自满则廉，进而伤物而器，足以日退。这表明，人有容乃大，只有谦虚，不自大，才能成其大；相反，人若自满则导致刚愎自用，结果便会日益狭隘。于是，魏源不止一次地声称：

①《默觚·学篇十》，《魏源集》（上册），中华书局 1976 年版，第 24—25 页。
②《海国图志叙》，《魏源集》（上册），中华书局 1976 年版，第 207 页。

竹萌能破坚土，不旬日而等身；荷蕖生水中，一昼夜可长数寸；皆以中虚也。故虚空之力，能持天载地。土让水，水让火，火让风，愈虚则力愈大。人之学虚空者如之何？曰：去其中之窒塞而已矣。中无可欲则自虚，无可恃则自虚，虚则自灵矣。①

世有自命君子，而物望不孚，德业不进者，无不由于自是而自大。自大则廉而刿物，才而陵物，议论高而拂物，方且是己非人。不知其心易盈者，正由其器小乎！小则偏愎狭隘，而一物不能容，奚其大！诚能自反而心常畏，畏生谦，谦生虚，虚生受，而无一物不可容，奚其小！……君子惟不自大，斯能成其大。②

基于上述认识，魏源十分重视后天的勤奋、学问在造命中的作用。他解释说，人常说"学问学问"，哪有学而不问的道理。土非土不高，水非水不流，马非马不走，人非人不济。一个人的独得之见，必不如众议之参同；合四十九人之智，智于尧舜。这些都证明，一个人只有虚心好学，不耻下问，才能学问日长，德行日高。也只有这样，人才能拥有越来愈强的能力和素质，从而更好地立命、造命。

4. 惜时

近代是救亡图存的时代，也是催人奋进的时代。为了振奋人的精神，鼓励人自强不息而免于懈怠，魏源珍视时间，催人进取。在他看来，上天生人之不足预示了人不可能坐享其成，而必须只争朝夕，通过孜孜不倦的努力对先天的不足予以弥补。为了更好地弥补上天造人之不足，人必须惜时如金，争分夺秒——不仅要废寝忘食，勤学不辍，而且要时时反省自己的过失和不足。魏源宣称："知过密不密之别也，复道远不远之别也。故志士惜年，贤人惜日，圣人惜时。"③人时时反省、反观自己的过失和不足是非常必要的，能不能及时发现自己的不足是能否复归于道的标志。这表明，造命就要惜时如金，只争朝夕；人只有夙兴

---

① 《默觚·学篇三》，《魏源集》（上册），中华书局1976年版，第9—10页。
② 《默觚·学篇三》，《魏源集》（上册），中华书局1976年版，第8—9页。
③ 《默觚·学篇三》，《魏源集》（上册），中华书局1976年版，第9页。

夜寐，好学不倦，才能造化自我，造命立命。圣贤志士未有不孜孜以求、勤奋好学的。一个人"清明在躬，志气如神"，求道则易悟，为事则易成；反之，则反是。因此，相士相家相国都是一个道理——观其寝兴之蚤晏。尧治天下，其民日出而作；舜治天下，其民鸡鸣而起。在尧舜之世，民皆早起，于是乎夜气澄，平旦之气复，这些都是国家强盛的表征。

5. 自反与主复

魏源指出，做伪之事千万端，皆从不自反而生。人若不自反，则终日见人之尤；终日见人之尤，则心虽强收而愈放。做德之事千万端，皆从自反而起。人若诚自反，则终日见己之尤；终日自反而见己之尤，则放心不收而自收。正是在这个意义上，他写道："作伪之事千万端，皆从不自反而生乎！作德之事千万端，皆从自反而起乎！不自反，则终日见人之尤也；诚反己，则终日见己之尤也。终日自反，则放心不收而自收；终日不自反，则心虽强收而愈放。愈内敛则愈无物我，而与天地同其大；愈外骛则愈歧畛域，而与外物同其小。"①

进而言之，魏源所讲的自反即主复，也就是使自己的目口身形复归于心。他断言："君子之学，不主逆而主复。复目于心，不期阖而自不冶矣；复口于心，不期默而自不欺矣；复肝肾于心，不期惩窒而自节矣；复形于心，不期重而自重矣；复外驰之心于内，不期诚而自不伪矣。"②按照魏源的逻辑，人要想自反和主复，必须先知本，知本的要义便是致知、诚意，通过致知、诚意自觉地去恶从善。于是，他又说："《大学》之要，知本而已；知本之要，致知、诚意而已。至善无恶人之性，可善可恶人之心，为善去恶者诚意，择善明善者致知，以《中庸》证《大学》，先后同揆，若合符节。故致知、诚意二章，皆以'此谓知本'结之，此千圣之心传，《六经》之纲领也。"③

自反、主复反映了魏源对心的重视和推崇，与他关于天在生人之时

---

① 《默觚·学篇三》，《魏源集》（上册），中华书局 1976 年版，第 9 页。

② 《默觚·学篇四》，《魏源集》（上册），中华书局 1976 年版，第 11 页。

③ 《大学古本叙》，《魏源集》（上册），中华书局 1976 年版，第 138 页。

将仁之种子赋予人的观点一脉相承。自反与主复既是发挥心在造命中的作用,又是将仁之种子扩充为参天大树,而花叶繁茂,复生无数种子。这个过程就是《大学》八条目所讲的致知、诚意。不仅如此,为了强调心之诚,魏源以《中庸》证《大学》,甚至将以致知、诚意为途径的"知本"说成是六经的共同纲领。

6. 以道为乐

魏源认为,福、利、荣、乐天主之,人对于这些不应该一味地加以强求;祸、害、苦、辱人取之,倒是人力所能及的。这注定了人生的意义应该以求道为主,而决不应该把精力放在对福、利、荣、乐的追逐上;如果人对福、利、荣、乐一味地加以强求的话,不惟得不到,反而可能适得其反,遭致祸殃。由此看来,由于人一味地追求福、得、荣、誉,才会遭致祸、失、辱、毁。从这个意义上说,人之祸害、苦辱皆其自取。于是,魏源得出了这样的认识:"不幸福,斯无祸;不患得,斯无失;不求荣,斯无辱;不干誉,斯无毁;……福利荣乐,天主之;祸害苦辱,人取之。"①

循着这个逻辑,魏源指出,人要从根本上杜绝祸、害、苦、辱,唯一的办法是摆正天道与人道的位置,正确处理是与非、利与害的关系,以道为乐,以欲为苦。对此,他写道:

> 甚哉是非之与利害一也,天道之与人事一也!知是非与利害一,而后可由利仁以几于安仁;知天道之与人事一,而后可造命立命以成其安命。王道之外无坦途,举皆荆棘,而不仁者安仁矣;仁义之外无功利,举皆祸殃,而不知命者安命矣。然则圣人何以罕言《易》?曰:《易》者,卜筮之书也,天道之书也。中古以后,地天之通绝矣,天与人日远矣,人且膜视乎天,且渐不信天敬天,圣人纵欲谆谆以天道诏人,天何言哉?使非空空然叩诸卜筮,受命如响,鬼神来告,曷以舍其偏是偏非,而信吉凶悔吝易知易从哉?

---

① 《默觚·治篇十六》,《魏源集》(上册),中华书局 1976 年版,第 76 页。

故卜筮者，天人之参也，地天之通也。《诗》、《书》、《礼》皆人道设教，惟《易》则以神设教。夫神道非专言祸福吉凶而不言是非者乎？诗曰："奏假无言，时靡有争。""是故君子不赏而民劝，不怒而民威于鈇钺。"①

基于上述认识，魏源教导人们："心为天君，神明出焉。众人以物为君，以身为臣，以心为使令，故终身役役而不知我之何存。圣人以心为君，以身为城，以五官为臣，故外欲不入谓之关，内欲不出谓之扃，终身泰然而不知物之可营，未有天君不居其所而能基道凝道者也。"②这便是魏源总结出来的待命、造命的基本原则和方法，其中流露的对心的重视从一个侧面展示了近代哲学的心学转向和价值旨趣。

"造命立命以成其安命"在中国近代的出现具有思想启蒙与救亡图存的双重维度和动机，因而具有不可否认的积极影响和意义。众所周知，在中国传统的命运哲学中，占统治地位的是宣扬上天主宰人的一切，人对此只能听之任之从之顺之的天命论、宿命论。天命论尤其是宿命论的长期盛行在某种程度上铸造了中国人听天由命、畏天畏命的国民性格，进而丧失奋进的决心和勇气，处处逆来顺受，时时循规蹈矩，不敢越雷池一步。这使中国人柔顺软弱，与西方人相比缺乏自信自立、自主自强和开拓创新精神。在外强雄视、民族危机日益严重的近代社会，传统人格的缺憾成为中国生存和发展的致命病根。

在针砭衰世、振兴国威使命的驱使下，魏源接续了天命论这个古老的话题，却不再像前人那样一味地顺命，而是强调不顺天即是大顺，尤其是在此基础上指出君子不应祈天永命，而应自造自化、造命立命。"造命立命以成其安命"以天命的名义彰显了人命的旨趣，在"万马齐喑"的近代不啻一声春雷震聋发聩。从这个意义上可以说，"造命立命以成其安命"是中国近代的人性觉醒、主体意识在命运哲学中的表现和

---

① 《默觚·学篇八》，《魏源集》（上册），中华书局1976年版，第20页。
② 《默觚·学篇七》，《魏源集》（上册），中华书局1976年版，第18页。

反映，从一个侧面展示了近代哲学的心学转向和旨趣。更为重要的是，"造命立命以成其安命"具有鲜明的政治意图和救亡动机，抒发了魏源的爱国情怀。在中国历史上，魏源开近代风气之先，是引领中国人睁开眼睛看世界的第一人。鸦片战争后，他编纂《海国图志》，在思想界引起了很大的震动。书中介绍了世界各主要国家的地理、历史和风土人情，并且提出了一套抵御西方列强侵略是中国的策略，"师夷长技以制夷"便出于此。如果说"师夷长技以制夷"是技术上制夷的话，那么，"造命立命以成其安命"则是精神上制夷；与前者相比，后者更为重要。借助"造命立命以成其安命"，魏源旨在强调，事在人为，中国的命运就是中国人自造的结果。只要中国人同仇敌忾、奋起抗侮，中国便会迎来美好的未来。"造命立命以成其安命"是魏源的精神支柱，使他对中国的前途、命运不失望，不气馁，面对日不落帝国坚船利炮的来势汹汹不畏缩，成为永垂青史的爱国楷模。当然，魏源并不满足于以"造命立命以成其安命"自励，而是试图以此点燃中国人心中的希望，以自造、自立的奋斗和执著掌控中国的命运。

第十七章

"百家皆孔子之学"

——康有为对诸子百家的整合及其矛盾

　　"百家皆孔子之学"语出康有为，特别是在他早期讲学中多次出现，是康有为的主要命题和基本观点。"百家皆孔子之学"是康有为追溯"学术源流"得出的结论，也是他对诸子百家的整合和对中国本土文化的整体审视。中国近代是西学大量东渐的时代，更是第一次全面对中国本土文化进行审视、梳理、诠释和反思的时代。在对中国本土文化"学术源流"的追溯中，康有为将老子、墨子代表的先秦诸子都说成是孔子后学，得出了"百家皆孔子之学"的结论。这个结论不仅是对诸子身份和百家关系的厘定，而且展示了康有为对孔子身份和地位的确证。事实上，"百家皆孔子之学"既是康有为主张立孔教为国教的理论基础，又代表了他对先秦哲学的整体审视和对诸子百家的整合。从这个意义上说，康有为的"百家皆孔子之学"作为近代中国人在全球多元文化的历史背景、文化语境下对中国本土文化进行内容创新和近代转化的最初尝试，尽管本身蕴含着无法克服的理论漏洞和逻辑矛盾，其非同一般的特殊意义却不容忽视。

一、"百家皆孔子之学"

面对中国近代刻不容缓的救亡图存，康有为提出了以教治教的策略，试图通过寻找中华民族的精神家园，重拾中国人的自信。这使他的学术研究以先秦为重镇和中心，聚焦先秦哲学和诸子百家之间的关系。通过对中国本土文化"学术源流"的追溯，康有为确定"百家"、"九流"皆出于孔子，进而得出了"百家皆孔子之学"的结论。正是在这个意义上，他一而再、再而三地断言：

> 孔子之道，六通四辟，无夫不在，诸子之学，悉受范围。①
> "六经"皆孔子作，百家皆孔子之学。②
> 九流皆出儒家。③

从中可见，康有为断言"百家皆孔子之学"与宣称"'六经'皆孔子作"之间具有密切关系，甚至可以说，正是"'六经'皆孔子作"注定了"百家皆孔子之学"。这是因为，康有为将六经都归到孔子名下，不仅使孔子之学拥有了无所不包的内容，而且注定了传承六经而来的诸子之学皆不出孔子范围。"'六经'皆孔子作"与"百家皆孔子之学"一脉相承，他宣布"'六经'皆孔子作"之日，也就是肯定"百家皆孔子之学"之时。正是在"'六经'皆孔子作"的前提下，康有为将"百家"、"九流"都归到了孔子门下，断言"百家"、"九流"在本质上都是孔子之学。众所周知，"百家"、"九流"是中国哲学和传统文化的活水源头，共同汇集成学派众多、异彩纷呈的先秦文化景观。康有为将它们一并归结为孔子之学，也就意味着把先秦时期相互争鸣的"百家"、

---

① 《孔子改制考》卷十七，《康有为全集》（第三集），中国人民大学出版社 2007 年版，第 204 页。

② 《万木草堂口说·学术源流》，《康有为全集》（第二集），中国人民大学出版社 2007 年版，第 145 页。

③ 《康南海先生讲学记·儒家》，《康有为全集》（第二集），中国人民大学出版社 2007 年版，第 115 页。

"九流"最终都还原为孔子之学一家。当然，"九流皆出于儒家"表明，康有为视界中的孔子之学与儒家之间的界线是模糊的，这也为他日后的孔学与儒学、孔教与儒教相混埋下了伏笔。

1. 老子、墨子为首的先秦诸子都是孔子后学

康有为指出"百家皆孔子之学"，先秦诸子概莫能外——作为孔子后学的诸子，既包括战国诸子，也包括春秋时期的老子、墨子等人。战国诸子属于孔子后学可以理解，把与孔子同为春秋末期的老子、墨子说成是孔子后学要想得到认同颇为困难，甚至有些令人匪夷所思。为了达到这一目的，康有为分两步走：第一步，突出孔子在时间上的优先性，具体办法是：将老子、墨子的生存时间后移，说成是与孟子、庄子一辈者。这样一来，老子、墨子都成了战国时期的人，在时间上具有了成为孔子后学的逻辑前提；第二步，强调老子、墨子的思想皆从孔子所作的六经而来，老学和墨学都源自孔子，于是将两人归到孔子的麾下。

在判定老子、墨子为孔子后学之时，康有为拿出了自己的证据，以此证明他的观点言之凿凿，有理有据。对此，他不厌其烦地声称：

> 老子之学，得孔子之一端。①
>
> 老氏之学乃孔子一体，不得谓孔子无之。②
>
> 墨子内称文子，是子夏弟子，疑墨子为孔子三传弟子。《淮南子》言墨子学孔子之道，是墨子后来畔道而自为教主也。③
>
> 老子之学，只偷得半部《易经》。墨子之学，只偷得半部《春秋》。④

---

① 《万木草堂口说·学术源流》，《康有为全集》（第二集），中国人民大学出版社2007年版，第138页。

② 《南海师承记·讲宋学》，《康有为全集》（第二集），中国人民大学出版社2007年版，第252页。

③ 《万木草堂口说·诸子》，《康有为全集》（第二集），中国人民大学出版社2007年版，第177页。

④ 《万木草堂口说·学术源流》，《康有为全集》（第二集），中国人民大学出版社2007年版，第144页。

老子之清虚、柔退，出于孔子；墨子兼爱，亦出孔子。①

按照这种说法，老子、墨子之所以是孔子后学，是因为两人的思想都从孔子所作的六经而来：老子的思想出于《易经》，墨子的思想出于《春秋》；因为老子、墨子分别对《易经》、《春秋》"只偷得半部"，所以，尽管老学、墨学不出孔学范围，却不是孔学正宗，老子、墨子当然也就不是孔学的正宗传人。

在康有为看来，老子、墨子的思想出于六经，其他先秦诸子也不例外：孟子传《春秋》，由于洞察到了《春秋》的微言大义，尽管与墨子同传《春秋》却高于墨子，成为孔学正宗。庄子传《易经》，尽管与老子传承的经典一样，然而，由于得孔子的"性天之学"，不同于"只偷得半部《易经》"的老子只讲柔而不讲刚。荀子传《礼》、《乐》，《诗》、《书》则被孟子和荀子所传。总之，如法炮制，康有为从经典传承的角度证明了先秦诸子皆孔子后学。

进而言之，"百家"、"九流"囊括了先秦文化的全部流派和形态，当康有为宣布它们都属于孔子之学时，也就等于宣布了孔子是全部中国文化的源头。当他将与孔子大约同时代的老子、墨子等人皆归于孔子之学时，也就大体完成了"百家皆孔子之学"的论证。

2. 孔子之学的传承谱系与人员构成

"百家皆孔子之学"从外延上框定了孔子之学的范围，康有为显然并不满足于此。事实上，他反复从内涵上界定孔子之学，通过对孔子之学的意蕴内容、致思方向和价值旨趣的揭示，凸显、提升儒家的地位。为此，康有为从不同角度对孔门后学进行追溯，以儒家成员为主干和中坚，勾勒出孔子之学的传承谱系。于是，众多的论断和说法便纷至沓来。下仅举其一斑：

---

① 《万木草堂口说·学术源流》，《康有为全集》（第二集），中国人民大学出版社2007年版，第145页。

　　孔子既没，子夏、曾子、有若、子贡，皆能传其学而张之。七十子之徒散游诸侯，大者为卿相师傅，小者友教士大夫。子张居齐，子羽居楚，子贡居齐，子夏居西河，而子夏为魏文侯师，段干木、田子方、禽滑厘、李克、翟璜皆其弟子。战国名士大师，若墨翟、庄周、吴起、荀卿，皆传"六艺"于孔门。①

　　夫孔子之后，七十弟子各述所闻以为教，枝派繁多。以荀子、韩非子所记，儒家大宗，有颜氏之儒，有子思之儒，有孟氏之儒，有孙氏之儒，有仲弓之儒，有乐正氏之儒；其他澹台率弟子三百人渡江，田子方、庄周传子贡之学，商瞿传《易》，公孙龙传坚白。而儒家尚有宓子、景子、世硕、公孙尼子及难墨子之董无心等，皆为孔门之大宗。自颜子为孔子具体，子贡传孔子性与天道，子木传孔子阴阳，子游传孔子大同，子思传孔子中庸，公孙龙传孔子坚白。子张则高才奇伟，《大戴记·将军文子篇》孔子以比颜子者，子弓则荀子以比仲尼者。自颜子学说无可考外，今以《庄子》考子贡之学，以《易》说考子木、商瞿之学，以《礼运》考子游之学，以《中庸》考子思之学，以《春秋》考孟子之学，以正名考公孙龙之学，以荀子考子弓之学，其精深瑰博，穷极人物，本末、大小、精粗无乎不在，何其伟也！②

　　有子，孔子弟子，名若，少孔子四十三岁。孔子没后，子夏、子游、子张之贤皆师之。盖为孔子传道之大宗子，自颜子外，得孔子之具体，最似孔子者也。当时惟曾子不从，故别为一宗。《荀子·非十二子篇》以子思、孟子案饰其言，以为仲尼、子游为兹厚于世，则子思、孟子为子游后学。而子游尝事有子，故有子实尽闻孔子之大道者。《论语》于七十子皆字之，惟于有子、曾子称子。盖孔门之后，儒虽分八，而本始实分二宗。譬之禅家，有子广大如

　　① 《教学通义·六经》，《康有为全集》（第一集），中国人民大学出版社 2007 年版，第 37 页。

　　② 《论语注》序，《康有为全集》（第六集），中国人民大学出版社 2007 年版，第 377 页。

慧能，曾子谨严若神秀也。①

告子言不类异教，当是孔门后学，虽与孟子殊，而与墨子辩，亦如荀子之类耳。②

李悝尽地力，行孔子井田之制，魏文侯行之，后魏文帝亦行之，至唐又行之。③

周、程、朱、张，二千年来未有及之也，其学为孔子传人。④

上述言论是从不同角度立论的，显得有些零乱和支离。透过这些描述和链接可以发现，康有为视界中的孔子之学的传承谱系为：从孔子到亲授弟子——颜子、有子、曾子、子夏、子贡、子游、子张和子羽等，然后是再传弟子——孟子、田子方、墨子、庄子、告子、吴起、李悝和荀子。这个勾勒显示，孔子后学阵营庞大，有作为道家创始人的老子和代表人物庄子，有墨家的创始人墨子，有法家的人物吴起、李悝，还有作为名家的惠施、公孙龙等人。总之，儒、墨、道、法、名一应俱全。这印证了"百家皆孔子之学"具有包罗百家之势。不仅如此，在对秦后思想的梳理中，康有为将两汉、唐代都说成是孔学的天下，在确信董仲舒是孔学正宗的同时，将汉武帝、司马迁、刘歆和何休等人都视为孔学的传人，再后便是周敦颐、二程、朱熹、陆九渊和王守仁等宋明理学家。

接下来的问题是，孔子后学人数众多，谁才是孔门的正宗呢？为了回答这个问题，康有为提出了孔门"十哲"之论："康先生论十哲当以颜子、曾子、有子、子游、子夏、子张、子思、孟子、荀子、董子居

---

① 《论语注》，《康有为全集》（第六集），中国人民大学出版社2007年版，第380—381页。

② 《孔子改制考》卷十六，《康有为全集》（第三集），中国人民大学出版社2007年版，第195页。

③ 《南海师承记·讲孟荀列传》，《康有为全集》（第二集），中国人民大学出版社2007年版，第229页。

④ 《万木草堂口说·学术源流》，《康有为全集》（第二集），中国人民大学出版社2007年版，第138页。

首，盖孔门论功不论德也。"① 在康有为那里，"十哲"在孔子后学中具有显赫地位，"十哲"之中，首推孟子和董仲舒。一方面，孟子和董仲舒都以今文经公羊学的方式传承孔子之道，故而深谙孔子的微言大义。另一方面，孟子与董仲舒的作用并不相同。孟子对孔子无所不学，最接近孔子的思想。此外，孟子还力辟杨朱和墨子之异教，对于捍卫孔教功不可没。正是在这个意义上，康有为赞誉孟子是"孔门之龙树、保罗"和捍卫师说的亚里士多德。鉴于孟子在思想和实践上的贡献，康有为对《孟子》推崇至极，认定《孟子》是孔子之学的入门书，甚至声称"举中国之百亿万群书，莫如《孟子》矣"。对于其中的奥秘和道理，他不止一次地解释说：

> 天下之所宗师者，孔子也。义理、制度皆出于孔子，故经者学孔子而已。孔子去今三千年，其学何在？曰在"六经"。夫人知之，故经学尊焉。凡为孔子之学者，皆当学经学也。人人皆当学经学，而经学之书汗牛充栋，有穷老涉学而不得其门者，则经说乱之，伪文杂之。如泛海无舟，遽然望洋而叹；如适沙漠而无向导，伥伥然迷道而返，固也。然以迷道之故，遂舍孔子而不学，可乎？今为学者觅驾海之航，访导引之人。有孟子者，古今称能学孔子，而宜可信者也。由孟子而学孔子，其时至近，其传授至不远，其道至正，宜不歧误也。孟子于孔子无不学矣。②

> 夫天地之大，测者难以骤明也。孔子之道之大，博深高远，当时弟子已难尽传，子贡已谓得见宫庙之美、百官之富者寡矣。数千年之后学，而欲知孔子之道，其益难窥万一，不待言也。虽然，天不可知，欲知天者，莫若假器于浑仪。孔子不可知，欲知孔子者，莫若假途于孟子。盖孟子之言孔道，如导水之有支派脉络也，如伐

---

① 《南海师承记·讲孟荀列传》，《康有为全集》（第二集），中国人民大学出版社2007年版，第229页。

② 《桂学答问》，《康有为全集》（第二集），中国人民大学出版社2007年版，第18页。

树之有干枝叶卉也，其本末至明，条理至详。通乎孟子，其于孔子之道得门而入，可次第升堂而入室矣。虽未登天圄而入地隧乎，亦庶几见百官之车服礼器焉，至易至简，未有过之。吾以信孟子者知孔子。①

在肯定学孔子之道从孟子开始的基础上，康有为进一步指出，要得孔子之道的大本仅仅学孟子是不够的，还必须在上折孟子的同时，下折董仲舒；因为董仲舒是"汉世第一纯儒"、"孔子之后一人"，在深谙孔子之道上过于孟子和荀子。对此，康有为一而再、再而三地断言：

……董子之精深博大，得孔子大教之本，绝诸子之学，为传道之宗，盖自孔子之后一人哉！②

董子传微言过于孟子，传大义过于荀子。③

然大贤如孟、荀，为孔门龙象，求得孔子立制之本，如《繁露》之微言奥义不可得焉。董生道不高于孟、荀，何以得此？然则是岂孔子口说之所传，而非董子之为之也。善乎王仲任之言曰：文王之文，传于孔子。孔子之文，传于仲舒。故所发言轶荀超孟，实为儒学群书之所无。若微董生，安从复窥孔子之大道哉！④

学《春秋》当从何人？有左氏者，有公羊、穀梁者，有以"三传"束高阁，独抱遗经究终始者，果谁氏之从也？曰：上折之于孟子，下折之于董子可乎！孟子之言曰：其事则齐桓、晋文，其文则史，其义则丘窃取之矣。故学《春秋》者，在其义，不在其

---

① 《孟子微》序，《康有为全集》（第五集），中国人民大学出版社 2007 年版，第412 页。

② 《春秋董氏学》卷七，《康有为全集》（第二集），中国人民大学出版社 2007 年版，第 416 页。

③ 《万木草堂口说·春秋繁露》，《康有为全集》（第二集），中国人民大学出版社 2007 年版，第 204 页。

④ 《春秋董氏学》自序，《康有为全集》（第二集），中国人民大学出版社 2007 年版，第 307 页。

事与文。然则《公》、《穀》是而《左氏》非也。孟子又曰:《春秋》
天子之事。又述孔子之言曰:知我罪我,其惟《春秋》。惟《公羊》
有"王鲁改制"之说。董子为汉世第一纯儒,而有"孔子改制,
《春秋》当新王"之说。《论衡》曰:文王之文,传于孔子;孔子之
文,传于仲舒。则《春秋》微言大义,多在《公羊》,而不在《穀
梁》也。①

透过康有为勾勒的孔子之学的传承轨迹和学术谱系可以发现:一方
面,与"百家皆孔子之学"相呼应,康有为让老子、墨子、庄子、李
悝、吴起、惠施和公孙龙等人加入到孔子之学的队伍之中,孔子之学也
由于这些人的加入而容纳了墨家、道家、法家和名家的各种思想要素。
正如人员构成并非只有儒家一家一样,思想也并不限于儒学。从这个意
义上说,孔子之学并不等于儒学,而是包含儒学在内的诸子百家之学。
另一方面,康有为对同样属于孔子之学的百家并不是一视同仁的,对孔
门后学的正嫡筛选证明孔子之学并没有并列囊括诸子百家,而是始终突
出儒家一家——他颁发荣誉徽号的孔门正学均是如此。在这个视界中,
相对于囊括"百家"、"九流"的无所不包,孔子之学的内涵急剧缩小,
在内容上确定了许多,秉持和传承的就是儒家学脉。正因为如此,在对
孔子和孔子后学思想的阐释中,康有为将孔子之学的主体内容锁定在儒
学的范围之内,以孔子、孟子和董仲舒等人的思想为主体。与此相对
应,在他的著述中,从《春秋董氏学》、《孟子微》、《中庸注》、《礼运
注》、《论语注》到《春秋笔削大义微言考》都以儒家经典为文本。同
样,《新学伪经考》、《孔子改制考》则是推崇孔子的:《新学伪经考》通
过宣布孔子之后的经典是伪经而提升今文经的地位,《孔子改制考》主
张托古改制时,将孔子奉为托古改制的先师,在托古改制中坚持六经皆
出自孔子一人之手,六经是孔子为了托古改制而作。这等于从经典文本

---

① 《桂学答问》,《康有为全集》(第二集),中国人民大学出版社 2007 年版,第 18
页。

的角度重申了孔子在中国文化中的至高无上性。

至此，康有为借助"百家皆孔子之学"与"'六经'皆孔子作"一起证明了孔子在中国本土文化中的至尊地位，表明孔子是中国文化第一人，任何人的地位都无法与孔子相比，先秦诸子的思想皆不出孔学范围。在康有为的视界中，孔子之学包罗万象，又称为孔学或孔教，诸子百家均被囊括其中。所谓孔教，借用康有为的话语结构即"孔子之教"，泛指与外来文化相对应的中国本土文化。作为应对以基督教（耶教）为代表的西方文化入侵而以教治教的产物，康有为用西方的学科分类方法对中国本土文化进行分类、整合，将诸子百家皆归入孔子之学，进而称为孔教。由于康有为教学相混，并未对孔子之学（孔学）与孔子之教（孔教）进行区分，也就使孔学、孔教同时拥有了宗教与文化的双重视阈。在他那里，无论孔学还是孔教都具有广义与狭义之别。就孔学来说，广义上囊括诸子百家，是中国本土文化的代名词；狭义上相当于儒学，与康有为所推崇的孔门巨擘相对应。孔学的两套之分流露出康有为的矛盾心理：既有儒学情结，想为儒教做代言；又力图让孔子代表包括儒家在内的全部中国本土文化，而不甘心孔子只为儒家所专崇。

二、"百家皆孔子之学"中的诸子身份

"百家皆孔子之学"是对诸子、百家的整合，也是对先秦诸子的身份定位和归属。正是通过对先秦诸子学术身份和传承谱系的辨疏，诸子、百家在康有为那里最终都成了孔子之学一家。从这个意义上说，无论是康有为提到名字还是没有提到名字的先秦诸子以及各家各派都是孔子后学，"百家皆孔子之学"淋漓尽致地表达了他将先秦时期的诸子、百家都归为孔子之学一家的看法。作为对诸子、百家乃至先秦哲学的整合，康有为的"百家皆孔子之学"不仅引起了广泛争论，而且导致他本人对先秦诸子及百家关系的混乱认识。

在"百家皆孔子之学"的前提下，康有为特别强调老子、墨子是孔子后学，老学、墨学也属于孔子之学。问题的纠结之处恰恰在于，老

子、墨子并不只有孔子后学这一种身份。事实上，在康有为的视界中，老子、墨子的身份是双重乃至多重的，与孔子的关系也颇为复杂：除了作为孔子后学外，老子、墨子还是与孔子争教最盛者。无论是老子独立创教还是墨子先学孔子、后叛孔子之道都表明两人的思想与孔子大不相同，老学和墨学是独立于孔子之学的。沿着这一思路，康有为分别对孔子、老子、墨子的学术谱系和后继传人予以追溯，勾勒出孔学、老学、墨学三条相对独立、分流各致的传承系统。在对孔子、老子、墨子的思想内容和孔学、老学、墨学的传承谱系的勾勒中，他分别使用了三个不同的概念——儒、道、侠来称谓孔子之教（孔教、孔学）、老子之教（老教、老学）与墨子之教（墨教、墨学），更明显地彰显了三者的不同宗旨。可以作为佐证的是，有些先秦诸子的身份具有唯一性，是专属于孔学、老学或墨学而非三学共有的。例如，杨朱的唯一身份是老子后学，康有为从来没有视杨朱为孔子后学，甚至没有在老子属于孔子后学的前提下将杨朱归为孔子之学。同样，作为老子嫡传的申不害、韩非是老子不仁思想的极端发挥者，与孔子之仁始终是势不两立的，两人一直专属于老学而不属于孔学。这些都证明老学不是从属于孔子之学的。这就是说，康有为一面宣称"百家皆孔子之学"，一面在承认孔学、老学、墨学相对独立的前提下，将先秦诸子分别归入这三个系统之中。问题的关键是，即使进行了如此归属，康有为依然不能对有些先秦诸子的身份予以确证。这种现象较为普遍，具体情况也不尽相同。

1. 多重归属，身份迷失

康有为宣称"百家皆孔子之学"，使先秦诸子拥有了统一的身份归属——孔子之学。然而，由于存在着独立于孔学的老学和墨学，他并没有将孔学视为先秦诸子的唯一身份归属。结果是，在康有为的视界中，有些先秦诸子的身份是双重甚至是多重的，因而不能确指到底属于哪一家。老子、墨子一会儿是孔子后学，一会儿独立创教即是如此。列子、庄子的身份则更为复杂，除了一会儿属于孔子后学，一会儿属于老子后学，再一会儿又兼孔学和老学之外，还有其他身份。此外，公孙龙、邹衍等人的身份也始终是未解之谜。以邹衍为例，康有为对邹衍的思想屡有论及，关注的视野不可谓不广，赞誉的声音不可谓不高。与此极不协调的是，他对邹衍的身份始终没有明确认定。在论及邹衍的思想时，康有为指出："邹子之学与儒者无异，以其归必止乎仁义、节俭、君臣、上下、六亲之施也。当时孔、墨盛行，而邹子能起而与之争教，魄力可谓大已。邹子之说，墨子所无，中国向来无此奇论，惜其书不传，而弟子亦不著，或其人不寿，未有传人，亦未可知。……邹子直究天人之故，可谓聪明绝伦。"①按照这个说法，邹衍的思想与儒家大同小异，然而，在承认邹衍的思想与孔子思想相通的同时，又似乎在说，正因其不在儒家之内，故而有异或不异之说。康有为强调，邹衍思想甚奇，与西学相合便印证了这一点。于是，关于邹衍的身份归属，康有为便有了众多说法：

> 邹衍奇诞，与庄子皆孔学别派。②
>
> 庄子近于老，邹子近于庄。③
>
> 邹衍聪明绝世，《庄子·秋水篇》亦极聪明。邹衍与庄子相近，其最精语，则为"自小至大"一句。④
>
> 邹、墨皆天学，曾入一中用长天学也。⑤
>
> 邹衍谓中国九州仅为赤县神州，环一裨海如神州者凡九，大瀛海环之，人民、鸟兽、草木各不相通。《淮南子》分地形为九州。泰西自明末通大地，分为五洲，邹衍之旨也。⑥

---

① 《南海师承记·讲孟荀列传》，《康有为全集》(第二集)，中国人民大学出版社 2007 年版，第 229 页。

② 《万木草堂口说·学术源流》，《康有为全集》(第二集)，中国人民大学出版社 2007 年版，第 144 页。

③ 《万木草堂口说·学术源流》，《康有为全集》(第二集)，中国人民大学出版社 2007 年版，第 145 页。

④ 《万木草堂口说·诸子(四)》，《康有为全集》(第二集)，中国人民大学出版社 2007 年版，第 180 页。

⑤ 《万木草堂口说·荀子》，《康有为全集》(第二集)，中国人民大学出版社 2007 年版，第 186 页。

⑥ 《列国政要比较表》，《康有为全集》(第四集)，中国人民大学出版社 2007 年版，第 349 页。

　　康有为夸奖邹衍聪明绝顶，在这一点上与庄子最近，并在邹衍与庄子相近的前提下一会儿将之归为老学，一会儿归为孔学，有时还归为墨学。综观康有为的思想可以发现，像邹衍这样往来于三学之间者仅此一例。庄子、列子等人尽管身份众多，也只是或者出入于老学与孔学之间，或者独立创教，毕竟是始终与墨学无涉。邹衍同时穿梭于孔学、老学和墨学之间，还与康有为认定为杂家的《淮南子》一起出现，无疑加大了问题的复杂性。从这个意义上说，邹衍的身份归属和思想内容是最复杂的，淋漓尽致地反映了先秦诸子在康有为视界中的身份错乱和迷失。

2.朦胧模糊，不能确指

　　康有为视界中的有些先秦诸子身份朦胧模糊，不能确指。朦胧模糊也属于不能确证，从这个意义上说，与第一种情况的身份迷失有相似之处；所不同的是，这种情况的不能确指不是由于多重身份引起的，而是由于没有明确认定，致使身份悬搁。属于这种情况的先秦诸子最典型的当属管仲。康有为多次论及管仲的思想，对管仲的好感更是溢于言表。令人不解的是，他却偏偏没有对管仲的身份归属予以明确说明。下仅举其一斑：

　　　　孟子、荀子、管子皆以心物对举，可知物指外物。①
　　　　管、韩言法，《内经》言医，孟、荀言儒，庄、列言道。②
　　　　《管》、《韩》言法，《内经》言医，《孟》、《荀》言儒，《庄》、《列》言道。③
　　　　言治当如管、韩，即《素问》言医，亦成一体。④

①　《南海师承记·讲格物》，《康有为全集》（第二集），中国人民大学出版社 2007年版，第 246 页。
②　《南海师承记·讲文体》，《康有为全集》（第二集），中国人民大学出版社 2007年版，第 241 页。
③　《万木草堂口说·骈文》，《康有为全集》（第二集），中国人民大学出版社 2007年版，第 198 页。
④　《我史》，《康有为全集》（第五集），中国人民大学出版社 2007 年版，第 62 页。

上述引文显示，管仲在康有为那里有时与孟子、荀子一起出现，似乎应该属于孔子后学；更多的则是与韩非等人联系在一起，而韩非按照康有为的说法则属于老子后学。值得注意的是，康有为虽然让管仲频频亮相，但是，他对管仲的身份归属始终语焉不详，没有像对待另一位法家先驱——子产那样归为孔子之学，以证明西方的民主政治、经济制度原本就是孔子思想的题中应有之义："政治之学最美者，莫如吾《六经》也。尝考泰西所以强者，皆暗合吾经义者也。泰西自强之本，在教民、养民、保民、通民气、同民乐，……其保民也，商人所在，皆有兵船保护之。商货有所失，则于敌国索之，则韩起买环，子产归之，且与商人有誓，诈虞之约是也。"①同样，康有为也没有像对待自己频频并提的"管、韩言法"的韩非那样毅然决然地将管仲推给老子。这使管仲的身份始终是一个谜。在其他场合，康有为给了管仲"明确的归属"，那就是与商鞅、申不害和韩非一起归为"法家"。他断言："同是法家，管子心最公，重民也；商君次之；至申、韩，直视民命如草芥。"②问题的关键是，在康有为那里，"法家"是不存在的，因为法家不是独立的学派。这就是说，康有为尽管使用了"法家"这个概念，法家却不是与儒、道、墨三家并列的，更何况他也没有认定全部法家人物都是老子后学——子产被归为孔子之学就是明证。此外，与管仲同为法家的除了申不害和韩非，还有同样作为法家先驱的商鞅，而商鞅也与申不害、韩非的命运一样，被康有为归到了老学之中。他声称："尉缭、鬼谷、商君，皆老子学。"③总之，在康有为那里，无论是法家的尴尬处境还是法家人物与孔学、老学之间的复杂关系都增加了管仲身份的复杂性和悬疑性。

进而言之，康有为对法家先驱的不同归属与法家在他的思想体系中不是独立学派具有一定联系——因为法家不是独立学派，不能让法家人

---

① 《日本书目志》卷五，《康有为全集》（第三集），中国人民大学出版社2007年版，第328页。

② 《康南海先生讲学记·古今学术源流》，《康有为全集》（第二集），中国人民大学出版社2007年版，第108页。

③ 《万木草堂口说·学术源流》，《康有为全集》（第二集），中国人民大学出版社2007年版，第144页。

物单独组成一派，只好将他们归于孔学或老学。更为重要的是，这里隐藏着康有为对法家的矛盾心理：一方面，近代是法之时代，康有为并不绝对排斥法，从日本转译的西学书目中即有"法律门"，这从《日本书目志》的目录即可见其一斑。此外，他强调法与治密不可分，肯定孔子言法，《春秋》就是孔子言法的代表作，并且是万国之法的典范。从这个意义上说，康有为并不抽象地排斥法，也不一律地反对法家。可以看到，与商鞅一样重法的子产、吴起和李悝等人都受到康有为的青睐，并被他义无反顾地归到了孔子门下。沿着这个思路推导下去，康有为承认"管、韩言法"，肯定两人的思想以法为主，并无敌意。另一方面，康有为将法与刑术相提并论，认为二者都是不仁的表现。于是，他一面将大部分法家人物归为老子后学，一面对倚重术的申不害和韩非极为仇恨，将两人说成是老子后学中不仁的极端代表。这样一来，康有为对管仲的归属便处于两难境地：一边是由于对法的消极理解，他没有明确地将管仲归入孔子之学——因为孔教以仁为宗旨，与法之严酷、不仁截然对立；一边是出于对管仲的好感，康有为也没有像对待申不害或韩非那样，将之归入以不仁为宗旨的老学。作为矛盾的表现和结果，管仲的身份始终朦胧模糊，悬而未决。

3.未被提及，没有归属

诚然，"百家皆孔子之学"表明，康有为对所有的先秦诸子都进行了身份确证和学术归属，那就是共同的归属——孔子之学。然而，这种归属是抽象的，充其量只是逻辑上的归属而非事实上的确证或经验性的实证。事实上，康有为不仅对有些先秦诸子一再论及其思想却让他们的身份模糊不清，而且对有些重要的先秦人物闭口不谈。其中，最让人意外乃至百思不得其解的是，他尽管论及众多的先秦诸子，却惟独没有提到兵家始祖和代表人物——孙武和孙膑。换言之，康有为对待孙武、孙膑不是像对待管仲那样身份归属不明确，也不是像对待庄子、列子、惠施、公孙龙或邹衍等人那样给予多重身份而造成身份错乱，而是对两人三缄其口。这是极为反常的。孙武、孙膑作为先秦著名的思想家远远比康有为涉及的很多先秦人物重要得多，对两人只字未提显然是说不过去的。康有为之所以这样做，原因在于：康有为认为兵家是不祥之物，大同社会戒兵。由于不方便将作为兵家代表的孙武、孙膑归为孔子之学，只好对两人敬而远之，保持缄默。这种缄默可以从两个不同的角度去理解：一方面，康有为对孙武、孙膑代表的兵家的讳莫如深远远大于申不害、韩非代表的法家，因为康有为对后者也不过是将其视为老子不仁的极端代表而大加鞭挞而已，远没有达到卷舌不议的程度。另一方面，作为孔子之仁的对立面，申不害、韩非是被批判的靶子，更具有典型意义。与申不害、韩非相比，孙武、孙膑不够典型，也就没有必要将批判的矛头聚焦两人。从这个意义上说，康有为对孙武、孙膑的态度远没有对申不害、韩非决绝。

梁启超在声明"述康南海之言"的《论支那宗教改革》中提到兵家，文中说道："佛之大乘法，可以容一切，故华严法界，事事无碍，事理无碍，孔子之大同教，亦可以容一切，故《中庸》谓万物并育而不相害，道并行而不相悖，惟其不相悖也，故无妨并行。如三世之义，据乱之与升平，升平之与太平，其法制多相反背，而《春秋》并容纳之，不以反背为伤者，盖世运既有种种之差别，则法制各适其宜，自当有种种不同也。如佛之说法，因众生根器有差别，故法亦种种不同。而其实法则皆同也，苟通乎此义，则必无门户水火之争，必无贱彼贵我之患。此大同教之规模所以广大也。当时九流诸子，其大师多属孔门弟子，既受孔教，退而别树一帜，如吴起学于子夏，而为兵家之宗。禽滑厘学于子夏，而为墨家钜子。邹衍齐鲁诸生，而为阴阳家之祖。自余此类，其事甚多。盖思想之自由，文明发达之根源也。听其诸说杂起，互相竞争。而世界自进焉。《中庸》道并行而不相悖之义，即本于《春秋》三世并立之义，而孔子之真相也。自汉以后，定于一尊，黜弃诸子，名为尊孔子，而实则背孔子之意甚矣。"[1]依据这个说法，吴起学于子夏，为兵家之宗，兵家可以归为孔子之学。尽管如此，有两个问题还是没有

---

[1] 《论支那宗教改革》，《梁启超全集》（第一册），北京出版社1999年版，第265—266页。

得到解决：第一，康有为有过吴起是孔子后学的说法，如"战国名士大师，若墨翟、庄周、吴起、荀卿，皆传'六艺'于孔门"①，却没有直接说过吴起属于兵家，更没有明确指出兵家与孔子之学有任何关系。第二，即使是梁启超对康有为思想的转述也没有将兵家与孙武、孙膑联系在一起，自然没有改变孙武、孙膑在康有为视界中没有身份归属的局面。此外，梁启超在这里将邹衍归为孔子后学，且冠以"阴阳家之祖"，并由此推出阴阳家出于孔子。尽管如此，梁启超的这个说法在康有为那里同样找不到任何证据，因为康有为本人并没有将阴阳家与邹衍联系在一起，更没有明确指出邹衍是阴阳家。诚然，在早期的授徒讲述中，康有为讲过"阴阳家"，与阴阳家对应的内容却没有具体人物，当然也不见邹衍的影子。

在"百家皆孔子之学"的视域中，老学、墨学皆归于孔学，与孔学并列或独立于孔学的老学、墨学根本就不存在。令人难以置信的是，康有为一面宣称"百家皆孔子之学"，一面断言有独立于孔学之外，并且与孔学争盛的老学、墨学存在；并在这个前提下，将先秦诸子分别归入孔学、老学和墨学之中。

上述内容显示并且证明，康有为将先秦诸子归为孔学、老学和墨学三家在逻辑上是不周延的，或者说，他所讲的三家并不能与先秦哲学在内涵和外延上重合，故而有些先秦诸子可以游离于三者之外。同时，众多先秦诸子的多重身份反过来也证明三家之间并非并列的，而是有交叉的。这些交叉不仅造成了众多先秦诸子的身份错乱，而且混淆了各家之间的界限。甚至可以说，孔学与老学、墨学的关系本身就是混乱的。事实上，当康有为在孔学之外别立老学、墨学，并且声称后者与前者处于争教之中的时候，就已经宣布了包括百家之学的孔子之学的破产。此时，如果他依然坚持"百家皆孔子之学"的话，将永远走不出孔学等于儒学、孔学等于儒学加老学加墨学的逻辑悖论以及由此引发的诸子身份

---

① 《教学通义》，《康有为全集》（第一集），中国人民大学出版社 2007 年版，第 37 页。

的混乱和百家关系的不自洽。

三、"百家皆孔子之学"中的孔子之学

"百家皆孔子之学"是一个命题，从前半部分看，是对诸子百家的身份归属，也可以说是对先秦乃至中国本土文化的整合；从后半部分看，则是对孔子的推崇，也可以说是对儒家地位的提升。之所以如此说，理由有二：第一，康有为对中国本土文化的审视与对孔子的推崇是同步的，借用他的话语方式，他声称"百家皆孔子之学"而不是"百家皆老子之学"或"百家皆墨子之学"。这使孔子之学（孔学）在康有为那里成为囊括儒家、道家、墨家在内的全部中国本土文化的象征和标识。第二，在漫长的中国历史上，孔子拥有一个约定俗成且无异议的身份，那就是：儒家的创始人。康有为并不否认这一点，并且借助儒家与孔子得天独厚的渊源关系，在将百家还原为孔子之学的前提下，借助孔子、孔学提升儒学的地位和作用，致使孔学与儒学关系混乱——有时是包含与被包含关系，有时却是同一概念。康有为的这种做法在有意无意间使他所讲的孔子之学呈现出广义与狭义两套系统：广义的孔学包括"百家"、"九流"，是中国本土文化的代名词；狭义的孔学与老学、墨学相对应，与当下的儒家或儒学概念外延大致相当。一目了然，康有为视界中的两套孔学既不是完全重合的同一关系，也不是并列关系；而是包含关系，后者完全被包含在前者之中。有鉴于此，两套孔学系统是不能相互替代或混用的，否则将导致逻辑上的混乱。然而，康有为本人从未对这两套孔学之间的关系进行过任何界定或说明，反倒是变本加厉地对孔子之学、孔子之教、孔教、孔学与儒教、儒学相互混用。因此，广义与狭义两套孔学系统之间难免造成逻辑上的矛盾和思想上的尴尬。更为致命的是，与其说康有为所使用的两套孔教系统是从不同角度立论的，不如说是逻辑上的混乱。这一点拿谭嗣同的思想与康有为相比则看得更加清楚。

谭嗣同对孔子之学的认识与康有为具有相似之处——不仅将包括

诸子百家在内的中国本土文化都归为孔子之学，而且称之为孔学或孔教，同时奉孔子为教主。与康有为不同的是，为了缓解或避免孔教与儒家这两个概念之间的相互混淆，谭嗣同明确指出："盖儒家本是孔教中之一门。"① 这个厘定在一定程度上避免了孔学、孔教与儒学、儒教之间可能在逻辑上引起的混乱，大致划定了孔教与儒家的势力范围：诸子百家所归属的孔子之学称为孔教或孔学，是全部中国本土文化的代称；与老子之学、墨子之学相对的孔子之学称为儒学，专指由孔子创立的儒家；前者称为孔教，后者称为儒或儒教，两者之间是包含与被包含的关系。康有为没有对孔子之学或孔教与儒学或儒家作任何区分而是都称为孔学，这意味着两套孔子之学之间的紧张关系似乎在所难免。更为致命的是，即使按照谭嗣同的思路来审视康有为的思想，孔子之学与儒学之间的区分也不是绝对的，其功能也只具有相对的意义。这是因为，两套孔子之学之间的紧张关系在康有为那里不是技术上或形式上的，而是来自思想上的冲突——或者说，出于推崇孔教的需要：一方面，为了彰显孔子的至尊地位，康有为将包括老学、墨学在内的诸子百家归为孔子之学，用孔子之学即孔教指称全部中国本土文化——在这个意义上，康有为与谭嗣同的认识完全相同。另一方面，康有为具有不同于谭嗣同的儒家情结，他的思想以孔子、孟子和董仲舒的思想以及儒家经典为主要来源。这表明，孔子之学即儒教，专指与道家、墨家相对的儒家思想——在这个意义上，康有为与谭嗣同的观点截然相反：谭嗣同认为孔教包括而非等于儒家，儒学与墨学是并列的，孔教与儒家具有不同的内涵和所指，二者不是重合的，本来就不是同一个概念，甚至不是同一层次的概念。正由于康有为对两套孔子之学不加分别地混用，最终导致了逻辑上的混乱。

问题到此并没有结束，康有为思想中的两套孔子之学所产生的逻辑上的矛盾和混乱使老子、墨子的身份以及"百家"、"九流"的归属都成了尴尬的问题：在广义的视界中，老学和墨学皆属于孔子之学；在这

---

① 《论今日西学与中国古学》，《谭嗣同全集》，中华书局1998年版，第399页。

个维度上,出于推崇孔子的需要,康有为对老子、墨子的思想给予了一定程度的肯定。在狭义的视界中,孔子之学与老学(道家)、墨学(墨家)是相对独立的,不是包含关系,而是并列关系,甚至是竞争或对立关系。对于狭义的孔子之学来说,老子、墨子不仅别立学派,而且在思想旨趣上与孔子对立;在这个维度上,与对孔子的推崇相一致,康有为在抬高孔子的同时,极力贬低老子和墨子,甚至是诋毁老子。因此,这样的话由康有为说出来并不令人感到意外:

> 今人心之坏,全是老学。①
>
> 老子之学,贻祸最酷。②
>
> 老子言失道而后德,失德而后仁,失仁而后义,此说最谬。③
>
> 老子险狠到极,外似仁柔,如猫之捕鼠耳。申、韩皆祖老氏也。④
>
> 老子言夫治"非以明民,将以愚之",开始皇焚书之祸。⑤

在这里,康有为对老子的评价都是负面的。当老学作为孔子之学的对立面出现时,他对老子作如此评价是合乎逻辑的,也是可以理解的。尽管如此,康有为的做法在客观上却造成了极大的尴尬和冲突:一方面,与老子被归入孔子之学时的评价出入太大,甚至相互矛盾。这势必冲击康有为整个思想的连贯性和统一性。另一方面,康有为对老子的负面评价不只是影响到对老子的印象和整体评价,反过来会给老子的教

---

① 《万木草堂口说·诸子》,《康有为全集》(第二集),中国人民大学出版社 2007年版,第 178 页。

② 《万木草堂口说·诸子》,《康有为全集》(第二集),中国人民大学出版社 2007年版,第 178 页。

③ 《万木草堂口说·诸子》,《康有为全集》(第二集),中国人民大学出版社 2007年版,第 177 页。

④ 《万木草堂口说·学术源流》(七),《康有为学术文化随笔》,中国青年出版社 1999年版,第 13 页。

⑤ 《万木草堂口说·诸子》,《康有为全集》(第二集),中国人民大学出版社 2007年版,第 177 页。

主——孔子带来不良影响。进而言之，康有为对老子的评价之所以相差如此悬殊，关键取决于他对老子与孔子关系的认定。与此类似，康有为对墨子的如下评价也是在墨子不属于孔子之学的维度上发出的，并且与他对墨子的正面评价之间反差很大："墨子专攻孔子，改三年丧为三月，改亲迎、薄葬、非乐、非命，能以死教人，悍极。"①

此外，康有为的两套孔学系统给列子、庄子等人的身份确证和学术归属造成的矛盾与老子、墨子的情况相比有过之而无不及。以庄子为例，康有为时而将庄子归为孔子后学——"庄子在孔子范围，不在老子范围"②、"庄子未尝归老子，亦归孔子"③，时而归为老子后学——"老子分三派，杨子、列子、庄子"④。值得注意的是，康有为在将庄子归为"孔子范围"时已经明确指出庄子不在"老子范围"之内，并且言之有据。尽管如此，他又将庄子归入"老子范围"之内，并且时常老庄并提。康有为这样做的直接后果，便是使庄子的身份迷失和尴尬远远超过了老子和墨子等人。庄子一会儿孔学、一会儿老学的归属与两套孔学系统具有密切关系，也印证了两套孔子之学之间的矛盾和所引起的尴尬。当然，康有为视界中的庄子的这种矛盾和尴尬最终并没有停留在身份归属上，而必然涉及对庄子思想内容的认定和评价。从逻辑上说，将庄子归为独立于孔子之学的老子后学，也就等于排除了庄子属于孔学的可能性。正是在这个前提下，康有为宣称："自孔子外，《庄子》当为第一书，《德充符篇》直是忘形体。"⑤ 吊诡的是，他对庄子的批评也是在这个前

① 《万木草堂口说·学术源流》，《康有为全集》（第二集），中国人民大学出版社2007年版，第144页。

② 《万木草堂口说·诸子》，《康有为全集》（第二集），中国人民大学出版社2007年版，第180页。

③ 《万木草堂讲义·七月初三夜讲源流》，《康有为全集》（第二集），中国人民大学出版社2007年版，第283页。

④ 《万木草堂讲义·七月初三夜讲源流》，《康有为全集》（第二集），中国人民大学出版社2007年版，第283页。

⑤ 《万木草堂口说·学术源流》，《康有为全集》（第二集），中国人民大学出版社2007年版，第145页。

提下发出的,"庄子智极,心热极,特不欲办事"。① 按照这个评价,庄子"不欲办事",然而,康有为曾经断言:"庄子昌经营天下,乃热人,非冷人,后来能办事,皆用庄子之学。"②"不欲办事"与"能办事"之间是矛盾的,"不欲办事"的庄子为什么成为"后来能办事"者的导师不是不证自明的。这里需要必要的解释或说明,康有为对此却只字未提。更为重要的是,在将庄子归为老学时,康有为突出庄学"清虚"的特点,以与同属于老学的其他派别相区分。"清虚"与作为孔学的庄学之间无论思想内涵还是价值旨趣都相互抵牾,最终造成对庄子思想内容的混乱认识。

总之,康有为的"百家皆孔子之学"造成了众多先秦诸子身份归属的矛盾:一会儿将他们归为孔子之学,一会儿将他们推出孔学。这一切归根结底与康有为对孔子之学的界定一脉相承:当孔子之学指"百家皆孔子之学"中的孔子之学时,作为中国全部文化的代名词,包罗诸子百家,老子、墨子和庄子等人当然概莫能外;当孔子之学特指孔子创立的儒家学说时,老子、墨子和庄子等人自然被排除在外。其实,不论是表达上的麻烦还是逻辑上的混乱都是就客观后果而言的,从康有为的理论初衷来看,他对孔子的定位与其孔教观是一致的——两套孔学同时出现,旨在从不同角度共同抒发孔教情结:与"百家皆孔子之学"同义的广义的孔学之所以将包括道家、墨家在内的诸子百家都囊括其中,是为了彰显孔子独一无二的地位。惟有如此,孔子才当仁不让地成为中国的教主,孔子之学才名正言顺地成为孔教。康有为做到这一点,是借助"百家皆孔子之学"的广义的孔学完成的。然而,毕竟康有为所推崇的孔教在内容上倾向于儒家,与"百家皆孔子之学"有别的狭义的孔学旨在伸张儒家的理论内涵、价值观念,表明儒家思想与道家、墨家具有明显差异。因此,在具体阐扬孔教内容时,康有为推崇的是孔子、孟子和

---

① 《万木草堂口说·诸子》,《康有为全集》(第二集),中国人民大学出版社 2007 年版,第 180 页。

② 《万木草堂口说·诸子》,《康有为全集》(第二集),中国人民大学出版社 2007 年版,第 177 页。

董仲舒等人代表的儒家思想，同时抨击老子、墨子等人的思想。综观康有为的思想可以发现，道家、墨家思想不是主流，甚至被边缘化，成为被攻击的对象也在所难免。康有为做到这一点，是借助有别于"百家"的狭义的孔学完成的。

"百家皆孔子之学"表明，康有为审视先秦诸子的立场受制于他的孔教观。这是康有为与其他近代思想家的不同之处，也给他所梳理的先秦诸子的关系造成了混乱，进而影响到对先秦哲学的整体把握。这主要表现在如下两个方面：第一，就孔子与老子、墨子的关系来说，当他声称"百家皆孔子之学"时，三家可以归为一家；当他宣布老子、墨子与孔子争教时，先秦诸子分属于三家。这样一来，由于作为孔子之学的一家有时是三家之和，有时与老学、墨学并列，其间的逻辑不能自洽。第二，一家与三家不仅造成了孔子与老子、墨子关系的变化，而且导致三人之外的众多先秦诸子的身份迷失和错乱。这种身份的迷失使整个先秦哲学都处于变动之中，即使是身份始终如一的孔子也由于老子和墨子等人一会儿是其后学，一会儿与之争教而有所不同。更有甚者，与学术身份和归属密切相关，康有为对先秦诸子尤其是老子、墨子和庄子等人的评价褒贬不一，前后之间相去霄壤。

"百家皆孔子之学"表明，康有为是最早身处全球多元的历史背景和文化语境对中国本土文化予以梳理和整合的思想家之一。以新的学科分类观念梳理百家源流作为一种全新的尝试难免带有某种程度的不确定性，这种不确定性势必对先秦诸子的身份确证和归属造成冲击而出现先后矛盾的现象。这是康有为和同时代人都要面对的，属于客观原因。与此同时，"百家皆孔子之学"则表达了康有为的主观意志和价值诉求，成为导致诸子身份和归属混乱的主观因素。正是沿着"百家皆孔子之学"的思路，康有为在对诸子源流的考辨和孔子之学传承谱系的追溯中，一面将"百家"、"九流"都归为孔子之学（亦称孔子之教、孔教、孔学），以突出孔子地位的唯一性和优先性；一面在阐释孔教的思想主旨时，侧重儒家思想。一方面，为了应对全球化，尤其是与西方文化分庭抗礼，必须以孔子代表全部的中国本土文化。出于这一目的，康有为宣称"百家皆孔子之学"而不是"百家皆老子之学"或"百家皆墨子之学"。另一方面，无论是对孔子思想的阐发还是儒家情结都使他所讲的名义上囊括诸子百家的孔子之学实际所指是儒学。这除了造成康有为自身思想建构的逻辑混乱之外，还引发了诸多的学术争议。结果是，他以"百家皆孔子之学"的名义所推崇的孔子和儒学不仅没有受到膜拜和青睐，反而遭到普遍质疑，日益被边缘化，直至五四新文化运动时期成为众矢之的，陷入万劫不复的深渊。

康有为的"百家皆孔子之学"昭示了一个朴素的道理：真相最有说服力，欲速则不达。既然事实胜于雄辩，那么，"实事求是"才是取得合理地位的有效途径。要想推崇孔子和儒学，最简单易行也最行之有效的办法是"实事求是"，而不是一味地夸大、神化，最终弄巧成拙、事与愿违。试想，如果当初康有为不是在"百家皆孔子之学"的名义下，以孔子之学代表全部中国本土文化，借助孔子之学、孔学与儒学的相混，名为提倡孔学，实则凸显、提高儒家和儒学；而是如实地将儒学视为中国本土文化的一部分，在儒家、道家、墨家相对独立而不是儒家包括道家、墨家或"九流皆出于儒家"的前提下突出儒家的地位，儒学在近代是否也会被推上风口浪尖，进而陷入万劫不复的深渊？高调未必胜出，抬得越高摔得越惨则是必然的。在这方面，被康有为一再诟病为阴险、狡诈和坏心术的老子恰好为康有为树立了榜样，足以成为他的人生导师。

第十八章

"凡为仁学者……于中国书当通……"

——谭嗣同的经典解读与中学观

"凡为仁学者……于中国书当通……"语出谭嗣同，是《仁学》的
书目单，也道出了经典解读对于《仁学》的重要性。在《仁学》一开
头，谭嗣同便列出了一张书目单，上曰："凡为仁学者，于佛书当通
《华严》及心宗、相宗之书；于西书当通《新约》及算学、格致、社会
学之书；于中国书当通《易》、《春秋公羊传》、《论语》、《礼记》、《孟子》、
《庄子》、《墨子》、《史记》，及陶渊明、周茂叔、张横渠、陆子静、王
阳明、王船山、黄梨洲之书。"① 这张书目单既展示了仁学的理论来源，
又大致框定了仁学的基本内容。其中的"中国书"构成了谭嗣同经典解
读的文本，对这些经典的解读、研究则是创生仁学的理论来源和思想要
素之一。

---

① 《仁学》，《谭嗣同全集》，中华书局 1998 年版，第 293 页。

一、"凡为仁学者……于中国书当通……"中的经典

被列入《仁学》书目单的"中国书"共八部，排在前两位的分别是《周易》和《春秋公羊传》，足见谭嗣同对《周易》、《春秋》的重视。在这方面，他不仅与康有为一样，认为《周易》、《春秋》是孔子思想的代表作；而且站在今文经的立场上，沿着公羊学的思路解读孔子思想。与此相联系，《周易》、《春秋》以及以今文经的方式解读《春秋》的《春秋公羊传》成为《仁学》最基本的经典。综观谭嗣同的思想可以看到，《周易》和《春秋》是他提及最多的经典，他对两书的解读思路开阔，独辟蹊径，富有开创精神。此外，《大学》为首的四书和构成六经的其他经典也是谭嗣同经典研究的组成部分。透视谭嗣同的经典解读，不仅可以了解他的国学研究，而且可以直观地感受谭嗣同思想的鲜明个性和价值追求。

1.《周易》之发微

在谭嗣同那里，《周易》可谓是第一经典。就六经而言，如果说康有为关注最多的是《春秋》的话，那么，谭嗣同最为青睐的则是《周易》；如果说康有为尚变以《春秋》为主要经典，同时认定《周易》是侧重天道之书的话，那么，谭嗣同更多的则是将《周易》视为变易之书。诚然，谭嗣同注意到了《周易》的独特性，指出《周易》与其他经典相比，奥赜精微，具有荒诞的成分。尽管如此，谭嗣同不是像康有为那样宣称《周易》讲天道即"性天之学"，进而将《周易》视为宗教书或专门讲灵魂之书；而是确信《周易》是谈论人事，探究变易的。这使变易成为谭嗣同解读《周易》的逻辑主线。

首先，谭嗣同突出《周易》的日新主题。中国近代是人心思变、维新图强的时代，这使变成为近代哲学的核心话题，也使尚变成为近代启蒙思想家的共识。谭嗣同自然也不例外。就戊戌启蒙思想家来说，尚变的理论武器分为中学与西学两个方面：康有为、谭嗣同以中学为主，严复、梁启超以西学为主；就中学来说，以《周易》、《春秋》为主要文本；就西学来说，以进化论、牛顿力学为基本要素。谭嗣同对变易的阐释与

康有为一样属于早期以中学为主的阶段。所不同的是，如果说康有为的变易思想以《春秋》为第一经典的话，那么，谭嗣同则对《周易》情有独钟。谭嗣同对《周易》的诠释融合了中外古今的诸多思想，旨在突出其中的日新主题。在谭嗣同对变化日新的阐发中，《周易》成为最基本的文本依据。下仅举其一斑：

> 且地动之说，亦非始自西人。《易》曰："天地以顺动，故日月不过，四时不忒。"又曰："夫坤，至柔，而动也刚，……承天而时行。"又曰："夫坤，其静也翕，其动也辟。"是地动之理，大《易》已详哉言之。又《易·乾凿度》："坤母运轴。"仓颉云："地日行一度，风轮扶之。"《尚书·考灵曜》："地恒动不止。"《春秋·元命苞》："地右转以迎天。"《河图·括地象》："地右动起于毕。"凡此诸说，不一而足。①

> 然仅言新，则新与所新者亦无辨。昨日之新，至今日而已旧；今日之新，至明日而又已旧，乌足以状其盛美而无憾也？吾又尝求其故于《礼》与《易》矣。《礼》著成汤之铭："苟日新，日日新，又日新。"《易·系》孔子之赞："日新之谓盛德。"言新必极之于日新，始足以为盛美而无憾，执此以言治言学，固无往不贵日新矣。②

在这里，被谭嗣同与《周易》一起拿来论证变易的有《尚书》、《春秋》和《周礼》等，这从一个侧面表明，谭嗣同视界中的六经在内容上是相通的，大都讲变易。尽管如此，谭嗣同讲得最多的还是《周易》的变易思想。正是在对《周易》之变化日新的阐发和挖掘中，他将《周易》与庄子的"方生方死，方死方生"、王夫之的变化日新、佛教的生灭轮回以及西方自然科学的元素说等各种思想要素相和合，建构了自己

---

① 《论今日西学与中国古学》，《谭嗣同全集》，中华书局 1998 年版，第 400 页。
② 《〈湘报〉后叙》，《谭嗣同全集》，中华书局 1998 年版，第 417 页。

的变易哲学。

其次，谭嗣同彰显《周易》的历史变化观。与其他近代思想家一样，谭嗣同尚变，主要兴趣不在天体演化或生物进化，而在人类社会的递嬗变革。这决定了他所讲的《周易》之变易不可能局限于自然事物，而必然延伸到人类社会领域，以历史变易为重心和归宿。事实正是如此，通过与《春秋公羊传》的三世说相和合，谭嗣同借助《周易》乾卦之六爻的爻辞勾勒、证明了人类历史的变化轨迹。他论证说：

> 且吾言地球之变，非吾之言，而《易》之言也。《易》冒天下之道，故至赜而不可恶，吾尝闻□□□之论乾卦矣，于《春秋》三世之说有合也。《易》"兼三才而两之"，故有两三世。内卦逆而外卦顺，"初九，潜龙勿用"，太平世也，元统也。无教主，亦无君主。于时为洪荒太古，氓之蚩蚩，互为酋长已耳。于人为初生。勿用者，无所可用者也。"九二，见龙在田，利见大人"，升平世也，天统也。时则渐有教主君主矣，然去民尚未远也，故曰在田。于时为三皇五帝。于人为童稚。"九三，君子终日乾乾，夕惕若厉，无咎"，据乱世也，君统也。君主始横肆，教主乃不得不出而剂其平，故词多忧虑。于时为三代。于人为冠婚。此内卦之逆三世也。"九四，或跃在渊，无咎"，据乱世也，君统也。"上不在天，下不在田"，或者试词也。知其不可为而为之者，孔子也。于时则自孔子之时至于今日，皆是也。于人则为壮年以往。"九五，飞龙在天，利见大人"，升平世也，天统也。地球群教，将同奉一教主；地球群国，将同奉一君主。于时为大一统，于人为知天命。"上九，亢龙有悔"，太平世也，元统也。合地球而一教主，一君主，势又孤矣。孤故亢，亢故悔。悔则人人可有教主之德，而教主废；人人可有君主之权，而君主废。于时为遍地民主。于人为功夫纯熟，所谓"从心所欲，不逾矩"也。此外卦之顺三世也。然而犹有迹象也。至于"用九，见群龙无首，吉"，天德不可为首也。又曰：天下治也，则一切众生，普遍成佛。不惟无教主，乃至无教；不惟无

君主，乃至无民主；不惟浑一地球，乃至无地球；不惟统天，乃至无天；夫然后至矣尽矣，蔑以加矣。呜呼！尊教主者，宁教主之愿也哉？有恶劣之众生，而后有神圣之教主，不愿众生之终于恶劣，故亦不愿教主之长为神圣，此推穷治理，必以无教为极致矣。①

谭嗣同之所以在乾卦之六爻的爻辞中破译了三世变易的密码，主要突破点在于：先将六爻分为两个三，接着用三指代三世。这种解读的合理性按照他自己的说法就隐藏在《周易》的"兼三才而两之"之中。"兼三才而两之"语出《周易·系辞下》，原文是："有天道焉，有人道焉，有地道焉。兼三才而两之，故六。"意思是说，天、地、人并为三才，三才加以重叠，成为六爻，六爻就是天、地、人三才之道：初爻、二爻象地，三、四两爻象人，五、六两爻象天。可见，"兼三才而两之"在《周易》中是兼讲天、地、人之道的，谭嗣同则用来专讲人道。对此，他选择乾卦来加以论证：六爻之卦有内、外之分，谭嗣同分别解读为"顺三世"与"逆三世"，即"两三世"；三世有顺、逆之别，呈现为顺、逆两个三世，合起来就是六世，分别对应六爻。在他那里，世即阶段，可以指人类个体，也可以指人类社会。与此相一致，谭嗣同将三世归为"地球之变"和"天下之道"，肯定变的主体包括个人和人类社会。

就个人来说，乾卦的六爻分别代表了人由生到死的六个阶段：初九，"于人为初生"；九二，"于人为童稚"；九三，"于人为冠婚"。这是"逆三世"。九四，"于人则为壮年以往"；九五，"于人为知天命"；上九，"于人为功夫纯熟"——孔子所讲的"从心所欲，不逾矩"就是这种状态。这是"顺三世"。

当然，凭借"两三世"，谭嗣同讲得最多的还是人类历史的变易。通过对乾卦爻辞蕴涵的人类变易信息的解读，他断言，初九，是元统，元通无，"潜龙勿用"表明此时无教主，亦无君主，人人互为酋长，是太平世；这个阶段相当于洪荒太古时代。九二是天统，此时已经渐有教

---

① 《仁学》，《谭嗣同全集》，中华书局 1998 年版，第 370 页。

主和君主，是升平世；君主的地位与臣民相差不远，故曰"在田"。这个阶段相当于中国传说中的三皇五帝时代。九三是君统，君主开始专横跋扈，教主忧患而救世；这个阶段相当于中国的夏、商和西周三代。以上是"内卦之逆三世"。九四是据乱世，属君统；这个阶段相当于从孔子时代到谭嗣同所处的近代。九五是升平世，属天统，是文化、政治上的大一统时代，全世界同一教主，同一君主。上九是太平世，属元统，人人有教主之德而教主废，人人有君主之权而君主废。以上是"外卦之顺三世"。在谭嗣同的描述中，如果说"内卦之逆三世"体现了人类社会从人人平等异化为君臣、臣民之间严重的不平等的话，那么，"外卦之顺三世"则从君臣、君民之间的不平等演化为人人平等。在人人平等的时代，遍地民主，也可以说人人成佛，社会的发展与个人的发展完美统一。由此可见，就人类社会来说，变易的轨迹是先由太平世到升平世再到据乱世的"逆三世"，然后才是由据乱世到升平世再到太平世的"顺三世"。总之，绝不只是单向的由据乱世到升平世再到太平世的上升，而是先退后进。

谭嗣同对人类社会变易模式的解释是以脱胎于《春秋公羊传》的三世说为蓝本的，推演的依据和方法是《周易》乾卦之六爻，演变的具体内容则是平等。这使《周易》与《春秋》、《春秋公羊传》在人类历史的变易上汇合了，并且共同指向了平等。在此基础上，谭嗣同强调，人类社会的演化模式从"逆三世"到"顺三世"皆囊括、隐藏在《周易》的乾卦之中，他本人则破译了乾卦之爻辞中的平等密码。

再次，谭嗣同指出，《周易》宣扬平等，"称天而治"。沿着以《周易》之卦象、爻辞解释人类社会现象的思路，谭嗣同在《周易》中发现了君臣平等和男女平等。他说："上下通，男女内外通，多取其义于《易》，以阳下阴吉、阴下阳吝、泰否之类故也。"①以元统天、以天统君是进化论系统传入中国之前近代思想家论证平等的基本思路，在这方面，康有为、谭嗣同皆是如此。康有为呼吁平等的方法是宣称人人都

---

① 《仁学》，《谭嗣同全集》，中华书局 1998 年版，第 291 页。

"直隶于天",而不再像从前那样隶属于家族或国家;谭嗣同主张君臣平等,便要"称天而治",而不是以君为纲。"称天而治"是谭嗣同批判君主专制的理论武器,也是他所认可的世界公理。并且,他认为,西人便是"称天而治"的。在谭嗣同看来,《周易》的平等模式和致思方向也是"称天而治"。对于这一点,从泰卦、否卦、既济卦、未济卦到"统天"、"先天而天弗违"之语等都是明证。对此,他写道:"固祕天为耶教所独有,转议孔教之不免有阙漏,不知皆孔教之所已有。大《易》之义,天下地'泰',反之'否';火下水'既济',反之'未济';凡阳下阴、男下女吉,反之凶且吝。是早矫其不平等之弊矣。且《易》曰'统天',曰'先天而天弗违',殆与佛同乎?是又出于耶教之上。特此士众生根器太劣,不皆闻大同之教。今所流布者,言小康十居七八,犹佛之有小乘,有权教,而又窜乱淆夺于乡愿之学派,是以动为彼所持也。"①按照这个说法,西方的君臣平等秉持"称天而治"的原则,这一思想并非西方所独有。其实,"称天而治"的平等路径是孔子的大同之教,就蕴涵在《周易》中。由于流行的孔子思想小康占了十之八九,大同之教阒而不闻。因此,孔子作《周易》讲平等,企图通过"称天而治"来矫正不平等的意图和思想统统被遮蔽乃至湮没了。分析至此,结论不言而喻:中国的出路在于发挥孔子的"称天而治",以此推行平等。可见,谭嗣同之所以对《周易》推崇备至,目的在于凸显孔子的平等思想,以"称天而治"抵制君主专制。

除此之外,谭嗣同还关注《周易》其他方面的内容。例如,他探究了《周易》之图与卦之间的先后关系,提出了图先文后说:"伏羲因图画卦,至史颉始有文字,画之先于书也夙矣。"②再如,他探究了《周易》与佛教的关系,肯定二者在怪异方面相似等等。尽管如此,总的说来,谭嗣同对《周易》之内容的关注、发微带有鲜明的现实性和时代性,与中国近代的救亡图存、政治诉求、文化语境和社会需要密切相

① 《仁学》,《谭嗣同全集》,中华书局1998年版,第351页。
② 《石菊影庐笔识·思篇》,《谭嗣同全集》,中华书局1998年版,第152页。

关。正因为如此，他对《周易》的解读围绕着一个主题展开，这个主题就是变易或变化日新，并且将变化理解为永无止境的过程。下仅举其一斑：

> 若夫地球绕日而有寒暑，地球自转而有昼夜，五星绕日而有交会，月绕地球而有晦蚀，则确不可易。且地之动，乃圣人之言也。《易》曰："坤至柔而动也刚，至静而德方。"又曰："坤道其顺乎！承天而时行。"又曰："天地以顺动，故日月不过，而四时不忒。"又曰："夫坤，其静也翕，其动也辟。"《易·乾鉴度》曰："地道右迁。"《尚书·考灵曜》曰："地恒动不止。"《春秋·元命苞》曰："地右转。"《河图·括地象》曰："地右动。"《河图·始开圆》曰："地有三千六百轴，犬牙相牵。"更若仓颉、尸子，皆有地动之说。使地不与天同动，而独凝立于其间，则是崛强不顺，而又何以承天耶？故动也者，其绕日也；时行也者，其自转也。绕日故四时不忒，自转故日月不过。然则所谓天者安在乎？曰："天无形质，无乎不在。"粗而言之，地球日月星以外皆天也。张湛《列子注》曰："自地以上皆天也。"此以气言也。精而言之，地球日月星及万物之附丽其上者，其中莫不有天存。朱子《四书注》曰："天即理也。"此以理言，而亦兼乎气也。然则所谓坤至静而德方者，何谓也？曰：此说极精微，自后人误分天地为二，其解遂晦。夫地在天中，天亦即在地中，阳中有阴，阴中有阳也。就其虚而无形者言之曰天，就其实而有形者言之曰地。①

> 圣人之言，无可革也，而治历明时，《易》独许之以革。盖在天者即为理，虽圣人不能固执一理以囿天，积千百世之人心，其思愈密；阅千百年之天变，其测愈真。故西学之天文历算，皆革古法，钦天监以之授时而不闻差忒。革而当，圣人之所许也。②

---

① 《石菊影庐笔识·思篇》，《谭嗣同全集》，中华书局 1998 年版，第 125 页。
② 《石菊影庐笔识·思篇》，《谭嗣同全集》，中华书局 1998 年版，第 129 页。

《易》言："天下同归而殊途，一致而百虑。"不言殊途同归，百虑一致者，殊则不复同，而不害其为同，固不得强同之矣。百则不复一，而不害其为一，固不得强一之矣。噫嘻，天下之势，其犹川之决乎！一逝而万古不合，此《易》之所以始乾而终未济也。[①]

谭嗣同对《周易》的解读之所以围绕着变易展开，是因为他认为当时的中国社会正处于"顺三世"之中，就人类历史的变易法则来说则正在从当下的不平等臻于平等。这使《周易》具有了强烈的现实针对性，并且由于与现实的政治斗争密切相关而承载了启蒙的意义和内涵。众所周知，谭嗣同与严复一样是中国近代政治启蒙和民主启蒙的杰出代表，在对三纲的批判中把矛头直接指向了"君为臣纲"和君主专制。如果说严复的理论武器以西学为主，主要借鉴孟德斯鸠、卢梭、斯宾塞等人的天赋人权论、社会契约论和社会有机体论的话，那么，谭嗣同则在以《周易》为主的六经中找到了三世变易、"称天而治"的平等思想。

2. 《春秋》解密

除《周易》外，谭嗣同关注最多的便是《春秋》，这与他对《春秋》忧患意识的突出密不可分。在谭嗣同的视界中，《春秋》并非像康有为所说的那样是孔子为了托古改制而作，而是出于对社会现状的忧患。他写道："孔子忧之，于是乎作《春秋》。《春秋》称天而治者也，故自天子、诸侯，皆得施其褒贬，而自立为素王。《春秋》授之公羊，故《公羊传》多微言。其于《尹氏》卒云：'讥世卿也。'卿且不可世，又况于君乎？诸如此类，兴民权之说，不一而足。且其战例，亦往往与今之万国公法合。故《公羊春秋》，确为孔氏之真传。然其学不昌者，亦与君主之学相悖而已矣。孔子于《春秋》犹多隐晦，至于佛肸、公山之召而欲往，则孔子之心见矣。而后儒于《佛肸》、《公山》两章书几不能读，可知中国君臣一伦何尝明乎？"[②]依据这个分析，孔子作《春秋》，

---

① 《仁学》，《谭嗣同全集》，中华书局1998年版，第372页。
② 《上欧阳中鹄十》，《谭嗣同全集》，中华书局1998年版，第463—464页。

出于对人类社会的深切忧患。身处据乱世的孔子，借助《春秋》旨在表达"称天而治"的诉求：第一，在褒贬天子、诸侯之中，兴民权。第二，对春秋征伐的记载与近代国际法（"万国公法"）理念相合。如果说谭嗣同提倡平等的依据是"称天而治"的话，那么，《春秋》的"称天而治"则预示了全书的平等主旨。在这个意义上，《春秋》与《周易》一样指向了平等。正因为如此，在讲"通有四义"时，谭嗣同同时想到了《春秋》和《周易》："中外通，多取其义于《春秋》，以太平世远近大小若一故也；上下通，男女内外通，多取其义于《易》，以阳下阴吉、阴下阳吝、泰否之类故也。"①

进而言之，谭嗣同视界中的《周易》、《春秋》都讲平等，与《周易》相比，《春秋》侧重政治平等、君臣平等，《春秋公羊传》淋漓尽致地发挥了《春秋》这方面的内涵，故而与"君主之学"（君主专制）相悖，而与西方的自由、平等和民主观念相合。具体地说，《春秋》的平等思想围绕着国与国之间的关系展开：在国与国的关系上，"中外通"。

谭嗣同对《春秋》的解读挖掘了《春秋》诸多方面的内容，从不同维度展开。概括起来，主要包括如下四个方面和难度：

首先，谭嗣同指出，《春秋》以维新为主题，书中的夷夏之辨就是推崇变化日新的，因为《春秋》用以区分夷与夏的标准便是新与旧。正是在这个意义上，他写道："孟子曰：'亦以新子之国。'新之为言也，盛美无憾之言也。而夷狄中国同此号者，何也？吾尝求其故于《诗》矣。周之兴也，僻在西戎，其地固夷狄也。自文王受命称王，始进为中国。秦虽继有雍州，《春秋》仍不以所据之地而不目之为夷。是夷狄中国，初不以地言。故《文王》之诗曰：'周虽旧邦，其命维新。'旧者夷狄之谓也，新者中国之谓也。守旧则夷狄之，开新则中国之。新者忽旧，时曰新夷狄；旧者忽新，亦曰新中国。新同而所新者不同，危矣哉！己方悻悻然自鸣曰守旧，而人固以新夷狄新之矣。是夷狄中国，果不以地

---

① 《仁学》，《谭嗣同全集》，中华书局 1998 年版，第 291 页。

言，辨于新，辨于所新者而已矣。"①在谭嗣同看来，夷狄与中国的区别在于是否维新而不在于所处地域。以周为例，周代兴起于西戎，地处偏僻，从地理的角度看属夷狄。由于文王受命称王，其命维新，于是"进为中国"。这足以证明夷狄与中国"不以地言"。同样可以作为例证的，还有秦国。正反两方面的例子表明，无论地处中原之州还是僻陋之地，只要变法维新，就是"中国"；只要因循守旧，就是"夷狄"。

在谭嗣同的视界中，《春秋》崇尚维新，维新是尚。维新与变化日新尽管都强调变，侧重却大不相同：维新即唯新是尚之义，以新为尚，追求日新。这不是指自然的变化之道，而是指人的思想观念、处世原则、行为追求和价值旨趣。维新的主题表明，《春秋》与《周易》都突出变，所讲的变却侧重不同领域：《周易》侧重自然界和社会历史的变易是客观的，作为"天下之道"、"地球之变"，变化日新不以人的意志为转移，正如人由生到死是不可逃避的自然法则一样，人类历史由"逆三世"到"顺三世"的演变是客观历史进程；《春秋》之维新侧重人应该以变易而非守旧之心面对世界，以变通应对事物，以新为尚。

其次，谭嗣同指出，《春秋》秉持"称天而治"的原则，这证明了孔子主张平等，反对君主专制。在他看来，三世说和三统说各有所指，三统说包括元统、天统和君统，分别指无君主、君臣平等和君主专制。其中，"称天而治"是针对君主专制而言的，重心在君臣平等，与地球群国同奉一君主，"中外通"，"远近大小若一"相对应。就中国社会来说，君主专制实际上指从孔子至谭嗣同所处的君主专制时代，"称天而治"则是改变君主专制，由不平等走向平等的途径。这使《春秋》与中国近代社会的现实需要和政治语境联系起来，故而具有更强的针对性。

与《春秋》相比，《周易》讲三统，包括"称天而治"却不限于此，在"称天而治"之上还有一个元统，即废除君主。一方面，不论是天统还是元统都是与君统即君主专制背道而驰的。从这个意义上说，《周易》和《春秋》都具有由现实的不平等走向平等的现实意义。另一方面，相

---

① 《〈湘报〉后叙》，《谭嗣同全集》，中华书局1998年版，第416—417页。

对于《春秋》而言,《周易》勾勒的人类社会的平等轨迹更为全面。这也是谭嗣同更为青睐《周易》的原因所在。谭嗣同对《周易》、《春秋》的解读具有密切的内在关联,那就是以天统反对君统,宣扬平等。所不同的是,《周易》是"天下之道",不仅讲平等,而且讲述人类从平等到不平等,再从不平等到平等的演变之道;此外,还包括人类个体由出生到入死的演变过程。这使《周易》在内涵上比《春秋》更丰富。同时,《春秋》为孔子忧世所作,针对君主专制而"称天而治";《周易》不仅与《春秋》一样讲天统,在天统之上还有一个元统。这使《周易》所讲的平等不仅包括现世,而且统摄过去和未来之世。

再次,谭嗣同对《春秋》的解读沿袭公羊学发挥微言大义的传统,故而对《春秋公羊传》推崇有加,以致在《仁学》书目单上出现的不是《春秋》而是《春秋公羊传》。这是因为,谭嗣同秉持公羊学的学术立场和传统,认为《春秋公羊传》对《春秋》的解读得孔子思想的精髓,书中多微言大义。这注定了《春秋公羊传》对于了解孔子思想具有首屈一指的作用,甚至盖过了《春秋》的光辉。可以作为证据的是,在对变易、平等思想的诠释中,他更青睐的是《春秋公羊传》的三世说而不是《春秋》本身的思想。与此相联系,谭嗣同称《春秋公羊传》"确为孔氏之真传",也道出了他将《春秋公羊传》列入《仁学》入门书的理由。

最后,谭嗣同对《春秋公羊传》的推崇决定了在他那里无论是对孔子的思想还是对《春秋》的解释,凡是与《春秋公羊传》相左的观点都被视为错误的。在这方面,韩愈强调君臣之别如此,由此开出的胡安国宋明理学也不例外。谭嗣同断言:"而圣教不明,韩愈'臣罪当诛,天王圣明'之邪说,得以乘间而起,以深中于人心。一传而为胡安国之《春秋》,遂开有宋诸大儒之学派,而诸大儒亦卒不能出此牢笼,亦良可哀矣。故后世帝王极尊宋儒,取其有利于己也。"①

其实,综观谭嗣同的思想可以发现,他对《周易》、《春秋》的解读与其说是对这两部经典固有内涵的本真表达,不如说是对其内容的近

① 《上欧阳中鹄十》,《谭嗣同全集》,中华书局1998年版,第463页。

代诠释和内容转换——或者说，借这两部经典以及孔子的名义阐发自己的思想。应该说，《周易》、《春秋》对谭嗣同的影响是巨大的，谭嗣同对二者的借题发挥同样是显而易见的。梁启超注意到了这一点，并在为谭嗣同所作的传中特意提到并说明了这个问题："君资性绝特，于学无所不窥，而以日新为宗旨，故无所沾滞；善能舍己从人，故其学日进。每十日不相见，则议论学识必有增长。少年曾为考据笺注金石刻镂诗古文辞之学，亦好谈中国古兵法；三十岁以后，悉弃去，究心泰西天算格致政治历史之学，皆有心得。又究心教宗，当君之与余初相见也，极推崇耶氏兼爱之教，而不知有佛，不知有孔子；既而闻南海先生所发明《易》《春秋》之义，穷大同太平之条理，体乾元统天之精意，则大服。又闻《华严》性海之说，而悟世界无量，现身无量，无人无我，无去无住，无垢无净，舍救人外更无他事之理；闻相宗识浪之说，而悟众生根器无量，故说法无量，种种差别，与圆性无碍之理，则益大服。自是豁然贯通，能汇万法为一，能衍一法为万，无所挂碍，而任事之勇猛亦益加。作官金陵之一年，日夜冥搜孔佛之书；金陵有居士杨文会者，博览教乘，熟于佛故，以流通经典为己任，君时时与之游，因得遍窥三藏，所得日益精深。其学术宗旨，大端见于《仁学》一书。"[1] 在这里，梁启超肯定谭嗣同的思想"无所不窥"，就其渊源来说，从"考据笺注金石刻镂诗古文辞之学"、"中国古兵法"、"泰西天算格致政治历史之学"到"耶氏兼爱之教"，可谓林林总总，名目繁多。与此同时，梁启超将谭嗣同的思想归结为"以日新为宗旨"，在肯定谭嗣同的思想深受康有为影响的前提下，指出谭嗣同将《周易》、《春秋》与佛教的华严宗、唯识宗相和合，并由此断言《仁学》便是这种和合的产物。梁启超的评价尽管没有提及《周易》、《春秋》以及《仁学》的平等主题，尽管夸大了康有为对谭嗣同的影响，尽管对华严宗进行了自己的诠释而与谭嗣同对华严宗的理解有所出入，然而，有一点却是深中肯綮的，那就是：《周易》、《春秋》对谭嗣同的影响是决定性的，与佛教的华严宗、唯识

---

① 《谭嗣同传》，《谭嗣同全集》，中华书局 1998 年版，第 556—557 页。

宗一样成为谭嗣同思想以及《仁学》最主要的理论来源和思想构成。此外，在介绍中，梁启超将《周易》置于《春秋》之前，也是符合两书在《仁学》以及在谭嗣同思想中的地位的，这种排列顺序与谭嗣同对两书分量的认定相契合。

3.《大学》释义

依据梁启超对谭嗣同思想的介绍，谭嗣同的思想是对《周易》、《春秋》与华严宗、唯识宗的相互杂糅，并没有提及《大学》。其实，就谭嗣同的经典解读来说，直接与佛教对应的不是《周易》或《春秋》而是《大学》。在谭嗣同的视界中，无论是唯识宗还是华严宗，《大学》都与之相合。正因为以佛教释《大学》，他对《大学》的解读独具匠心，令人耳目一新。现摘录如下：

> 《大学》盖唯识之宗也。唯识之前五识，无能独也，必先转第八识；第八识无能自转也，必先转第七识；第七识无能遽转也，必先转第六识；第六识转而为妙观察智，《大学》所谓致知而知至也。佛之所谓知，意识转然后执识可转，故曰："欲诚其意者，必先致其知。"致知藉乎格物；致知者，万事之母。孔曰："下学而上达也。"朱紫阳补格致传，实用《华严》之五教。《华严》，小教小学也，非《大学》所用。其四教者，《大学》始教："必使学者即天下之物，莫不因其已知之理，而益穷之"，始教也；"以求至乎其极"，终教也；"至于用力之久，而一旦豁然贯通焉"，顿教也；"则众物之表里精粗无不到，而吾心之全体大用，无不明矣"，圆教也。无论何事，要必自格致始，此之谓妙观察智。第七识转而为平等性智，《大学》所谓诚意而意诚也。佛之所谓执，孔之所谓意。执识转然后藏识可转，故曰："欲正其心，必先诚其意。"执者，执以为我也，意之所以不诚，亦以有我也。惟平等然后无我，无我然后无所执而名为诚。"所谓诚其意者，毋自欺也。"以我欺我也。"如恶恶臭，如好好色。"当其好恶之诚，不知有我也。"小人闲居为不善，无所不至，见君子而后厌然，揜其不善而著其善。"不惟有

我，且有二我也。"人之视己，如见其肺肝然。"灼然见其有我也。欲其无我，必修止观。"君子必慎其独"，孔门之止也。曾子"十目所视，十手所指，其严乎"，孔门之观也。十手十目，佛所谓之千手千眼。千之与十，又何别焉？又以见人十能之己千之也。此之谓平等性智。第八识转而为大圆镜智，《大学》所谓正心而心正也。佛之所谓藏，孔之所谓心。藏识转然后前五识不待转而自转。故曰："欲修其身者，必先正其心。"心一有所，即不得其正，亦即有不在焉。藏识所以为无覆无记。心正者无心，亦无心所，无在而无不在，此之谓大圆镜智。前五识转而为成所作智，《大学》所谓修身而身修也。佛之所谓眼耳鼻舌身，孔皆谓之身。孔告颜以四勿，第就视听言动言之，其直截了当如是，可知颜之藏识已转也。藏识转，始足以为仁。三月不违，不违大圆镜智也。曰三月者，孔自计观颜之时，至于三月之久也。观之三月之久，不见其违，可信其终不违也。"其余日月至焉"，第七识之我执犹未断也。至若前五识皆转，无所往而非仁，齐家治国平天下不足言也，故"壹是皆以修身为本"。此之谓成所作智。夫孔子大圣，所谓初发心时，即成正果，本无功夫次第之可言。若乃现身说法，自述历历，亦诚有不可诬者。十五志学也者，亦自意诚入手也；三十而立，意已一而不纷矣，然犹未断也；四十不惑，意诚转为妙观察智矣；五十知天命，我执断矣，然犹有天命之见存，法执犹未断也；六十耳顺，法执亦断，为平等性智矣；七十从心所欲不逾矩，藏识转为大圆镜智矣。转识成智，盖圣凡之所同也。智慧者，孔谓之道心；业识者，孔谓之人心。人心外无道心，即无业识，亦无由转成智慧。……且夫《大学》又与四法界合也：格物，事法界也；致知，理法界也；诚意正心修身，理事无碍法界也；齐家治国平天下，事事无碍法界也。夫惟好学深思，六经未有不与佛经合者也。①

---

① 《仁学》，《谭嗣同全集》，中华书局 1998 年版，第 331—333 页。

这是谭嗣同对《大学》的集中解读和诠释。对此，可以从三个角度加以把握：

首先，谭嗣同肯定《大学》与唯识宗相合，乃至一部《大学》主旨就是讲述唯识宗的八识说的。基于这一界定，他开宗明义地声称，"《大学》盖唯识之宗也"。这意味着《大学》与唯识宗不仅仅是某些观点相合、相通，而是从基本内容、思维方式到为学次第都别无二致。之所以会有如此看法，原因在于：谭嗣同将《大学》的八条目与唯识宗的八识说相对应，通过将唯识宗八识说的前五识解释为身，执解释为意，藏解释为心，智慧解释为道心，业识解释为人心，进而将《大学》起于格物、致知、诚意、正心，终于修身、齐家、治国、平天下的八条目诠释为唯识宗基于眼、耳、鼻、舌、身五识，由第六识经由第七识断法执，最终转识成智的过程。在这里，谭嗣同将曾子所讲的孔门之十手十目与佛之千手千眼相联系，推崇平等性智。

总之，在对《大学》的解读中，谭嗣同通过将《大学》以及孔子所讲的心转换成唯识宗所推崇的识，致使治国、平天下成为唯识宗之大圆镜智。此一境界不仅无往而非仁，而且在无我中臻于平等。在此过程中，作为证据的是孔子、颜回、曾子、朱熹、王守仁和王夫之等人的思想。

其次，谭嗣同声称，《大学》与华严宗的四法界相合。在将《大学》的八条目与唯识宗的八识说相对应的同时，他断言，"《大学》又与四法界合也"。这就是说，作为《大学》的八条目，由格物、致知起，最后到平天下的修养之方和外王之道就是一部《华严经》：《大学》的八条目从先后次序上看可以分为四个不同阶段，即格物、致知、诚意正心修身、齐家治国平天下，这四个阶段分别对应着华严宗的四法界——格物对应的是事法界，致知对应的是理法界，诚意、正心、修身对应的是理事无碍法界，齐家、治国、平天下对应的则是事事无碍法界。

谭嗣同对《大学》与华严宗的相提并论使人不由想起了康有为，因为康有为对华严宗有过与谭嗣同类似的说法。例如，康有为不止一次地断言：

岂知元为万物之本，人与天同本，于元犹波涛与沤同起于海，人与天实同起也。然天地自元而分别为有形象之物矣。人之性命虽变化于天道，实不知几经百千万变化而来，其神气之本，由于元。溯其未分，则在天地之前矣。人之所以最贵而先天者，在参天地为十端，在此也。精奥之论，盖孔子口说，至董生发之深博，与华严性海同。幸出自董生，若出自后儒，则以为勦佛氏之说矣。①

《论语》曰：闻一以知十。一为数始，十为数终。物生而有象，象而后有滋，滋而后有数。凡物皆有大统，一为之始。必有条理，十为之终。一之与十，终而复始，道尽是矣。华严说法，必以十真暗合也。孔子系万物而统之元，以立其一。又散元以为天地、阴阳、五行与人，以之共十，而后万物生焉。此孔子大道之统也。十端之义，后世不闻矣，夫则孔子之道毁矣。（天之为道，广微高远，不可得而测。而圣人以与人并列为一端。皆元统之，乃极奇之论。真与佛氏之三十三天与人并为轮回等。盖圣心广微，含运太元，则天地乃为元中细物，亦与人同耳。）②

由此看来，强调孔子思想与佛教相通，进而将平等说成是孔教和佛教的共同主张是谭嗣同与康有为的共识；其间的区别是，谭嗣同侧重对华严宗的四法界与《大学》的八条目相互诠释，康有为则更为关注华严宗的圆融无碍与孔教三世并行不悖之间的相通性。

问题到此并没有结束，基于《大学》与佛教从唯识宗到华严宗的类比、互释，谭嗣同大而化之，进一步得出了六经皆与佛经相合，即六经未有外于佛经者的结论。六经包括《周易》、《春秋》。从六经与佛教相合的角度看，谭嗣同尽管没有直接像康有为那样反复将《周易》、《春秋》与佛教相提并论，然而，两书的思想与佛教相通则是不证自明的，

---

① 《春秋董氏学》卷六，《康有为全集》（第二集），中国人民大学出版社 2007 年版，第 373 页。

② 《春秋董氏学》卷六，《康有为全集》（第二集），中国人民大学出版社 2007 年版，第 373 页。

这一点可以在梁启超对谭嗣同思想的上述介绍中得到印证。

再次，谭嗣同对《大学》与佛教的互释具有自己的鲜明特色。以中学与佛教互释是近代哲学的时代特征，近代思想家对孔子及六经的诠释也是如此。康有为曾经多次将六经、《大学》与佛教相提并论，从这一点来说，谭嗣同与康有为的思想具有相同之处。尽管如此，谭嗣同对《大学》与佛教的互释具有几个有别于康有为的显著特征：

其一，对于《大学》，康有为习惯于与《金刚经》对应和互释，指出《大学》的"修身在正其心者，专讲变化气质，一部《金刚经》发此"。① 谭嗣同认定《大学》就是唯识宗，并且与华严宗的四法界相合。这表明，康有为、谭嗣同解读《大学》的切入点有别，故而对《大学》的内容具有不同的界定和解读：在康有为那里，《大学》是心理学之书，书中的诚意、正心是讲心、讲人心、讲人之心理的。因此，他将《大学》的内容与西方的心理学相提并论，并且以此为经典证明心理学是孔子思想的题中应有之义。于是，在了解了西方的心理学之后，康有为如是说："心学固吾孔子旧学哉！颜子三月不违，《大学》正心，《孟子》养心，宋学尤畅斯理。当晚明之季，天下无不言心学哉！故气节昌，聪明出，阳明氏之力也。以《明儒学案》披析之，渊渊乎与《楞伽》相印矣。三藏言心，未有精微渊异如《楞伽》者也。泰西析条分理甚秩秩，其微妙玄通，去远内典矣。吾土自乾嘉时学者捃击心学，乃并自剐其心，则何以著书？何以任事？呜呼！心亦可攻乎哉？亦大异矣。日人中江原、伊藤维桢本为阳明之学，其言心理学，则纯乎泰西者。"② 依照康有为的分析，《大学》成为心理学的经典，是孔子所讲的心学的一部分。《大学》的内容与孟子、庄子等人侧重从养心方面进行养生一脉相承，与之对应的佛学经典是《楞伽经》。不仅如此，沿着这个思路推导下去，既然《大学》是心学即心理学之书，主要内容是讲养心的，

① 《万木草堂讲义·讲大学》，《康有为全集》（第二集），中国人民大学出版社2007年版，第301页。

② 《日本书目志》卷二，《康有为全集》（第三集），中国人民大学出版社2007年版，第293页。

那么，在佛学中，则与侧重心法生灭，引导信徒修炼心如金刚的《金刚经》息息相通。与康有为侧重从心学的角度诠释《大学》迥异其趣，谭嗣同彰显《大学》的修养工夫，从八条目的次第入手，将《大学》的八条目诠释为一个认识和实践过程，进而将之与唯识宗的八识说和华严宗的四法界说相提并论。至此可见，谭嗣同对《大学》的解释之所以有别于康有为，最根本的一点是对应的佛学主体是唯识宗。这个选择从一个侧面流露出唯识宗对谭嗣同的巨大影响。在《清代学术概论》和《〈仁学〉序》中，梁启超对谭嗣同佛学思想的介绍均将唯识宗排在了华严宗之前，这一点从谭嗣同对《大学》的解释来看更合乎谭嗣同的本意。康有为虽然对佛教诸多派别有所涉猎，但是，他最青睐的当属禅宗和华严宗。借用梁启超的表述，康有为对于佛教"最得力于禅宗，而以华严宗为归宿焉"。[①] 可见，唯识宗在康有为的思想中并不占有特殊地位。

其二，就华严宗来说，尽管康有为、谭嗣同都承认华严宗与六经相通，与华严宗对应的具体经典却大不相同：在康有为那里，华严宗与《大学》无涉，更多的是与《周易》相契合。在谭嗣同那里，尽管《大学》所讲的内容就是唯识宗，却不妨碍其与华严宗相合——在论证《大学》是唯识宗时，《华严五教章》便是证据之一；在论证《大学》为唯识宗之后，紧接着指出《大学》与华严宗的四法界相合。康有为与谭嗣同分歧的根源在于，正如对六经具体内容的侧重迥然相异一样，两人对华严宗的理解相差悬殊：康有为是从现在与未来的关系维度理解华严宗的四法界的，在这个视阈内，如果说事法界代表现在的话，那么，理法界则代表未来，理事无碍法界则表示现在与未来以及小康与大同并行不悖，圆融无碍。沿着这个思路，康有为认为，思维方式的相通注定了《周易》与华严宗内容的相合，并且，《周易》关于天道、灵魂的界说就是佛教所讲的天堂、地狱。对此，他不止一次地断言：

---

① 《南海康先生传》，《梁启超全集》（第一册），北京出版社1999年版，第487页。

《易》言直方火，不习无不利，即佛所谓十方世界。①

佛道固出于《易》也。何言佛与《易》近也？以象为教，一近也。地狱天堂，诸佛国土，罗刹夜叉，即"载鬼一车，见矢张弧"之象也。以无为有，空诸所无，即《屯》、《否》之象，发《剥》、《革》之义，陈亢极之悔，终《未济》之卦也。《华严》八地，不舍诸有，随喜顺受，即进退消息，居身涉行之义也。故曰：佛与《易》近。其所异者，佛说无生，故欢喜而游戏；《易》入人伦，故恐惧以寡过耳。②

尽管八卦、六十四卦出自谁手或起于何时颇有争议，甚至不能完全肯定系辞是否为孔子所作，然而，一个不争的事实是，孔子喜欢《周易》并且与《易传》相关早有定论。司马迁在《史记》中多次提到孔子与《周易》的关系。例如，《史记·孔子世家》云："孔子晚而喜《易》，序《彖》、《系》、《象》、《说卦》、《文言》，读《易》韦编三绝。"《史记·田敬仲完世家》载："太史公曰：盖孔子晚而喜《易》，《易》之为术，幽明远矣，非通人达才，孰能注意焉。"司马迁确信"十翼"与孔子相关，并且承认《周易》的内容"幽明远矣"，远非一般人所能领悟。与司马迁相比有过之而无不及，康有为、谭嗣同都肯定《周易》是孔子所作，书中内容晦赜玄妙。在这个相同的前提下，两人对《周易》的诠释沿着不同的视角和逻辑路径展开：鉴于《周易》的晦涩玄奥，康有为宣称《周易》专讲"性与天道"，与华严宗所讲的天堂、地狱内容相合。谭嗣同承认《周易》中有荒诞、诡谲之内容，却没有侧重《周易》与华严宗的关系，而是从变易的角度理解《周易》。有鉴于此，他始终坚信，《大学》与华严宗的内容最为接近。

如果说谭嗣同在《大学》与唯识宗别无二致的前提下，肯定其与华

---

① 《万木草堂口说·中庸》，《康有为全集》（第二集），中国人民大学出版社2007年版，第174页。

② 《康子内外篇》，《康有为全集》（第一集），中国人民大学出版社2007年版，第99—100页。

严宗相合的话，那么，在康有为对华严宗的解释中，则始终没有《大学》的影子。

其三，康有为、谭嗣同尽管都强调六经与佛教无不相同，相同的基本含义和具体所指却天差地别。康有为说："《华严经》与《四书》、'六经'比较，无不相同，但人伦一事不同耳。"① 谭嗣同则强调："夫惟好学深思，六经未有不与佛经合者也，即未有能外佛经者也。"② 可见，康有为以六经与佛教之同突出儒家与佛教的人伦之异，目的是借此提升孔教的地位；谭嗣同则以六经与佛教之同证明六经的内容不在佛教之外，是"佛能统孔、耶"的注脚。

由于目的不同，康有为、谭嗣同拿来证明六经与佛教相同的证据尽管都是四书，具体侧重却相去甚远：就《大学》与《中庸》来说，康有为侧重《中庸》，谭嗣同则侧重《大学》。可以看到，康有为喜欢将《中庸》与佛教互释，尤其是多次对《中庸》与《法华经》相提并论。下仅举其一斑：

> 《中庸》一书，先言效验，后说道理，可比佛氏一部《法华经》。③
>
> 《中庸》文章，为一部《法华经》。④

与康有为有别，谭嗣同对四书与佛经相合的论证则以《大学》为主。

就谭嗣同在《仁学》中所列的"中国书"而言，对四书、五经皆有关注，重点则集中在《周易》、《春秋》和《大学》三部经典。上述内

---

① 《南海师承记·讲明儒学案及国朝学案》，《康有为全集》（第二集），中国人民大学出版社 2007 年版，第 257 页。

② 《仁学》，《谭嗣同全集》，中华书局 1998 年版，第 333 页。

③ 《万木草堂口说·中庸》，《康有为全集》（第二集），中国人民大学出版社 2007 年版，第 169 页。

④ 《万木草堂口说·中庸》，《康有为全集》（第二集），中国人民大学出版社 2007 年版，第 175 页。

容显示，一方面，谭嗣同对《周易》、《春秋》和《大学》的诠释各有侧重，相比较而言，《周易》和《春秋》在思想内容上更为相近，从变化日新、"称天而治"到平等都是如此。这些都是谭嗣同本人的主张，也可以视为他对孔子思想的发挥。有鉴于此，谭嗣同将《周易》、《春秋公羊传》列入《仁学》"中国书"的前两位。就《大学》来说，他提及的次数不多，主要侧重与唯识宗、华严宗相互阐发，用以阐发"转业识而成智慧"的精进次第和修养工夫。这样一来，通过谭嗣同的诠释和解读，《大学》在内容上与《周易》、《春秋》侧重变易观、历史观呈现出明显不同。另一方面，《周易》、《春秋》和《大学》共同凸显了平等的主题。《大学》之所以可以比作唯识宗，是因为其八条目的修养次第是一个从眼、耳、鼻、舌、身的妄生分别提升为平等性智的过程，大圆性智从人类社会的角度看是治国平天下，从个人修养的角度看则是"洞彻彼此，一尘不隔"的无我状态。

除了对《周易》、《春秋》的个案研究和具体解读以及多次提到过《诗》、《书》、《礼》之外，谭嗣同还有对六经的总体评价或整合，其中最经典的是，六经与佛经相合，不在佛经之外。这个评价可谓在预料之中，因为他一贯以佛释孔，以孔释中。除了以佛学整合六经之外，谭嗣同还将六经与西学相对应。例如，他曾经说："持此（具体指傅兰雅翻译的《治心免病法》，泛指西学——引者注）以读《六经》，往往可得神解。"①在这里，六经是作为整体出现的，既是谭嗣同对六经的总体概括，也证明了他对经典的解读是以西学为参照的。除六经之外，谭嗣同对四书也有关注；除了对《大学》与佛学相互诠释之外，《论语》、《孟子》都是《仁学》的入门书目，《中庸》则出现在《石菊影庐笔识·思篇》中。

总之，谭嗣同的经典解读有些是系统而深入的，更多的则是惊鸿一瞥式的偶然想起。无论是繁是简，是详是略，这些中国经典的出现表明，谭嗣同最熟悉和涉猎最多的是中国典籍。正是由于中国典籍积淀、

---

① 《上欧阳中鹄十》，《谭嗣同全集》，中华书局 1998 年版，第 461 页。

凝聚的思维方式和价值旨趣构成了他选择、吸收西学的"前理解"。

二、"凡为仁学者……于中国书当通……"中的人物

"凡为仁学者……于中国书当通……"名为"书",具体方式并不全以书名的形式呈现出来。事实上,"中国书"由两部分构成,前部分是包括《易》、《春秋公羊传》、《论语》、《礼记》、《孟子》、《庄子》、《墨子》、《史记》"在内的由书名的形式构成的八部书,后部分是由"陶渊明、周茂叔、张横渠、陆子静、王阳明、王船山、黄梨洲"组成的七人"之书"。七人"之书"与以书名的形式呈现的八部书一样是《仁学》的中学渊源,这些书的作者则是谭嗣同所推崇的中学人物。

梁启超评价谭嗣同的《仁学》"无所不窥",可谓中肯之论。尽管《仁学》乃至《谭嗣同全集》字数有限,书中涉及的思想、人物却极其繁多。其中,对中学不同人物思想的介绍和评价既道出了谭嗣同思想的理论来源,也成为其国学研究的一部分。总的说来,尽管谭嗣同对中学人物的评说包括两个方面——一是正面之阐扬和推崇,一是反面之抨击和拒斥,然而,正面之阐扬和发挥才是主旋律,故而以绝对优势压倒反面之抨击和拒斥。就正面阐扬来说,谭嗣同像康有为一样将中国本土文化归结为孔子之学,足以证明孔子的至尊地位。此外,谭嗣同推崇的主要人物还有墨子、孟子、庄子、王充、张载、王夫之和黄宗羲等与"凡为仁学者……于中国书当通……"中的人物大致吻合。

1. 墨子

谭嗣同的思想深受墨子影响,他对墨子的推崇与膜拜溢于言表。以仁为例,谭嗣同所推崇的仁就包括墨子的兼爱在内。在"凡为仁学者……于中国书当通……"的八部"中国书"中,有七部与孔子相关,其中的前四部——《周易》、《春秋公羊传》、《论语》、《礼记》直接与孔子本人相关,《孟子》、《庄子》、《史记》也属于孔子之学——在他看来,庄子不仅是孔子后学,而且是孔学之嫡传。从这个意义上说,《庄子》也可以归为孔子之学。《史记》在康有为那里是推崇孔子的,在谭

嗣同这里也可作如是观。如此说来，八部书中只剩下了《墨子》。这证明了谭嗣同对墨子的膜拜，墨子是独立于孔子而存在的。

进而言之，谭嗣同对墨子的顶礼膜拜与对墨子思想的认定密切相关。对于墨学，他如是说："墨有两派：一曰'任侠'，吾所谓仁也，在汉有党锢，在宋有永嘉，略得其一体；一曰'格致'，吾所谓学也，在秦有《吕览》，在汉有《淮南》，各识其偏端。仁而学，学而仁，今之士其勿为高远哉！盖即墨之两派，以近合孔、耶，远探佛法，亦云汰矣。"① 如此说来，墨子思想包括两方面的内容：一是任侠，一是格致。

所谓任侠也就是仁，谭嗣同将之视为有别于孔子仁爱的另一种仁。突出侠与墨子思想的关联并非始于近代，《韩非子》就有"儒以文乱法，侠以武犯禁"② 的说法。司马迁在《史记》中作有《游侠列传》，并且对游侠持否定态度。到了近代，康有为第一次将侠归为墨子后学，并且以侠作为墨学区别于孔学（仁）、老学（道）的标识，同时对侠含有微词。谭嗣同在认定墨子任侠上与康有为的观点颇为类似，却与康有为将侠理解为崇尚暴力、以死为教截然不同。在谭嗣同看来，侠用墨子的话说就是摩顶放踵利天下，就是舍身救世的道义担当。有鉴于此，谭嗣同膜拜墨子就是敬仰墨子的任侠风范和道义担当，以救世为务。因此，谭嗣同声称自己从小就怀有墨子任侠救世、摩顶放踵利天下之志："吾自少至壮，遍遭纲伦之厄，涵泳其苦，殆非生人所能任受，濒死累矣，而卒不死。由是益轻其生命，以为块然躯壳，除利人之外，复何足惜。深念高望，私怀墨子摩顶放踵之志矣。"③ 谭嗣同怀有勇猛救世的慈悲情怀，浑身洋溢着舍生取义的豪迈，这些与他对墨子的膜拜以及墨子思想对他的影响是分不开的。谭嗣同的大侠风范在欧阳予倩的描述中可见一斑："他可说是无书不读。经史辞赋之外，于基督教义、神学、佛学，无不精研，而于政治、哲学，致力尤多。他于文事之暇，喜欢技击，会骑马，会舞剑，……人家觉得他无论什么都有点与众不同。……总之，他

---

① 《仁学》自叙，《谭嗣同全集》，中华书局1998年版，第289页。

② 《韩非子·五蠹》。

③ 《仁学》自叙，《谭嗣同全集》，中华书局1998年版，第289—290页。

是无处不表露才气纵横、不可一世之概。"①

所谓格致即自然科学，墨学的自然科学传统在秦后被《吕览》、《淮南子》发挥。谭嗣同还从其他角度探究墨学自然科学方面的内容，并且注意到了墨学与西方自然科学的相合。他写道："惟此凡言农务、蚕务、牧务、渔务，皆非谓身为之，但当精察其理，以为民道耳。图表者尤所以总群学之目而会其归，为经济者所恃以程核而筹策者也。试问中国为此学者谁乎？西人表学译名统计，谓源出《禹贡》及九鼎之所图像。考西学近墨，而墨子法禹，则言必有据。故于政之至纤至悉，莫不列表，户口登耗，百官进退，外国兴衰，及交涉事件，矿苗衰旺，出产增减，年穀丰歉，百物价值，用度奢俭，岁入多寡，兵额损益，船械精粗，工艺良楛，各种学术高下，医院治病得失，庶狱人数及罪名，皆分等级，为年月比较表，或变为方圆等图。既可省案牍之烦苦，尤能一目瞭然，视通国之事如数掌纹，故常以简御繁，操之有要。"②

谭嗣同是最早极力推崇墨子的近代思想家。诚然，在墨子经历了从秦汉至明清的沉寂之后，康有为将墨子纳入哲学视野，由此拉开了墨学在近代的复兴。不可否认的是，康有为一会将墨子说成是孔子后学，一会将之视为与孔教争盛者，难免造成对墨子身份归属的错乱。更为重要的是，康有为对墨子的定位和评价不高。以兼爱为例：他一面肯定墨子的兼爱源于孔子之仁，出自《论语》的"泛爱众"；一面批评墨子的兼爱是改孔子之制的结果，违背了孔子之仁的爱类原则；由于"舍其类而爱其混"，在本质上与佛教之众生平等相差无几。谭嗣同尽管像康有为那样将百家都归为孔子之学，却对儒家与作为中国本土文化代表的孔教区别对待，从而给予墨子创立的墨家以较高地位。在此基础上，他强调墨子之兼爱就是仁，墨子之兼爱与孔子之仁一样是中国仁之大宗。不仅如此，由于墨子以兼爱释仁，有任侠、救世风范，谭嗣同更为青睐墨子的兼爱之仁。如果说谭嗣同认定孔子是教主，在尊重教主的角度上更推

① 《上欧阳瓣姜书序》，《谭嗣同全集》，中华书局1998年版，第536页。
② 《思纬氤氲台短书·报贝元徵》，《谭嗣同全集》，中华书局1998年版，第221页。

375

崇孔子的话，那么，在人格和救世上，他则更倾向于摩顶放踵以利天下的墨子。可以说，自谭嗣同始，近代思想家对墨子的评价以正面为主，对墨子不再有像康有为那样的抨击。例如，严复、梁启超、孙中山和章炳麟等人都对墨子倍加关注，并且赞誉甚高：严复在称赞墨子的同时，多次为墨子的兼爱辩护。梁启超对墨子用心甚多，对墨子思想的全面解读以及将墨子与老子、孔子并称"三圣"的做法极大地提高了墨子的地位，《子墨子学说》、《墨经校释》和《墨子学案》更是成为近代墨学复兴的第一个高潮。章炳麟在推崇、阐发墨子思想的同时，对墨子与老子、孔子进行多维度的比较，他关于墨子的人格超迈老子、孔子的观点与谭嗣同具有某种内在的一致性。

2. 孟子

在《仁学》的书目单上，《孟子》位列其中。这足以表明谭嗣同对孟子的重视——不仅将孟子视为孔子后学，让孟子担纲孔学两大支之一，而且指出孟子从正面"畅宣"、"畅发"孔学的民主思想。在阐发孟子思想的过程中，谭嗣同对孟子的性善说和心学赞叹有加。由于认定性善说表明孟子的思想与佛教所讲的佛性相关，以孟子的性善说与佛教的佛性论相和合，借此变革中学以及处理中国与西方列强的关系成为谭嗣同的一贯做法。不仅如此，孟子注重养浩然之气的心学思想与谭嗣同膜拜佛学，推崇大无畏精神的宗旨相合。因此，谭嗣同的下面说法都可以看到孟子的影子：

> 盖圣人之道，莫不顺天之阴骘，率人之自然，初非有意增损于其间，强万物以所本无而涂附之也。则凡同生覆载之中，能别味、辨声、被色，顶上而踵下，抱阴而负阳，以口鼻食息，以手足持行，其形气同，其性情固不容少异。子思子曰："舟车所至，人力所通"，推之"天之所覆，地之所载，日月所照，霜露所坠，凡有血气者，莫不尊亲。"不必即尊亲，其人自由其道而莫之知也。在人言之，类聚群分，各因其厚薄以为等差，则有中外之辨，所谓分殊也。若自天视之，则固皆其子也，皆具秉彝而全畀之者也，所谓

理一也。夫岂天独别予一性，别立一道，与中国悬绝，而能自理其国者哉？而又何以处乎数万里之海外，隔绝不相往来，初未尝互为谋而迭为教，及证以相见，莫不从同，同如所云云也？惟性无不同，即性无不善，故性善之说，最为至精而无可疑。而圣人之道，果为尽性至命，贯澈天人，直可弥纶罔外，放之四海而准。乃论者犹曰："彼禽兽耳，乌足与计是非、较得失？"呜呼！安所得此大不仁之言而称之也哉！其自小而小圣人也，抑又甚矣。故中国所以不振者，士大夫徒抱虚憍无当之愤激，而不察夫至极之理也。苟明此理，则彼既同乎我，我又何不可酌取乎彼？酌取乎同乎我者，是不啻自取乎我。由此而法之当变不当变，始可进言之矣。①

夫浩然之气，非有异气，即鼻息出入之气。理气此气，血气亦此气，圣贤庸众皆此气，辨在养不养耳。得养静以盈，失养暴以歉，气行于五官百骸，形而为视听言动，著而为喜怒哀乐，推而究之，齐治均平，所由出也。其养之也，又非吐纳屈伸之谓也。惩忿窒欲固其体，极深研几精其用。惩与窒，斯不忧不惧继之矣；极与研，斯尽性至命继之矣。故善养气者，喜怒哀乐视听言动之权，皆操之自我者也。操之自我，而又知言以辨其得失，于是无有能惑之者，而不动心之功成矣。嗣同时过后学，罔知攸赖，广籀陈籍，徵之所处，以学莫大于养气，而养气之方，宜有如此。②

与此同时，谭嗣同认为孟子的性善说与华严宗和唯识宗在立言宗旨上无异，从而将孟子与庄子、陆九渊和王守仁一起与华严宗、唯识宗的思想相和合。这足以表明，与他推崇备至的佛教、庄子以及陆九渊、王守仁的思想一样，孟子是谭嗣同思想的主要来源之一。

谭嗣同一再突出孟子与子思思想的密切关系，在对孔学传承谱系的追溯中，将孟子归入由曾子而子思的一支之中。与上述引文讲孟子性善

① 《思纬氤氲台短书·报贝元徵》，《谭嗣同全集》，中华书局1998年版，第199—200页。
② 《石菊影庐笔识·思篇》，《谭嗣同全集》，中华书局1998年版，第137页。

说时援引子思由"舟车所至,人力所通",推之"天之所覆,地之所载,日月所照,霜露所坠,凡有血气者,莫不尊亲"相一致,谭嗣同将孟子的养心之学以及养吾浩然之气与《中庸》联系起来,对《中庸》加以重新解读。这反过来印证了谭嗣同是将子思与孟子的思想联系在一起的:

> 《中庸》曰:"戒慎乎其所不睹,恐惧乎其所不闻。"戒慎焉斯可矣,奚为其恐惧乎?苟非至愚至妄,其于不睹不闻之顷,自当天机内畅,舒气外余,而必皇皇焉恐且惧者何哉?且恐惧果安属乎?以为事耶,则不与忧惧之君子异矣;以为私耶欲耶,犹粗言之也。求之而不得,盖亦喜怒哀乐已尔。其未发出,不滞于喜,不滞于怒,不滞于哀,不滞于乐。虽不滞也,有无过不及之则焉,故曰"中"。其已发也,无过不及之喜,无过不及之怒,无过不及之哀,无过不及之乐,虽无过不及也,有不滞之机焉,故曰"和"。天以之化生万物,人以之经纬万端,戒慎其中和,恐惧其未中和,不必其无忧惧也,而非犹夫人之忧惧也。返其忧惧之施之囿于事者,归之于理,则存诚之学也。举其忧惧之由之柄于天于人者,责之于己,则立命之说也。是故不必其无忧惧也,易以地为判霄壤矣。①

此外,谭嗣同一反通常关于孟子重义轻利的看法,而肯定孟子重利。出于发展资本主义工商业的需要,谭嗣同尚奢、贵利。孟子历来重义轻利,他关于义利的这个说法尤为令人耳熟能详:"鸡鸣而起,孳孳为善者,舜之徒也。鸡鸣而起,孳孳为利者,蹠之徒也。欲知舜与蹠之分,无他,利与善之间也。"②出于对孟子思想的好感,谭嗣同不惜改变孟子的观点,将孟子的义利之辨演绎为对利的追逐。对此,他解释说:"即圣人言季氏忧在萧墙之内,何尝不动之以利害乎?孟子一不可敌八之说,小固不可以敌人,寡不可以敌众,弱不可以敌强,又何尝不计

---

① 《石菊影庐笔识·思篇》,《谭嗣同全集》,中华书局1998年版,第138—139页。
② 《孟子·尽心上》。

利害？虽滕文公之艰窘，不过告以强为善以听天，若使孟子不计利害，便当告滕文公兴兵伐齐、楚矣。尧、舜相授受，犹以四海困穷，与十六字并传，而阜财之歌不忘于游宴，是小民之一利一害，无日不往来于圣贤寝兴寤寐之中。若今之所谓士，则诚不计利害矣。养民不如农，利民不如工，便民不如商贾，而又不一讲求维持挽救农工商贾之道，而安坐饱食以高谈虚空无证之文与道。夫坐而论道，三公而已。今之士止骛坐言，不思起行，是人人为三公矣。吾孔子且下学而上达，今之士止贪上达，不勤下学，是人人过孔子矣。及至生民涂炭，万众水火，夺残生于虎口，招余魂于刀俎，则智不足以研几，勇不足以任事，惟抱无益之愤激，而哓哓以取憎。其上焉者，充其才力所至，不过发愤自经已耳，于天下大局，何补于毫毛！其平日虚度光阴，益可知矣。"①在这里，谭嗣同用以证明孟子重利的根据是孟子在处理政事时考量结果、权衡利害，借此为自己发展工商业的观点提供奥援。

进而言之，谭嗣同对孟子的重视与对孔子的推崇密不可分，与孔子思想的内在联系为孟子赢得了在孔子后学中的显赫地位。有鉴于此，推崇孔子的康有为对孟子十分膜拜，将《孟子》视为孔学的入门书，他的孔教思想主要是对孔子、孟子和董仲舒思想的阐发。与康有为相比，谭嗣同虽然将孟学视为孔学的两大支之一，但是，他并没有对孟子思想进行过多发挥，而是使孔学另一支的代表——庄子远远超过了孟子。尽管如此，谭嗣同对孟子的肯定以及将《孟子》奉为《仁学》的理论来源却是毋庸置疑的。

3. 庄子

在对孔子之学及其传承谱系的追溯中，谭嗣同反复强调庄子是孔子的嫡传。这使庄子的地位超过了孟子，而成为孔子第二。不仅如此，在《仁学》中，无论谭嗣同讲平等、破对待、变化日新还是与佛教相和合，庄子都成为最主要的思想来源。毫无疑问，孔子和庄子是谭嗣同最为推崇的人物，而就发明、诠释而言，谭嗣同用力最著者则非庄子莫属。

---

① 《思纬氤氲台短书·报贝元徵》,《谭嗣同全集》, 中华书局1998年版，第226页。

　　谭嗣同对庄子表现出极大的兴趣，他的思想深受庄子的影响。在给同乡好友——唐才常的信中，谭嗣同回顾了自己思想的形成过程，也道出了其源头所在。他在信中写道："远羁金陵，孤寂无俚，每摒挡繁剧，辄取梵夹而泛观之，虽有悟于华严唯识，假以探天人之奥，而尤服膺大鉴。盖其宗旨岂宣，无异孟子性善之说，亦与庄子于道之宏大而辟、深闳而肆者相合。……嗣同以为苟于此探其赜，则其所以去尔蔽，祛尔惑，睿尔智，成尔功者，诚匪夷所思矣。"①在这里，谭嗣同一面承认自己的思想受佛学尤其是华严宗和唯识宗的影响，一面将佛学与孟子、庄子的思想相对接。在他看来，佛教的佛性论与孟子的性善说无异，而佛教的思想旨趣、形而上学则与庄子的思想不谋而合。这表明，与佛学相提并论而作为中学代表的首推庄子。正因为如此，庄子成为声称"佛教大矣，孔次大，耶为小"②的谭嗣同的最主要的思想来源。

　　谭嗣同对庄子的推崇与他对庄子的地位认定一脉相承，也与他对庄子的身份确证和学派归属密切相关。具体地说，谭嗣同对庄子的界定有两点值得注意，并且与众不同：第一，将庄子与老子及道家剥离。谭嗣同将庄子与老子隔离开来，这一点奠定了对庄子的全新归属和定位。众所周知，将庄子与老子并提古已有之，司马迁作《史记》更是明确地将庄子说成是老子的继承人。在《老子韩非列传》中，司马迁不仅将庄子列入其中，让庄子与老子同传，而且一再突出庄子思想与老子学说的密切关系。《史记》对庄学内容如是说："庄子者，……其学无所不窥，然其要本归于老子之言。故其著书十余万言，大抵率寓言也。作《渔父》、《盗跖》、《胠箧》，以诋訿孔子之徒，以明老子之术。……然善属书离辞，指事类情，用剽剥儒、墨，虽当世宿学不能自解免也。"③为了拉近庄子与老子的关系，司马迁一面从正面证明庄子的思想"归于老子"，一面从反面证明庄子"诋訿孔子之徒"。司马迁关于庄子传承老子衣钵的说法成为学术界的共识，魏晋时期的玄学家、宋明理学家和明清之际的早

① 《致唐才常二》，《谭嗣同全集》，中华书局1998年版，第529页。
② 《仁学》，《谭嗣同全集》，中华书局1998年版，第333页。
③ 《史记·老子韩非列传》。

期启蒙思想家大都将老子与庄子的思想相提并论，于是才有了老庄的并提。在近代，严复、梁启超包括章炳麟等人基本上沿袭了这一看法，将老子与庄子思想视为一家。康有为尽管明确肯定"庄子在孔子范围，不在老子范围"，然而，他对庄子学术身份的认定并不只有这一种固定的说法，而是前后提出了庄子是老子后学，庄子兼采孔老，庄子是中国之佛等多种说法。谭嗣同将老子与庄子分别对待，由始至终都没有将两人同归于一家。第二，将庄子归于孔子之学。老子是道家的创始人，与老子思想的关联在某种程度上也就意味着与道家的关联。谭嗣同对老子与庄子的剥离为庄子脱离道家提供了前提。不仅如此，在通常的理解上，与道家的关联预示着与孔子思想的疏离甚至对立。司马迁对于老庄代表的道家与儒家的不同有过定论："世之学老子者则绌儒学，儒学亦绌老子。'道不同不相为谋'，岂谓是邪？"[1] 循着司马迁的思路，作为道家代表和老子后学的庄子也与儒家对立，于是《庄子》中才出现了批判孔门后学的《渔父》、《盗跖》和《胠箧》等篇。谭嗣同在批判老子的同时，极力推崇庄子。他做到这一切分两步走：先是将老子与庄子分别看待，为庄子从道家中剥离出来奠定了基础；接着将庄子归为孔子后学，将庄子之学说成是孔子之学的一大支。在谭嗣同的思想中，孔子之学分为两大支，曾子、子思和孟子传承一支，子夏、田子方和庄子传承一支；与孟子从正面阐扬民主不同，庄子则专门诋毁君主专制。如果说孟子的思想侧重积极性的建构的话，那么，庄子的思想则以消极的解构为主；孟子是从正面立论的，庄子则是从反面立论的。在这个视界中，庄子是政治哲学家，或者说，是现实的批判者。

谭嗣同与康有为一样对孔子十分推崇，以至于将"无所不包"的全部中国文化归为孔子之学，进而称为孔教。与将全部中国本土文化归结为孔教相对应，谭嗣同心目中有一种更博大的孔学或孔教。他明确指出，孔教"道大能博"，并不专指儒家，儒家原本是孔教中的一个分支，而不能囊括或者代表孔学。其实，与儒家同时乃至其后的一切"有用之

---

① 《史记·老子韩非列传》。

学"皆应归于孔子之学,即孔教。进而言之,当谭嗣同将诸子百家之学乃至全部中国文化统称为孔教时,孔子之学是广义的,内容包罗万象,不再专指政治哲学。在这个视界中,庄子的特长是哲学,套用谭嗣同的术语即"性理"。由此,他将《庄子》与《列子》、《淮南子》归为一类,庄子的身份是形而上学家。

在谭嗣同对庄子的定位中,庄子的思想源自孔子,是孔子后学。更为重要的是,无论对于狭义还是广义的孔子之学,谭嗣同都极力彰显庄子的正统地位,一再强调庄子"实亦孔氏之真传也","确为孔氏之嫡派"。

与对庄子的推崇息息相关,谭嗣同对庄子的思想进行了两方面的阐发:第一,断言庄子主张破对待,追求平等。借此,他将庄子的思想与西方的自由、平等相对接,奉为自己论证社会契约论、抨击"君为臣纲"的有力武器。第二,宣称庄学与佛学密切相关。这一观点不仅奠定了谭嗣同哲学的思维方式和价值取向,而且成为谭嗣同无我说和相对主义思想之渊薮。

综观谭嗣同的思想可以发现,庄子的影响无处不在,涵盖了相对主义、不可知论、思维方式、人生哲学和政治哲学等诸多领域。例如,谭嗣同多次回忆或坦言自己人生观的形成与庄子密不可分。作为证据的除了前面提到的谭嗣同写给唐才常的信之外,还有下面的例子:

> 方余之遭仲兄忧,偕从子传简困顿海上也,昕云水之混茫,夕营魂而九逝,心诵《南华》,用深感乎方生方死、方死方生之言。死者长已矣,生者待死而未遽死。未遽死,岂得谓之无死哉?待焉已耳!是故今日之我虽生,昨日之我死已久矣,至明日而今日之我又死。自一息而百年,往者死,来者生,绝续无间,回环无端,固不必眼无光口无音而后死也。阅一年,则谓之增而不知其减也;易一境,则谓之舒而不知其蹙也。生而有即续之死,人之所以哀逝;死而终无可绝之生,天之所以显仁。衡阳王子曰:"未生之天地,今日是也;已生之天地,今日是也。"又曰:"以为德之已得,

功之已成,皆逝者也。"夫川上之叹,虽圣人不能据天地之运以为己私。天与人固若是之不相谋也,而岂庄生河汉其言哉?虽然,若不委穷达素抱,深可惜夫!惟驰域外之观,极不忘情天下耳。①

在此,谭嗣同回忆了自己人生观和哲学思想的形成,承认自己是在心诵《庄子》(又名《南华真经》,故而谭嗣同称之为《南华》),参悟庄子的"方生方死、方死方生之言"时体悟到生死真谛,进而形成对人生、对宇宙的看法的。具体地说,有感于庄子的"方生方死、方死方生之言",谭嗣同认识到:生不得谓之生,因为"生者待死"尽管还"未遽死";死不得谓之死,因为"死而终无可绝之生"。人生的真相就是"往者死,来者生,绝续无间,回环无端"。为了说明这个道理,谭嗣同在后面援引了王夫之和孔子的话为自己辩护,借鉴的主要文本是《庄子》,思想主旨则是对庄子齐生死的转述和发挥,庄子在其中的影响是首当其冲的。

后来,经过"北游访学",谭嗣同的思想发生重大变化。由于认识到自己以前"所愿皆虚"、"所学皆虚",谭嗣同放弃了许多先前的思想,对庄子的热情却有增无减。在后来的《仁学》中,他一如既往地用庄子的"方生方死,方死方生"阐释人生,并且将庄子的思想推广到诸多领域。《仁学》中有一段文字表面上看与上文颇为类似,思想内涵和理论深度却发生了巨大变化。现摘录如下:

> 庄曰:"藏舟于壑,自谓已固,有大力者夜半负之而走。"吾谓将并壑而负之走也。又曰:"鸿鹄已翔于万仞,而罗者犹视乎薮泽。"吾谓并薮泽亦一已翔者也。又曰:"日夜相代乎前。"吾谓代则无日夜者。又曰:"方生方死,方死方生。"吾谓方则无生死也。王船山曰:"已生之天地,今日是也;未生之天地,今日是也。"吾谓今日者即无今日也。皆自其生灭不息言之也。不息故久,久而不

---

① 《石菊影庐笔识·思篇》,《谭嗣同全集》,中华书局1998年版,第133—134页。

息。则暂者绵之永，短者引之长，涣者统之萃，绝者续之亘，有数者浑之而无数，有迹者沟之而无迹，有间者强之而无间，有等级者通之而无等级。人是故皆为所瞒，而自以为有生矣。孔在川上曰："逝者如斯夫，不舍昼夜。"昼夜即川之理，川即昼夜之形。①

通过比较不难看出，一方面，这两段引文的理论渊源（孔子、庄子和王夫之）均同，强调人生变动不居、无确定性的思想旨趣亦同。当然，从中可见谭嗣同对庄子、孔子和王夫之的推崇。另一方面，相比之下，后一段引文的思想表达更为系统和深刻，是对前段思想的发挥：第一，从范围来说，前段限于对人生、对生死的看法，后段则从宇宙、世界讲起，由世界万物的存在状态讲到人。第二，从对人生的看法来说，前段引文认同庄子的"方生方死、方死方生之言"，将"我"视为由"方生方死、方死方生"的"昨日之我"和"今日之我"组成的生死相续的过程；后段引文则更突出人不生不灭的无我状态，并且否定了人的生死之别，认定"方则无生死"。

这两段引文的区别形象地反映了谭嗣同思想的深化，也直观地再现了谭嗣同与庄子思想关系的变化：前一段流露出谭嗣同对庄子的崇拜，这时的谭嗣同对庄子的观点大都限于引用；后一段反映出谭嗣同对庄子思想的创新，这时的谭嗣同力图杂糅佛学、西学对庄子思想进行发挥。换言之，如果说第一段引文体现了庄子对谭嗣同的影响的话，那么，第二段引文则展示了谭嗣同对庄子的改造。正是这种发挥和创新使庄子的思想拥有了全新的内涵，并且在谭嗣同的哲学中发挥了重要作用。如果说谭嗣同推崇佛学和平等的话，那么，在他的视界中，庄子的思想就是讲平等的，并且与佛学最为契合。事实上，谭嗣同对平等的论证便是对佛教与庄子破对待的相互和合。

4. 王充

王充在谭嗣同的早期思想中占有重要一席，甚至是谭嗣同推崇的为

---

① 《仁学》，《谭嗣同全集》，中华书局 1998 年版，第 313 页。

数不多的汉唐时期的思想家。谭嗣同早年秉持元气自然论，同时结合西方传入的自然科学知识来解释各种自然现象，反对谶纬迷信和一切虚妄之说。在这方面，标榜"疾虚妄"的王充自然成为谭嗣同膜拜的偶像和效仿的楷模。谭嗣同推崇"实学"，历来反对各种虚妄之说："三代学者，亦皆有所专习，切近而平实。自秦变去古法，学术亦与之俱变，渐无复所谓实学，而今则滋甚。即如算学为中国最实之学，中国往往以虚妄乱之，故谈算者必推本《河图》、《洛书》，为加减乘除之所出。不知任举二数，皆可加可减可乘可除，何必《河》、《洛》？夫《河》、《洛》诚不解是何物，要与《太极图》、《先天图》、谶纬、五行、爻辰、卦气、纳甲、纳音、风角、壬遁、堪舆、星命、卜相、占验诸神怪之属，同为虚妄而已矣。必如西人将种种虚妄一扫而空，方能臻于精实。"①王充将自己的著作命名为《论衡》，指出其宗旨是"疾虚妄"。尚"实学"的价值旨趣注定了谭嗣同与"疾虚妄"的王充思想的趣味相投。其实，谭嗣同为自己的著作取名"短书"，即是向王充的致意，并且与王充"疾虚妄"的立言宗旨密切相关。对于《短书》之名的由来，谭嗣同曾经坦言："王仲任有言，彼短书之家，世俗之人也，……嗣同夙愤末世之诬妄，惑于神怪杂谶，使民弗亹亹乎事业，坐为异邦隶役，读衡阳王子辟五行卦气诸说，慨焉慕之。独怪于《河图》、《洛书》、《太极图》等，何复津津乐道。然苟明乎五行非以统万物，八卦非以纲百名，则诸杂说非五行八卦无所牵附以苟其义者，亦且自息。尝分条讼辩，以与世俗砥砺，而仍恐自不出乎世俗，遂标曰《短书》。"②

与对"实学"的崇尚和对虚妄的忌愤相一致，王充以气解释各种自然现象的做法与谭嗣同早年的元气论不谋而合——或者说，谭嗣同早年的元气论继承了王充元气自然论的思想要素。谭嗣同早年以气解释各种自然现象，揭示宇宙和天地万物的由来，同时赞同王充对各种迷信的驳斥，对于打雷的看法即是一例。王充（27—97）生活的东汉之时，灾异

---

① 《思纬氤氲台短书·报贝元徵》，《谭嗣同全集》，中华书局1998年版，第217页。
② 《思纬氤氲台短书·叙》，《谭嗣同全集》，中华书局1998年版，第195页。

谴告说和谶纬迷信盛行，打雷是天谴便是当时甚嚣尘上的一种流行观点。对此，王充反驳说，元气自然无为，天地皆气而无知无欲。因此，天既不会故生人，也不能与人相互感应，更不会发怒以雷杀人。上天打雷，有时既不毁坏树木、房屋，也不杀人，可见雷并非天怒。人被雷杀纯属巧合，是因为"隆隆之声临人首上，故得杀人"。① 其实，"雷者火也。以人中雷而死，即询其身，中头则须发烧燋，中身则皮肤灼燻，临其尸上闻火气，一验也。"② 这就是说，人中雷而死，观察其身，中雷者会头发烧焦，皮肤灼燻，尸体上散发着火气。这说明，雷是火而不是天怒。既然如此，天怒以雷杀人的说法也就无从谈起了。谭嗣同历来对谶纬迷信非常反感，故而赞同王充对雷的解释，并且利用各种自然科学知识和仪器为王充的观点辩护。正是在这个意义上，谭嗣同写道："《春秋》'震夷伯之庙'，左氏谬言展氏有隐匿。由是人世彰瘅之柄，举以归诸雷霆，盖莫不以为诚然矣。而百世之上，有王仲任者，独不信之。所称背上火迹，俗云天书。图画力士，左引连鼓，右推椎，皆与今同，虚妄之谈，几二千年而未已。但今之说雷家或辨其字，图雷家又传以翼，为小异耳。夫雷即电之声也，今之电学家，不惟习睹其光，并能谛审其质，或燥或湿，惟所取捄，乌睹所谓神异乎？西人有防雷钟者，累累梁间，如铃如铎，雷将至，则钟如其所至之方而鸣，得以豫设机械，至即尽取其电转鬻，获利甚厚。雷而有神，顾被辱如此乎？然则为雷所震者，非有隐匿也，特无器以制之耳。汉人习闻谶纬五行之说，其诞至不可诘，王氏生于其时，乃能卓然不惑，指摘其失，持论虽时近偏矫，甚至非圣无法。然统观始末，弃短取长，亦可谓豪杰之士哉！"③

由于有了近代自然科学的辩护，谭嗣同对雷的认识更能接近事实的真相，并直指本质，故而得出了"雷即电之声"的结论。自然科学的大量实验和科学仪器均以实证的方式揭示了雷的奥秘，也使谭嗣同拥有了王充无可比拟的眼界。尽管如此，谭嗣同认为，生活在东汉的王充在缺

---

① 《论衡·雷虚》。

② 《论衡·雷虚》。

③ 《石菊影庐笔识·思篇》，《谭嗣同全集》，中华书局 1998 年版，第 132 页。

乏科学实证的条件下，面对谶纬迷信的泛滥和荒诞不经，敢于指摘其失，这种卓而不惑的精神足以令人钦佩。

总之，早年的谭嗣同秉持元气说，这拉近了与王充思想的距离。在吸收王充思想的过程中，他将王充的思想与西方传入的自然科学相互发明，用以解释天、地、雷等诸多自然存在和现象，形成了自己的宇宙观。例如，谭嗣同宣称："地在气中，如圆核在果中，地圆而气亦圆。人目上视，则直线也；旁视，则斜弦也，今以凸面厚玻璃为比例，自其凹处外视，正视则明，旁视则昏，此直线斜弦之差也。故朦气者，自人目所视之斜弦言之，非此气之外别有朦气。日中天，则无朦气之障，而还其本体。日之本体，如盘者也。日中如盘，天下皆然，不独中国。中国之朝夕，东西洋之正午时，吾见之如轮，东西洋岂有日如轮之正午时哉？日出入如轮，天下皆然。不独中国，中国之正午时，东西洋之朝夕，吾见之如盘，东西洋岂有日如盘之朝夕哉？此王仲任所以致诘于扶桑细柳，而元真子所以创辩于旁视仰观也。故知为朦气。"①

5. 张载

谭嗣同对"北宋五子"提及不多，张载是谭嗣同最为推崇的"北宋五子"。谭嗣同在早期秉持元气论，故而对张载的气学思想十分认同。从这个角度看，谭嗣同对张载思想与对王充思想的肯定和评价具有相似之处，那就是：以气作为世界本原，解释宇宙间的各种现象。其间的不同在于，谭嗣同对张载的推崇围绕着"一物两体"和"动非自外"展开，与变易、变化日新息息相关；对王充的推崇则以"疾虚妄"为中心，是从实学的角度立论的。对于张载的思想，谭嗣同的集中表达和诠释如下：

> 地圆之说，古有之矣。惟地球五星绕日而运，月绕地球而运，及寒暑昼夜潮汐之所以然，则自横渠张子发之《正蒙·参两篇》有云："地在气中，虽顺天左旋，其所系辰象随之，稍迟则反

---

① 《石菊影庐笔识·思篇》，《谭嗣同全集》，中华书局1998年版，第124—125页。

移，徙而右尔，间有缓速不齐者，七政之性殊也。"有云："凡圆转之物，动必有机，既谓之机，则动非自外也。古今谓天左旋，此直至粗之论耳，不考日月出没恒星昏晓之变。愚谓在天而运者，惟七曜而已。恒星所以为昼夜者，直以地气乘机左旋于中，故使恒星河汉回北为南，日月因天隐见。太虚无体，则无以验其迁动于外也。"有云："地有升降，日有修短，地虽凝聚不散之物，然二气升降其间，相从而不已也。阳日上地，日降而下者，虚也；阳日降地，日进而上者，盈也。此一岁寒暑之候也。至于一昼夜之盈虚升降，则以海水潮汐验之为信，然间有小大之差，则系日月朔望，其精相感。"……疑者讥其妄，信者又以驾于中国之上。不知西人之说，张子皆已先之，今观其论，一一与西法合。可见西人格致之学，日新日奇，至于不可思议，实皆中国所固有。中国不能有，彼因专之，然张子苦心极力之功深，亦于是征焉。注家不解所谓，妄援古昔天文家不精不密之法，强自绳律，俾昭著之。文晦涩难晓，其理不合，转疑张子之疏。不知张子，又乌知天？①

张载宣称"一物两体"，其中的"一物"即气，"两体"即阴阳。"一物两体"的意思是说，气是万物的本原，气中含有阴阳；气之所以成为宇宙万物的本原，就在于气内部的阴阳相荡相摩，使气变化不息；气不仅在变化中派生出天地万物，而且注定了气派生的万物由于内部阴阳的相互作用而变动不息，故而"动非自外"。谭嗣同十分赞同张载的这些观点，并且指出其与西方近代自然科学的研究成果不谋而合，以此证明西方日新月异乃至不可思议的格致之学皆为中国所固有。

总之，在谭嗣同看来，张载不仅用气解释了天地万物的构成，而且以"一物两体"和"动非自外"揭示了天体的运行，从根本上驳斥了谶纬迷信。正是在这个意义上，他发出了"不知张子，又乌知天？"的盛赞。与此同时，谭嗣同赞同张载的"民胞物与"说，不仅将之与子夏、

① 《石菊影庐笔识·思篇》，《谭嗣同全集》，中华书局1998年版，第123—124页。

孟子的思想相和合，而且将之与《周易》的乾、坤两卦联系起来加以解读。于是，他写道："子夏曰：'四海之内，皆兄弟也。'胡氏以为语滞，然于张子'民吾同胞'之言，何以不致疑耶？《孟子》曰：'大人者，言不必信，行不必果，惟义所在。'朱子以为使夺末句，岂不害事？然何解于《论语》'君子之于天下也，无适也，无莫也，义之与比'耶？执此论古，古于是蔽。迩者巴陵吴南屏《桦湖文集》，诋《西铭》'乾称父坤称母'之说，以为似天主教。是不知称父称母之本于《易》。惟天地万物父母之本，于书又何诛焉？"[1]《周易》是谭嗣同最推崇且阐发最多的经典。他肯定张载的"乾称父，坤称母"本于《周易》，不仅否定了这一观点与天主教类似的说法，而且流露出对张载思想的好感。从由于推崇《周易》而心仪某人这个角度看，张载在谭嗣同那里的境遇与王夫之的情形具有相似之处。

6. 王夫之

谭嗣同对王夫之的推崇有目共睹，梁启超甚至说谭嗣同在《仁学》上卷赞誉王夫之为"五百年来学者，真通天人之故者，船山一人而已"。现存《仁学》中虽然找不到这句话，但是，有一点是可以肯定的，那就是：谭嗣同推崇王夫之，王夫之对谭嗣同的影响是至深至远的。

首先，谭嗣同对王夫之的推崇由始至终。可以看到，在《仁学》之前的早期思想中就已经开始出现王夫之，王夫之是这时的谭嗣同最倚重的思想家。早年的谭嗣同恪守元气论，相信"天以其浑沌磅礴之气，充塞固结而成质，质立而人物生焉"[2]，从中可见王充、张载和王夫之气论的影子。除了这一相同的原因之外，更为重要的是，此时的谭嗣同笃好王夫之的道器观，以此为武器来分析中国的社会现实，寻求中国的出路——这是在王充、张载那里无法满足的：

　　特所谓道，非空言而已，必有所丽而后见。《易》曰："形而上

---

① 《石菊影庐笔识·思篇》，《谭嗣同全集》，中华书局1998年版，第136页。
② 《石菊影庐笔识·思篇》，《谭嗣同全集》，中华书局1998年版，第128页。

者谓之道，形而下者谓之器。"曰上曰下，明道器之相为一也。衡阳王子申其义曰："道者器之道，器者不可谓之道之器也。无其道则无其器，人类能言之。虽然，苟有其器矣，岂患无其道哉！君子之所不知而圣人知之，圣人之所不能而匹夫匹妇能之，人或昧于其道者，其器不成，不成非无器也。无其器则无其道，人鲜能言之，而固其诚然者也。洪荒无揖让之道，唐、虞无吊伐之道，汉、唐无今日之道，则今日无他年之道多矣。未有弓矢而无射道，未有车马而无御道，未有牢、醴、璧、币、钟、磬、管、絃而无礼乐之道，则未有子而无父道，未有弟而无兄道，道之可有而且无者多矣。故无其器则无其道，诚然之言也，而人特未之察耳。故古之圣人，能治器而不能治道。治器者则谓之道，道得则谓之德，器成则谓之行，器用之广则谓之变通，器效之著则谓之事业。故《易》有象，象者像器者也；卦有爻，爻者效器者也；爻有辞，辞者辨器者也。故圣人者善治器而已矣。"又曰："君子之道，尽夫器而已矣。辞所以显器，而鼓天下之动，使勉于治器也。"由此观之，圣人之道，果非空言而已，必有所丽而后见。丽于耳目，有视听之道；丽于心思，有仁义智信之道；丽于伦纪，有忠孝友恭之道；丽于礼乐征伐，有治国平天下之道。故道，用也；器，体也。体立而用行，器存而道不亡。自学者不审，误以道为体，道始迷离惝恍，若一幻物，虚悬于空漠无朕之际，而果何物也耶？于人何补，于世何济，得之何益，失之何损耶？将非所谓惑世诬民异端者耶？夫苟辨道之不离乎器，则天下之为器亦大矣。器既变，道安得独不变？变而仍为器，亦仍不离乎道，人自不能弃器，又何以弃道哉？①

为天地立心，为生民立命，以续衡阳王子之绪脉，使孔、孟、程、朱之传不坠于地，惟夫子与刘夫子、涂夫子自当任之。而诸门弟子亦宜分任其责：或如仲子之治赋，或如冉子之通算术能理财，

---

① 《思纬氤氲台短书·报贝元徵》，《谭嗣同全集》，中华书局1998年版，第196—197页。

或如端木子之通算术经商务，或如樊子之研究农务，或如公西子之足备使才，或如宰我子之专习语言，或如卜子之治文学，或如颛孙子之订仪注，或如言子之详节文。陶淑既久，必将有治学合一，高据德行之科，兼为邦南面之才与器，如颜子仲弓其人者。师弟一堂，雍雍三代，有王者起，必来取法，可不疑矣。然今之世变，视衡阳王子所处，不无少异，则学必徵诸实事，以期可起行而无窒疑。若徒著书立说，搬弄昌平阙里之大门面，而不可施行于今，则何贵有此学耶？闻曾发变法之论，伏望先小试于一县，邀集绅士讲明今日之时势与救败之道，设立算学格致馆，招集聪颖子弟肄业其中。此日之衔石填海，他日未必不收人材蔚起之效，上之可以辅翼明廷，次之亦足供河西、吴越之用。即令付诸衡阳王子之《噩梦》，而万无可为之时，斯益有一息尚存之责。纵然春蚕到死，犹复擣麝成尘。①

后来，谭嗣同的思想发生惊人变化，用他自己的话说"前后判若两人"："三十以后，新学灑然一变，前后判若两人。三十之年，适在甲午，地球全势忽变，嗣同学术更大变。"②尽管思想与从前大异，不变的是，谭嗣同依然对王夫之的思想赞不绝口。在《仁学》中，谭嗣同多次提到王夫之，并且将王夫之的思想与孔子、庄子和佛学思想相和合，进而纳入到自己的思想之中。例如，在论证无我思想以及揭示世界的本相是不生不灭即微生灭时，谭嗣同这样写道：

> 佛故说"三界惟心"，又说"一切惟心所造"。人之能出大轮回与否，则于其细轮回而知之矣。细轮回不已，则生死终不得息，以太之微生灭亦不得息。庄曰："藏舟于壑，自谓已固，有大力者夜半负之而走。"吾谓将并壑而负之走也。又曰："鸿鹄已翔于万

---

① 《思纬氤氲台短书·报贝元徵》，《谭嗣同全集》，中华书局1998年版，第227页。
② 《与唐绂丞书》，《谭嗣同全集》，中华书局1998年版，第259页。

仞，而罗者犹视乎薮泽。"吾谓并薮泽亦一已翔者也。又曰："日夜相代乎前。"吾谓代则无日夜者。又曰："方生方死，方死方生。"吾谓方则无生死也。王船山曰："已生之天地，今日是也；未生之天地，今日是也。"吾谓今日者即无今日也。皆自行生灭不息言之也。不息故久，久而不息。则暂者绵之永，短者引之长，涣者统之萃，绝者续之亘，有数者浑之而无数，有迹者沟之而无迹，有间者强之而无间，有等级者通之而无等级。人是故皆为所瞒，而自以为有生矣。孔在川上曰："逝者如斯夫，不舍昼夜。"昼夜即川之理，川即昼夜之形。前者逝而后者不舍，乍以为前，又以居乎后，卒不能割而断之曰孰前孰后也。逝者往而不舍者复继，乍以为继，适以成乎往，卒不能执而私之曰孰往孰继也。可摄川于涓滴，涓滴所以汇而为川；可缩昼夜于瞬息，瞬息所以衍而为昼夜。亦逝而已矣，亦不舍而已矣。非一非异，非断非常。旋生旋灭，即灭即生。生与灭相授之际，微之又微，至于无可微；密之又密，至于无可密。夫是以融化为一，而成乎不生不灭。成乎不生不灭，而所以成之之微生灭，固不容掩焉矣。①

　　其次，与对王夫之始终如一的重视、推崇相一致，谭嗣同随着自己思想的变化而一再对王夫之的思想进行不同挖掘和诠释，并且侧重哲学思想。《周易》是谭嗣同最推崇的中国经典。由于易学源远流长，解《周易》之书浩如烟海；由于认为王夫之对《周易》的解读最为精微，谭嗣同对《周易》的解读深受王夫之的影响。例如，谭嗣同之所以在乾卦的六爻中解读出先"逆三世"、后"顺三世"的变易历史观，正是由于受到王夫之"十二位之说"的启发。他说：《易》卦六爻，说者谓上三爻天，下三爻地。又谓上二爻天，下二爻地，中二爻人。三爻天三爻地者，何也？此所谓天者气也，气附于地球，由地球而上，推气之所穷，至于气极薄之处，去地约二百里，是气之在外者也，是为上爻。故

---

① 《仁学》，《谭嗣同全集》，中华书局1998年版，第313—314页。

上爻穷极之位，危道也。夫二百里之上，未必无气，而生物之气，则自此止。且易道切近，无取荒远，由外而内，至于兴云降雨之处，即五爻云行雨施，君象也，故五为君。地以上，人资以生之气，是为四爻。此天之三爻也。地以下未及泉之处，是为三爻，及泉则为二爻，泉气上蒸，郁为云雨，二应乎五也，故二为臣。地之极中，周地球面面皆以为至下之处，则地球之根本，如果之有核，轮之有轴，是为初爻。此地之三爻也。其分六爻为天地人者，何也？气之极外，至有云雨处，上去人远，统谓之天。地之极中，至有泉处，下去人远，统谓之地。地以上地以下，化生人物者也，统谓之人。或分天地，或分天地人，而内外卦分界，要以地面为准。自土以下为内卦，自气以上为外卦。十一月为阳生，阳生者，生于地之极中处，则地以上宜阳，不得达矣；而土重灰轻，所感神速，此四应乎初也。初爻动于下，四爻即应于上，既有应，则亦有承乘孚比，有承乘孚比，则一爻动，上下爻皆感焉。上感历三爻而止，下感历三爻而止，故初上爻容有偏绝，而地以上地以下，所谓中二爻人者，无日不在阴阳交感之中，是以能化生。然此特就所处之地球上半面而论，其实面面皆然，与吾相对之下半面，亦有六爻。合之则十二爻半隐半见，即衡阳王子十二位之说也。"①

不仅如此，谭嗣同对王夫之易学的推崇是由始至终的，在《仁学》中多次提到王夫之的易学并加以利用和阐发。例如，他在《仁学》中利用王夫之和《周易》宣扬变易思想，并由此反对老子的尚静、贵柔观念。谭嗣同反复声称：

> 王船山之说《易》，谓："一卦有十二爻，半隐半见。"故《大易》不言有无，隐见而已。孔子之论礼，谓："殷因于夏，周因于殷。"故礼有不得，与民变革损益而已。②
> 王船山邃于《易》，于有雷之卦，说必加精，明而益微。至

---

① 《石菊影庐笔识·思篇》，《谭嗣同全集》，中华书局 1998 年版，第 126 页。
② 《仁学》，《谭嗣同全集》，中华书局 1998 年版，第 308 页。

"屯"之所以满盈也,"豫"之所以奋也,"大壮"之所以壮也,"无妄"之所以无妄也,"复"之所以见天心也,"震"之所以不丧匕鬯而再则泥也,罔不由于动。天行健,自动也。天鼓万物,鼓其动也。辅相裁成,奉天动也。君子之学,恒其动也。吉凶悔吝,贞夫动也。谓地不动,昧于历算者也。《易》抑阴而扶阳,则柔静之与刚动异也。夫善治天下者,亦岂不由斯道矣! 夫鼎之革之,先之劳之,作之兴之,废者举之,敝者易之,饱食煖衣而逸居,则惧其沦于禽兽;乌知乎有李耳者出,言静而戒动,言柔而毁刚![1]

进而言之,谭嗣同由始至终推崇王夫之的易学,根本原因在于:按照谭嗣同的说法,王夫之从实学的角度解决道器关系,与邵雍对道器的虚化截然不同。对于这一点,谭嗣同解释说:"数者,器也,所以器者,道也。自邵子囿数为道,而数始为天下惑。当其四体未效,蓍龟未形,亿于冥冥之中,无不奇中,似亦与于至诚之前知。然不过附会五行,排比八卦,听命于未定之天。及一值乎其机,遂同符契。而要之所以致此之故,莫之能知,则非器之无与于本,而为器者之无与于本也。故夫星卜命葬诸术,即有可观,君子必远之而弗为,以其不知本也。不知本者,不知天也。《皇极经世书》谓日入地中者,男女媾精之象。不惟拟不于伦,乃并不知日不入地,此可谓知天乎?"[2] 在谭嗣同看来,与从实学的角度理解道器关系一脉相承,王夫之解《周易》遵循"道不离器"的原则,侧重从器入手阐发道。这正是中国近代进行社会变革理应遵守和坚守的原则正是在这个意义上,谭嗣同一再强调:

三古之士,没齿礼乐,盖罔不份份矣。汉兴,张皇坠遗,仅乃皮传,自时厥后,器虽不备,然观其文辞行谊,类有一春一容雍穆之遗风。赵宋儒先致叹成材之难,思有以启佑学者,刊剥华采,指

---

[1] 《仁学》,《谭嗣同全集》,中华书局 1998 年版,第 320 页。
[2] 《石菊影庐笔识·思篇》,《谭嗣同全集》,中华书局 1998 年版,第 123 页。

归实践，绳准秩然，动中分寸。读书曰："丧志"，能文曰："不幸"。用为灭质溺心之戒，峻拔绝俗，矫振颓流，可谓笃信果力，孤臻千仞，礼教以昌，而乐之意亦寖衰矣。夫严乎实而无文，惟夷道则然，气机先兆，代有同悲。今之海国，务实益迫，而卒以厉民，大雅不作，罔敢知厥攸届也。《记》曰："声音之道微矣哉。"矧无声之乐，无体之礼，尤微乎其微乎！①

书之至俗极陋，而世以相沿既久，无由测其得失，遂不敢斥其非者，今所传之琴谱是也。……衡阳王子亦以为今之琴操，淫声也，故曲终有泛音。……《易》曰："形而上者谓之道，形而下者谓之器。"今之论乐者，皆泥于形而下之器，而不进求其所以然，呜呼！安得知道者与言器哉？②

与此同时，在对人性的理解上，谭嗣同以华严宗的大圆性海解释人性，用以超越宋明理学家关于天理人欲的善恶之辨。他指出，善恶皆名词，性善为性，无性亦性，借此在超越人性善恶中批判朱熹等理学家"去人欲，存天理"的主张。谭嗣同的这些观点与王夫之对宋明理学天理人欲之辨的批判主旨相同。正因为如此，谭嗣同对王夫之"天理寓于人欲"的命题倍加推崇，一面将这一命题与《大学》相提并论，伸张其正当性、权威性；一面以此为理论武器，批判朱熹、王守仁等人的天理人欲之辨。于是，谭嗣同宣称："王船山曰：天理即在人欲之中。无人欲则天理亦无从发见，最与《大学》之功夫次第合；非如紫阳人欲净尽之误于离，姚江满街圣人之误于混也。"③

再次，谭嗣同在诠释王夫之思想的过程中，关注王夫之思想与佛教思想的相通性。他断言："惟佛教精微者极精微，诞谬者极诞谬。佛之精微，实与吾儒无异。偶观佛书，见其不可为典要；惟变所适，往往与船山之学宗旨密合，知必得力于此。若夫诸儒所辟之佛，乃佛家末流之

① 《石菊影庐笔识·思篇》，《谭嗣同全集》，中华书局1998年版，第135页。
② 《石菊影庐笔识·思篇》，《谭嗣同全集》，中华书局1998年版，第135—136页。
③ 《仁学》，《谭嗣同全集》，中华书局1998年版，第333页。

失，非其真也。"①按照谭嗣同的说法，佛教精华与糟粕并见，甚至"精微者极精微，诞谬者极诞谬"。难能可贵的是，王夫之深阐佛教之精华，他的思想与佛教相合之处即佛教的精微之处。

梁启超注意到了王夫之对谭嗣同哲学的影响，于是在《清代学术概论》中写道："嗣同治王夫之之学，喜谈名理，谈经济。"②梁启超对谭嗣同思想的评价可以在谭嗣同下面这段话中得到印证："宋儒以善谈名理，称为道学，或曰理学。理之与道，虚悬无薄，由是辄易为世诟病。王船山先生乃改称精义之学，然不若六朝人目清谈元旨为义学也。义学乎！义学乎！其斯为学者正名之宏轨乎？"③这就是说，谭嗣同善谈"名理"，并非沿着程朱、陆王的思路进行的，而是沿着王夫之的思路进行的。在谭嗣同的"名理"之路上，王夫之的影响深远而巨大。

7. 黄宗羲

谭嗣同对黄宗羲的倾慕，可以从梁启超对《明夷待访录》在近代风行的描述中见其一斑："在三十年前，我们当学生时代，实为刺激青年最有力之兴奋剂。我自己的政治运动，可以说是受这部书（指《明夷待访录》、下段同——引者注）的影响最早而最深。此外书中各篇，如《田制》、《兵制》、《财计》等，虽多半对当时立论，但亦有许多警拔之说。如主张迁都南京，主张变通推广'卫所屯田'之法，使民能耕而皆有田可耕，主张废止金银货币，此类议论，虽在今日或将来，依然有相当的价值。"④"梁启超、谭嗣同辈倡民权共和之说，则将其书节钞印数万本，秘密散布，于晚清思想之骤变，极有力焉。"⑤如果说《明夷待访录》因为与近代提倡民权的时代要求相合，故而受到谭嗣同和梁启超等同代人的热捧的话，那么，与其他人相比，谭嗣同对黄宗羲的赞誉更高，远非他人所及。一个明显的例子是，具有激进态度的他在宣布中国

① 《上欧阳中鹄十》，《谭嗣同全集》，中华书局 1998 年版，第 464 页。
② 《清代学术概论》，东方出版社 1996 年版，第 76 页。
③ 《石菊影庐笔识·学篇》，《谭嗣同全集》，中华书局 1998 年版，第 122 页。
④ 《中国近三百年学术史》，《梁启超全集》（第八册），北京出版社 1999 年版，第 4452 页。
⑤ 《清代学术概论》，东方出版社 1996 年版，第 18 页。

三代以后无书可读的前提下，誉黄宗羲的《明夷待访录》为瓦砾中的宝石，膜拜之情溢于言表。如此说来，谭嗣同对黄宗羲的评价与《明夷待访录》密不可分，对《明夷待访录》的赞誉注定了对黄宗羲的推崇，也影响了他侧重从政治、经济制度方面来进行民主启蒙的致思方向。

众所周知，黄宗羲在顺治十年（1653 年）浙东抗清斗争彻底失败后，致力于总结明亡教训，写下了被称为《留书》的一卷 8 篇政论文。康熙元年（1662 年）、二年（1663 年）之时，他在《留书》原稿的基础上修改扩充，写成《明夷待访录》二卷 26 篇。《留书》与《明夷待访录》的写作时间前后间隔将近十年，写作宗旨未曾改变——总结"治乱之故"，为后世"条具为治大法"，设计未来社会的理想蓝图。在《留书》中，黄宗羲总结的明亡教训是：卫所制度腐败，宦官集团专政，赋税制度恶性循环，科举取士压制人才等，并将所有这些弊端的深层原因都归咎为秦以后"废封建之罪"。基于这种分析，黄宗羲提出了三项具体的变革措施，而谭嗣同对这三项措施都大为折服。

首先，黄宗羲提出了"废郡县"的主张。黄宗羲批判君主专制，坚决反对君权神授说。针对秦始皇废除周代封邦建国的封建制而建立中央集权的郡县制的做法，黄宗羲提出了"废郡县"的建议。在他看来，秦始皇作为始作俑者的郡县制是君主专制制度，其直接后果是使君主的职责发生了蜕变——从为天下谋利变成了集百姓之利为一己之利，君主最终异化为天下大害。谭嗣同与黄宗羲的理论侧重和致思方向别无二致，直接将矛头对准了"君为臣纲"和君主专制，成为近代民主启蒙的代表和批判君主专制的急先锋。他揭露说："自君权日盛，民权日衰，遂乃绝地天通，惟天子始得祀天，天下人望天子俨然一天，而天子亦遂挟一天以制天下。天下俱卑，天子孤立，当时之强侯因起而持其柄，然民之受制则仍如故也。"[1]谭嗣同对君主专制的批判和对民主启蒙的侧重深受黄宗羲的影响，甚至连许多话语都出自黄宗羲的《明夷待访录》。下仅举其一斑：

---

[1] 《上欧阳中鹄十》，《谭嗣同全集》，中华书局 1998 年版，第 463 页。

教之真际，无过五伦。而今日君臣一伦，实黑暗否塞，无复人理。要皆秦始皇尊君卑臣，愚黔首之故智，后世帝王喜其利己，遂因循而加厉，行之千余年，至宋末，不料有入而代之者，即以其法还制其人，且以伦常字样制其身，并制其心，所谓田成子窃齐国，并其仁义圣智之法而窃之也。原夫生民之初，必无所谓君臣，各各不能相治，于是共举一人以为君。夫曰共举之，亦必可共废之。故君也者，为天下人办事者，非竭天下之身命膏血，供其骄奢淫纵者也。供一身之不足，又欲为子孙万世之计，而一切酷烈钳制之法乃繁然兴矣。①

岂谓举之戴之，乃以竭天下之身命膏血，供其盘乐怠傲，骄奢而淫杀乎？供一身之不足，又滥纵其百官，又欲传之世世万代子孙，一切酷毒不可思议之法，由此其繁兴矣。民之俯首帖耳，恬然坐受其鼎镬刀锯，不以为怪，固已大可怪矣，而君之亡犹欲为之死节。故夫死节之说，未有如是之大悖者矣。②

读谭嗣同的这些文字，总会有一种似曾相识的感觉；再读黄宗羲的《明夷待访录》则恍然大悟，原来出处在此。例如，《明夷待访录》云：

有生之初，人各自私也，人各自利也，天下有公利而莫或兴之，有公害而莫或除之。有人者出，不以一己之利为利，而使天下受其利；不以一己之害为害，而使天下释其害。此其人之勤劳必千万于天下之人。夫以千万倍之勤劳而已又不享其利，必非天下之人情所欲居也。③

以为天下利害之权皆出于我，我以天下之利尽归于己，以天下之害尽归于人，亦无不可。使天下之人不敢自私，不敢自利，以我之大私为天下之公。始而惭焉，久而安焉。视天下为莫大之产业，

---

① 《上欧阳中鹄十》，《谭嗣同全集》，中华书局 1998 年版，第 462—463 页。
② 《仁学》，《谭嗣同全集》，中华书局 1998 年版，第 339 页。
③ 《明夷待访录·原君》。

传之子孙，受享无穷。①

　　黄宗羲对君主专制的批判言辞激烈，他的名言"然则为天下之大害者，君而已矣"②更是将中国古代对君主专制的批判推向了顶点。与此同时，黄宗羲指出："天下之治乱，不在一姓之兴亡，而在万民之忧乐。"③在这方面，谭嗣同最得黄宗羲思想的精髓。难怪通过比对可以发现，谭嗣同批判君主专制的话与黄宗羲竟然如出一辙，有些甚至直接照搬黄宗羲《明夷待访录》中的原话。

　　其次，黄宗羲对君主专制的批判基于人皆自私自利的人性论，秉持个人主义、功利主义原则。与此相联系，他在经济上提倡发展工商业，主张"工商皆本"。④尽管谭嗣同的人性论与黄宗羲不尽相同，然而，他却十分赞同"工商皆本"的观点，对发展工商业的急切呼吁和渴望有目共睹。为了发展中国的工商业，谭嗣同甚至对西方列强与中国通商感恩戴德。他之所以批判老子，主要理由和原因之一就是老子贵柔、崇静、尚俭，与尚动、竞争和尚奢的经济原则背道而驰，阻碍中国工商业的发展。

　　再次，黄宗羲建议恢复井田制，提出了均田的主张，并作《田制》伸张自己的观点。对于井田制，谭嗣同同样表现出极大的热情。他不仅主张用秦以前封邦建国的封建制来抵制君主专制，而且将井田制奉为全球政治、经济和文化一体化而走向大同社会的制度保障乃至不二法门。正是基于这一思路，谭嗣同不止一次地畅想：

　　　　封建世，君臣上下，一以宗法统之。天下大宗也，诸侯、卿大夫皆世及，复各为其宗。民田受之于上，而其上之制禄，亦以农夫所入为差。此龚定盦所以有《农宗》之作也。宗法行而天下如一

①　《明夷待访录·原君》。
②　《明夷待访录·原君》。
③　《明夷待访录·原臣》。
④　《明夷待访录·财计三》。

家。故必先齐其家，然后能治国平天下。自秦以来，封建久湮，宗法荡尽，国与家渺不相涉。家虽至齐，而国仍不治；家虽不齐，而国未尝不可治；而国之不治，则反能牵制其家，使不得齐。于是言治国者，转欲先平天下；言齐家者，亦必先治国矣。大抵经传所有，皆封建世之治，与今日事势，往往相反，明者决知其必不可行。而迂陋之僻儒，辄喜引经据典，侈谈古制，妄欲见诸施行，而不悟其不合，良足悼焉。①

故言佛教，则地球之教可以合而为一。西人又极拜服中国井田之法，其治河用之，颇收奇效。又言欲地球皆太平，非井田封建不可。故行井田封建，兼改民主，则地球之政可合为一。又政、教与学所以难遍行于愚顽者，亦文字为之梗也；悉改文字之象形为谐声，则地球之学可合为一。②

其实，并不限于谭嗣同，在中国近代，赞美井田制者大有人在。康有为将井田制说成是孔子、孟子之仁在经济上、政治上的体现，故而对之极力推崇。谭嗣同向往井田制，主要是出于对大同社会的设想。这种由井田推出平等的做法在近代较为普遍，可以在章炳麟对井田制的看法中得到印证："我个（们）中国政治，总是君权专制，本没有甚么可贵。……至于中国特别优长的事，欧、美各国所万不能及的，就是均田一事，合于社会主义。不说三代井田，便从魏、晋至唐，都是行这均田制度。所以贫富不甚悬绝，地方政治容易施行。……中国法律，虽然近于酷烈，但是东汉定律，直到如今，没有罚钱赎罪的事，惟有职官妇女，偶犯笞杖等刑，可以收赎。除那样人之外，凭你有陶朱、猗顿的家财，到得受刑，总与贫人一样。"③如此说来，井田制在近代思想家的眼里不啻为经济平等的样板。谭嗣同对井田制的津津乐道表达了经济上平

① 《仁学》，《谭嗣同全集》，中华书局1998年版，第368页。
② 《上欧阳中鹄十》，《谭嗣同全集》，中华书局1998年版，第465页。
③ 《东京留学生欢迎会演说辞》，《章太炎政论选集》（上册），中华书局1977年版，第277—278页。

等的诉求，带有鲜明的近代烙印。与康有为、章炳麟等人不同的是，谭嗣同对井田制的设想与黄宗羲的思想密切相关。

需要说明的是，谭嗣同与严复一样将批判的矛头指向了君主专制和"君为臣纲"，成为中国近代民主启蒙的代表。如果说严复的理论来源侧重于西学，以孟德斯鸠、卢梭、达尔文、斯宾塞、约翰·穆勒和亚当·斯密等人的思想为主的话，那么，谭嗣同则没有接触过这些人的学说或著作，他的理论来源以黄宗羲代表的中国本土思想为主。据梁启超披露："《仁学》下篇，多政治谈。其篇首论国家起原及民治主义，……由今观之，其论亦至平庸，至疏阔。然彼辈当时，并卢骚《民约论》（今译为《社会契约论》——引者注）之名亦未梦见，而理想多与暗合。"①

对上述人物的推崇在某种程度上决定了谭嗣同思想的来源，也展示了其国学研究的内容。他所推崇的人物在思想上具有内在联系，如孔子、墨子、孟子的仁而平等，王充、张载和王夫之的气论，庄子、王夫之和黄宗羲抵制君主专制的民主启蒙思想，孔子、庄子和王夫之的变化日新主张等等。这些构成了谭嗣同思想最主要的理论来源，他本人的思想便是对上述思想的和合、阐发和诠释。当然，随着思想的变化，谭嗣同对上述人物及其思想的态度有所变化。例如，"北游访学"之后，谭嗣同由早期的气学转向了"仁为天地万物之源，故唯心，故唯识"②的心学，这使作为气学代表的王充、张载对谭嗣同的影响主要集中在早期。王夫之对谭嗣同的影响尽管贯穿始终，前后却天差地别：早期的影响是气论，后期则以变化日新、与佛相合为主。当然，王夫之对《周易》的解读则给谭嗣同以终生影响。

相对于正面之阐扬，谭嗣同拒斥和批判的人物并不多，主要集中在老子、荀子和韩愈三人。谭嗣同对这三人的批判有一个共同点，那就是：围绕着对中国社会造成的恶劣影响展开。这表明，谭嗣同对老子、

---

① 《清代学术概论》，东方出版社 1996 年版，第 85 页。
② 《仁学》，《谭嗣同全集》，中华书局 1998 年版，第 292 页。

荀子和韩愈的批判主要基于政治考虑，对三人其他方面的思想——如哲学内容则关注不多，这一点在老子那里表现得最为明显和突出。这也从一个侧面印证了谭嗣同的启蒙思想以民主启蒙、政治启蒙为重心，对三纲的批判聚焦"君为臣纲"。谭嗣同思想的这一特点与康有为对三纲的批判避开"君为臣纲"，而侧重"夫为妻纲"形成鲜明对照。在政治哲学领域之外，谭嗣同对荀子、韩愈的思想基本上是肯定的。就荀子来说，谭嗣同对荀子天人关系的重视和荀子与王充哲学关系的强调具有不同于其他近代思想家的独特视角：康有为早年推崇荀子，对荀子思想的阐发从性恶论、修身、正名到"虚一而静"面面俱到，偏偏没有提及谭嗣同关注的"天人之际"。此外，康有为高度重视荀子与汉唐哲学的关系，甚至指出董仲舒不传孟子而只传荀子，乃至于汉儒"不出荀学之一小支"。尽管如此，康有为并不关心荀子与王充之间的学术关联。就韩愈来说，谭嗣同的态度与严复的全面否定迥然相异，即使与康有为相比也大不相同。康有为不否认韩愈之文的价值，却由此指责韩愈以文害道，故而对作为思想家的韩愈只有批判而没有肯定。与康有为相比，谭嗣同对韩愈的肯定便是对其为人的赞赏，对韩愈孔、墨互用说的肯定更是与康有为的态度截然相反。

谭嗣同是最激进的戊戌启蒙思想家，无论是最先对五伦提出质疑还是对"君为臣纲"的大胆否定都证明了这一点。由此，人们便认定谭嗣同对传统文化的态度是全盘否定的，证据便是那句耳熟能详的名言："二千年来之政，秦政也，皆大盗也；二千年来之学，荀学也，皆乡愿也。"①谭嗣同对中国人物的臧否道出了一个简单的事实，他推崇的人物在数量上远远多于贬损的人物。除了对荀子和韩愈的亦褒亦贬之外，谭嗣同全面否定的仅限于老子一人。

① 《仁学》，《谭嗣同全集》，中华书局1998年版，第337页。

三、"中国书"与谭嗣同的中学观

"凡为仁学者……于中国书当通……"中的"中国书"包括八部经典和七位人物之书,代表了谭嗣同对中学的选择。无论是八部经典还是七位人物都证明了他对中国本土文化的尊奉,也证明了中学是谭嗣同思想的主要来源。

与对八部书的推崇备至一脉相承,谭嗣同屡屡从正面提及六经、四书并加以阐发——即使是对礼痛加抨击,也没有由此影响对《周礼》的热情。谭嗣同提出的变法之举——复兴三代周公之法更是对《周礼》的复归。如前所述,他对《周易》、《春秋》和《大学》的诠释是出于对这些经典的推崇。谭嗣同对《诗》、《书》的推崇同样无以复加,以至抬到了人之为人的高度。他说道:"故人,至贵者也,天地阅几千万亿至不可年,而后有人。故《诗》、《书》,人道之至贵者也,人阅几千万亿至不可年,而后有《诗》、《书》,有《诗》、《书》,而后人终以不沦于螺蛤鱼蛇龟鸟兽,抑终以不沦于夷狄。今之时,中西争雄,中国日弱而下,西人日强而上。上而无已,下而不忧,则必废《诗》、《书》而夷狄,则亦可反夷狄而螺蛤鱼蛇龟鸟兽,以渐渐灭,而至于无丛生之草,周而燎之,求其不煏以有遗种也,岂有幸乎?求其不煏以有遗种,则又非深闭固拒而已也。则必恃其中之有人焉,起而扑灭之,而歊以不延也。故中国圣人之道,无可云变也,而于卫中国圣人之道,以为扑灭之具,其若测算制造农矿工商者,独不深察而殊旃之,甚且耻言焉,又何以为哉?嗟乎!天地之生生,人性之存存,往圣之有经,诗书之有灵。自此而几千万亿至不可年,必有大圣人出,以道之至神,御器之至精,驱彗孛而挞沧溟,浑一地球之五大洲,而皆为自主之民,斯为开创之极隆,而别味辨声被色之伦,赖以不即于冥也。"[①]读到谭嗣同的这些文字,联想起有关谭嗣同否定传统文化的评价,足以令人对如下问题进行反思:谭嗣同到底是批判传统文化还是弘扬传统文化?换言之,应该

---

① 《石菊影庐笔识·思篇》,《谭嗣同全集》,中华书局1998年版,第131—132页。

如何理解谭嗣同对传统文化的态度？他的思想是否属于国学？

诚然，谭嗣同对传统文化有过批判，甚至是激进而猛烈的批判。尽管如此，不可否认的是，他所否定的是三代以后的文化——准确地说，主要是假冒孔子之学的荀学；对于三代之前的文化，他是肯定的，尤其推崇周公之法和孔子之学。正因为如此，谭嗣同批判传统文化的初衷既不是抛弃传统文化，也不是全盘西化，而是复归古学。有鉴于此，他不仅肯定三代以前之古学，而且认定它们与西方自然科学相合，乃至是西学之源。对此，谭嗣同连篇累牍地解释说：

> 又况西法之博大精深，周密微至，按之《周礼》，往往而合，盖不徒工艺一端，足补《考工》而已。斯非圣人之道，中国亡之，犹赖西人以存者耶？说者谓周衰，畴人子弟相率而西，故西人得窃中国之余绪而精之，反以陵驾中国之上。此犹粗浅之论，未达夫性善之旨，与圣人之道之所以大也。同生于覆载之中，性无不同，即性无不善。彼即无中国之圣人，固不乏才士也。积千百年才士之思与力，其创制显庸，卒能及夫中国之圣人，非性善而能然欤？又见圣人之道，果顺天之阴隲，率人之自然，初非有意增损于其间，强万物以所本无而涂附之，故阖合而悬同欤？就令如说者之言，西法皆原于中国，则中国尤亟宜效法之，以收回吾所固有而复于古矣。见飞蓬而作车，见蜘蛛而结网，一草一虫，圣人犹制器尚象，师之以利用，况穷变通久，如西法之为圣人之道乎？不然，且日贫日弱，长为人役，圣人之道乃终亡矣。故嗣同以为变法图治，正所以不忍尽弃圣人之道，思以卫而存之也。①

> 格致之理，杂见周、秦诸子，乍聆之似甚奇，其实至平至实，人人能知能行，且已知已行，习焉不察，日用之不觉耳。而迂儒睹诸凡机器不辨美恶，一诋以奇技淫巧。及见其果有实用也，则又仗义执言，别为一说曰"与民争利"。当西人之创为机器，亦有持是

---

① 《思纬氤氲台短书·报贝元徵》，《谭嗣同全集》，中华书局1998年版，第202页。

说阻之者。①

　　即如万国公法，为西人仁至义尽之书，亦即《公羊春秋》之律。……中国不自变法，以求列于公法，使外人代为变之，则养生送死之利权一操之外人，可使四百兆黄种之民胥为白种之奴役，即胥化为日本之虾夷，美利坚之红皮土番，印度、阿非利加之黑奴！此数者，皆由不自振作，迫他人入室，悉驱之海隅及穷谷寒瘠之区，任其冻饿。黑奴生计日蹙，止堪为奴。红皮土番，初亦不下千百万，今则种类顿少至十数倍。虾夷则渐灭殆尽。皇天无亲，惟德是辅，奈何一不知惧乎？②

由上可见，在肯定"西学中源"上，即使是对三代之后的传统文化持否定态度的谭嗣同也不例外。他不仅认定三代之学特别是周公之法、孔子之学是正学，而且肯定三代之学无所不包，蕴含精义，无论西方的自然科学还是政治、法律和礼仪规范都囊括其中。基于这种理解，谭嗣同所讲的变法虽然不排除效仿西方之意，但是，从根本上说却不是以西法变法；而是抵制荀子对孔子之学的假冒，力图恢复中国古代之法。正是在这个意义上，他一而再、再而三地大声疾呼：

　　夫法也者，道之澌糜而蕃变者也。三代儒者，言道必兼言治法，在汉儒犹守之谊，故老、庄与申、韩同传，而《盐铁论》列于儒家。自言道者不依于法，且以法为粗迹，别求所谓精焉者，道无所寓之器，而道非道矣。至于法之与时为变也，所谓"汉、唐无今日之道，今日无他年之道"，道之可有而且无者也。且无则不能终无，可有尤必应亟有。然以语乎今日，又不徒可有而且无，实今无而古不必不有者也。③
　　故夫法之当变，非谓变古法，直变去今之以非乱是、以伪乱真

① 《思纬氤氲台短书·报贝元徵》，《谭嗣同全集》，中华书局1998年版，第218页。
② 《思纬氤氲台短书·报贝元徵》，《谭嗣同全集》，中华书局1998年版，第225页。
③ 《思纬氤氲台短书·报贝元徵》，《谭嗣同全集》，中华书局1998年版，第200页。

之法,蕲渐复于古耳。古法可考者,《六经》尚矣,而其至实之法,要莫详于《周礼》。《周礼》,周公以之致太平而宾服四夷者也。朱子谓:"《周官》如一桶水,点滴不漏,盖几经历代圣君贤相创述因革,衷诸至善,而后有此郁郁乎文之治。"嗣同尝叹周公之法而在也,谁敢正目视中国,而蒙此普天之羞辱,至率九州含生之类以殉之也哉!盖至是始识周公立法之善,而孔子、孟子皇皇周流,思以匹夫挽救周公之法之将废,终不见用,犹垂空文以教后世,万一有能复之者,所以贻万世以安,不忍于人类日趋消亡,遂有今日之奇祸也。其事至难,其心至苦,斯其计虑亦至深远矣。当时既皆不悟,至秦果尽废周公之法。是周公之法,在秦时已荡然无存,况秦以来二千余年,日朘月削,以迄今日。虽汉、唐之法,尚远不逮,岂复有周公之法一毫哉?①

学术可变乎?亦曰复古而已矣。唐、虞之际,任农者稷,任工者垂,任水土者禹,任山林者益,任教者契,任刑者皋陶,任礼乐者伯夷、夔,任历算者羲和,皆深明其学。故多世其官职,而群圣之相与咨谋,又不离乎兵刑六府鲜食艰食懋迁有无化居之实事。有薄一名一物之不足为,而别求所谓道者乎?②

上述内容显示,谭嗣同一面对三代之后的文化展开批判,一面对三代之前的文化予以肯定,并非不加区分地全面否定中国本土文化。因此,不能简单或片面地因为他对三代之后文化的否定——即便是像把两千年之学归结为荀学、说成是乡愿之类的激烈抨击而断言谭嗣同全面否定传统文化。如果这样,将在逻辑上犯以偏概全的错误。更为重要的是,从动机和宗旨来说,谭嗣同不惟不否定中国本土文化,反而对之推崇有加,因为批判(荀子等)是为了更好地发挥(孔子等)。就反对三代之后是为了推崇三代之前的文化而言,谭嗣同的做法与其他近代思想

---

① 《思纬氤氲台短书·报贝元徵》,《谭嗣同全集》,中华书局1998年版,第200—201页。

② 《思纬氤氲台短书·报贝元徵》,《谭嗣同全集》,中华书局1998年版,第217页。

家将关注的焦点投向先秦诸子的立言宗旨别无二致，归根结底是为了从源头处正本清源，在为中华民族寻找统一的文化象征和精神家园的同时，立足新的历史背景和文化语境，对中国本土文化重新予以解读，推动传统文化的内容创新和近代转换。在这方面，谭嗣同的"西学中源"说更加突出了弘扬国学的立言宗旨，激进态度则是启蒙思想家的使命使然。正因为如此，不仅应该看到他对传统文化的批判，而且应该进一步追问批判的动机和目的所在。是像五四新文化运动者——如陈独秀等人那样希望另起炉灶，还是借助批判推动传统文化的内容创新，以便更好地坚守，二者之间相去天壤，不可一而概之。很显然，谭嗣同选择了后者。这从一个侧面流露出他与其他近代国学家相同而与新文化运动者相反的初衷和愿望。

"凡为仁学者……于中国书当通……"证明，谭嗣同对中国传统文化是肯定的，中学不仅构成了他的理论来源和思想内容，而且是他的精神旨归和学术诉求。在谭嗣同那里，正如批判荀学是为了恢复周公之法、孔子之学一样，借鉴西学，最终目的则是为了复兴中国古学。其实，要记住或理解谭嗣同思想的这一要义并不难，最简单的办法便是回首品味《仁学》开头的那张书名单："凡为仁学者，……于中国书当通《易》、《春秋公羊传》、《论语》、《礼记》、《孟子》、《庄子》、《墨子》、《史记》，及陶渊明、周茂叔、张横渠、陆子静、王阳明、王船山、黄梨洲之书。"

第十九章

"举其灼然不诬者以质天下"

——严复的翻译宗旨与中西互释

　　"举其灼然不诬者以质天下"语出严复，是他在翻译第一部西方著作——《天演论》时就已经定下的翻译宗旨。这既道出了严复翻译西学的目的和初衷，也决定了他翻译西学的方式和手段，对于理解严复的翻译宗旨和中西文化观至关重要。严复被誉为中国近代西学第一人，他的"严译名著"产生了深入而广泛的影响。从这个意义上说，严复是当之无愧的西学家。事实上，早在翻译第一部译作《天演论》时，严复就在肯定中学与西学相通的前提下，表明了自己借西学使中学复明于世的初衷。这一目标和宗旨不仅决定了严复翻译西学的方式是通过中西互释进行的，而且表明了他的国学家的追求和立场。

一、"举其灼然不诬者以质天下"

　　如果说 1840 年的鸦片战争改变了中国历史的进程，使中国由一个主权完整的国家陷入了半殖民地的话，那么，1894 年的甲午战争则使中国在半殖民地的深渊越陷越深,濒临亡国灭种的境地。严复正是在日益深重的民族危机的刺激下登上历史舞台的。他在 1895 年发表的系列论文——《论世变之亟》、《原强》、《辟韩》和《救亡决论》中反复论证了一个主题,那就是:君主专制下的君主集权、国民无权造成了中国"不战而败"的结局,正如西方的富强是由于"以自由为体,以民主为用"一样,中国的落后、挨打是由于中国不自由。循着这个思路,西方文化成为自由、民主的代名词,严复对中西文化的比较自然偏袒西学一方。对于这一点,从他自称"未敢遽分其优绌"的中西文化对比中可以一目了然:

> 自由既异,于是群异丛然以生。粗举一二言之:则如中国最重三纲,而西人首明平等;中国亲亲,而西人尚贤;中国以孝治天下,而西人以公治天下;中国尊主,而西人隆民;中国贵一道而同风,而西人喜党居而州处;中国多忌讳,而西人众讥评。其于财用也,中国重节流,而西人重开源;中国追淳朴,而西人求欢虞。其接物也,中国美谦屈,而西人务发舒;中国尚节文,而西人乐简易。其于为学也,中国夸多识,而西人尊新知。其于祸灾也,中国委天数,而西人恃人力。若斯之伦,举有与中国之理相抗,以并存于两间,而吾实未敢遽分其优绌也。①
>
> 尝谓中西事理,其最不同而断乎不可合者,莫大于中之人好古而忽今,西之人力今以胜古;中之人以一治一乱、一盛一衰为天行人事之自然,西之人以日进无疆,既盛不可复衰,既治不可复乱,为学术政化之极则。②

在这里,严复对"中西事理"的比较涵盖哲学、政治、经济、法律、民俗和交往等诸多领域,共同指向了中西方之间的不自由与自由之

---

① 《论世变之亟》,《严复集》(第一册),中华书局 1986 年版,第 3 页。

② 《论世变之亟》,《严复集》(第一册),中华书局 1986 年版,第 1 页。

别。这就是说，严复之所以对"中西事理"即中西文化反复进行比较，兴趣不仅在于中西学术的优劣本身，更在于不同学术造成的不自由与自由的精神追求和现实处境。从这个意义上说，他宣传、介绍西学，是心仪西方的自由精神，对西学的推崇是出于对自由的渴望。由此可见，与其说严复倾慕西学，不如说他渴望西方的自由精神；与其说严复热爱自由，不如说他对中国日益深重的民族危机忧心如焚。换言之，严复宣传西学，归根到底取决于中国近代社会救亡图存的现实需要。正因为如此，在对西学的翻译上，他选择了约翰·穆勒的《论自由》(《群己权界论》)、亚当·斯密的《国富论》(《原富》)和孟德斯鸠的《论法的精神》(《法意》或《孟德斯鸠法意》)等著作，从政治、经济和法律等不同角度共同彰显自由的主题。

进而言之，救亡图存的理论初衷决定了严复即使是在翻译西学之时也绝非惟西学之马首是瞻，而是根据中国近代社会的政治斗争和现实需要，对原著的内容进行大胆的取舍、选择和创新。以严复翻译的西方八大名著中影响最大的《天演论》为例，该书原名《进化论与伦理学》，作者是英国哲学家赫胥黎。赫胥黎自称"达尔文的斗犬"，对进化论的原理予以哲学阐释，于1894年出版了演讲集《进化论与伦理学》。引起严复兴趣的，是书中生存竞争、与天争胜的思想。于是，他不是翻译全书，而是只翻译了前半部分即进化论部分，故而取名《天演论》；仅从书名上看，严复选择和取舍的力度便可想而知。不仅如此，为了紧扣中国社会救亡图存这个近代主题，更好地抒发自己的观点，严复在翻译中采取了意译这种可以最大限度地自由发挥的方式，并且夹译夹议，通过按语表达自己的态度和观点，有时按语甚至比译文还要长。难怪鲁迅在看了《天演论》和其他版本的《进化论与伦理学》之后得出结论，严复不是"译"了而是"作"了一部《天演论》。严复之所以"作"《天演论》，是为了"自强保种"。因此，围绕着"自强保种"这个立言宗旨，为了让国人更好地理解、接受西学——确切地说，是接受生存竞争、适者生存的生物进化法则，严复在按语中大量加入自己的评议和导读，所援引的证据和经典则主要出于中学。那么，严复为什么要"作"

《天演论》? 他是如何"作"《天演论》的？这些问题至关重要，是理解、评价严复翻译的重要依据。对此，严复本人在《天演论》自序中明白无误地进行了解答。现摘录如下：

> 英国名学家穆勒约翰有言："欲考一国之文字语言，而能见其理极，非谙晓数国之言语文字者不能也。"斯言也，吾始疑之，乃今深喻笃信，而叹其说之无以易也。岂徒言语文字之散者而已，即至大义微言，古之人殚毕生之精力以从事于一学，当其有得，藏之一心，则为理；动之口舌，著之简策，则为词，固皆有其所以得此理之由，亦有其所以载焉以传之故。呜呼，岂偶然哉！
>
> 自后人读古人之书，而未尝为古人之学，则于古人所得以为理者，已有切肤、精忱之异矣，又况历时久远，简牍沿讹？声音代变，则通段难明；风俗殊尚，则事意参差。夫如是，则虽有故训疏义之勤，而于古人诏示来学之旨，愈益晦矣。故曰读古书难。虽然彼所以托焉而传之理，固自若也。使其理诚精，其事诚信，则年代国俗无以隔之。是故不传于兹，或见于彼，事不相谋而各有合。考道之士，以其所得于彼者，反以证诸吾古人之所传，乃澄湛精莹，如寐初觉，其亲切有味，较之觇毕为学者，万万有加焉。此真治异国语言文字者之至乐也。
>
> 今夫六艺之于中国也，所谓"日月经天，江河行地"者尔。而仲尼之于六艺也，《易》、《春秋》最严。司马迁曰："《易》本隐而之显，《春秋》推见至隐。"此天下至精之言也。始吾以谓本隐之显者，观《象》、《系辞》以定吉凶而已；推见至隐者，诛意褒贬而已！及观西人名学，则见其于格物致知之事，有内籀之术焉，有外籀之术焉：内籀云者，察其曲而知其全者也，执其微以会其通者也；外籀云者，据公理以断众事者也，设定数以逆未然者也。乃推卷起曰："有是哉！是固吾《易》、《春秋》之学也。迁所谓本隐之显者，外籀也；所谓推见至隐者，内籀也。其言若诏之矣。"二者即物穷理之最要涂术也，而后人不知广而用之者，未尝事其事，则

亦未尝谙其术而已矣！

……

近二百年，欧洲学术之盛，远迈古初。其所得以为名理、公例者，在在见极，不可复摇。顾吾古人之所得往往先之，此非傅会扬己之言也，吾将试举其灼然不诬者以质天下。①

大抵古书难读，中国为尤。二千年来，士徇利禄，守阙残，无独辟之虑。是以生今日者，乃转于西学得识古之用焉。此可与知者道，难与不知者言也。②

严复认为，天下之道是相通的，这便有了通外文和外学后，反观本土文化可得微言大义之乐。在通外文并了解西学之后，严复发现，西方的学术与中国古人之言论是相通的，中国古学不惟不过时，反而大大早于西方之学——西方之名理、公例，"吾古人之所得往往先之"。严复看中了《进化论与伦理学》，是因为它不仅有助于"自强保种"，符合中国近代救亡图存的时代需要，而且因为"其中所论，与吾古人有甚合者"。他评价说："赫胥黎氏此书之旨，本以救斯宾塞任天为治之末流，其中所论，与吾古人有甚合者，且于自强保种之事，反复三致意焉。夏日如年，聊为迻译，有以多符空言，无裨实政相稽者，则固不佞所不恤也。"③ 在救亡图存和与古人甚合上，与古人相合在先——或者说，与中国古人言论甚合是严复翻译《天演论》的重要原因——按照他的说法，自己翻译《天演论》，是为了宣传中学，"举其灼然不诬者以质天下"；之所以宣传中学不直接从中学入手，是因为中国古书难读，自己才不得不采取变通的方式，"转于西学得识古之用"。

更有甚者，为了便于中国人的了解和接受，严复在翻译西书时往往根据自己对原著的理解加以重新创作，有时甚至将原著中所举的例子置换成中国哲学的例子。综合考察可以得出结论，严复对西学的翻译从

---

① 《译〈天演论〉自序》，《天演论》，中州古籍出版社 1998 年版，第 14—15 页。
② 《译〈天演论〉自序》，《天演论》，中州古籍出版社 1998 年版，第 16 页。
③ 《译〈天演论〉自序》，《天演论》，中州古籍出版社 1998 年版，第 16 页。

来就没有忠实过原著，姑且不论他在按语中对原著观点的引申、发挥或反驳，单就其取舍而言，就已经加入了自己的好恶和创造。在这方面，《天演论》并不是个案，严复的所有翻译著作都遵循着以"作"代译的原则和方式。这种做法使他"翻译"出来的《名学浅说》成为纯然的"原创"，以致不了解内情者丝毫看不出是对西方著作的翻译。例如，对于概念的准确性，严复译曰："有时所用之名之字，有虽欲求其定义，万万无从者。即如中国老儒先生之言气字。问人之何以病？曰邪气内侵。问国家之何以衰？曰元气不复。于贤人之生，则曰间气。见吾足忽肿，则曰湿气。他若厉气、淫气、正气、余气，鬼神者二气之良能，几于随物可加。今试问先生所云气者，究竟是何名物，可举似乎？吾知彼必茫然不知所对也。然则凡先生所一无所知者，皆谓之气而已。指物说理如是，与梦呓又何以异乎！今夫气者，有质点有爱拒力之物也，其重可以称，其动可以觉。虽化学所列六十余品，至热度高时，皆可以化气，……出言用字如此，欲使治精深严确之科学哲学，庸有当乎？今请与吾党约，嗣后谈理说事，再不得乱用气字，以祛障蔽，庶几物情有可通之一日。他若心字天字道字仁字义字，诸如此等，虽皆古书中极大极重要之立名，而意义歧混百出，廓清指实，皆有待于后贤也。"①此外，这样的话在他译作的按语中屡见不鲜："中国所谓天字，乃名学所谓歧义之名，最病思理，而起争端。以神理言之上帝，以形下言之苍昊，至于无所为作而有因果之形气，虽有因果而不可得言之适偶，西文各有异字，而中国常语，皆谓之天。"②正是由于以"作"代译，对于严复的译作来说，出现误以为中国书而看不出是译作的情况并不奇怪。进而言之，他之所以选择译西书的方式自树，就是为了借助西学大行其道的时代风尚，以翻译西学的方式——或者说，借助西学而诠释中学，以此激起人们对中学的兴趣，树立中国人对中学的信心，同时推动中国本土文化的近代转换。

---

① 《名学浅说》，商务印书馆1981年版，第18—19页。
② 《群学肄言》按语，《严复集》（第四册），中华书局1986年版，第921页。

413

综观严复的思想可以看到，他声称对于原著不能或者没有"傎倒附益"的则非亚当·斯密的《国富论》莫属。即便如此，《原富》中的主观随意性依然随处可见，严复在其中的创作远远超出了翻译的范围。这一点在他本人对翻译所作的"例言"中已经初露端倪。据严复自述："是译与《天演论》不同，下笔之顷，虽于全节文理，不能不融会贯通为之，然于辞义之间，无所傎倒附益。独于首部篇十一释租之后，原书旁论四百年以来银市腾跌，文多繁赘，而无关宏旨，则概括要义译之。其他如部丁篇三，首段之末，专言荷京版克，以与今制不同，而所言多当时琐节，则删置之。又部甲后有斯密及罗哲斯所附一千二百二年至一千八百二十九年之伦敦麦价表，亦从删削。……夫计学者，切而言之，则关于中国之贫富；远而论之，则系乎黄种之盛衰。故不佞每见斯密之言于时事有关合者，或于己意有所枨触，辄为案论，丁宁反覆，不自觉其言之长而辞之激也。"[①]由此可见，即使是对于自己声称最忠实于原著的《原富》，严复也难免大量的删节；至于删节的标准，还是一如既往的与中国近代社会的救亡图存相合——从这个意义上说，《原富》与其他译作并无不同；所不同的是，由于经济学关乎国家的强弱兴衰，鉴于中国的特殊处境，严复在翻译时凡是看到"斯密之言于时事有关合者，或于己意有所枨触，辄为案论，丁宁反覆，不自觉其言之长而辞之激也"。这就是说，严复对《原富》的翻译像其他译作一样，对原著《国富论》进行了概括要义、删削和加入按语等处理，甚至使之无论在突出"自强保种"还是在以"作"代译上都与其他译作相比有过之而无不及。

二、以中学疏导西学

众所周知，严复西学家的美誉主要是凭借翻译西方名著获得的，而他对西学的翻译采取的是意译的方式。据严复本人说，之所以采取意译而非直译这种翻译方式，是为了"取便发挥"，以求"达旨"。事实上，

---

① 《译斯氏〈计学〉例言》，《严复集》（第一册），中华书局 1986 年版，第 101 页。

严复不仅采取了比直译更便于表达译者思想的意译方式，而且喜欢在翻译中加入抒发译者胸臆的按语。通过按语，严复在表达自己对原书内容的看法的同时，融入了大量的中学内容。不仅如此，早在翻译《天演论》时，严复就申明了自己借西学以使中学复明于世的初衷。他在给梁启超的信中直言不讳地宣称，自己翻译西书的目的恰恰是为了让人"多读中国古书"："且不佞之所从事者，学理邃赜之书也，非以饷学僮而望其受益也，吾译正以待多读中国古书之人。使其目未睹中国之古书，而欲稗贩吾译者，此其过在读者，而译者不任受责也。"①

出于这一初衷，严复在翻译西方著作时，始终以中学为疏导。可以看到，他对西方著作的翻译是借助中学完成的。例如，在翻译孟德斯鸠的《论法的精神》时，严复就表达了这样的思想："呜呼！拘于墟，囿于习，束于教，人类之足以闵叹，岂独法制礼俗之间然哉？吾国圣贤，其最达此理者，殆无有过于庄生。即取其言，以较今日西国之哲家，亦未有能远过之者也。故其著说也，必先为逍遥之游，以致人心于至广之域，而后言物论之本富，非是之生于彼此。"②严复明确表示，中国古代圣贤言礼法政事，以庄子为最；即使拿西方近代哲学来说，也未有远过庄子者。这给予了庄子至高评价，也肯定了西方的政治思想与庄子思想相通。他之所以翻译孟德斯鸠的《论法的精神》，是因为孟德斯鸠作为西方启蒙思想家宣扬自由、平等和民主思想，而在严复看来，所有这些都与老子、庄子以及中国古代哲学家的思想相吻合。循着这个思路，严复在《法意》的按语中多次将老子、庄子的思想与孟德斯鸠的自由、平等和民主思想相提并论。严复这样做，与其说是借助老子、庄子消除中国人对西方文化的陌生感，不如说是利用孟德斯鸠推动中国本土文化的内容转换和近代化，借助孟德斯鸠宣传老子、庄子的思想。

同样，在《穆勒名学》中，严复反复用孟子、庄子等中国哲人的观点解释穆勒、笛卡尔、培根和洛克等西方哲学家的思想。例如，原书

---

① 《与梁启超书》，《严复集》（第三册），中华书局 1986 年版，第 516—517 页。

② 《法意》按语，《严复集》（第四册），中华书局 1986 年版，第 987—988 页。

说:"品与量皆物之德也,而皆基于吾心所受于彼之丛感,而其名以立,然则虽谓为其物致感之能无不可也。……万物固皆意境,惟其意境,而后吾与物可以知接,而一切之智慧学术生焉。故方论及于万物,而明者谓其所论,皆一心之觉知也。"对于这段话,严复写下了这样的按语:"观于此言,而以与特嘉尔(现译为笛卡尔——引者注)所谓积意成我,意恒住故我恒住诸语合而思之,则知孟子所谓'万物皆备于我'一言,此为之的解。何则?我而外无物也;非无物也,虽有而无异于无也。然知其备于我矣,乃从此而黜即物穷理之说,又不可也。盖我虽意主,而物为意因,不即因而言果,则其意必不诚。此庄周所以云心止于符,而英儒贝根(现译为培根——引者注)亦标以心亲物之义也。"① 在这里,严复不仅以法国笛卡尔的怀疑论和英国培根的经验论为穆勒的思想作注释,而且将西方的哲学思想与中国哲学联系起来,判定笛卡尔的"我思故我在"就是孟子所讲的"万物皆备于我"②,庄子所讲的"心止于符"③与培根主张知识源于感官接触外物的直接经验同义。此外,严复还用穆勒的逻辑思想破解《庄子·天道》篇的轮扁之事"得之于心"却"口不能言"的尴尬,并将洛克强调认识源于感觉经验的经验论与《庄子》的内七篇相互比较、发明。于是,他不止一次地在按语中写道:

昔读《庄子·天道篇》言轮人扁事,尝怳然自失而不知其理之所以然,今得穆勒言,前疑乃冰释矣。又吾闻凡擅一技、知一物而口不能言其故者,此在智识谓之浑而不晰。今如知一友之面庞,虽猝遇于百人之中犹能辨之,独至捉笔含豪欲写其貌,则废然而止。此无他,得之以浑,而未为其晰故也。使工传神者见之,则一晤之余可以背写。盖知之晰者始于能析,能析则知其分,知其分则全无所类者,曲有所类。此犹化学之分物质而列之原行也。曲而得类,而后有以行其会通,或取大同而遗其小异,常、寓之德既判,

① 《穆勒名学》按语,《严复集》(第四册),中华书局1986年版,第1037页。
② 《孟子·尽心上》。
③ 《庄子·人间世》。

而公例立矣。此亦观物而审者所必由之涂术也。①

　　意相守例发于洛克，其有关于心学甚巨，而为言存养省察者所不可不知也。心习之成，其端在此；拘虚束教，囿习笃时，皆此例所成之果。而《庄子》七篇，大抵所以破此例之害者也。……中国人士，经三千年之文教，其心习之成至多，习矣而未尝一考其理之诚妄；乃今者洞牖开关，而以与群伦相见，所谓变革心习之事理纷至沓来，于是相与骇愕而以为不可思议。夫西学之言物理，其所以胜吾学者，亦正以见闻多异，而能尽事物之变者，多于我耳。②

　　由于庄子等中国哲学家的出现，作为外来之学的西方思想不再陌生，甚至作为逻辑学、经验论的穆勒思想也不再晦涩难懂。除此之外，严复还在进行着另一项工作，那就是：借助西学来使中学复明于世。在这里，他便从《庄子》内七篇中找到了借鉴西学的依据，证据就在于，西学"言物理"由于"见闻多异，而能尽事物之变"。

　　严复在翻译西书的过程中，不仅采取意译的方式，并在其中加入按语；而且随意取舍，如《天演论》就只翻译了前半部。如前所述，原书名为《进化论与伦理学》，严复只翻译了进化论部分，故名《天演论》。就前半部分而言，按语的篇幅之大，夹杂其中的中学之多，令人咋舌。难怪鲁迅在比较之后得出结论，严复"作"了一部《天演论》。更有甚至，如果说《天演论》尽管是"作"毕竟还在翻译的名义下区分原书内容与按语的话，那么，《名学浅说》则完全消除了二者之间的界限，干脆将翻译变成了改写。如果事先不知，全然看不出《名学浅说》是西方著作。对此，严复在序中直言不讳地承认："中间义恉，则承用原书，而所引喻设譬，则多用己意更易。盖吾之为书，取足喻人而已，谨合原文与否，所不论也。朋友或訾不佞不自为书，而独拾人牙后慧为译，非卓然能自树者所为，不佞笑颔之而已。"③有了这番表白，便冰释了一个

① 《穆勒名学》按语，《严复集》（第四册），中华书局1986年版，第1046页
② 《穆勒名学》按语，《严复集》（第四册），中华书局1986年版，第1050页。
③ 《〈名学浅说〉序》，《严复集》（第二册），中华书局1986年版，第265—266页。

疑惑:《名学浅说》是严复原作还是译作。新的疑惑又随之而来,既然名曰翻译,为何不忠实原书?既然想要表达自己的思想,为何不"自为书",免得被人诟病为拾人牙慧?严复的"笑颔之"意味深长。严复之所以对译文"合原文与否,所不论也",是因为原书内容如何,不是严复所关心的;他所关心的问题只有一个——这也是他翻译西书的目的,那就是:借翻译西书的名义让人多读中国古书。很显然,对于这一目的,他无论忠于西方原著的翻译方式还是"自为书"都无法达到。《名学浅说》将严复以中学疏导西学的做法推向了极致,也淋漓尽致地流露出他借助西学宣扬中学的初衷。

三、以西学解读中学

严复不仅在翻译西方名著时以中学为疏导,而且在解读中国哲学时援引西方哲学加以诠释。在他看来,《周易》、《老子》和《庄子》是中国哲学的经典,而他对这三部经典以及中国哲学的解读最突出的特点就是以西释中,具体办法便是:将《周易》、老子、庄子的哲学与牛顿的机械力学,穆勒、赫胥黎、斯宾塞的不可知论,孟德斯鸠、卢梭的自由、平等和民主思想等等五花八门的西方学说相对接。

正如在翻译西方名著时习惯于援引中学加以疏导、解读一样,严复在评点中学时喜欢以西学加以诠释和观照。例如,在评点《老子》时,严复多次将老子所讲的道与西方哲学的"第一因"相提并论,以此证明中西哲学所关注的问题别无二致,对哲学问题的解答如出一辙。下仅举其一斑:

> 以道为因,而不为果。故曰,不知谁之子。使帝而可名,则道之子矣,故又曰众甫。众甫者,一切父也,西哲谓之第一因。①
> 老谓之道,《周易》谓之太极,佛谓之自在,西哲谓之第一因,

① 《〈老子〉评语》,《严复集》(第四册),中华书局1986年版,第1077页。

佛又谓之不二法门。①

在严复看来，《老子》哲学以道为因，以万物为果；道由于自为因，故而不为果；由于道为万物之因，故而是"第一因"。这表明，道与中国本土文化中的《周易》之太极，佛教之自在和不二法门，西方哲学之"第一因"等等异名而同实，在本质上是同一存在。不仅如此，老子对道的描述是："视之不见名曰夷，听之不闻名曰希，搏之不得名曰微。"②从道之夷、希、微的角度看，道又称为无；无，意为无穷小，实际所指就是西方自然科学所讲的以太。正是对道的这些解释，为严复打开了老子与西方哲学和自然科学的相通之路。

对于严复来说，《庄子》与西学的密切性、相通性与《老子》相比有过之而无不及。在评点《庄子》时，他多次将庄子的思想直接与西学对接，甚至直接用英文加以注释。例如：

依乎天理，即欧西科哲学家所谓 We must live according to nature。(此批在"依乎天理"一句上。)③

大疑，即欧西科学家所谓之 Agnosticism。(此批在"可不谓大疑乎"一句上。)④

这些引文显示，严复将庄子与赫胥黎、斯宾塞等不可知论者的思想联系起来，并且拉近了庄子与西方近代自然科学之间的距离。Agnosticism 一词是《进化论与论理学》的作者、英国哲学家赫胥黎最先提出的，现在通常译为不可知论。严复则将之归为科学，将赫胥黎称为"欧西科学家"；并在此基础上将赫胥黎的思想与庄子联系起来，对庄子进化论的挖掘随之成为证明两人思想相通的证据。

---

① 《〈老子〉评语》，《严复集》(第四册)，中华书局 1986 年版，第 1084 页。
② 《老子·第 14 章》。
③ 《〈庄子〉评语》，《严复集》(第四册)，中华书局 1986 年版，第 1108 页。
④ 《〈庄子〉评语》，《严复集》(第四册)，中华书局 1986 年版，第 1143 页。

与《老子》、《庄子》一样,《周易》也被严复拿来与西学相观照。这使以西学的视角审视《周易》成为严复解读《周易》不可或缺的重要维度。他断言,《周易》的哲学是不可知论,在阐释自己的不可知论思想时以《周易》作为证据,并且将《周易》所讲的哲学与赫胥黎、斯宾塞和穆勒等人的思想相互杂糅。

与此同时,严复一再强调《周易》是逻辑学经典,在推理方法上重演绎法。这使《周易》在他那里成为中国本土逻辑学中演绎法的典范,也在某种程度上注定了《周易》与穆勒逻辑学的亲缘性。在肯定穆勒"从形数而推者所得不出形数"为"透宗之论",并且坦言穆勒的这个观点并不被学者所认同的前提下,严复以《周易》为穆勒辩护。《穆勒名学》原书曰:"本形数而推者,其所得终不出于形数;欲徒从形数而得他科之公例者,其道莫由也。"对此,严复写下的按语是:"此为科学最微至语,非心思素经研练者读之未易猝通。其谓从形数而推者所得不出形数,尤为透宗之论。学者每疑其言,而谓果如此云,则格物之力学,其术几无往不资形数,又如《周易》,正以形数推穷人事,岂皆妄耶?不知力学所以得形数而益精者,以力之为物固自有形数之可言;一力之施也有多寡之差,有方向之异,有所施之位点,故直线可为一力之代表,而一切形数公例皆可为力公例,则二者同其不摇矣。此易见者也。至于《周易》,其要义在于以畸偶分阴阳;阴阳德也,畸偶数也。故可以一卦爻为时、德、位三者之代表,而六十四卦足纲纪人事而无余。由此观之,穆勒之言固无可议也。"①

此外,严复将《周易》中的思想与牛顿力学联系起来,以牛顿力学来理解《周易》的一阴一阳之道。在他看来,《周易》与牛顿三大力学定律都契合。例如,对于《周易》与牛顿第三定律相合,严复在穆勒的书中找到了证据。《穆勒名学》原书载:"即如陨石,以力理言,石之摄地与地之摄石正同,孰分能所?即当物尘感我之时,吾之官知宜称所矣,然我之神明方且炽然起与物尘相接,自不得纯受无施;假使无

---

① 《穆勒名学》按语,《严复集》第四册),中华书局1986年版,第1051—1052页。

施，即同冥顽，何由觉物？……总之一果之间，任分能所，所之有事正不异能；为分别者，取便说词，实则无所非能，无能非所。如言东西，别在眼位，非定相也。万化之情，无往不复，是故方其为施，即有所受。"对此，严复的按语是："此段所论亦前贤所未发，乃从奈端动物第三例悟出。学者必具此法眼，而后可以读《易》。"①依据他的分析，穆勒关于认识的产生依赖认识主体（能）与认识客体（所）相互作用的观点从牛顿第三定律即作用力与反作用力定律而来，穆勒用牛顿第三定律解释感觉的形成是发前人所未发；而就中国哲学来说，这一思想端倪和思维方式就蕴涵在《周易》之中。再如，严复从不同角度论证牛顿第一定律即在没有外力的作用下动者恒动、静者恒静与《周易》的观点如合符契。下面即是一例："夫西学之最为切实而执其例可以御蕃变者，名、数、质、力四者之学是已。而吾《易》则名、数以为经，质、力以为纬，而合而名之曰《易》。大宇之内，质、力相推，非质无以见力，非力无以呈质。凡力，皆乾也；凡质，皆坤也。奈端动之例三，其一曰：'静者不自动，动者不自止；动路必直，速率必均。'此所谓旷古之虑。自其例出，而后天学明、人事利者也。而《易》则曰：'乾其静也专，其动也直。'后二百年，有斯宾塞尔者，以天演自然言化，著书造论，贯天地人而一理之，此亦晚近之绝作也。其为天演界说曰：'翕以合质，辟以出力，始简易而终杂糅。'而《易》则曰：'坤其静也翕，其动也辟。'至于全力不增减之说，则有自疆不息为之先；凡动必复之说，则有消息之义居其始，而《易》不可见、乾坤或几乎息之旨，尤与热力平均，天地乃毁之言相发明。此岂可悉谓之偶合也耶？"②在这里，严复明确肯定《周易》在整体上与西方的自然科学相合，并且以《周易》"乾其静也专，其动也直"为例，证明了这一观点与牛顿力学第一定律相合，同时将这句话与斯宾塞《综合哲学》中的《第一原理》相互诠释。在严复看来，斯宾塞之所以将自然界的生物进化法则直接应用到社会历

---

① 《穆勒名学》按语，《严复集》（第四册），中华书局 1986 年版，第 1052 页。
② 《译〈天演论〉自序》，《天演论》，中州古籍出版社 1998 年版，第 15—16 页。

史领域，提出了社会有机体论，运用的就是牛顿力学原理。同时，斯宾塞所讲的由天体演化到生物进化再到人类进化，就是《周易》的天、地、人三才之道，至于贯穿其中的质力相推、由简入繁的进化过程，恰恰就是《周易》所讲的阴阳消息和由太极之一到天地之二再到四象、八卦、万物的推演过程。更为重要的是，严复在这里不仅是以牛顿力学、斯宾塞的社会有机体论诠释《周易》的哲学思想，而且是以牛顿、斯宾塞的思想为代表证明《周易》与西学相合，乃至囊括全部西学。逻辑很简单，"西学之最为切实而执其例可以御蕃变者，名、数、质、力四者之学是已"，而《周易》则将名、数、质、力囊括其中，一网打尽——"名、数以为经，质、力以为纬，而合而名之曰《易》"。从这个意义上说，《周易》与西学相合是必然的，因为全部西学——从名、数到质、力原本就隐藏在《周易》之中。

四、中西互释的结论

在严复那里，中学与西学是相通、相合的，因而可以相互注解、相互诠释。这一点也是他反复强调习外文、通外学后对中国文化可得神解的原因和乐趣所在。正因为如此，从翻译第一部西方著作开始，严复就已经开始中西互释了。在《天演论》的按语中，他写道："此篇（指《天刑》篇——引者注）之理，与《易传》所谓乾坤之道鼓万物而不与圣人同忧，《老子》所谓天地不仁，同一理解。老子所谓不仁，非不仁也，出乎仁不仁之数，而不可以仁论也。斯宾塞尔著《天演公例》，谓教学二宗皆以不可思议为起点，即竺乾所谓'不二法门'者也。其言至为奥博。"[①] 更为重要的是，严复不仅在之后的翻译中坚持了这一做法，而且通过对西学与中学的相互诠释，发现了中国文化的优长之处，更加坚定了以西学弘扬中学（他称之为"回照故林"）的国学立场。

上述内容显示，如果说严复在翻译西学时以中学为疏导，旨在克服

---

① 《天演论》，中州古籍出版社 1998 年版，第 303 页。

中国人对西学的陌生感的话，那么，他在解读中学时则以西学为参照，旨在增加中学的时代感；如果说前者是使西学中国化的话，那么，后者则是使中学西学化。而不论是以中学疏导西学还是以西学诠释中学，严复在中西互释中得出的结论只有一个，那就是：西学不出中学，中学早于西学。

首先，严复指出，中西哲学是相通的，西方有哲学，中国也有哲学，《周易》、《老子》、《庄子》是中国哲学的经典和代表。不仅如此，他在翻译、诠释西方哲学时总是联想到中国哲学，老子、庄子、孔子、墨子、孟子代表的先秦诸子和以《老子》、《庄子》、《周易》为首的中国典籍。无论在《〈老子〉评语》、《〈庄子〉评语》中还是在翻译西方名著时，他都多次赞叹中国哲学与西方哲学相合、相通。

如上所述，严复连篇累牍地通过《老子》、《庄子》和《周易》与西方哲学的互释证明中国有哲学，这些文本的年代也从一个侧面印证了西方哲学不出中国哲学。更令人叫绝的是，在读到《老子》第一章的"同谓之玄，玄之又玄，众妙之门"时，他不禁感叹："西国哲学所从事者，不出此十二字。"① 由此，严复得出结论：中国哲学在时间上早于西方，西方哲学超不出中国哲学的范围。

其次，严复强调，中国的自然科学尤其是进化学说源远流长，滥觞于先秦。中国哲学的代表作——《老子》、《庄子》和《周易》都讲到过进化论（"天演学说"）。众所周知，进化论系统输入中国是从严复开始的，他对进化的理解是"自然进化"，故而将进化论翻译为"天演"论。沿着这个思路，严复认为，世界的进化是一个自然而然的过程，万物之所以进化，之所以进化到如此地步，完全是其自身质力相推的结果，并无上帝的主宰或创造。这用他本人的话说便是："造物立其一本，以大力运之。而万类之所以底于如是者，咸其自己而已，无所谓创造者也。"②

---

① 《〈老子〉评语》，《严复集》（第四册），中华书局 1986 年版，第 1075 页。
② 《天演论》，中州古籍出版社 1998 年版，第 42 页。

经过严复这样一番诠释，进化论从自然进化的角度看，与《周易》所讲的乾坤、阴阳二力的宇宙之道和老子、庄子等人的"道法自然"如出一辙，从进化的动力是事物内部吸引力与排斥力的相互作用和进化轨迹是由简单到复杂的过程看，与《周易》别无二致；从进化的过程表明万物都在进化之途，总是处于进化（完善）之旅的角度看，与《周易》终于《未济》卦不谋而合；当然，《易传》起于男女，终于父子、君臣的人伦构架不啻为斯宾塞基于个人组成社会、群体的社会有机体论。鉴于如此种种界定，严复反复强调：

> 天演学说滥觞于周秦之间，中土则有老、庄学者所谓明自然。自然者，天演之原也。征之于老，如云"天地不仁，以万物为刍狗"。征之于庄，若《齐物论》所谓"寓庸因明"，所谓"吹万不同，使其自己"；《养生主》所谓"依乎天理、薪尽火传"。谛而观之，皆天演之精义。而最为深切著名者，尤莫若《周易》之始以乾坤，而终于既未济。至泰西希腊，则有德谟吉来图诸公，其学说俱在，可以覆案。虽然，今学之见于古书，大抵茫茫昧昧，西爪东麟，无的然画然之可指，譬犹星气之浑然。故天演之称为成学专科，断于十九世纪英国之达尔文为始。达尔文独以天演言生理者也，而大盛于斯宾塞尔。斯宾塞尔者，以天演言宇宙一切法者也。①

> 通此二家（指达尔文和斯宾塞——引者注）之说，而后进化天演可得而言。……必欲远追社会之原，莫若先察其么匿之为何物。斯宾塞以群为有机团体，与人身之为有机团体正同。人身以细胞为么匿，人群以个人为么匿。最初之群，么匿必少。言其起点，非家而何？家之事肇于男女，故《易传》曰："有男女然后有夫妇，有夫妇然后有父子，有父子然后有君臣，有君臣然后有上下，有上下

---

① 《进化天演》，《严复集补编》，福建人民出版社 2004 年版，第 135 页。

然后礼义有所错。"此吾国之旧说也,而亦社会始有之的象也。①

在严复看来,《周易》由太极推演出世界万物的模式,以自然进化、乾坤阐释宇宙万物的生成,以阴阳二力理解进化动力以及由此对个体与群体关系的界定等等都与进化论大家达尔文、斯宾塞的观点别无二致。这些足以证明,《周易》的思想与赫胥黎的《天演论》、斯宾塞的社会有机体论都是相通的。

严复在《庄子·至乐》篇的"种有几"一段中发现了进化论,并且赞叹不已:"此章所言,可以之与挽近欧西生物学家所发明者互证,特其名词不易解释,文所解析者,亦未必是。然有一言可以断定者,庄子于生物功用变化,实已窥其大略,至其细琐情形,虽不尽然,但生当二千余岁之前,其脑力已臻此境,亦可谓至难能而可贵矣。"②由此,他断言,庄子是中国进化论的大家,庄子的进化论足以彪炳史册。严复甚至认为,《庄子》内七篇在内容上都是讲进化的,不仅在时间上远远早于达尔文、斯宾塞等人的进化论和西方近代自然科学,而且是"至精之说"。这用他本人的话说便是:"大抵七篇之中,皆近古天演家至精之说也。"③

再次,严复指出,早在先秦,中国的自由、平等和民主思想就已经形成,老子、庄子的思想便是其中的杰出代表。按照严复的说法,中国的自由、平等思想内容丰富,老子和庄子的思想不仅具有孟德斯鸠等人以君主立宪反对君主专制,伸张民权,任民自治方面的内容,而且具有卢梭等人向往的阶级社会之前处于"自然状态"的绝对自由、平等思想。

总之,按照严复的说法,中学与西学不是某些方面的偶然相合,而是从哲学理念、思维方式、自然科学到民主政治等在方方面面无不相通,二者之间原本就没有任何隔阂。正因为如此,中学与西学在他的视

---

① 《进化天演》,《严复集补编》,福建人民出版社 2004 年版,第 136—137 页。
② 《〈庄子〉评语》,《严复集》(第四册),中华书局 1986 年版,第 1130 页。
③ 《法意》按语,《严复集》(第四册),中华书局 1986 年版,第 988 页。

界中相互贯通，可以相互诠释。

进而言之，无论严复断言中学与西学相通相合还是对二者进行互释，归根结底皆秉持同一个理念，那就是：西学源于中学。这使人不禁联想起"西学中源"说。"西学中源"说最早出现在明末清初。起初，随着明末耶稣会士来华和西方自然科学的传入，人们发现火药、指南针和造纸术等经过丝绸之路，中经阿拉伯人传到了西方，西方却不知道这些都是中国人发明的。后来，人们发现传教士带来的数学与中国的天文术也有关系。再后来，"西学中源"说的范围一再被扩大，总的说来，基本上限于自然科学领域。到了近代，情况发生了根本性的变化。康有为等人不仅将西方的自然科学和耶教（基督教）说成是墨学西传的结果，而且强调西方的自由、平等、博爱和民主以及政治、经济、法律思想都是孔子思想的题中应有之义，原本就与孔子所作的六经在内容上相合。这些都表明，"西学中源"说由来已久，即使在近代也非严复首创。尽管如此，不容忽视的是，严复精通西学，可以在学贯中西的比较研究中对中学与西学进行互释。在此过程中，他在肯定西学具有某些优长之处的基础上，宣布西方的思想与中国古代先哲的思想原本相通。这既打开了中国人接受西学的心理之门，又借此机会对中国传统文化进行内容更新和近代转换。

抛开"西学中源"说是否正确不论，严复的观点与以中学优于西学为借口，故而以中学排斥西学的盲目自大天差地别，与康有为等人一面以西学为参照，一面强调这些就包含在孔教之中，是自己独自悟出来的不可同日而语。早年的严复对"西学中源"说嗤之以鼻，并且曾经极力攻击西方自然科学源于中学的观点。例如，在发表于1895年天津《直报》上的《救亡决论》中，他这样写道："晚近更有一种自居名流，于西洋格致诸学，仅得诸耳剿之余，于其实际，从未讨论。意欲扬己抑人，夸张博雅，则于古书中猎取近似陈言，谓西学皆中土所已有，羌无新奇。如星气始于叟区，勾股始于隶首；浑天昉于玑衡，机器创于班墨；方诸阳燧，格物所宗；烁金腐水，化学所自；重学则以均发均悬为滥觞，光学则以临镜成影为嚆矢；蜕水蜕气，气学出于亢仓，击石生光，电学原于关尹。哆哆硕言，殆难缕述。此其所指之有合有不合，姑勿深论。第即使其说诚然，而举划木以傲龙骧，指椎轮以訾大辂，亦何足以助人张目，所谓诟弥甚耳！夫西学亦人事耳，非鬼神之事也。既为人事，则无论智愚之民，其日用常行，皆有以暗合道妙；其仰观俯察，亦皆宜略见端倪。第不知即物穷理，则由之而不知其道；不求至乎其极，则知矣而不得其通。语焉不详，择焉不精，散见错出，皆非成体之学而已矣。今夫学之为言，探赜索隐，合异离同，道通为一之事也。是故西人举一端而号之曰'学'者，至不苟之事也。必其部居群分，层累枝叶，确乎可证，涣然大同，无一语游移，无一事违反；藏之于心则成理，施之于事则为术；首尾赅备，因应鳘然，夫而后得谓之为'学'。"①

依据严复的分析，西学是讲人事的，与百姓的日常生活密切相关；既然西学所讲的内容无非是日用常行，那么，便可以想象西学会与中学相合。其间的奥秘在于，无论哪个国家，民智如何，所讲的学问终究离不开人伦日用；既然大体内容相同，故而难免相合之处。问题的关键是，所谓西学是系统的知识，不仅有系统之理，而且有操作之术。反观中学，绝无与此相似者，更遑论为西学之源了。在此基础上，严复进一步指出，在西方文化的框架中，学与教是分离的，学属于知识，教属于信仰；以西学来审视、反观中学可以发现，中国固有道德、政治和礼乐皆不脱于教，并无所谓学。对此，他揭露说："是故西学之与西教，二者判然绝不相合。'教'者所以事天神，致民以不可知者也。致民以不可知，故无是非之可争，亦无异同之足验，信斯奉之而已矣。'学'者所以务民义，明民以所可知者也。明民以所可知，故求之吾心而有是非，考之外物而有离合，无所苟焉而已矣。'教'崇'学'卑，'教'幽'学'显；崇幽以存神，卑显以适道，盖若是其不可同也。世人等之，不亦远乎！是故取西学之规矩法戒，以绳吾'学'，则凡中国之所有，举不得以'学'名；吾所有者，以彼法观之，特阅历知解积而存焉，如散钱，如委积。此非仅形名象数已也，即所谓道德、政治、礼乐，吾人

---

① 《救亡决论》，《严复集》（第一册），中华书局 1986 年版，第 52 页。

所举为大道，而诮西人为无所知者，质而言乎，亦仅如是而已矣。若徒取散见错出，引而未申者言之，则埃及、印度，降以至于墨、非二洲之民，皆能称举一二所闻，以与格致家争前识，岂待进化若中国而后能哉！"①基于这种理解，严复强调，尽管中学在细枝末节上与西学相合，也不足以沾沾自喜：正如"祖父之愚，固无害子孙之智"一样，祖父之智，亦无补子孙之愚："虽然，中土创物之圣，固亦有足令西人倾服者。远之蚕桑司南，近之若书契火药，利民前用，不可究言。然祖父之愚，固无害子孙之智，即古人之圣，亦何补吾党之狂。争此区区，皆非务实益而求自立者也。"②

议论至此，在中学与西学的比较中，严复毫无悬念地选择了"力主西学"。于是，他接着写道："四千年文物，九万里中原，所以至于斯极者，其教化学术非也。不徒嬴政、李斯千秋祸首，若充类至义言之，则六经五子亦皆责有难辞。嬴、李以小人而陵轹苍生，六经五子以君子而束缚天下，后世其用意虽有公私之分，而崇尚我法，劫持天下，使天下必从己而无或敢为异同者则均也。因其劫持，遂生作伪；以其作伪，而是非淆、廉耻丧，天下之敝乃至不可复振也。此其受病至深，决非一二补偏救弊之为，如讲武、理财所能有济。盖亦反其本而图其渐而已矣！否则，智卑德漓，奸缘政兴，虽日举百废无益也。此吾《决论》三篇所以力主西学而未尝他及之旨也。"③在这里，严复明确认定"西学中源"说无从谈起，滑天下之大稽；同时指责中学造成了中国人智力低下，道德沦丧和中国政局的乱象丛生，并由此肯定中学不如西学。与此相一致，他将批判的矛头直接指向"六经五子"，一面对中学展开批判，一面呼吁全面学习西学。此时的严复认为，自由、平等和民主是西方的思想，"六经五子"（或四子）中并没有这方面的内容："夫自由、平等、民主、人权、立宪、革命诸义，为吾国六经历史之不言固也，然即以其不言，见古人论治之所短。今使其人目略识旁行之文，足稍涉欧、美之

---

① 《救亡决论》，《严复集》（第一册），中华书局 1986 年版，第 52—53 页。

② 《救亡决论》，《严复集》（第一册），中华书局 1986 年版，第 53 页。

③ 《救亡决论》，《严复集》（第一册），中华书局 1986 年版，第 53—54 页。

地，则闻闻见见，将无所遇而不然。彼中三尺童子皆知义务民直为何等物也。至于发明伦理治法之书，则于前数者之义为尤悉。士生今日，使朝廷禁其读西书、治新学则亦已矣。若必读西书，必治新学，而乃取前数者之说而绝之，曰：此非西士之言也，直康梁之余唾耳。此何异以六经四子授人，乃大怪其言仁义，曰：此非孔孟之说也，直杨墨之唾余耳。公等有不大笑轩渠者乎！"①

值得注意的是，严复即使在此时也没有对中学与西学作对立解，这除了"苞中外而计其全"的文化心态之外，还因为救亡图存的现实考虑。具体地说，是爱国的初衷拉近了中学与西学之间的距离，无论是严复选择守旧还是务新，初衷别无二致。他本人将之称为"要之其心皆于国有深爱"："窃谓国之进也，新旧二党，皆其所不可无，而其论亦不可以偏废。非新无以为进，非旧无以为守；且守且进，此其国之所以骏发而又治安也。故士之无益于群而且为之蟊贼者，惟不诚耳。倾巧险峨，于新旧二者之旨，本皆无所信从，而徒以己意为矜狯。遇旧则为墨守，逢新则为更张，务迎合当路要人，以苟一朝之富贵，则吾真未如之何也已。使皆出于诚，则心之不同，如其人面。旧者曰：非循故无以存我。新者曰：非从今无以及人。虽所执有是非明暗之不同，要之其心皆于国有深爱。惟新旧各无得以相强，则自由精义之所存也。"②在严复那里，输入新学、西学并不意味着抛弃旧学、中学，而是中西和合。西学不是目的，新也不是判断、选择的标准，一切皆以能够使中国振弱疗衰是务。对此，他解释说："然则今之教育，将尽去吾国之旧，以谋西人之新欤？曰：是又不然。英人摩利之言曰：'变法之难，在去其旧染矣，而能择其所善者而存之。'方其汹汹，往往俱去。不知是乃经百世圣哲所创垂，累朝变动所淘汰，设其去之，则其民之特性亡，而所谓新者从以不固，独别择之功，非暖姝囿习者之所能任耳。必将阔视远想，统新故而视其通，苞中外而计其全，而后得之，其为事之难如此，……则径而言之，凡事之可以瘳此愚、疗此贫、起此弱者

---

① 《主客平议》，《严复集》（第一册），中华书局 1986 年版，第 118—119 页。
② 《主客平议》，《严复集》（第一册），中华书局 1986 年版，第 119 页。

皆可为。……继自今，凡可以瘉愚者，将竭力尽气孱手茧足以求之。惟求之能得，不暇问其中若西也，不必计其新若故也。有一道于此，致吾于愚矣，且由愚而得贫弱，虽出于父祖之亲，君师之严，犹将弃之，等而下焉者无论已。有一道于此，足以瘉愚矣，且由是而疗贫起弱焉，虽出于夷狄禽兽，犹将师之，等而上焉者无论已。何则？神州之陆沈诚可哀，而四万万之沦胥甚可痛也。"①这表明，对于严复来说，无论坚守中学还是"力主西学"都围绕着中国刻不容缓的救亡图存展开。这一点奠定了新旧之学——中学与西学的圆融，也为严复从侧重西学到转向中学奠定了理论前提和情感基础。在这个背景下，他由反对转而倾向于"西学中源"说也就不难理解了。当然，西学家的身份、学养和由西学转向中学的特殊经历使严复的"西学中源"说以及中学优于西学的结论显得言之凿凿，有理有据，故而更有说服力；同时，作为长期思考和理性选择的结果，也颇为发人深省。

最后，需要说明的是，随着对西学的大量翻译和了解的加深，在西学与中学的互释中，严复的西学观和中学观都发生转变，由早年侧重西学转向侧重中学；在对中学的推崇中，由早年以老子、庄子代表的道家为主转向提倡尊孔读经。严复的这种转向历来被斥为落伍、倒退的表现，故而没有得到必要的重视和肯定。这种情况的出现主要是因为没有看到严复思想的一贯性，深层原因是忽视了严复思想一以贯之的"自强保种"的理论初衷。事实上，他对"自强保种"寄予厚望，而其具体办法是：凭借中国人自己的才力心思"与妨生者为斗"，以国学培养中国人的国性是最核心的理念。对此，严复从来都没有动摇过。有了这个前提，回过头来审视他的心路历程和思想转变可以发现，严复晚年的态度转变是顺理成章的，也是对早年思想的超越。因为他领悟到了文化的国性问题，认识到文化从根本上说不是知识而是德性，正如教育的宗旨是培养健全的人格一样；而尊孔读经，弘扬中学是为了让中国人知道自己是中国人，成为中国人，进而自觉地爱自己的国群，将个人与国群的命

---

① 《与〈外交报〉主人书》，《严复集》（第三册），中华书局1986年版，第560页。

运联为一体——这一点与严复翻译、介绍西学出于"自强保种"的立言宗旨相呼应，也证明了他的思想属于近代国学的一部分。因此，了解严复的国学，反过来可以更好地理解他翻译西学的初衷以及由西学到中学的转向。要了解严复的国学，千万不要忘了他表达翻译目的和宗旨的心声，也就是那句矢志不渝的"举其灼然不诬者以质天下"。

第二十章

"研究国学有两条应走的大路"

——梁启超的国学理念及意义

　　"研究国学有两条应走的大路"语出梁启超，是他所作的演讲《治国学的两条大路》的中心思想，也寄托并浓缩了他的国学理念。梁启超是最早使用近代意义上的国粹概念的启蒙思想家。早在 1901 年，他就在《中国史叙论》中率先使用国粹一词，在 1902 年的《论中国学术思想变迁之大势》中，更是多次使用近代意义上的国学概念。作为一位国学巨擘，梁启超具有足以骄人的国学研究成绩，无论是对诸子百家的阐发还是古籍整理、辨伪、考证都硕果累累，领域之广令人叹为观止。更为重要的是，作为最早使用国粹概念的近代思想家，梁启超对国学概念的界定是明确而清晰的，对国学的研究是自觉的；或者说，他的国学研究成果是在其国学理念的引导下进行的。"研究国学有两条应走的大路"寄予了梁启超对国学研究的期望，也是其国学研究的纲领。有鉴于此，以"研究国学有两条应走的大路"为切入点，可以更深入地把握梁启超的国学理念和国学研究。

一、国学与中华民族的"精神遗传"

梁启超认为，国学是民族的历史积累，因为国学是表现民族精神的一种文化；对于一个人来说，文化作为"精神遗传"先天地决定了他成为什么样的人，并且将他与他人、社会联为一体，成为他的存在方式和价值依托。因此，一个民族有一个民族的文化，文化作为"精神遗传"是人之所以为人的根据，也是联结个人与群体、国家的纽带。这就是说，人究竟是什么——或者说，成为什么样的人，不是自然生成的或天然如此的，而是后天的文化塑造的；人的存在不是纯然个人的，而是群体的一部分。基于这种理解，梁启超得出结论：文化是"时代精神"，更是民族精神（他又称之为"民族心"），在这个意义上，文化是"群众体的创造"。

对文化的这种界定和理解使梁启超重视文化的民族性，将文化视为同一民族的群体创造。有鉴于此，他重视个人与他人、群体、社会之间的相互模仿和浸染，并称之为"精神遗传"。这种"精神遗传"之所以重要，是因为它使人超越个体乃至家族之小我而走向群体、社会之大我，在"精神遗传"中以社会、群体和国家之体载我之灵魂（精神），从而超越肉体的局限而获得永生。循着这个思路，文化是"精神遗传"的载体，文化的存在表明人是一种现实的物质存在、肉体存在和个体存在，更是一种文化存在、精神存在和群体存在，人的存在与社会、群体和国家密不可分。这决定了梁启超所讲的文化不是世界文化，而是民族文化。国学就是中国的民族文化，是中华民族有别于其他民族的"精神遗传"和生存样式。至此可见，梁启超对国学的理解与对文化的界定息息相关，对文化民族性的强调直接决定了国学的立言宗旨以及贯穿其中的爱国主义和民族主义。

在梁启超的视界中，文化作为一个民族的"精神遗传"决定着国学的基本内容，从爱本民族文化的角度框定了国学的基本内容只能是中国固有文化。与此同时，他所讲的文化内容十分广泛，"包含人类物质精神两面的业种业果而言"——不仅包括文化因（种），而且包括文化果；

433

不仅有物质层面，而且有精神层面。而无论是物质文化还是精神文化又都包含诸多方面的内容，这用他本人的话说便是："文化是人类以自由意志选定价值凭自己的心能开积出来，以进到自己所想站的地位，既如前述。价值选定，当然要包含物质精神两面。人类欲望最低限度，至少也想到'利用厚生'；为满足这类欲望，所以要求物质的文化如衣食住及其他工具等之进步。但欲望绝不是如此简单便了，人类还要求秩序，求愉乐，求安慰，求拓大为满足这类欲望，所以要求精神的文化，如言语，伦理，政治，学术，美感，宗教等。这两部分拢合起来，便是文化的总量。"① 在这里，梁启超使用了一个词，叫作"价值选定"。这个词印证了文化在他看来是作为价值而非作为知识或工具存在的，而决定人"价值选定"的则是经过历史积淀的民族心理、风俗和情感。此外，梁启超肯定文化包括满足人之衣食住行的物化形态，更推崇"言语，伦理，政治，学术，美感，宗教"组成的精神形态。

经过梁启超的如此界定，结论不言而喻，国学就是中华民族薪火相传、绵延不绝的传统文化。文化内容的丰富性和广泛性决定了作为国学的中华民族传统文化的丰富性，也对国学研究提出了全面性的要求——不仅既要有研究方法又要有具体研究，而且要在研究中兼顾物质文化与精神文化；既要关注德性的学问，又不能丢掉由中国的语言文字记录下来的历史以及各种文献遗存。正是对文化的界定、理解影响了梁启超的国学理念和研究方法，促使他将语言、文献和民俗纳入国学之中，以文化传统凸显国学的地域性和民族性，以期通过国学达到凝聚民族精神的目的。这意味着精神文化对于国学来说是必不可少的，甚至是国学的灵魂所在。有鉴于此，梁启超在《治国学的两条大路》中开宗明义地指出："我以为研究国学有两条应走的大路：一，文献的学问。应该用客观的科学方法去研究。二，德性的学问。应该用内省的和躬行的方法去研究。"②《治国学的两条大路》是梁启超1923年在东南大学国学研究所

---

① 《什么是文化》，《梁启超全集》（第七册），北京出版社1999年版，第4062页。

② 《治国学的两条大路》，《梁启超全集》（第七册），北京出版社1999年版，第4067页。

演讲的演讲稿，题目表明他所讲的国学既有作为文献遗存的"国故"，又有活的精神。"两条大路"中的第一条路凝聚了梁启超矢志不渝的历史情结，第二条路则寄予了他的德性学诉求。事实上，梁启超之所以认定"研究国学有两条应走的大路"，是因为他认为：时人的"整理国故"是必要的，仅此尚且不够；此路之外，还要走德性学之路；国学这两个方面的具体内容和研究方法迥然不同，缺一不可。

"研究国学有两条应走的大路"与梁启超的文化概念一起印证了国学内容的丰富性。1923 年作《国学入门书要目及其读法》时，他将国学书目分为五类，即"修养应用及思想史关系书类"、"政治史及其他文献学书类"、"韵文书类"、"小学书及文法书类"和"随意涉览书类"。可以看到，尽管梁启超所讲的国学内容宽泛到令人吃惊的程度，却基本上是沿着文献与德性两个方面展开的。

二、文献学之路

梁启超坚持"研究国学有两条应走的大路"，第一条大路便是文献学之路。他将这条路上的国学研究称为"文献的学问"，也叫作"整理国故"。梁启超之所以将文献学之路称为治国学的"第一条路"，是因为他认为这部分内容构成了国学研究的基础。接下来，梁启超进一步阐明了国学这方面的具体内容、方法和要求。

1. 文献学的具体内容

自称"'学问欲'极炽"，并且因为学术兴趣和观点时时转变而遭人诟病的梁启超对历史情有独钟，对史学的研究二十余年而不辍。文献学便凝聚了他的史学情结，以历史文献为主要内容。对于这部分的具体内容，梁启超写道："第一条路，便是近人所讲的'整理国故'这部分事业。这部分事业最浩博最繁难而且最有趣的，便是历史。我们是有五千年文化的民族；我们一家里弟兄姊妹们，便占了全人类四分之一；我们的祖宗世世代代在'宇宙进化线'上头不断的做他们的工作；我们替全人类积下一大份遗产，从五千年前的老祖宗手里一直传到今日没有失掉。我们许多文化产品，都用我们极优美的文字记录下来。虽然记录方法不很整齐，虽然所记录的随时散失了不少；但即以现存的正史，别史，杂史，编年，纪事本末，法典，政书，方志，谱牒，以至各种笔记，金石刻文等类而论，十层大楼的图书馆也容不下。拿历史家眼光看来，一字一句，都藏有极可宝贵的史料。又不独史部书而已，一切古书，有许多人见为无用者，拿他当历史读，都立刻变成有用。章实斋说：'六经皆史'，这句话我原不敢赞成；但从历史家的立脚点看，说'六经皆史料'，那便通了。既如此说，则何只六经皆史？也可以说诸子皆史，诗文集皆史，小说皆史。因为里头一字一句都藏有极可宝贵的史料，和史部书同一价值。"① 由此可见，梁启超所讲的文献学的核心是历史，内容十分丰富，包括"正史，别史，杂史，编年，纪事本末，法典，政书，方志，谱牒，以至各种笔记，金石刻文"等等，总之，便是用中国文字记载、传承下来的"一切古书"，也就是时人所说的"国故"。

梁启超重视历史，是因为持有"六经皆史料"的观点，甚至将经、史、子、集皆归入"史"，表现出明显的泛史学倾向。在他看来，中国的学术思想尤其是哲学思想皆出于史家，老子、孔子的思想便是典型代表——其中，推理的史家是道家之祖，志事的史家是儒家之祖；至于六经，除了《周易》讲天事之外，《诗》、《书》、《春秋》、《礼》和《乐》都是史官的记录，原本就是记载史事的。对此，梁启超解释说："其（指中国胚胎时代之文明或学术思想——引者注）握学术之关键者有二职焉：一曰祝，掌天事者也。……二曰史，掌人事者也。吾中华既天、祖并重，而天志则祝司之，祖法则史掌之。史与祝同权，实吾华独有之特色也。重实际故重经验，重经验故重先例，于是史职遂为学术思想之所荟萃。周礼有大史、小史、左史、右史、内史、外史。'六经'之中，若《诗》，（太史乘輶轩所采。）若《书》，若《春秋》，（《汉志》称'左

---

① 《治国学的两条大路》，《梁启超全集》（第七册），北京出版社 1999 年版，第 4067 页。

史记言，右史记事，事为《春秋》，言为《尚书》') 皆史官之所职也；若《礼》，若《乐》，亦史官之支裔也。故欲求学者，不可不于史官。周之周任、史佚也，楚之左史倚相也，老聃之为柱下史也，孔子适周而观史记也，就鲁史而作《春秋》也，盖道术之源泉，皆在于史。史与祝皆世其官，（史之世官，至汉犹然，司马谈、司马迁其最著者也）若别为一族者然。盖当时竹帛不便，学术之传播甚难，非专其业者，不能尽其长也。而史之职亦时有与祝之职相补助者。盖其言吉凶祸福之道，祝本于天以推于人，史鉴于祖以措于今。故《汉志》谓道家出于史官，而阴阳谶纬家言，亦常有与史相通者。要而论之，则胚胎时代之学术思想，全在天人相与之际；而枢纽于两者之间者，则祝与史皆有力也。"①

值得注意的是，梁启超治国学的文献学之路尽管以历史为核心，却并不限于历史学，而是拥有更多的内容。在这方面，他强调，文献学在内容上以历史为逻辑主线，"此外和史学范围相出入或者性质相类似的文献学还有许多"。对于国学这方面的内容，梁启超归纳和列举了四个方面：一是文字学，二是社会状态学，三是古典考释学，四是艺术鉴评学。接下来，他进一步具体解释了这四个方面的研究内容、研究方法及研究意义：

（一）文字学 我们的单音文字，每一个字都含有许多学问意味在里头。若能用新眼光去研究，做成一部《新说文解字》，可以当作一部民族思想变迁史或社会心理进化史读。

（二）社会状态学 我国幅员广漠，种族复杂。数千年前之初民的社会组织，与现代号称最进步的组织，同时并存。试到各省区的穷乡僻壤，更进一步入到苗子番子居住的地方，再拿二十四史里头蛮夷传所记的风俗来参证，我们可以看见现代社会学者许多想像的事项，或者证实，或者要加修正。总而言之，几千年间一部竖的

① 《论中国学术思想变迁之大势》,《梁启超全集》（第二册），北京出版社 1999 年版，第 565 页。

进化史，在一块横的地平上可以同时看出，除了我们中国以外恐怕没有第二个国了。我们若从这方面精密研究，真是最有趣味的事。

（三）古典考释学　我们因为文化太古，书籍太多，所以真伪杂陈，很费别择；或者文义艰深，难以索解。我们治国学的人，为节省后人精力而且令学问容易普及起见，应该负一种责任，将所有重要古典，都重新审定一番，解释一番。这种工作，前清一代的学者已经做得不少。我们一面凭借他们的基础，容易进行；一面我们因外国学问的触发，可以有许多补他们所不及。所以从这方面研究，又是极有趣味的事。

（四）艺术鉴评学　我们有极优美的文学美术作品。我们应该认识他的价值，而且将赏鉴的方法传授给多数人，令国民成为"美化"。这种工作，又要另外一帮人去做。我们里头有性情近于这一路的，便应该以此自任。①

可见，在肯定历史处于文献学的核心地位的前提下，梁启超将文字学、社会状态学、古典考释学和艺术鉴评学一起纳入到文献学之中。这一做法直观地呈现了梁启超国学研究的大致内容，也生动地展示了其国学理念的鲜明特征：第一，将文字学纳入国学视野，汉字便成了国学的题中应有之义。梁启超的这一主张与康有为、谭嗣同等人主张同一语言、同一文化而取消汉字的文化绝对主义、进化主义和世界主义立场截然相反，而与章炳麟基于民族主义、文化相对主义立场对中国语言文字的民族性的重视、坚守相似。第二，倡导开展社会学、民俗学研究，将之作为国学研究的组成部分。社会学、民俗学与人类学之间具有千丝万缕的联系，其在近代的兴起与殖民主义刺激下的民族意识觉醒和民族认同密不可分。正是被压迫民族特定的立场决定了梁启超对社会学、民俗学的重视。与民族主义情结一脉相承，梁启超认识到国家与民族血脉相

---

① 《治国学的两条大路》，《梁启超全集》（第七册），北京出版社 1999 年版，第4068 页。

连，中国以中华民族为依托，是一个多民族组成的大家庭。有鉴于此，他不仅关注中华民族的历史，而且将不同"种族"、不同地域的民族风俗纳入国学的视野加以考察。正是这一初衷促使梁启超对地方志情有独钟，成为中国方志学研究的创始人。第三，对古代文献进行考证、辨伪，予以重新诠释。他坦言，这方面的工作有些类似于乾嘉考据学，或者说是沿着这一方向展开的。也正是由于这个原因，梁启超对乾嘉时期的考据学非常重视，并且给予高度评价。为此，《中国近三百年学术史》专门辟有《清代学者整理旧学之总成绩》（一、二、三、四）介绍这方面的成果，在篇目上就占居全书的四分之一，重视程度可见一斑。更为重要的是，梁启超作《古书真伪及其年代》，深入阐释了对中国古籍进行辨伪、考证年代之必要，揭露伪书之种类及作伪的由来，并且提出了一套古籍辨伪和考证的方法。在此基础上，他对包括十三经在内的古籍一一辨伪和考证。第四，对中国的文学美术作品进行艺术鉴评。严复认为美术是中国人最缺少的，梁启超则认为中国具有"极优美的文学美术作品"。在梁启超看来，中国不乏美术作品，还有极优美的文学作品；艺术鉴评学就是要认识到这些作品的价值，并且将欣赏这些作品的方法传授给多数中国人。与此相关，梁启超重视文学，首倡"诗界革命"、"文界革命"和"小说界革命"，在诗和小说方面颇有造诣。同时，他研究古代诗歌、辞赋和美文，作有《中国之美文及其历史》、《情圣杜甫》和《陶渊明》，对屈原、陶渊明等人的文学作品进行鉴赏和研究。此外，梁启超热爱书法、碑刻等中国艺术，13 岁开始学习书法而终生不辍；不仅在楷书、行书、隶书和篆书等方面造诣颇深，而且第一个提出了书法美学。与此同时，他普及、讲解书法艺术——如 1927 年教职员书法研究法，讲演《书法指导》等。不仅如此，梁启超为多幅书画作跋，收藏碑刻拓本 1300 余幅，大多数题有题跋，并且从刻本与考释两个方面进行整理和研究。

不难看出，就梁启超所讲的构成文献学的四个方面来说，社会状态学和艺术鉴评学均发前人所未发。这为国学研究充实了新鲜内容，同时丰富了国学的内涵。更为重要的是，这四个部分集中体现了梁启超迥异于他人的国学理念，社会状态学和艺术鉴评学将社会学、民俗学和艺术学纳入国学之中，其创新之处不言自明。同时，由于强调"科学方法"的运用，即使是前人一直在作的古籍整理在梁启超这里也具有了不同侧重和效果：第一，就古籍的辨伪、校勘和考证来说，梁启超肯定前人曾经作过，并且可以作为"基础"；同时指出由于"外国学问的触发"，会有很多新发现"补他们所不及"。就他本人的整理结果来看，梁启超此言不虚。第二，梁启超对重要古籍的"重新审定"尤其是重新"解释"带有浓郁的"梁氏"色彩，即使是与同一时代并且具有师承关系的康有为等人也相去甚远，更是前代学者无法比拟的。第三，梁启超所讲的古籍不仅包括经部，而且包括子部、史部和集部。正如他所指出的那样，前人对于后者关注不多。至于梁启超津津乐道的佛学典籍，更是不在前人考据的范围之内。再拿文字学来说，由于是"用新眼光去研究"，便能够以文字再现历史——编写出的、"《新说文解字》，可以当作一部民族思想变迁史或社会心理进化史读"。梁启超对文字学的这种期待是作《说文解字》的许慎做梦也想不到的，即使是梁启超赞誉甚高的戴震也不可与他同日而语。这从一个侧面表明，从民族史、文化史的角度关注文字，将文字视为本民族文化的一部分是梁启超国学的基本特征。在这方面，梁启超与章炳麟对文字的重视一样与前人在宗旨上相去甚远。在这个前提下，尚须注意的是，两人对文字的具体侧重和兴趣所在不尽相同：将语言文字作为国学基本内容的章炳麟意识到文字中隐藏着社会学方面的信息和价值，梁启超关心的文字中浓缩的民族思想变迁史和社会心理进化史的信息则是章炳麟没有关注的。至于社会状态学中的社会学、民俗学从学科的角度看是舶来品，自然属于全新领域——诚然，秦汉时开郡书、地理书和都邑簿之先河，宋代时方志正式出现，并且迅速普及。地理志详细记载当地礼仪、岁时、信仰和生活中的各种重要节庆、祭祀、庙会活动等内容。从这个意义上说，中国古代的历史、地理典籍有关于社会学、民俗学方面的零星记载，即梁启超所说的"二十四史里头蛮夷传所记的风俗"。一个不争的事实是，这些历来是不受重视的，尤其是没有将其作为中华民族整体构成的社会状态学来考察。梁启超提倡"到各省区的穷乡僻壤，更进一步入到苗子番子居住的地方"进行采风和原野调查，记录原生态的民俗现象和那里的生活样式，并用现代社会学加以实证研究，进而将一块横的地面上同时并存的民族风俗、生活样式和文化模式与竖的几千年的进化史相互印证。这在当时是难能可贵的，无论方法还是内容均可谓是全新的。

梁启超所讲的文字学、社会状态学、古典考释学和艺术鉴评学在内容上各有侧重，却贯穿着共同的原则。除了一以贯之的历史主线之外，还有一个趣味原则。梁启超弘扬国学的初衷是激发中国人的爱国主义、民族主义情感，并认为弘扬国学便是爱国和爱中华民族最好的方法。由国学培养出来的这种爱既不同于理性的说教，又不是强制的，而是发自内心的，趣味是引向爱的通途。有鉴于此，梁启超所讲的文献学是可爱的，尽管各个部分内容殊绝，却都极有趣味。正如认定历史是"文献的学问"中最有趣的部分一样，梁启超眼中的社会状态学"真是最有趣味的事"，古典考释学"又是极有趣味的事"，均与趣味相伴。至于艺术鉴评学，面对的是极优美的文学艺术作品，这些作品令人赏心悦目，趣味自不待言。艺术鉴评学不仅本身就是趣味之学，而且是培养趣味之学。他之所以将艺术鉴评学纳入文献学之中，就是为了通过提升鉴赏水平，培养国民对国学的趣味。无论对于国学研究还是普及来说，趣味都不是可有可无的，而是必不可少的，甚至是至关重要的。这是因为，梁启超从来都不将国学研究作为呆板的、枯燥的、沉闷的劳作，更不是把古典文献视为索然无味、佶屈聱牙的学问，而是凭着自己的兴趣对原本有趣的学问进行鉴赏。他的研究是兴之所致，兴趣使然。循着这个思路，梁启超眼中的文献学不惟不枯燥，反而极有趣味，美不胜收；接近它们令人兴趣盎然，乐在其中。正是这一点让梁启超坚信，越发研究古代文献，越发了解中华民族的历史，就会越发热爱我们的国学和民族。

2. 文献学的方法和要求

梁启超一面阐明文献学的具体内容，一面对如何展开这部分的研究进行设想和规划。对此，他如是说："应该用客观的科学方法去研究，……我们家里头这些史料，真算得世界第一个丰富矿穴。从前仅用土法开采，采不出什么来；现在我们懂得西法了，从外国运来许多开矿机器了。这种机器是什么？是科学方法。我们只要把这种方法运用得精密巧妙而且耐烦，自然会将这学术界无尽藏的富源开发出来，不独对得起先人，而且可以替世界人类恢复许多公共产业。……此外和史学范围相出入或者性质相类似的文献学还有许多，都是要用科学方法研究去。"①

在此，梁启超建议"用客观的科学方法"去整理和研究文献学，所谓"客观的科学方法"其实就是"西法"。他之所以将"西法"奉为"客观的科学方法"，选择这种方法去整理、研究文献学，是因为"从前仅用土法开采，采不出什么来"；并且坚信，"现在我们懂得西法了，……只要把这种方法运用得精密巧妙而且耐烦，自然会将这学术界无尽藏的富源开发出来"。事实证明，正是由于运用了"客观的科学方法"，梁启超的国学研究独辟蹊径，开出了一片新天地，无论对文献的辨伪、别择还是解读、诠释都与众不同。

在此基础上，梁启超对研究"文献的学问"提出了求真、求博和求通的三个标准。正是在这个意义上，他声称：

我们做这类文献学问，要悬着三个标准以求到达：

第一求真凡研究一种客观的事实，须先要知道他"的确是如此"，才能判断他"为什么如此"。文献部分的学问，多属过去陈迹，以讹传讹失其真相者甚多。我们总要用很谨严的态度，仔细别择，把许多伪书和伪事剔去，把前人的误解修正，才可以看出真面目来。这种工作，前清"乾嘉学派"也曾努力做过一番；有名的清学正统派之考证学便是，……他们的工作，算是经学方面做得最多，史学子学方面便差得远，佛学方面却完全没有动手呢。况且我们现在做这种工作，眼光又和先辈不同，所凭借的资料也比先辈们

---

① 《治国学的两条大路》，《梁启超全集》（第七册），北京出版社1999年版，第4067页。

为多。我们应该开出一派"新考证学",这片大殖民地,很够我们受用咧。

第二求博我们要明白一件事物的真相,不能靠单文孤证便下武断。所以要将同类或有关系的事情网罗起来贯串比较,愈多愈妙。比方做生物学的人,采集各种标本,愈多愈妙。我们可以用统计的精神作大量观察。我们可以先立出若干种"假定",然后不断的搜罗资料,来测验这"假定"是否正确。若能善用这些法门,真如韩昌黎说的"牛溲马勃,败鼓之皮,兼收并蓄,待用无遗。"许多前人认为无用的资料,我们都可以把他废物利用了。但求博也有两个条件。荀子说:"好一则博;"又说:"以浅持博。"我们要做博的工夫,只能择一两件专门之业为自己性情最近者做去,从极狭的范围内生出极博来。否则件件要博,便连一件也博不成。这便是好一则博的道理。又,满屋散钱,穿不起来,虽多也是无用。资料越发丰富,则驾驭资料越发繁难,总须先求得个"一以贯之"的线索,才不至"博而寡要"。这便是以浅持博的道理。

第三求通好一固然是求学的主要法门。但容易发生一种毛病,这毛病我替他起个名叫做"显微镜生活"。镜里头的事物看得纤悉周备,镜以外却完全不见。这样子做学问,也常常会判断错误。所以我们虽然专门一种学问,却切不要忘却别门学问和这门学问的关系;在本门中,也常要注意各方面相互之关系。这些关系,有许多在表面上看不出来的,我们要用锐利眼光去求得他。能常常注意关系,才可以成通学。①

就研究的方法来说,求真是文献学的第一要义,考证文本的年代、作者、真伪和流传等是研究的基础性工作。梁启超一再强调史学的要义是求真,并在求真原则的指导下开展了一部分古籍的校勘、辨伪工作。

---

① 《治国学的两条大路》,《梁启超全集》(第七册),北京出版社1999年版,第4068页。

在这方面，梁启超集腋成裘，毕十数年之功于一役的《墨经校释》堪称典范。他进而指出，求真只是第一步，在此基础上还必须求博、求通，因为国学研究需要的不是只会过"显微镜生活"的专家，而是具有广博的知识积累，能透过表面现象而从各种关系中寻找出真相的"通学"。正因为如此，尽管求真与求博、求通对于文献学的研究都是必不可少的，然而，只有在求真、求博的基础上求通，才是文献学的最高境界。求博、求通的标准预示了梁启超的国学研究以文献为基础，却并不仅仅限于考证、校勘和古籍整理，而是在力求博、通中对古典文献进行重新审定、重新诠释。这正是他肯定"整理国故"是必须的，同时强调国学研究只走这一条路尚且不够，还必须以内省和躬行的方法对"德性的学问"进行研究的目的所在。

值得注意的是，梁启超所讲的"文献的学问"侧重对各种历史文献的整理，从这个意义上说，与章炳麟等人的"整理国故"相当。也正是由于这个原因，在将国学分为两条大路之时，梁启超坦言，"文献的学问"就是"近人所讲的'整理国故'这部分事业"；所谓"近人"，当然包括章炳麟在内。在这个前提下，应该看到，梁启超所讲的"文献的学问"与章炳麟聚焦于"整理国故"的国学理念和研究还是有区别的：第一，就内容而言，与章炳麟将语言文字、典章制度和人物事迹作为国学的三个部分，并在三者之中侧重语言文字明显不同。梁启超的文献学侧重历史学，他所讲的"文献的学问"以历史为主线和中心。这用梁启超本人的话说便是："这部分事业最浩博最繁难而且最有趣的，便是历史。"梁启超具有强烈的历史意识和浓郁的史学情结，他的历史意识源于为中华民族寻根的需要。与救亡图存的理论初衷和民族主义的价值立场一脉相承，历史成为梁启超国学思想一以贯之的主线；甚至可以说，历史学是国学的根基乃至核心。在国学研究过程中，梁启超化经为史，既开拓了史学、史料的范围，又在中华民族世代传承的历史典籍中遗传自己的文化基因、精神基因，彰显国学的民族性和中国性。有鉴于此，梁启超一生致力于史学研究，一面肯定中国在史学方面雄视全球，拥有卷帙浩繁的历史资料；一面批评中国史学只知有家而不知有国，所作之史浩如烟海，既令人难以别择又无助于培养爱国情感。基于这一分析，他提倡"史界革命"，推进"新史学"，以期借助史学增长民德民智，将个人与国家、民族的前途和命运联为一体，致使历史成为凝聚民族精神、救亡图存的不二法门。第二，与对历史的重视息息相通，梁启超将地理与历史联系起来，重视地方志和人文地理；并且十分留意前人这方面的研究，成为近代人文地理、历史地理的开拓者。在写《清代学术概论》时，他将"人文地理"纳入其中："要之清代地理学偏于考古，故活学变为死学，惟据全祖望著刘献廷传，知献廷有意治'人文地理'，惜其业不竟，而后亦无继也。"[1]梁启超在对地理环境和"人文地理"的关注中，尤其钟爱地方志——不仅专注一方水土养一方人，而且强调一方水土造就一方文化。这使他借助西方传入的地理环境决定论剖析中国的文化特色，并且突出中国不同地域的文化特征。例如，梁启超之所以将管子、邹衍的思想称为国家主义、世界主义，是出于地理环境的考虑。在他看来，国家主义、世界主义与齐国特殊的地理环境有关，邹衍的世界主义更是淋漓尽致地展示了齐国之大国、海国的特点。正是基于这一思路，梁启超写道："齐，海国也，……降及威、宣之世，而邹衍之徒兴。《史记》称（衍）深观阴阳消息，而作……《终始》、《大圣》之篇十余万言。其语闳大不经，必先验小物，推而大之，至于无垠。先序今以上至黄帝，学者所共术，并世盛衰，因载其禨祥度制，推而远之，至天地未生，窈冥不可考而原也。先列中国名山大川通谷禽兽，水土所殖，物类所珍，因而推之，及海外人之所不能睹。称引天地剖判以来，五德转移，治各有宜，而符应若兹。以为儒者所谓中国者，于天下乃八十一分之一耳。中国名曰赤县神州。赤县神州内，自有九州，禹之序九州是也，不得为州数。中国外如赤县神州者九，乃所谓九州也。于是有裨海环之，……如此者九，乃有大瀛海环其外焉。此其思想何等伟大，其推论何等渊微！非受海国感化者，孰能与于斯？（邹衍所谓'先验小物，推而大之'，

---

① 《清代学术概论》，东方出版社 1996 年版，第 52 页。

近世奈端、达尔文诸贤，能开出弥天际地之大学说者，皆恃此术也。）虽其以阴阳为论根，未免失据，然萌芽时代，岂能以今日我辈数千年后之眼识訾议之耶？邹子既没，而稷下先生数百辈犹演其风。及秦、汉时，遂有渡海求蓬莱之事。徐福之开化日本，皆邹子之徒导之也。此为齐派（北东派）之两大家（另一家为管子——引者注）。齐派之能独立于邹鲁派以外也，大国则然也，海国则然也。"①按照他的说法，邹衍是世界主义者，证据是邹衍提出了大九州说。值得注意的是，梁启超侧重挖掘邹衍提出这种学说的地理环境，将齐国之大国、海国的特殊地理位置视为催生邹衍大九州说的根源，并由此肯定凡渡洋者均演邹衍之风。循着这个逻辑，受汉武帝委派入海求仙的徐福开化了日本，他的思想成为邹衍思想之余绪。地理与文化的结合凸显了文化的民族性和地域性，反映了梁启超国学的民族主义诉求。由此，梁启超断言文献学以历史为主乃至就是历史学也就不难理解了。

总之，梁启超认定文献学之路是国学研究的一条大路，这条大路对于国学研究是不可或缺的，甚至是"第一条路"。在"文献的学问"中，无论是科学方法的引进还是真、博、通的治学标准都为由"文献的学问"达到"德性的学问"奠定了基础。

三、德性学之路

既然"研究国学有两条应走的大路"，那么，仅有文献学显然是不够的。因此，在讲明文献学之后，梁启超急切呼吁加强对人生哲学即德性学的研究。他说道："以上关于文献学，算是讲完，两条路已言其一。此外则为德性学。此学应用内省及躬行的方法来研究，与文献学之应以客观的科学方法研究者绝不同。这可说是国学里头最重要的一部分，人人应当领会的。必走通了这一条路，乃能走上那一条路。近来国人对于知

---

① 《论中国学术思想变迁之大势》，《梁启超全集》（第二册），北京出版社1999年版，第573页。

识方面，很是注意，整理国故的名词，我们也听得纯熟，诚然整理国故，我们是认为急务；不过若是谓除整理国故外，遂别无学问，那却不然。我们的祖宗遗予我们的文献宝藏，诚然足以傲世界各国而无愧色，但是我们最特出之点，仍不在此。其学为何？即人生哲学是。"① 按照他的说法，对于治国学的两条大路来说，"整理国故"已经引起重视，而对德性学即人生哲学的研究却严重不足。这种状况令人堪忧，必须予以扭转，更何况德性学"是国学里头最重要的一部分"。因此，德性学之路对于国学研究至关重要，不仅是国学研究中最重要的内容，而且影响甚至决定着文献学。如果说文献学属于专门从事这一职业之人的学问，普通人可有可无的话，那么，德性学则是人人都必须领会的安身立命之学。在这个意义上甚至可以说，不领会或走不好德性学这一条路，便无法走文献学那一条路。基于这种理解，梁启超对德性学非常重视，从不同角度阐释德性学的内容，以此凸显国学作为中国固有之学的中国特色。

1. 德性学的方法和途径

梁启超所讲的德性学作为身心性命之学就是人生观即人生哲学，其核心和宗旨是培养健全人格，引导人臻于美渥、快乐的人生。围绕着身心性命之学，他不仅提出了健全人格的标准，而且指明了培养健全人格的具体方法，即以知育、情育、意育代替德育、智育、体育。

对于何谓健全人格，梁启超界定为人类心理的圆满发达状态；由于人类心理分为知、情、意三方面，不惑、不忧、不惧的智、仁、勇三达德完备便成为健全的理想人格。对此，他如是说："人类心理，有知情意三部分；这三部分圆满发达的状态，我们先哲名之为三达德——智，仁，勇。为什么叫做'达德'呢？因为这三件事是人类普通道德的标准，总要三件具备才能成一个人。三件的完成状态怎么样呢？孔子说：'知者不惑，仁者不忧，勇者不惧。'所以教育应分为知育情育意育三方面。——现在讲的智育德育体育，不对。德育范围太笼统，体育范围太

---

① 《治国学的两条大路》，《梁启超全集》（第七册），北京出版社 1999 年版，第4069 页。

狭隘。——知育要教到人不惑，情育要教到人不忧，意育要教到人不惧。教育家教学生，应该以这三件为究竟；我们自动的自己教育自己，也应该以这三件为究竟。"① 如此说来，既然人类的心理由知、情、意三个方面构成，那么，健全的人格就应该是这三方面的圆满发达；知、情、意圆满发达的状态借用中国先哲的说法便是智、仁、勇，也就是孔子所讲的"知者不惑，仁者不忧，勇者不惧"。

　　明确了何谓健全人格，也就基本上框定了培养健全人格的大致方向和方法。对于梁启超来说，既然健全人格是智、仁、勇三达德的圆满状态，那么，健全人格的培养就必须围绕着智、仁、勇展开。对于如何培养智、仁、勇，他提出的具体办法是以知育、情育、意育代替德育、智育、体育。一言以蔽之，"知育要教到人不惑，情育要教到人不忧，意育要教到人不惧"。在此基础上，梁启超进一步对知育、情育、意育进行了具体规划和设想，同时回答了通过知育、情育、意育何以能达到智、仁、勇而使人不惑、不忧、不惧等问题。他说道：

　　　　怎么样才能不惑呢？最要紧是养成我们的判断力。想要养成判断力：第一步，最少须有相当的常识；进一步，对于自己要做的事须有专门智识；再进一步，还要有遇事能断的智慧……

　　　　怎么样才能不忧呢？为什么仁者便会不忧呢？想明白这个道理，先要知道中国先哲的人生观是怎么样。"仁"之一字，儒家人生观的全体大用都包在里头。"仁"到底是什么？很难用言语说明。勉强下个解释，可以说是："普遍人格之实现。"孔子说："仁者人也。"意思说是人格完成就叫做"仁"。但我们要知道：人格不是单独一个人可以表见的，要从人和人的关系上看出来。所以仁字从二人，郑康成解他做"相人偶"。总而言之，要彼我交感互发，成为一体，然后我的人格才能实现。所以我们若不讲人格主义，那便无话可说。讲到这个主义，当然归宿到普遍人格。换句话说：宇宙即

---

　　① 《为学与做人》，《梁启超全集》（第七册），北京出版社 1999 年版，第 4064 页。

是人生，人生即是宇宙，我的人格和宇宙无二无别。体验得这个道理，就叫做"仁者"。然则这种仁者为甚么就会不忧呢？大凡忧之所从来，不外两端，一曰忧成败，二曰忧得失。我们得着"仁"的人生观，就不会忧成败。为什么呢？因为我们知道宇宙和人生是永远不会圆满的，所以《易经》六十四卦，始"乾"而终"未济"。正为在这永远不圆满的宇宙中，才永远容得我们创造进化。我们所做的事，不过在宇宙进化几万万里的长途中，往前挪一寸两寸，那里配说成功呢？然则不做怎么样呢？不做便连这一寸两寸都不往前挪，那可真真失败了。"仁者"看透这种道理，信得过只有不做事才算失败，凡做事便不会失败。所以《易经》说："君子以自强不息。"换一方面来看：他们又信得过凡事不会成功的，几万万里路挪了一两寸，算成功吗？所以《论语》说："知其不可而为之。"你想！有这种人生观的人，还有什么成败可忧呢？再者：我们得着"仁"的人生观，便不会忧得失。为什么呢？因为认定这件东西是我的，才有得失之可言。连人格都不是单独存在，不能明确的画出这一部分是我的那一部分是人家的，然则那里有东西可以为我所得？既已没有东西为我所得，当然也没有东西为我所失。我只是为学问而学问，为劳动而劳动，并不是拿学问劳动等等做手段来达某种目的——可以为我们"所得"的。所以老子说："生而不有，为而不恃。""既以为人己愈有，既以与人己愈多。"你想有这种人生观的人，还有什么得失可忧呢？总而言之：有了这种人生观，自然会觉得"天地与我并生，而万物与我为一"；自然会"无入而不自得"。他的生活，纯然是趣味化艺术化。这是最高的情感教育，目的教人做到仁者不忧。①

怎么样才能不惧呢？有了不惑不忧工夫，惧当然会减少许多了。但这是属于意志方面的事；一个人若是意志力薄弱，便有很丰

---

① 《为学与做人》，《梁启超全集》（第七册），北京出版社 1999 年版，第 4064—4065 页。

富的智识，临时也会用不着；便有很优美的情操，临时也会变了卦。然则意志怎么才会坚强呢？头一件须要心地光明。孟子说："浩然之气，至大至刚。行有不慊于心，则馁矣。"又说："自反而不缩，虽褐宽博，吾不惴焉；自反而缩，虽千万人，吾往矣。"俗语说得好："生平不作亏心事，夜半敲门也不惊。"一个人要保持勇气，须要从一切行为可以公开做起。这是第一著。第二件要不为劣等欲望之所牵制。《论语》记："子曰：吾未见刚者。或对曰：申枨。子曰：枨也欲，焉得刚？"一被物质上无聊的嗜欲东拉西扯，那么，百炼钢也会变为绕指柔了。总之一个人的意志，由刚强变为薄弱极易，由薄弱返到刚强极难。一个人有了意志薄弱的毛病，这个人可就完了。自己作不起自己的主，还有什么事可做？受别人压制，做别人奴隶，自己只要肯奋斗，终须能恢复自由。自己的意志做了自己情欲的奴隶，那么，真是万劫沉沦，永无恢复自由的余地，终身畏首畏尾，成了个可怜人了。孔子说："和而不流，强哉矫；中立而不倚，强哉矫；国有道，不变塞焉，强哉矫；国无道，至死不变，强哉矫。"我老实告诉诸君说罢：做人不做到如此，决不会成一个人。但做到如此真是不容易，非时时刻刻做磨练意志的工夫不可。意志磨练得到家，自然是看着自己应做的事，一点不迟疑，扛起来便做，"虽千万人吾往矣"。这样才算顶天立地做一世人，绝不会有藏头躲尾左支右绌的丑态。这便是意育的目的，要教人做到勇者不惧。①

在此，为了培养健全人格，建构美渥、快乐的人生哲学，梁启超提出了知育、情育、意育的三育方针。这是他治德性学的基本方针和具体途径，也构成了人格培养和人生哲学的基本内容：第一，梁启超所讲的知育以使人不惑为目的。一方面，知育与通常所说的智育有相同之处，旨在培养丰富的智识。另一方面，知育主要在于养成判断力，具体包括

---

① 《为学与做人》，《梁启超全集》（第七册），北京出版社1999年版，第4065—4066页。

必要的常识、专门的智识和遇事决断的智慧。梁启超特意强调，这是智育所没有的，也是自己大声疾呼以知育代替智育的原因。第二，梁启超认为，德育范围太笼统，主张以情育代替德育。情育旨在培养人优美的情操，使人的生活趣味化、艺术化，最终达到"仁者不忧"的境界；要做到这一点，关键在于培养仁者人格。仁者人格是一种从人与宇宙、人与人的关系上生成的普遍人格，人若修成仁者人格，便会臻于"宇宙即是人生，人生即是宇宙"的境界，从而超越成败、得失之念，自强不息地自由创造，怡然自得，快乐无忧。这便是绝对自由的状态。第三，梁启超认为，体育范围太狭隘，建议以意育代替体育；意育的宗旨是培养坚强的意志，使人达到"勇者不惧"。在进行意育的过程中，最关键的是要做到两点：一是心底无私，光明磊落；一是减少欲望，无欲则刚。梁启超一再强调，自由与奴隶相对待，奴隶主要指"心奴"或"心奴隶"。人一旦被外界的物质欲望所牵制，便成为自己情欲的奴隶，由此也就陷入失乐园中而万劫不复。意育就是要帮助人抵制外界的各种诱惑，通过时时刻刻磨炼自己的意志，引导人在看到自己应该做的事时毫不迟疑，毅然决然，纵然有千难万险，也义无反顾，勇往直前。

总之，在梁启超看来，通过知育、情育、意育，人具有了无穷的智慧、优美的情操和坚强的意志，真正做到智、仁、勇，彻底摆脱困惑、忧虑和畏惧，便可以无惑、无忧、无惧了。这样的人生观，对于个人便促成趣味的、艺术的人生。更为重要的是，个人的人格与社会的人格是一体的，个人的人格圆满，社会的人格便也圆满了。

2. 德性学的旨趣和内容

梁启超认为，中国的身心性命之学即人生哲学最具有国学固有的中国精神和民族韵味，淋漓尽致地体现了国学的基本特征和价值旨趣。这是中国对于全世界的贡献，也是中国文化优于西方文化之处，故而可以成为拯救精神危机的不二法门。为此，他通过对中国哲学与西方哲学的比较，凸显中国哲学的特有品质，以此强调正是与西方哲学迥异其趣的中国哲学造就了中国特有的德性学和人生观。正是在这个意义上，梁启超断言：

451

欧洲哲学上的波澜，就哲学史家的眼光看来，不过是主智主义与反主智主义两派之互相起伏。主智者主智；反主智者即主情，主意。本来人生方面，也只有智，情，意三者。不过欧人对主智，特别注重；而于主情，主意，亦未能十分贴近人生。盖欧人讲学，始终未以人生为出发点。至于中国先哲则不然。无论何时代何宗派之著述，夙皆归纳于人生这一途，而于西方哲人精神萃集处之宇宙原理，物质公例等等，倒都不视为首要。故《荀子·儒效》篇曰："道，仁之隆也。……非天之道，非地之道，人之所以道也。"儒家既纯以人生为出发点，所以以"人之所以为道"为第一位，而于天之道等等，悉以置诸第二位。而欧西则自希腊以来，即研究他们所谓的形而上学。一天到晚，只在那里高谈宇宙原理，凭空冥索，终少归宿到人生这一点。苏格拉底号称西方的孔子，很想从人生这一方面做工夫，但所得也十分幼稚。他的弟子柏拉图，更不晓得循着这条路去发挥，至全弃其师传，而复研究其所谓天之道。亚里斯多德出，于是又反趋于科学。后人有谓道源于亚里斯多德的话，其实他也不过仅于科学方面，有所创发，离人生毕竟还远得很。迨后斯端一派，大概可与中国的墨子相当；对于儒家，仍是望尘莫及。一到中世纪，欧洲全部，统成了宗教化。残酷的罗马与日耳曼人，悉受了宗教的感化，而渐进于迷信。宗教方面，本来主情意的居多；但是纯以客观的上帝来解决人生，终竟离题尚远。后来再一个大反动，便是"文艺复兴"，遂一变主情主意之宗教，而代以理智。近代康德之讲范畴，范围更过于严谨，好像我们的临"九宫格"一般。所以他们这些，都可说是没有走到人生的大道上去。直至詹姆士，柏格森，倭铿等出，才感觉到非改走别的路不可，很努力的从体验人生上做去，也算是把从前机械的唯物的人生观，拨开几重云雾。但是真果拿来与我们儒家相比，我可以说仍然幼稚。①

---

① 《治国学的两条大路》，《梁启超全集》（第七册），北京出版社 1999 年版，第 4069 页。

依据梁启超的分析，西方人讲哲学与人是分离的，由于始终不是以人为出发点，西方哲学史虽然交织着主智与非主智即主情、主意两条线索，但是，总的来说，以主智为主。这使西方哲学始终关注宇宙原理和物质公例，即使是主智派、主情派也不能十分贴近人生。例如，以讲美德闻名于世的苏格拉底所讲的人生本身就已幼稚，且不被其弟子发挥。至于西方哲学的主智方面，由于用机械的方法分析人生，得到的只是机械的人生观。即使是原本主情居多的宗教在西方人那里由于"纯以客观的上帝来解决人生"，也离人生这个主题渐行渐远。更有甚者，作为宗教之反动的文艺复兴以理智代替了主情主义之宗教，又把人引向了主智主义这条老路，康德所讲的先天范畴更是像"九宫格"一样令人感到压抑。所有这些都表明，西方哲学始终没有到达人生大道上去。有鉴于此，詹姆士、柏格森和倭铿等人试图改变这种局面，努力"从体验人生上"去做哲学，方向是对了，而与中国儒家哲学相比，仍属于幼稚。

梁启超进而指出，西方哲学的误区以及由此造成的人生困境在于，由于以主智主义代替了主情、主意，所讲的哲学偏重形而上学即"客观的科学"。问题恰恰在于，人生的本质是自由意志的创造，情感是行为的主宰，人的行为都是从所欲、所安等情感中发出来的，究其极是个信仰问题，与理性无关。这样一来，当西方人以形而上学即"客观的科学"来解释人生时，问题就出现了——不仅使人生成为机械的、物质的，而且造成精神空虚和信仰危机。于是，他接着说道：

总而言之，西方人讲他的形而上学，我们承认有他独到之处。换一方面，讲客观的科学，也非我们所能及。不过最奇怪的，是他们讲人生也用这种方法，结果真弄到个莫明其妙。譬如用形而上学的方法讲人，绝不想到是从人生的本体来自证，却高谈玄妙，把冥冥莫测的上帝来对喻。再如用科学的方法讲，尤为妙极。试问人生是什么？是否可以某部当几何之一角，三角之一边？是否可以用化学的公式来化分化合，或是用几种原质来造成？再如达尔文之用生物进化说来讲人生，征考详博，科学亦莫能摇动，总算是壁垒坚固；但是果真要问他人之所以异于禽兽者安在？人既自猿进化而来，为什么人自人而猿终为猿？恐怕他也不能给我们以很有理由的解答。总之，西人所用的几种方法，仅能够用之以研究人生以外的各种问题；人，决不是这样机械易懂的。欧洲人却始终未澈悟到这一点，只盲目的往前做，结果造成了今日的烦闷，彷徨莫知所措。盖中世纪时，人心还能依赖著宗教过活；及乎今日，科学昌明，赖以醉麻人生的宗教，完全失去了根据。人类本从下等动物蜕化而来，那里有什么上帝创造？宇宙一切现象，不过是物质和他的运动，还有什么灵魂？来世的天堂，既不可凭；眼前的利害，复日相肉迫。怀疑失望，都由之而起，真正是他们所谓的世纪末了。①

基于上述比较和分析，梁启超得出结论，西方哲学在解释人生方面是失败的，是西方的人生哲学陷西方人于痛苦绝望之中而不能自拔；要摆脱困境，出路只有一条，那就是：走中国国学的德性学之路，治中国的人生哲学。于是，梁启超这样为西方人指点迷津："以上我等看西洋人何等可怜！肉搏于这种机械唯物的枯燥生活当中，真可说是始终未闻大道！我们不应当导他们于我们祖宗这一条路上去吗？以下便略讲我们祖宗的精神所在。我们看看是否可以终身受用不尽；并可以救他们西人物质生活之疲敝？"②

至此，人们不禁要问：中国哲学为什么能够拯救西方的危机，并且将人导向趣味、快乐的生活？具有神奇功效的中国哲学所讲的人生又是什么？对此，梁启超从三个方面给予了详细论证和解答。

首先，梁启超认为，中国哲学是知、情、意统一的哲学，有助于使人的心理充分发达，成就健全人格。不仅如此，中国哲学注重知行合

---

① 《治国学的两条大路》，《梁启超全集》（第七册），北京出版社 1999 年版，第 4069 页。

② 《治国学的两条大路》，《梁启超全集》（第七册），北京出版社 1999 年版，第 4069—4070 页。

一，由于与行合一，中国人所讲的知就是学，学就是为。这使中国人所讲的知侧重自证、躬行之体验，而不像西方人那样单纯"从知识方法而求知识"。因此，即使中国人讲知，也不会像西方人那样偏向主智主义。对此，他解释说："我们先儒始终看得知行是一贯的，从无看到是分离的。后人多谓知行合一之说，为王阳明所首倡，其实阳明也不过是就孔子已有的发挥。孔子一生为人，处处是知行一贯。从他的言论上，也可以看得出来。他说'学而不厌'，又说'为之不厌'，可知'学'即是'为'，'为'即是'学'。盖以知识之扩大，在人努力的自为，从不像西人之从知识方法而求知识。所以王阳明曰：'知而不行，是谓不知。'所以说这类学问，必须自证，必须躬行，这却是西人始终未看得的一点。"①这就是说，中国哲学在知行合一中将知引向人生的自证和躬行，从而避免了知与情、知与意的脱节；也就不可能像西方哲学那样，专门教人"从知识方法而求知识"，使哲学最终蜕变为纯客观的科学。

在梁启超提出的代替德智体三育的新三育中，唯一保留的就是智育；而之所以又要将智育改造成知育，是因为在他看来，讲知是对的，西方哲学主智本身并没有错；错就错在主智时远离了主情和主意，结果是"纯从知识方法上去求知识"，将哲学弄成了形而上学，与人生甚远。与西方哲学的致思方向和价值旨趣迥然相异，中国先儒讲知从来没有离开过行；从孔子到王守仁都恪守知行合一，目的就是教人知行一贯，在自证、躬行中求学为人。这避免了知与情、知与意的脱节，也使知导向了人生，从而杜绝了知在西方哲学中偏离人生的现象。

其次，梁启超指出，如果说关注人生使中国哲学从消极意义上避免了西方哲学将人生引向机械之恶果的话，那么，主情则从积极意义上建构了兴趣盎然的美妙的人生观。在这方面，儒家将宇宙与人生视为不可分割的有机整体，从而使人在超越利害得失的快乐中自由地创造。由于从体悟中认识世界，中国哲学不像西方哲学那样用客观的方法研究宇

---

① 《治国学的两条大路》，《梁启超全集》（第七册），北京出版社1999年版，第4070页。

宙，导致纯粹的形而上学；恰好相反，由于一切由人出发，关注人生哲学，中国哲学认为宇宙不是外于人的另一种存在，而是人生的活动。这意味着宇宙的进化就在于人类的创造，宇宙进化之权操诸我。与此同时，正如《周易》以未济卦终一样，宇宙永远在进化之途，宇宙的进化未有圆满之期。这表明，人类任重而道远，既要不停地日日创造，又要"知其不可而为"。明白了这个道理，人便可以在满足中快乐地享受人生，在永远的不满足中自由地创造；并且在人与宇宙一体中洞彻生命的真谛，体悟人生的意义所在。正是在这个意义上，梁启超说道：

> 又儒家看得宇宙人生是不可分的。宇宙绝不是另外一件东西，乃是人生的活动。故宇宙的进化，全基于人类努力的创造。所以《易经》曰："天行健，君子以自强不息。"又看得宇宙永无圆满之时，故易卦六十四，始"乾"而以"未济"终。盖宇宙"既济"，则乾坤已息，还复有何人类？吾人在此未圆满的宇宙中，只有努力的向前创造。这一点，柏格森所见的，也很与儒家相近。他说宇宙一切现象，乃是意识流转所构成，方生已灭，方灭已生，生灭相衔，方成进化；这些生灭，都是人类自由意识发动的结果，所以人类日日创造，日日进化。这意识流转，就唤作精神生活，是要从内省直觉得来的。他们既知道变化流转，就是宇宙真相，又知道变化流转之权，操之在我，所以孔子曰："人能弘道，非道弘人。"儒家既看清了以上各点，所以他的人生观，十分美渥，生趣盎然。人生在此不尽的宇宙当中，不过是蜉蝣朝露一般，向前做得一点，是一点，既不望其成功，苦乐遂不系于目的物，完全在我，真所谓"无入而不自得"。有了这种精神生活，再来研究任何学问，还有什么不成？那么，或有人说，宇宙既是没有圆满的时期，我们何不静止不作，好吗？其实不然。人既为动物，便有动作的本能，穿衣吃饭，也是要动的。既是人生非动不可，我们就何妨就我们所喜欢做的，所认为当做的做下去？我们最后的光明，固然是远在几千万年几万万年之后，但是我们的责任，不是叫一蹴而就的达到目

的地；是叫我们的目的地，日近一日。我们的祖宗，尧，舜，禹，汤，孔，孟……在他们的进行中，长的或跑了一尺，短的不过跑了数寸，积累而成，才有今日。我们现在无论是一寸半分，只要往前跑才是。为现在及将来的人类受用，这都是不可逃的责任。孔子曰："士不可以不弘毅；任重而道远。仁以为己任，不亦重乎？死而后已，不亦远乎？"所以我们虽然晓得道远之不可致，还是要努力的到死而后已。故孔子是"知其不可而为之者"。正为其知其不可而为，所以生活上才含着春意。若是不然，先计较他可为不可为，那么，情志便系于外物，忧乐便关乎得失；或竟因为计较利害的原故，使许多应做的事，反而不做。这样，还那里领略到生活的乐趣呢？①

再次，梁启超指出，正如从不孤立地理解知或行而是始终在知行合一、人类与宇宙的密不可分中体悟人生一样，儒家在人与人、人与社会的关系中讲人格的生成、完善和人生的意义。对于人是什么，儒家回答曰仁。仁即"人与人相偶"之义，表明个人的人格不是孤立存在的，而是在与他人、社会的关系中生成和完善的。这意味着离开了他人和社会，人这个概念便不能成立，人格更是无从谈起。这昭示人们，人生的意义和价值在于"知其不可而为"。人领悟了这个道理，"意力与环境相携，便成进化的道理"。对此，他解释并论证说：

　　儒家是不承认人是单独可以存在的。故"仁"的社会，为儒家理想的大同社会。"仁"字，从二人；郑玄曰："仁，相人偶也。"(《礼记注》) 非人与人相偶，则"人"的概念不能成立。故孤行执异，绝非儒家所许。盖人格专靠各个自己，是不能完成。假如世界没有别人，我的人格，从何表现？譬如全社会都是罪恶，我的人格受

━━━━━━━━━━

① 《治国学的两条大路》，《梁启超全集》(第七册)，北京出版社1999年版，第4070页。

了传染和压迫，如何能健全：由此可知人格是个共同的，不是孤另的。想自己的人格向上，唯一的方法，是要社会的人格向上。然而社会的人格，本是各个自己化合而成。想社会的人格向上，唯一的方法，又是要自己的人格向上。明白这个，意力和环境提携，便成进化的道理。所以孔子教人"己欲立，而立人；己欲达，而达人。"所谓立人达人，非立达别人之谓，乃立达人类之谓。彼我合组成人类，故立达彼，即是立达人类。立达人类，即是立达自己。更用"取譬"的方法，来体验这个达字，才算是"仁之方"。其他《论语》一书，讲仁字的，屡见不一见。儒家何其把仁字看得这么重要呢？即上面所讲的，儒家学问，专以研究"人之所以道"为本。明乎仁，人之所以道自见。孟子曰："仁也者，人也；合而言之，道也"。盖仁之概念，与人之概念相函，人者，通彼我而始得名。彼我通，乃得谓之仁。知乎人与人相通，所以我的好恶，即是人的好恶。我的精神中，同时也含有人的精神。不徒是现世的人为然，即如孔孟远在二千年前，他的精神，亦浸润在国民脑中不少。可见彼我相通，虽历百世不变。儒家从这一方面看得至深且切，而又能躬行实践，"无终食之间违仁"，这种精神，影响于国民性者至大。即此一分家业，我可以说真是全世界唯一无二的至宝。这绝不是用科学的方法可以研究得来的，要用内省的工夫，实行体验。体验而后，再为躬行实践，养成了这付美妙的仁的人生观，生趣盎然的向前进。无论研究什么学问，管许是兴致勃勃。孔子曰："仁者不忧"，就是这个道理。不幸汉以后这种精神便无人继续的弘发，人生观也渐趋于机械。八股制兴，孔子的真面目日失。后人日称"寻孔颜乐处"，究竟孔颜乐处在那里？还是莫名其妙。我们既然诵法孔子，应该好好保存这分家私，——美妙的人生观——才不愧是圣人之徒啊！①

---

① 《治国学的两条大路》，《梁启超全集》（第七册），北京出版社 1999 年版，第 4070—4071 页。

不难发现，梁启超所讲的中国人生哲学的以上三点与他的知育、情育、意育相对应，也表明有了这三方面的人生观便可以使人达到无惑、无忧、无惧的境界。正因为如此，梁启超将这种人生观称为"美妙的仁的人生观"。拥有了这种人生观，无论是人与世界的关系还是人与人的关系都是融为一体的。人在这种关系中自由创造，在"生趣盎然的向前进"中乐而忘忧，乐此不疲。这种人生是何等美妙而其乐无穷！让人远离挫败感和失落感，而总是感觉兴趣盎然。循着这个思路不难想象，如果西方人也秉持中国哲学的这种人生观，一样可以使人生变得兴趣盎然，快乐无忧——不仅可以摆脱物质的、机械的人生观的窠臼，而且可以远离精神空虚的危机。

综合来看，梁启超所讲的德性学主要以佛学和儒学为主，具体内容是以追求精神自由，养成健全人格为核心的身心性命之学即人生哲学。由于秉持"研究国学有两条应走的大路"的原则，必须同时走文献学与德性学两条大路而不可偏废是梁启超研究国学的基本思路。尽管如此，不可否认的是，不论对于他本人来说还是与其他人比较，德性学都是最重要的，也是最能彰显梁启超国学理念和研究的个性特色的。

"研究国学有两条应走的大路"表明，梁启超以国学指称中国本土文化，旨在以历史文献为基础，以人生哲学为灵魂，对中国本土文化予以审视、整合和创新，进而彰显中国文化的整体性和民族性。在此过程中，文化的整体性表明国学是中华民族集体创造的结晶，作为中华民族的"精神遗传"将个人与国家、民族联为一体。从这个意义上说，文化的整体性就是民族性。他所讲的国学的整体性、民族性围绕着救亡图存的历史使命和立言宗旨展开，在内容上侧重历史传统和人生哲学，突出国学以历史积累为主的民族精神和文化特征。

"研究国学有两条应走的大路"是梁启超对国学研究的期许，也凝聚了他的国学理念。梁启超对国学宗旨、内容、方法等问题的深层思考对于理解国学在近代的缘起、内容和宗旨具有启发意义：第一，尽管国学一词古已有之，近代意义上的国学是应对以西方文化为主的异质文化的产物，故而具有中国固有的基本含义。第二，与中国固有息息相关，国学理应是对中国固有文化的整体称谓，而不是某一方面的专门之学。这两个特征都使国学作为中国本土文化的标识与西学、外来之学相对应，成为中国人民族认同、文化认同的一部分。第三，与应对外来文化相一致，近代的国学以中国本土文化为核心，并非排斥外来文化，以新学"磨洗"旧学是主要手段。第四，无论是强调国学为中国固有还是采西学补中学，最终目的只有一个，那就是：为了救亡图存。这四个方面相互作用，共同奠定了近代国学的基本宗旨、理论内涵和时代特征。一言以蔽之，梁启超的国学以救亡图存为宗旨，以借助西学为手段，以弘扬中国本土文化、激发中国人的民族认同和文化认同为目标。这使梁启超的国学成为中国近代最完备的形态，不仅秉持救亡图存的宗旨，而且极大地彰显了国学的民族性和历史性。梁启超的国学理念由突出文化的世代模仿而注重历史传承，并将与每个人都密切相关的语言文字纳入其中，更具民族性和地域性。由于坚持"研究国学有两条应走的大路"，即使是与另一位国学大师章炳麟相比，梁启超的国学也更为全面——借用梁启超本人的话说，章炳麟治国学走的是"整理国故"之路，他自己的国学研究则同时走文献学与德性学两条大路，既注重精神的薪火相传，又注重古籍的整理。文献学之路与章炳麟的"整理国故"相似，德性学之路则是章炳麟不曾重视的。因此，德性学是梁启超国学理念中最具特色的部分，也最直接地体现了梁启超以国学救亡图存的宗旨。

第二十一章

"用国粹激动种性，增进爱国的热肠"

——章炳麟的国家观与救亡路线

"用国粹激动种性，增进爱国的热肠"语出章炳麟，是他 1906 年出狱后东渡日本，在东京留学生欢迎会演讲中声明所要做的两件大事之一。章炳麟呼吁"用国粹激动种性，增进爱国的热肠"，出于救亡与启蒙的双重动机，拥有实践与理论的双重维度：作为救亡路线的表达，"用国粹激动种性，增进爱国的热肠"体现了章炳麟迥异于严复、梁启超等人的致思方向和价值旨趣；作为佛教情结的流露，"用国粹激动种性，增进爱国的热肠"将章炳麟与康有为国学观和宗教观的针锋相对表达得淋漓尽致。

一、"用国粹激动种性，增进爱国的热肠"的救亡路线与缘起宗旨

中国近代是救亡图存的时代，爱国主义、群体观念被许多人搬来作为号召国民抵抗外侮的理论武器和精神支柱。对于为什么要爱国，国家

有何可爱？严复、梁启超等人利用社会有机体论解释个人与群体的关系，通过宣称个人依赖群体、国家而自保来激发中国人的爱国心。与严复、梁启超等人的思路截然不同，章炳麟反对将个人视为构成国家这一有机体的细胞，并且批驳了当时流行的国家观念。为此，他作《四惑论》对当时社会上盛行的"四惑"（错误观念）逐一进行反驳，作为四惑之一的公理就包括国家观念。此外，章炳麟于1907年10月专门作《国家论》，在文中详细阐释了国家的本质、功能，厘辨个人与国家的关系。在他看来，个人与国家的关系绝不等同于细胞与生物有机体的关系，因而不能将个人视为构成国家的细胞。最简单的理由是，细胞不是独立存在的实体而只是生物有机体的一部分，离开生物有机体便无法存活。个人是独立的实体，离开国家也可以生存；尤其是在舟车大开、民主盛行的时代，人们不必囿于天然地理环境或民族风俗自然形成的国家，而可以自由选择国家而居。章炳麟的说法凸显了个人对于国家的主动性和独立性，也证明了个人与国家的关系与细胞与生物有机体的关系之间不具有可比性。

在此基础上，章炳麟分别从个人、国家两个不同的角度重新透视了个人与国家的关系，以期消解个人对于国家的责任和义务：第一，从个人方面来说，个人是生而独立、自由的，不对他人、国家负有责任。他断言："盖人者，委蜕遗形，倏然裸胸而出，要为生气所流，机械所制；非为世界而生，非为社会而生，非为国家而生，非互为他人而生。故人之对于世界、社会、国家，与其对于他人，本无责任。责任者，后起之事。必有所负于彼者，而后有所偿于彼者。若其可以无负，即不必有偿矣。然则人伦相处，以无害为其限界。过此以往，则巨人长德所为，不得责人以必应为此。"①第二，从国家方面来说，国家原本就无任何神圣性，对于个人也没有任何权利。章炳麟在《国家论》中揭露国家为虚幻，在消解国家神圣性的同时，抵制严复、梁启超等人提倡个人为国家

---

① 《四惑论》，《革故鼎新的哲理——章太炎文选》，上海远东出版社1996年版，第300—301页。

减损自由的做法。章炳麟在文中写道："国家之自性，是假有者，非实有者。……凡云自性，惟不可分析绝无变异之物有之，众相组合，即各各有其自性，非于此组合上别有自性。如惟心论者，指识体为自性；惟物论者，指物质为自性。心不可说，且以物论，物质极微，是最细色，不可断截破坏贯穿，不可取舍乘履搏掣，非长非短，非方非圆，非正不正，非高非下，无有细分，不可分析，不可睹见，不可听闻，不可嗅尝，不可摩触，故名极微，亦曰原子。此毗婆沙论一百三十六说，近世原子论者，亦同此义。若以原子为实有，则一切原子所集成者，并属假有，何以故？分之则各还为原子故。自此而上，凡诸个体，亦皆众物集成，非是实有。然对于个体所集成者，则个体且得说为实有；其集成者，说为假有。国家既为人民所组合，故各各人民，暂得说为实有；而国家则无实之可言。"① 在这里，章炳麟依据佛教因缘说的逻辑来界定国家的性质，并由此推出了这样的结论：既然国家是由个人集合而成的，那么，作为个人的集合体，国家便没有自性，因而是虚幻的。

值得注意的是，在个人积聚而为国家这个问题上，章炳麟与严复、梁启超等人的看法如出一辙。问题的关键是，在这一共同的起点上，章炳麟不是像严复、梁启超那样证明个人不能自保，全赖国家、群体庇护；而是以佛教的因缘逻辑证明国家建立在个人之上，作为个人积聚而成的假相绝非实体，没有自性，因而是虚幻的。正是沿着这个思路，章炳麟接着写道："其（指国家——引者注）功能仍出于人，云何得言离人以外别有主体。然则国家学者，倡此谬乱无伦之说以诳耀人，真与崇信上帝同其昏悖。世人习于诞妄，为学说所缚而不敢离，斯亦惑之甚矣。"② 按照章炳麟的说法，既然国家的作用出于个人，那么，绝非像严复、梁启超等人所讲的那样个人离不开国家而存在，恰好相反，国家离不开个人而存在；假设有主体的话，那么，主体也应该是个人而不应该是国家——这正如讲实有，个人是实有而非国家是实有一样。

---

① 《国家论》，《章太炎政论选集》（上册），中华书局 1977 年版，第 359—360 页。
② 《国家论》，《章太炎政论选集》（上册），中华书局 1977 年版，第 361—362 页。

议论至此，新的问题接踵而至：秉持佛教尤其是唯识宗的思维方式和价值旨趣，章炳麟恪守"万法唯识"，认为人作为识的显现也是假有。这用他本人的话说便是："所谓我者，舍阿赖耶识而外，更无他物。此识是真，此我是幻，执此幻者以为本体，是第一倒见也。"① 循着这个逻辑，人的身体由细胞凑合而成，故而没有自性。从这个意义上说，个人的存在也是虚幻的，与国家一样并非实有。章炳麟本人清醒地意识到了这一点，却没有因此改变个人为实有而国家为假有的观点。对于其中的原因，他解释说，个人与国家虽然都是假有，但是，个人之假有与国家之假有的"分位"有别，相对于由个人集合而成的国家而言，个人"近真"。正是在这个意义上，章炳麟设问并回答说："问曰：若尔者，人亦细胞集合而成，云何得言实有自性。答曰：以实言之，人亦伪物云尔。然今者以人对人，彼此皆在假有分位，则不得以假有者斥假有者，使吾身之细胞，悍然以人为假有，则其说必非人所能破。若夫对于国家者，其自体非即国家，乃人之对于国家。人虽伪物，而以是单纯之个体，对于组合之团体，则为近真。故人之以国家为假有者，非独论理当然，亦其分位得然也。"②

经过章炳麟的论证，国家的虚幻性被凸显出来，已经破坏了其神圣性，个人对国家的"实有"、"近真"更是使个人为国家牺牲成为荒谬绝伦的事。他进一步指出，国家之设立和存在不仅不神圣，反而极其龌龊，说到底是迫于外力的不得已之举。对此，章炳麟一再揭露说：

……二、国家之作用，是势不得已而设之者，非理所当然而设之者；三、国家之事业，是最鄙贱者，非最神圣者。③

植物有皮，介虫有甲，乃至人及鸟兽，皆有肤革以护其肌，大者至于地球，亦有土石为之外郭，使地藏金火得以安隐，此皆势力

① 《建立宗教论》，《革故鼎新的哲理——章太炎文选》，上海远东出版社1996年版，第200页。
② 《国家论》，《章太炎政论选集》（上册），中华书局1977年版，第362页。
③ 《国家论》，《章太炎政论选集》（上册），中华书局1977年版，第359页。

所迫，不得自由。昔者庄生有云：夫得者困，可以为得乎？则鸠鸮之在于笼也，亦可以为得矣。且夫趣舍声色以柴其内，皮弁鷩冠搢笏绅修以约其外，内支盈于柴栅，外重缠缴，皖皖然在缠缴之中，而自以为得，则是罪人交臂历指，而虎豹在于囊槛，亦可以为得矣。由是观之，令人得脱肉而居，无皮革以缠其外，而不受雪霜风雨之侵，则于我顾不快耶？夫国家犹是也，亦有大山巨渎，天所以限隔中外者，然以人力设险为多。蒙古之鄂博，中国之长城，皆是类也。又不能为，则置界碑；又不能为，则虚画界线于舆图以为分域。凡所以设此外延者，与蛤蚌有甲，虎豹有皮何异？然则国家初设，本以御外为期。是故古文国字作或，从戈守一，先民初载愿望，不过是耳。军容国容，渐有分别，则政事因缘而起。若夫法律治民，不如无为之化，上有司契，则其势亦互相牵连，不可中止。向无外患，亦安用国家为？汉土学者，视政府无足重轻，然犹云尊卑有分，冠履有辩，君臣有等，虽无用而不可不立。不悟天高地下，本由差别妄念所生，一切分位，随眼转移，非有定量。①

章炳麟认为，无论是从设立还是功能上看，国家都与神圣原本就不搭界。退一步说，国家纵然有功，亦应归于全体国民，而不应归功于国家元首。现实的情况是，国家元首往往将"集合众力以成"的功劳归于一身，"以团体居其名誉"。他指出："凡诸事业，必由一人造成，乃得称为出类拔萃。其集合众力以成者，功虽烜赫，分之当在各各人中，不得以元首居其名誉，亦不得以团体居其名誉。"②元首的欺世盗名实际上是将集合为国家的每个人的权利攫为己有，最终结果是增加了国家的罪恶。对此，章炳麟揭露说："若夫国家之事业者，其作料与资具，本非自元首持之而至，亦非自团体持之而至，还即各各人民之所自有，然其功名率归元首，不然，则献诸团体之中，此其偏颇不均，不甚于工场主

---

① 《国家论》，《章太炎政论选集》（上册），中华书局 1977 年版，第 362—363 页。

② 《国家论》，《章太炎政论选集》（上册），中华书局 1977 年版，第 364 页。

人之盗利乎？世人愚暗，辄悬指功利以为归趣，余岂必菲薄功利。然彼功利所在，亦即美名所在。而功利者，必非一人所能为，实集合众人为之。纵有提倡其前者，犹行礼之赞相，所擅唯有口号；至于槃辟跪拜，则犹赖人自为之也。夫其事既由人自为之，而美名所在，不归元首，则归团体，斯则甚于穿窬发匮者矣。"①

章炳麟对国家尤其是个人与国家关系的论证凸显了个人对于国家的优先性和独立性，对于纠正社会有机体论的单向决定论具有积极意义。随之而来的是，爱国从近代社会的主题话语和社会共识成为大可怀疑之论。道理很简单，既然并非实有，并且是制造罪恶的渊薮，甚至龌龊不堪，那么，国有何可爱！既然如此，中国还要不要爱？更为尖锐而迫在眉睫的是，面对亡国灭种的民族危机，中国还要不要救？在论证国家的本质之后，章炳麟对爱国主义作如是观："爱国之义，必不因是障碍，以人心所爱者，大半非实有故。……此何因缘？则以人身本非实有，亦集合而成机关者，以身为度，推以及他。故所爱者，亦非微粒之实有，而在集合之假有。夫爱国者之爱此组合，亦由是也。且以各各微粒，捣和成器，器虽是假，而其本质是真，其爱之犹无足怪尔。亦有别无本质，唯是幻像，而人反乐观之者，喻如幻师，幻作白兔青雀等像，于中无有微分毛羽血肉可得，乃至石磨水潝亦不可得，而人之爱玩反过其真。"② 在章炳麟那里，国还是要爱的，然而，爱国并不应该是个人做出牺牲，个人也不应该出于功利动机而爱国。换言之，爱国是情感之迸发，而非利益之权衡。至此可见，章炳麟的《国家论》是针对严复、梁启超借助社会有机体论让个人为国家牺牲自己的自由之权有感而发的，目的是纠正两人对个人与国家关系的本末倒置，并非反对爱国主义本身。

鉴于中国近代救亡图存的迫在眉睫，尽管极力揭露国家的假有虚幻和龌龊不堪，章炳麟并没有完全否认爱国的意义，而是对爱国进行了限

---

① 《国家论》，《章太炎政论选集》（上册），中华书局 1977 年版，第 364—365 页。
② 《国家论》，《章太炎政论选集》（上册），中华书局 1977 年版，第 366 页。

定。他写道："爱国之念，强国之民不可有，弱国之民不可无，亦如自尊之念，处显贵者不可有，居穷约者不可无，要以自保平衡而已。"[1]如此说来，在中华民族生死存亡的紧要关头，作为中国人，爱国观念不仅不可无，反而要加强。问题的关键是，在破除了社会有机体论，否定了个人是构成社会的被动细胞，个人不必依赖国家而存在之后，如何将个人与国家的命运联为一体？如何激发中国人的爱国心？如何救亡图存？这些是章炳麟无法回避而必须要回答的现实课题。"用国粹激动种性，增进爱国的热肠"便是他做出的回答。

扭转严复、梁启超沿着社会有机体论的思路，出于功利目的的被动爱国局面，使国民出于情感而积极地爱国，是章炳麟呼吁"用国粹激动种性，增进爱国的热肠"的缘起和动机。他提倡、弘扬国粹，就是要激发中国人的爱国心，强化中国人的爱国观念。为此，章炳麟的具体设想和步骤是：在破除是非观念、涤荡外欲的同时，弘扬国粹，引导国民通过对本民族的语言文字、典章制度和人物事迹的熟悉，发现本民族之可爱。至此，章炳麟在对国学的弘扬中开辟了一条救亡之路，这条路与严复、梁启超基于社会有机体论的致思方向迥异其趣。对于章炳麟来说，促使中国人奋起救亡图存的动机和动力源于对中国文化和历史了解基础上的热爱，而不是基于个人是构成国家细胞的"被迫无奈"，使人由细胞不能脱离社会存在而必须依赖群体自保的被动爱国转向发自内心爱自己民族和国家的则是国学。

章炳麟是中国近代的国学大师，以至人们说起近代国学，最先想到的就是章炳麟和邓实等人。那么，章炳麟等人所宣讲的国学究竟是什么呢？《国粹学报》的主编邓实说：

> 国学者何？一国所有之学也。有地而人生其上，因以成国焉。有其国者有其学。学也者，学其一国之学以为国用，而自治其一国者也。

---

① 《国家论》，《章太炎政论选集》（上册），中华书局1977年版，第367页。

467

> 国学者，与有国而俱来，因乎地理，根之民性，而不可须臾离也。君子生是国，则通是学，知爱其国，无不知爱其学也。①

根据这个界定，国学"因乎地理，根之民性"，为一国固有之学，爱国就要爱作为一国之学的国学。这是《国粹学报》同仁对国学的共识，也代表了章炳麟对国学的看法。

章炳麟之所以热衷于"整理国故"、宣讲国学，是因为他认为国学作为民族精神是一个国家的精神命脉和灵魂所在。正因为如此，对于国学是什么，章炳麟主编的《民报》第七号所载《国学讲习会序》云：

> 夫国学者，国家所以成立之源泉也。吾闻处竞争之世，徒恃国学固不足以立国矣。而吾未闻国学不兴而国能自立者也。吾闻有国亡而国学不亡者矣，而吾未闻国学先亡而国仍立者也。故今日国学之无人兴起，即将影响于国家之存灭，是不亦视前世为尤岌岌乎？
>
> 夫一国之所以存立者，必其国有独优之治法，施之其国为最宜，有独立之文辞，为其国秀美之士所爱赏。立国之要素既如此，故凡有志于其一国者，不可不通其治法，不习其文辞。苟不尔，则不能立于最高等之位置。而有以转移其国化，此定理也。

章炳麟对国学的这个界定与邓实等人的看法如出一辙，都以国学为一国固有之学；所不同的是，章炳麟更强调国学之兴亡直接决定国家之兴亡。他所讲的国学既有爱本国之学的强烈意图，又有以国学救亡图存的鲜明动机。有鉴于此，章炳麟始终将弘扬国学与中国近代的民族、民主革命联系起来，并且概括为"用国粹激动种性，增进爱国的热肠"。这就是说，他所讲的国学具有强烈的现实动机和理论初衷，立言宗旨是救亡图存，根本目的是激发国人的爱国热情，以此来保群保种。

---

① 《国学讲习记》，《国粹学报》第十九期。

　　"用国粹激动种性，增进爱国的热肠"的理论初衷从一开始就注定了章炳麟所讲的国学不是一种书斋学问，而是饱含时代呼唤和现实诉求。救亡图存的动机决定了国学不仅需要学问的探索和研究，而且需要面向大众的宣传和普及。与此相一致，章炳麟不仅孜孜于国学整理、研究，而且热衷于国学的宣传、普及。据《申报》载《省教育会通告》云："自欧风东渐，竞尚西学，研究国学者日稀，而欧战以还，西国学问大家来华专事研究我国旧学者，反时有所闻，盖亦深知西方之新学说或已早见于我国古籍，借西方之新学，以证明我国之旧学，此即为中国文化沟通之动机。同人深惧国学之衰落，又念国学之根柢最深者，无如章太炎先生，爰特敦请先生莅会，主讲国学。"1934 年秋，章炳麟迁居苏州，举办章氏国学讲习会，创刊《制言》杂志。对于国学讲习会的办学经过和《制言》杂志的宗旨，他自述道："余自民国二十一年返自旧都，知当世无可为，讲学吴中三年矣。始曰国学会，顷更冠以章氏之号，以地址有异，且所招集与会者，所从来亦不同也，言有不尽，更与同志作杂志以宣之，命曰《制言》，窃取曾子制言之义。先是集国学会时，余未尝别作文字。今为制言，稍以翼讲学之缺。曾子云：'博学而孱守之。'博学则吾岂敢？孱守则庶几与诸子共勉焉。"①

　　从"用国粹激动种性，增进爱国的热肠"入手，探究章炳麟提倡国学的缘起和宗旨，可以得出两点认识：第一，国学强调中国文化当为中国所固有，具有不同于中学称谓的中国本位倾向。国学不排斥西学，却绝非以西学为主，以西学为尚；即使借鉴西学，也是为了"借西方之新学，以证明我国之旧学，此即为中国文化沟通之动机"。从这个意义上说，国学不只是学问，国学研究的宗旨和重心不是侧重对国学的审视，而是为了激发对本民族文化发自内心的热爱。沿着这个思路，通过弘扬国粹，宣讲国学，可以达到爱国的目的。他本人称之为"用国粹激动种性，增进爱国的热肠"。第二，国学在本质上属于价值称谓，指中国固有之学中的精粹即国粹。从这个意义上说，凡称国学者，均当为中国

---

　　① 《制言发刊宣言》，《章太炎全集》（五），上海人民出版社 1985 年版，第 159 页。

文化的精华。这使国学对应着"整理",国学研究亦称为"整理国故"。对国故的整理可以参照西学,却不是以西学为标准来判断中国固有之学何为"国粹",甚至何为"国渣"。在对"整理国故"的理解上,章炳麟与胡适等人的观点相去霄壤。对于章炳麟来说,一国之学是可爱的,根本就不存在"国渣"的问题。所谓"整理",从根本上说,旨在含英咀华,发扬光大,加以传承。对于国粹是什么,章炳麟具有自己独特的理解,《国故论衡》便集中表达了这方面的思想。总之,章炳麟以"独欲任持国学"为职志,所讲的"整理国故"与作为新文化运动者而主张"全盘西化"的胡适用怀疑的眼光、历史的眼光,以西学为标准审视、评判国故之学具有本质区别。即使在近代思想家中,"用国粹激动种性,增进爱国的热肠"也使章炳麟的思想特立独行,与康有为、严复和梁启超等人的国学理念相去甚远。

二、"用国粹激动种性,增进爱国的热肠"的具体途径与国学理念

"用国粹激动种性,增进爱国的热肠"的宗旨直接决定了章炳麟对国学性质的认定和对国学内容的遴选。对于国学的范围以及国学的具体内容,他在申明"用国粹激动种性,增进爱国的热肠"的同时,就已经将国学归结为三项:"一是语言文字,二是典章制度,三是人物事迹。"① 之后,章炳麟基本上沿袭了这一观点。从他的一贯主张和思想侧重来看,语言文字无疑在国学中始终占据最显赫的位置。这一点是章炳麟对国学具体内容的界定,也拉开了与其他近代思想家的学术分野。

章炳麟将语言文字置于国学三大组成部分之首,足见其对语言文字的重视。早在日本东京讲国学时,他就以《说文》、《楚辞》、《尔雅》和《广雅疏证》为主要经典,语言文字在国学中的分量由此可见一斑。

---

① 《东京留学生欢迎会演说辞》,《章太炎政论选集》(上册),中华书局 1977 年版,第 276 页。

因此，语言文字始终是章炳麟国学的重心，更是其中的亮点——不仅体现了迥异于他人的国学理念，而且展示了有别于他人的救亡路径。在章炳麟看来，语言文字不仅仅是文化的一部分，而是作为文化的载体决定着文化的存在样式和形态，并且与民众的日常生活密不可分。从这个意义上说，语言文字是文化的基础，比其他形态的文化更为重要。

在中国近代的文化多元和全球背景下，坚守中国固有的语言文字——汉字对于坚守中国本土文化具有非同一般的意义。最早以孔教应对西方文化（耶教）的康有为、谭嗣同并没有意识到这一点，而是秉持文化进化理念宣称语言文字遵循进化法则，不同国家的语言文字本身就有优劣之分，进而提出了全球同化、同一语言的主张。对于如何同化、同一语言文字，谭嗣同多次表达了自己的看法，其中贯穿着由繁入简的进化原则。于是，他反复宣称：

> 文化之消长，每与日用起居之繁简得同式之比例。……教化极盛之国，其言者必简而轻灵，出于唇齿者为多，舌次之，牙又次之，喉为寡，深喉则几绝焉。发音甚便利，而成言也不劳；所操甚约，而错综可至于无极。教化之深浅，咸率是以为差。①
>
> 是故地球公理，其文明愈进者，其所事必愈简捷。……又如一文字然，吾尚形义，经时累月，诵不盈帙；西人废象形，任谐声，终朝可辨矣，是年之不耗于识字也。②

在谭嗣同看来，语言文字是进化的，进化的法则是由繁杂到简捷。由繁入简的语言文字进化法则使难认、难写、难学的中国象形文字在西方字母文字面前相形见绌，也使简化乃至在大同社会中取消中国的语言文字具有了紧迫性、必要性和必然性。同样，在康有为那里，世界语的创立处处本着同一语言、由繁入简的语言进化原则。他设想："全地语

---

① 《仁学》，《谭嗣同全集》，中华书局 1998 年版，第 361—362 页。

② 《延年会叙》，《谭嗣同全集》，中华书局 1998 年版，第 410 页。

言文字皆当同，不得有异言异文。考各地语言之法，当制一地球万音室，……惟中国于新出各物尚有未备者，当采欧、美新名补之。惟法、意母音极清，与中国北京相近而过之。夫欲制语音，必取极清高者，乃宜于唱歌协乐，乃足以美清听而养神魂。大概制音者，从四五十度之间，广取多音为字母，则至清高矣；附以中国名物，而以字母取音，以简易之新文写之，则至简速矣。"①康有为提出的创立世界语的方案与谭嗣同一样因循语言由繁入简的进化法则，并且流露出同一语言以促进国家平等、人种平等的理论初衷。其实，无论对于康有为还是谭嗣同来说，大同社会之所以同一语言文字，最根本的目的是消除各国家、各民族的语言差异，为国家平等、人种平等及平等交流提供便捷。循着这个思路，两人不约而同地设想，在自由、平等的大同社会，同一文化，同一语言文字，作为象形文字的汉字到那时显然没有了自己的位置。

对于康有为、谭嗣同渴望中国与西方列强平等的良苦用心应该予以同情之理解，问题的关键是，在两人设想的中外平等的大同社会中，由于取消了国界，中国已经不复存在；由于同化语言文字，作为中国的文化载体的汉字已经荡然无存；随着汉字的消亡，中国文化也必将化为乌有。对于康有为的这套主张，梁启超一针见血地指出，这是世界主义而不是民族主义，是宗教家不切实际的幻想甚至是梦呓："所谓对于世界而知有国家者何也？宗教家之论，动言天国，言大同，言一切众生。所谓博爱主义、世界主义，抑岂不至德而深仁也哉？虽然，此等主义，其脱离理想界而入于现实界也，果可期乎？此其事或待至万数千年后，吾不敢知，若今日将安取之？"②基于这种认识，梁启超提倡民族主义，彰显文化的民族性，将语言文字纳入国学之中。值得注意的是，梁启超虽然也认为语言文字是由繁入简进化的，并且将语言的简化说成是战国之时中国学术繁荣的有利条件之一，但是，梁启超并没有像康有为、谭嗣同那样主张同一语言、取消汉字，而是将文字学纳入作为文献学的国

---

① 《大同书》，中州古籍出版社1998年版，第120页。
② 《新民说》，中州古籍出版社1998年版，第70页。

学之中予以研究和传承。

一方面，章炳麟与梁启超对语言文字的重视是一致的，都将中国的语言文字纳入国学之中。另一方面，两人对语言文字的重视程度和具体理解迥然不同。相比较而言，梁启超国学的核心是历史学，这从他提倡"史界革命"，呼吁加强历史文献研究，热衷于地方志和人文地理，特别是将文献学说成是治国学的一条大路等等各个方面共同反映出来。梁启超之所以肯定作为文献学的国学以历史学为主体内容，同时将语言文字纳入其中，是因为他认为文字是记载历史的工具，文字中传递、隐藏着各种历史信息。正因为如此，中国的语言文字非但不能废除，反而是国学不可缺少的内容。诚然，梁启超也认为语言文字是进化的，并且主张简化汉字。与康有为、谭嗣同等人的观点具有本质区别的是，梁启超所讲的中国语言文字由繁至简的进化是在汉字系统中进行的，绝非以西方的字母文字取代中国传承了几千年之久的象形文字。章炳麟早年笃信进化论，后来鉴于善与恶、乐与苦的俱分进化而公开主张退化，《俱分进化论》、《四惑论》和《五无论》集中反映了他这方面的思想主张。尽管如此，无论主张进化还是退化都不影响他对中国语言文字的重视和热爱，语言文字也成为章炳麟国学思想的核心与灵魂。章炳麟秉持文化相对主义理念，主张不同民族有不同的文化，不同民族、不同类型的文化之间并不存在文野、优劣之分。循着这个思路，中国的语言文字不仅不存在与西方字母文字相比的繁简、难易或优劣问题，反而作为中国文化的一部分极富民族特色和独特意蕴，足以激起中国人对使用汉字和汉语的本民族及民族历史的热爱之情。正是在这个意义上，他写道：

> 因为中国文字，与地球各国绝异，每一个字，有他的本义，又有引申之义。若在他国，引申义，必有语尾变化，不得同是一定，含有数义。中国文字，却是不然。且如一个天字，本是苍苍的天，引申为最尊的称呼，再引申为自然的称呼。三义不同，总只一个天字。所以有《说文》、《尔雅》、《释名》等书，说那转注、假借的道理。又因中国的话，处处不同，也有同是一字，彼此声音不

同的；也有同是一物，彼此名号不同的。所以《尔雅》以外，更有《方言》，说那同义异文的道理。这一种学问，中国称为"小学"，与那欧洲"比较语言"的学，范围不同，性质也有数分相近。但是更有一事，是从来小学家所未说的，因为造字时代先后不同，有古文大篆没有的字，独是小篆有的；有小篆没有的字，独是隶书有的；有汉时隶书没有的字，独是《玉篇》、《广韵》有的；有《玉篇》、《广韵》没有的字，独是《集韵》、《类篇》有的。因造字的先后，就可以推见建置事物的先后。且如《说文》兄、弟两字，都是转注，并非本义，就可见古人造字的时代，还没有兄弟的名称。又如君字，古人只作尹字，与那父字，都是从手执杖，就可见古人造字的时代，专是家族政体，父权君权，并无差别。其余此类，一时不能尽说。发明这种学问，也是社会学的一部。若不是略知小学，史书所记，断断不能尽的。近来学者，常说新事新物，逐渐增多，必须增造新字，才得应用，这自然是最要，但非略通小学，造出字来，必定不合六书规则。至于和合两字，造成一个名词，若非深通小学的人，总是不能妥当。又且文辞的本根，全在文字，唐代以前，文人都通小学，所以文章优美，能动感情。两宋以后，小学渐衰，一切名词术语，都是乱搅乱用，也没有丝毫可以动人之处。究竟甚么国土的人，必看甚么国土的文，方觉有趣。象他们希腊、梨俱的诗，不知较我家的屈原、杜工部优劣如何？但由我们看去，自然本种的文辞，方为优美。可惜小学日衰，文辞也不成个样子。若是提倡小学，能够达到文学复古的时候，这爱国保种的力量，不由你不伟大的。①

在这里，章炳麟肯定中国的语言文字与其他各国殊异，同时强调这种殊异并非表明中国文化落后，反而恰恰是中国文化的民族特色所

---

① 《东京留学生欢迎会演说辞》，《章太炎政论选集》（上册），中华书局 1977 年版，第 276—277 页。

在，淋漓尽致地体现了国学作为一国固有的特征。进而言之，中国与其他各国文字的殊异之处表现在：其他国家的语言文字一字一义，中国的语言文字则一字多义。具体地说，其他国家语言文字的引申之义通过词尾的变化表现出来，变化之词与原词已属两词。中国文字则不然，有本义，又有引申义，而本义与引申义同为一词；这使中国的语言文字一字多义，在不同语境中的涵义却大不相同，故而内涵奥赜，富于变化。有别于其他各国的特性使中国的语言文字极富魅力，凝聚了丰富的文化信息，也预示着中国的语言学承载了历史学、社会学等多重意蕴，远非西方的"比较语言"学可比。对于这一点，章炳麟列举具体例子进一步解释说，中国的语言文字隐藏着社会学的诸多信息，因为造字有先后，所以，后人可以根据某字出现的时间顺序推断出此字指代事物出现的先后。例如，兄、弟和君等字的出现较晚，表明这些字都是转注过来的，古人造字时还没有兄、弟和君。由此可以推断，中国古代是家族政体，父权、君权并无差别。这就是说，中国的语言文字原本是社会学的一部分。正如他本人所言，这一点"是从来小学家所未说的"。正是章炳麟解读中国语言文字的这个视角决定了语言文字在国学中的地位和意义，也从一个侧面道出了他将语言文字列在国学首位的原因。

与此同时，章炳麟强调，文章优美才能感动人，而文章之所以优美，"全在文字"；正如唐代以前的诗文感人是由于那时的人精通小学一样，北宋之后，小学渐衰，文章便"没有什么可以感人之处"。更为重要的是，文章可以感人，关键在于语言文字是人日常生活的一部分，作为民族的世代传承具有"遗传性"、"先天性"和"强制性"。所以，"究竟甚么国土的人，必看甚么国土的文，方觉有趣"，"自然本种的文辞，方为优美"。正是由于这个原因，在中国人的心目中，希腊诗和印度的《利俱吠陀》永远都无法与屈原、杜甫这些中国诗人用中国的语言文字写出来的诗优美感人。基于上述思考，章炳麟将提倡小学、推动"文学复古"奉为激发中国人爱国保种力量的不二法门，并由此将语言文字置于国学的基础与核心地位。

章炳麟是中国近代著名的学问家，学术研究涉及诸多领域，理论侧重则在传统的小学和经学。这与章炳麟的国学理念密不可分，小学和经学正是他所讲的国学的基本内容。汉代称文字为小学，因儿童入学先学文字而得名。隋唐之后，小学的范围不断扩大，成为文字学、训诂学和音韵学的总称。章炳麟认为，小学之名不确切，主张将之改为语言文字之学。在他看来，语言文字是国学最基础也最基本的部分，不仅是记载中国固有之学的载体和工具，而且是最能体现国学作为一国所固有之特征的核心部分。正因为如此，中国的语言文字在章炳麟的视界中不再仅仅是书写方式或表达工具，而是中国固有之学的根基和灵魂，成为国学最重要的部分。从这个意义上说，离开了中国的语言文字，国学以及国学研究无从谈起。有鉴于此，章炳麟为了普及、推广中国的语言文字进行了艰苦卓绝的努力和可贵的尝试，如编写字典、效仿英语的音标给汉字注音等。这一切都使章炳麟在小学方面卓有建树，也使他的国学研究具有了鲜明特色并且落到了实处。诚然，为汉字注音并非始于近代，更非始于章炳麟。元代早在进入北京之前，就请国师——西藏喇嘛八思巴创造新字拼音语和蒙古语，编成我国第一本拼音韵书《蒙古韵略》。与元代统治者试图借助汉语拼音学习中原文化不可同日而语，章炳麟是在取消汉字之声嚣然尘上，汉字面临生死存亡的危机时刻，为保存中国的语言文字殚精竭虑的，并且将保存汉字提到了保存国粹的高度。在此过程中，章炳麟始终凸显语言文字与地理环境的密切关系，对最能突出地域特色和民族特征的方言情有独钟，并在借鉴中国地理语言学先驱——扬雄的方言思想研究的基础上写出了《新方言》。《新方言》的特殊意义在于，不是像扬雄那样以中国境内的不同地理要素划定方言的范围和类型，而是在全球文化多元的历史背景、文化语境中突出中国语言文字的地域性和民族性，进而彰显中国本土文化的民族性、自主性和特殊性。章炳麟的这些活动与其说是为了学问，不如说是为了用乡音激发中国人的爱国情感，归根结底离不开"用国粹激动种性，增进爱国的热肠"的初衷——也就是说，是围绕着这一宗旨展开的。

三、"用国粹激动种性，增进爱国的热肠"的
宗教设想与佛教情结

如上所述，章炳麟一面反对基于社会有机体论的思路被动爱国，一面提倡积极爱国。对此，他提出的具体办法是，"用国粹激动种性，增进爱国的热肠"。正因为如此，"用国粹激动种性，增进爱国的热肠"集中展示了章炳麟的救亡路线，也凝聚了他的宗教观。事实上，这只是章炳麟所要做的两件大事中的一件，另一件大事是"用宗教发起信心，增进国民的道德"。章炳麟1906年刚东渡日本，就在东京留学生欢迎会的演说中讲了两件大事：一件是"用宗教发起信心，增进国民的道德"，另一件是"用国粹激动种性，增进爱国的热肠"。在他那里，宗教与国粹一样是最重要的事，两者不仅是并行不悖的，而且是相互作用的；甚至可以说，是同一件事。这一点从章炳麟提出"用国粹激动种性，增进爱国的热肠"的思考中明显地体现出来。他说道："至于近日办事的方法，一切政治、法律、战术等项，这都是诸君已经研究的，不必提起。依兄弟看，第一要在感情，没有感情，凭你有百千万亿的拿破仑、华盛顿，总是人各一心，不能团结。当初柏拉图说：'人的感情，原是一种醉病'，这仍是归于神经的了。要成就这感情，有两件事是最〈要〉的：第一、是用宗教发起信心，增进国民的道德；第二、是用国粹激动种性，增进爱国的热肠。"①凭借精神的力量来救亡图存、拯救中国是近代思想家的共识，这种精神力量在章炳麟看来便是热度情感。他之所以膜拜情感，大声疾呼增进感情，目的有两个：一是"增进国民的道德"，二是"增进爱国的热肠"；前者的办法是"用宗教发起信心"，后者的办法则是"用国粹激动种姓"。与激发爱国热肠一脉相承，章炳麟推崇"感情"即心的力量，声称"独尊法相"就是为了引导人在对心、识的推崇中膜拜自心的力量。正如净土宗近于祈祷，使人生畏惧心、退

---

① 《东京留学生欢迎会演说辞》，《章太炎政论选集》（上册），中华书局1977年版，第271—272页。

屈心而不能入他的法眼一样，禅宗被弃是因为对于唯心胜义不甚了解。章炳麟标榜"独尊法相"，旨在借助万法唯识强调一切皆阿赖耶识所变，引导人在对万物和"我"并非实有的觉悟中"依自不依他"，"自贵其心，不依他力"。

基于"用国粹激动种性，增进爱国的热肠"的初衷，循着以宗教增进情感的思路，章炳麟将宗教与国粹联系在一起，所讲的国学从出现之日起就与宗教密切相关。这不仅因为他提倡国粹是针对康有为提倡的孔教有感而发，而且因为"用宗教发起信心"的需要。章炳麟不从个人与群体的关系入手来论证爱国主义，而是通过弘扬国粹来激发爱国热情。"用宗教发起信心，增进国民的道德"表明，他试图以道德和民族情感为纽带将个人联结起来，而不是像严复、梁启超等人那样以利益为诱饵呼吁人们爱国群以自利。这是两条泾渭分明的致思方向和救亡路径。章炳麟净化人心、提高革命道德的方法和途径则离不开宗教。他断言："但若没有宗教，这道德必不得增进，生存竞争，专为一己，就要团结起来，譬如一碗的干豉子，怎能团得成面？"[1]为此，章炳麟专门对各种宗教予以研究，并且著有《建立宗教论》等专题文章。通过对各种宗教的审视和评判，他得出的结论是：孔教、基督教"必不可用"，进而将希望寄托于佛教。

首先，章炳麟一面极力反对康有为的孔教观，一面将孔子的思想与宗教相剥离。章炳麟具有宗教情结，曾经作《建立宗教论》阐发自己的宗教观和判教标准。尽管如此，可以肯定的是，他所推奉的宗教并不是康有为所倚重的孔教。更有甚者，从"用国粹激动种姓，增进爱国的热肠"的宗旨来看，章炳麟提倡国学，弘扬国粹，就是为了反对康有为提倡的孔教。有鉴于此，在章炳麟所"整理"的国故和所"概论"的国学中，孔教以及儒家并没有特殊地位。不仅如此，章炳麟甚至将国学的不振归咎于康有为将国学归结为孔教，并在国学讲习会的《制言》发刊宣

---

[1] 《东京留学生欢迎会演说辞》，《章太炎政论选集》（上册），中华书局 1977 年版，第 272 页。

言中特别强调："今国学所以不振者三，……二曰南海康氏之徒以史书为帐簿也。"① 按照章炳麟的说法，新文化运动中的欧化派与康有为等人代表的孔教派都没有认识到中国文化的精华，因而无法摆正中西文化的关系，结果是：或者自暴自弃，或者盲目自信。针对这种局面，他明确声称自己提倡国学，目的有二：第一，反对欧化。欧化派盲目崇拜西方文化，致使中国人的民族自卑心日盛一日，人心涣散，全无爱国心可言。第二，反对以康有为为首的维新派的文化进化主义。文化进化主义盯住中西文化的文野之别，秉持公羊学发挥微言大义的传统越走越远——由于用中国文化去攀援西方文化，最终丢掉了中国文化的精华。章炳麟强调，这两种做法都是不可取的，尽管立论的角度不同，却都对中国的救亡运动造成了无法弥补的巨大损失。鉴于这些教训，若要救亡图存，必须舍此路径，另谋他途。在这个前提下，他找到了"用国粹激动种姓，增进爱国的热肠"的救亡路线。章炳麟坚信，只要认识、肯定"中国的长处"，对于欧风美雨"见得别无可爱"，中国民众"那爱国爱种的心，必定风发泉涌，不可遏抑"。发现、发挥"中国的长处"的具体途径是发掘中国固有之学，弘扬国粹；而这个国粹并不是康有为、谭嗣同所讲的孔教，当然也不是孔子创立的儒家及儒学思想。

其实，早在提倡国粹之时，章炳麟就公开声明自己提倡国粹不是"尊信孔教"。对此，他特意解释说："为甚提倡国粹？不是要人尊信孔教，只是要人爱惜我们汉种的历史。这个历史，是就广义说的，其中可以分为三项：一是语言文字，二是典章制度，三是人物事迹。近来有一种欧化主义的人，总说中国人比西洋人所差甚远，所以自甘暴弃，说中国必定灭亡，黄种必定剿绝。因为他不晓得中国的长处，见得别无可爱，就把爱国爱种的心，一日衰薄一日。若他晓得，我想就是全无心肝的人，那爱国爱种的心，必定风发泉涌，不可遏抑的。兄弟这话，并不像做《格致古微》的人，将中国同欧洲的事，牵强附会起来；又不像公羊学派的人，说甚么三世就是进化，九旨就是进夷狄为中国，去仰攀欧

———

① 《制言发刊宣言》，《章太炎全集》（五），上海人民出版社 1985 年版，第 159 页。

洲最浅最陋的学说。"①在这里，章炳麟明确将"提倡国粹"与"爱惜我们汉种的历史"相提并论，并且强调此处的历史"是就广义说的"。这个说法印证了国学内容和范围的广泛性，更表明了"汉种的历史"是国学的灵魂和根基；离开了"汉种的历史"，国学则无从谈起。正因为以中国自己的历史为灵魂，所以，国学才能够使中国人"爱惜我们汉种的历史"。具体地说，这个广义的历史可以分为三项："一是语言文字，二是典章制度，三是人物事迹"。至此，章炳麟突出了国学的两个基本特征：第一，国学虽然为中国所固有，但是，并非中国固有的都是国学，只有国粹即作为"中国的长处"的，才是应该"提倡"的国学。第二，国学既然为一国所固有，便带有本民族与生俱来的特殊性和民族性；国学的内容以有别于其他国家学术的"我中国特别的长处"为主，而不必与西方的异质文化相同，更不应该强求与后者相同。就具体内容而言，国学分为语言、制度和人物三类，均与孔教不相干。更有甚者，章炳麟指出，自己提倡国粹，本意之一就是反对康有为等人以公羊三世说攀比西方的进化论以及借此论证自由、平等的做法。

章炳麟的道德操守和人格魅力在中国近现代史上堪称典范，三次入狱，七次被通缉，却依然对革命不改初衷。他对革命道德的期许也很高，正如在《革命之道德》中所言，革命是一场艰苦卓绝的事业，道德堕落是革命不成功的根源，道德堕落的主要原因则是功名利禄之心太重。基于这种分析，章炳麟强调，革命要取得成功，必须净化人心；要净化人心，就必须抛弃功名利禄之心，增进革命道德。在这个前提下，他指出，儒家热衷于仕途，善于阿谀逢迎，总之，功名利禄之心太重。功名利禄之心是腐蚀人道德的病毒，只要沾染一丁点儿就足以腐蚀全身。这等于说，儒家追求功名利禄，儒学不啻为腐蚀道德的毒药。结论至此，儒学在章炳麟国学中的地位也就可想而知了。

孔子与儒家的命运休戚相关，章炳麟对儒家的蔑视预示着对孔子的

---

① 《东京留学生欢迎会演说辞》，《章太炎政论选集》（上册），中华书局1977年版，第276页。

微词。有人甚至说，章炳麟的《订孔》打响了近代反孔的第一枪。无论这一评价是否恰当，有一点却是不争的事实，那就是：章炳麟使康有为极度神化的孔子急剧祛魅。按照章炳麟的说法，孔子不是康有为所讲的创立孔教的教主，而是传播古代文献的学者和教师，孔子的思想包括先秦诸子的思想在内不是宗教。如此说来，孔教一词难以成立，更遑论立孔教为国教了。既然孔子的思想不是宗教，也就彻底排除了章炳麟推崇孔教的可能性。

其次，章炳麟极力排斥基督教，对基督教的基本教义展开辛辣反驳和批判。与国学为一国之固有的思路一脉相承，章炳麟提倡的宗教不可能是作为西方文化代表的基督教。事实上，他对作为西方文化主体的基督教十分反感，并且道出了其中的缘由："若说那基督教，西人用了，原是有益；中国用了，却是无益。因中国人的信仰基督，并不是崇拜上帝，实是崇拜西帝。"[1] 在这里，章炳麟反对中国人信仰基督教的理由是，中国人若信仰基督教，则会导致"崇拜西帝"的后果。这不仅关涉信仰问题，更严重的是关涉中国的救亡图存。他似乎并不在意中国人信仰基督教所信仰的上帝，而是不能容忍由崇拜基督教所引发的对西方列强的敬畏——"崇拜西帝"。这清楚地表明，章炳麟对宗教的审视和选择秉持救亡图存的初衷，也决定了无论是中西的强弱对比还是西方列强对中国的奴役都使他极力排斥基督教。

为了抵制"西帝"，克服中国人的畏洋心理，章炳麟作《无神论》，集中对基督教的基本教义进行讽刺和反驳。上帝是基督教的核心教义，章炳麟认为，这一教义矛盾百出、极其荒谬，在《无神论》中对此进行了辛辣的讽刺和毫不留情的批判。基督教宣称，上帝（"耶和瓦"）"无始无终，全知全能，绝对无二，无所不备，故为众生之父"。对此，他利用逻辑推理的方法逐一进行了反驳：第一，"无始无终，超绝时间之谓也"。可是，基督教既宣称上帝"无始无终"，又讲上帝"创造七日"

---

① 《东京留学生欢迎会演说辞》，《章太炎政论选集》（上册），中华书局 1977 年版，第 273 页。

和"末日审判"。既然讲"创造七日"的第一日和"末日审判"的末日，那么，上帝则是有始有终的。按照基督教的教义，上帝为体，创造为用，体用应该是一致的。上帝既然"无始无终"，创造也应该"无始无终"。显然，基督教宣扬的上帝创造的有始终（"创造七日"、"末日审判"）与上帝的无始终（"无始无终"）之间是相互矛盾的。第二，基督教宣扬上帝"全知全能"，却又肯定存在一个为非作歹的天魔。那么，"彼天魔者，是耶和瓦所造，抑非耶和瓦所造？"假若天魔是"耶和瓦"所造，那么，"耶和瓦"既然"全知全能"，为何不造一个服从自己命令的善人，却偏偏要造一个违背自己命令的恶鬼呢？可见，"耶和瓦"并非"全知全能"。假若天魔不是"耶和瓦"所造，那么，"耶和瓦亦不得云绝对无二矣"。第三，基督教宣称，世界万有皆"耶和瓦"所造，"耶和瓦""绝对无二"，"无所不备"。章炳麟反驳说，创造必须用"质料"，试问，"耶和瓦"创造世界的质料存在于"耶和瓦"自身还是存在于"耶和瓦"之外呢？如果说质料存在于"耶和瓦"自身，那么，世界万物实际上是从"耶和瓦"身上"自然流出"的，便谈不上创造；如果说质料存在于"耶和瓦"之外，那么，"此质料固与耶和瓦对立"，"耶和瓦"也就谈不上"绝对无二"了。第四，对于上帝为"众生之父"的说法，章炳麟指出，"父者，有人格之名"，"未见独父而能生子者，要必有母与之对待"。如果作为众生之父的"耶和瓦"有与之对待的众生之母，那么，既然有母，"则亦害其绝对无二"；如果一定坚持上帝"绝对无二"，那么，无众生之母而生万物的上帝也就成了"独父而生"。问题的关键是，"可以独父而生，此则单性生殖，为动物最下之阶"。①这样，经过章炳麟的一番论证，基督教所崇拜的神圣的上帝最终成了最低级的动物。

再次，"用宗教发起信心，增进国民的道德"的宗教只能是佛教。对孔教和基督教的批判表明了章炳麟的宗教立场，预示着他寄予厚望的

---

① 《无神论》，《革故鼎新的哲理——章太炎文选》，上海远东出版社1996年版，第178—180页。

宗教不可能是孔教或基督教而只能是佛教。换言之，章炳麟用以发起信心、增进国民道德的宗教既不可能是康有为所推崇的孔教，也不可能是引起中国人"崇拜西帝"的基督教。在他看来，既能增进革命道德，又能"成就"情感的宗教非佛教莫属。由于对佛教尤其是唯识宗的推崇不遗余力，佛教也随之成为章炳麟国学的重要内容。对于佛教何以能够增进道德、推动革命，章炳麟多次分析和解释说：

> 孔教、基督教，既然必不可用，究竟用何教呢？我们中国，本称为佛教国。佛教的理论，使上智人不能不信；佛教的戒律，使下愚人不能不信。通彻上下，这是最可用的。……我们今日要用华严、法相二宗改良旧法。这华严宗所说，要在普度众生，头目脑髓，都可施舍与人，在道德上最为有益。这法相宗所说，就是万法惟心。一切有形的色相，无形的法尘，总是幻见幻想，并非实在真有。近来康德、索宾霍尔（今译为叔本华——引者注）诸公，在世界上称为哲学之圣。康德所说"十二范畴"，纯是"相分"的道理。索宾霍尔所说"世界成立全由意思盲动"，也就是"十二缘生"的道理，却还有许多哲理，是诸公见不到的。所以今日德人，崇拜佛教，就是为此。在哲学上今日也最相宜。要有这种信仰，才得勇猛无畏，众志成城，方可干得事来。佛教里面，虽有许多他力摄护的话，但就华严、法相讲来，心佛众生，三无差别。我所靠的佛祖仍是靠的自心。①

> 殊不晓得佛教最重平等，所以妨碍平等的东西，必要除去。……又且佛教最恨君权，……这更与恢复民权的话相合。所以提倡佛教，为社会道德上起见，固是最要；为我们革命军的道德上起见，亦是最要。总望诸君同发大愿，勇猛无畏。我们所最热心的

---

① 《东京留学生欢迎会演说辞》，《章太炎政论选集》（上册），中华书局 1977 年版，第 273—274 页。

事，就可以干得起来了。①

在上述分析中，章炳麟从不同角度列举了佛教在中国的可行性和有效性：佛教教义与戒律兼备，具有最广泛的受众基础；华严宗普度众生的牺牲精神最有助于增进革命道德，唯识宗的万法唯心有助于彰显心的作用；佛教哲学符合当今世界的哲学趋势，与康德、叔本华等哲学之圣的思想相合；佛教作为一种无神论不是崇拜外界神圣，而是崇拜人的自心，可以鼓励人"自贵其心，不依他力"，在"依自不依他"中勇猛无畏；佛教重平等，恨君权，与革命党人提倡民权、追求民主的宗旨相合。诸如此类，不一而足。这些表明，佛教足以堪此"用国粹激动种性，增进爱国的热肠"的重任。

在章炳麟那里，诸多情况指向同一个结论：通过提倡佛教，不仅可以增进国民的道德，而且可以激动人的热心，使人勇猛无畏而无往不胜。基于对佛教的推崇，章炳麟对佛教教义深信不疑，阐发佛教义理也随之成为他的学术重心之一。例如，章炳麟在日本东京讲述国学时，除了主讲《说文》、《庄子》、《楚辞》、《尔雅》和《广雅疏证》之外，还亲自草拟《佛学讲稿》。即使是在日本主编《民报》、宣传革命思想期间，他也不忘连篇累牍地在《民报》上发表宣扬佛教的文章；以致有人讥讽说，《民报》不作"民声"而只作"佛声"，简直要把《民报》变成"佛报"了。这表明，在章炳麟那里，国学与佛学并行不悖，佛学就包含在他所理解的国学之中。更有甚者，用佛教（宗教）发起信心、增进革命道德的宗旨本身就与提倡国粹、弘扬国学密不可分。可以看到，佛教在章炳麟所弘扬的国学中始终占有重要地位，并且作为思维方式、价值取向决定着他对国学的理解和阐释。在这方面，章炳麟对庄子《齐物论》的诠释和解读即是明证。当然，他对佛教的推崇具有强烈的现实动机，归根结底与"用国粹激动种性，增进爱国的热肠"的救亡路线息

---

① 《东京留学生欢迎会演说辞》，《章太炎政论选集》（上册），中华书局1977年版，第275—276页。

息相通，甚至是救亡方案的组成部分。

"用国粹激动种性，增进爱国的热肠"形象地展示了章炳麟集学问家与革命家于一身的风采。此处之国粹，也就是国学。章炳麟是中国近代最著名的国学家之一，国学研究使他成为那个时代最负盛名的学问家。必须强调的是，章炳麟并非为了学问而学问，国学在他那里并不是僵死的历史陈迹，而是承载现实需要和鲜活动机的武器，是为救亡图存的火热斗争和社会现实服务的。"用国粹激动种性，增进爱国的热肠"以国粹作为武器，通过弘扬国粹开辟了一条迥异于他人的救亡路线。至于隐藏在这条路线背后的国学观、宗教观同样不仅有思想启蒙的维度，而且有救亡图存的意义。鲁迅在《关于太炎先生二三事》中将章炳麟定位为"有学问的革命家"，一面对作为革命家的章炳麟赞誉有加，一面对作为学问家的章炳麟含有微词。鲁迅写道：

> 太炎先生虽先前也以革命家现身，后来却退居于宁静的学者，用自己所手造的和别人所帮造的墙，和时代隔绝了。纪念者自然有人，但也许将为大多数所忘却。我以为先生的业绩，留在革命史上的，实在比在学术史上还要大。回忆三十余年之前，木板的《訄书》已经出版了，我读不断，当然也看不懂，恐怕那时的青年，这样的多得很。我的知道中国有太炎先生，并非因为他的经学和小学，是为了他驳斥康有为和作邹容的《革命军》序，竟被监禁于上海的西牢，……我爱看这《民报》，但并非为了先生的文笔古奥，索解为难，或说佛法，谈"俱分进化"，是为了他和主张保皇的梁启超斗争，和"××"的×××斗争，和"以《红楼梦》为成佛之要道"的×××斗争，真是所向披靡，令人神旺（神往——引者注）。前去听讲也在这时候，但又并非因为他是学者，却为了他是有学问的革命家，所以直到现在，先生的音容笑貌，还在目前，而所讲的《说文解字》却一句也不记得了。……而先生则排满之志虽伸，但视为最紧要的"第一是用宗教发起信心，增进国民的道德；第二是用国粹激动种性，增进爱国的热肠"（见《民报》第六

本），却仅止于高妙的幻想；不久而袁世凯又攘夺国柄，以遂私图，就更使先生失却实地，仅垂空文。……考其生平，以大勋章作扇坠，临总统府之门，大诟袁世凯的包藏祸心者，并世无第二人；七被追捕，三入牢狱，而革命之志，终不屈挠者，并世亦无第二人：这才是先哲的精神，后生的楷范。……但革命之后，先生亦渐为昭示后世计，自藏其锋铓。……先生遂身衣学术的华衮，粹然成为儒宗，……战斗的文章，乃是先生一生中最大，最久的业绩。①

鲁迅对章炳麟的概括和评价明显将学问与革命截然分开，其实，章炳麟的学问与革命是密不可分的。鲁迅将章炳麟说成是"有学问的革命家"并不到位，因为章炳麟同时还是"革命的学问家"。可以看到，章炳麟以学问——也就是鲁迅所鄙视的"经学和小学"作为革命武器，对于苦难的现实既有批判的武器，又有武器的批判。事实上，要明白这一点并不难，想想章炳麟宣布的所要做的两件大事便可一目了然："第一、是用宗教发起信心，增进国民的道德；第二、是用国粹激动种性，增进爱国的热肠。"也正因为割裂了章炳麟的学问与革命，鲁迅看不到章炳麟所讲的国学、佛学的救亡初衷和革命价值，而将此归为"仅止于高妙的幻想"。

---

① 《关于太炎先生二三事》，《魏晋风度及其他》，上海古籍出版社 2000 年版，第 245—247 页。

主要参考文献

老子：《老子校释》，朱谦之撰，中华书局2000年版。

《论语注疏》（十三经疏本），中华书局1980年版。

墨子：《墨子》，毕沅校注、吴旭民标点，上海古籍出版社1995年版。

孟子：《孟子译注》，杨伯峻译注，中华书局1960年版。

庄子：《庄子浅注》，曹础基注，中华书局1982年版。

荀子：《荀子集解》，王先谦集解，（诸子集成本）中华书局1996年版。

韩非：《韩非子校注》，《韩非子》校注组注，江苏人民出版社1982年版。

乌恩溥：《四书译注》，吉林文史出版社1996年版。

刘安：《淮南子译注》，陈广忠注译，吉林文史出版社1993年版。

董仲舒：《春秋繁露义证》，苏舆撰，钟哲点校，中华书局1996年版。

王弼：《王弼集校释》（上、下册），楼宇烈校释，中华书局1999年版。

郭象：《庄子注》（诸子集成本），中华书局1986年版。

张湛：《列子集释》，杨伯峻撰，中华书局1997年版。

韩愈：《韩愈文集汇校笺注》（全七册），刘真伦、岳珍校注，中华书局2010年版。

程颢、程颐：《二程集》，王孝鱼点校，中华书局2004年版。

朱熹：《朱子语类》（全八册），黎靖德编，中华书局1999年版。

朱熹：《朱子全书》（共二十七册），上海古籍出版社、安徽人民出版社2002年版。

王守仁：《王阳明全集》，吴光、钱明、董平、姚延福编校，上海古籍出版社1992年版。

李贽:《藏书》(1—4册),中华书局1974年版。

李贽:《续藏书》(上下册),中华书局1974年版。

李贽:《李贽文集》(共2册),北京燕山出版社1998年版。

李贽:《李贽文集》(共7集),中国社会科学文献出版社2000年版。

王夫之:《船山全书》(1—10册),岳麓书社1988—1996年版。

颜元:《颜元集》(上、下),中华书局1987年版。

戴震:《戴震文集》(共5册),清华大学出版社1991年版。

戴震:《戴震集》,上海古籍出版社2009年版。

魏源:《魏源集》,中华书局1976年版。

康有为:《大同书》,李似珍评注,中州古籍出版社1998年版。

康有为:《康有为全集》(共12集),姜义华、张荣华编校,中国人民大学出版社2007年版。

谭嗣同:《谭嗣同全集》,蔡尚思、方行编,中华书局1998年版。

严复:《严复集》(共5册),王栻主编,中华书局1986年版。

〔英〕赫胥黎:《天演论》,严复译,中州古籍出版社1998年版。

〔英〕赫胥黎:《天演论》,严复译,商务印书馆1981年版。

〔英〕亚当·斯密:《原富》,严复译,商务印书馆1981年版。

〔英〕斯宾塞:《群学肄言》,严复译,商务印书馆1981年版。

〔英〕甄克斯:《社会通诠》,严复译,商务印书馆1981年版。

〔法〕孟德斯鸠:《孟德斯鸠法意》,严复译,商务印书馆1981年版。

〔英〕约翰·穆勒:《穆勒名学》,严复译,商务印书馆1981年版。

〔英〕耶芳斯:《名学浅说》,严复译,商务印书馆1981年版。

梁启超:《梁启超全集》(共10册),张品兴等主编,北京出版社1999年版。

梁启超:《新民说》,中州古籍出版社1998年版。

梁启超:《清代学术概论》,东方出版社1996年版。

章炳麟:《訄书》,华夏出版社2002年版。

章炳麟讲演:《国学概论》,曹聚仁整理,上海古籍出版社2007年版。

章炳麟:《国故论衡》,上海古籍出版社2003年版。

章炳麟:《章太炎政论选集》(全二册),汤志钧编,中华书局1977年版。

章炳麟:《章太炎全集》(一),上海人民出版社1982年版。

章炳麟:《章太炎全集》(二),上海人民出版社1982年版。

章炳麟:《章太炎全集》(三),上海人民出版社1984年版。

章炳麟:《章太炎全集》(四),上海人民出版社1985年版。

章炳麟:《章太炎全集》(五),上海人民出版社1985年版。

章炳麟：《章太炎全集》（六），上海人民出版社 1986 年版。

章炳麟：《章太炎选集》，朱维铮、姜义华编注，上海人民出版社 1981 年版。

章炳麟：《精读章太炎》，刘琅主编，鹭江出版社 2007 年版。

章炳麟：《革故鼎新的哲理——章太炎文选》，姜玢编选，上海远东出版社 1996 年版。

陈独秀：《陈独秀文章选编》（上、中、下），生活·读书·新知三联书店 1984 年版。

蔡元培：《蔡元培全集》（共 18 卷），中国蔡元培研究会编，浙江教育出版社 1997 年版。

鲁迅：《魏晋风度及其他》，吴中杰导读，上海古籍出版社 2000 年版。

冯友兰：《中国哲学史新编》，人民出版社 1988 年版。

钱穆：《国史大纲》，商务印书馆 1996 年版。

白寿彝：《中国通史》（全二十二册），上海人民出版社 1999 年版。

翦伯赞：《中国史纲要》，人民出版社 1979 年版。

龚书铎：《中国社会通史》（全八册），陕西教育出版社 1996 年版。

侯外庐：《中国古代社会史论》，河北教育出版社 2002 年版。

冯尔康：《中国宗法社会》，浙江人民出版社 1994 年版。

张锡勤、柴文华：《中国道德变迁史稿》，人民出版社 2008 年版。

陈瑛：《中国伦理思想史》，湖南教育出版社 2004 年版。

侯外庐：《中国思想通史》，上海人民出版社 1995 年版。

葛兆光：《中国思想史》，复旦大学出版社 2001 年版。

后　记

　　2012 年,《妙语 "联" 珠——中国古代哲学研究》由人民出版社出版。由于篇幅所限, 最终选择了 21 个 "妙语" 即命题。对于博大精深的中国哲学来说, 21 个命题实在是太少了。我对众多命题只能忍痛割爱, 由 21 颗 "珠" 串起来的中国古代哲学也颇显单薄。因此, 我在 "后记" 中表达了自己的 "遗珠之憾" 和选 "珠" 的艰难, 称自己的选择过程由于 "不舍而艰难, 甚至成为一种 '抉择'"。原以为这种遗憾注定会 "抱憾终身", 没想到弥补的机会很快就来了。《妙语 "联" 珠——中国古代哲学研究》出版后反响不错, 出版社给了我重拾 "遗珠" 的机会, 于是便有了这部《妙语 "联" 珠——中国哲学研究》。作为《妙语 "联" 珠——中国古代哲学研究》的姊妹篇,《妙语 "联" 珠——中国哲学研究》基本上保持了前者的体例和风格, 同样选择了 21 个命题予以集中阐释。与此同时,《妙语 "联" 珠——中国哲学研究》拓展了时间跨度, 由于加入了近代部分, 时限从古代延伸到近代, 使整个中国哲学史得以完整呈现。这也是本书作为《妙语 "联" 珠——中国古代哲学研究》的续集, 不名为《妙语 "联" 珠——中国古代哲学研究（续）》而名为《妙语 "联" 珠——中国哲学研究》的原因所在。

　　《妙语 "联" 珠——中国哲学研究》在命题的选择上坚持了《妙语

"联"珠——中国古代哲学研究》"一人一语"的原则，同时兼顾不同学派的俱全与各个时期的分量均衡，既力求儒、墨、道、法尽在其中，又注重不同时段的相互协调。尽管如此，所选命题同样带有"主观色彩"，并且难免挂一漏万之憾。拿《妙语"联"珠——中国古代哲学研究》"后记"中提到的命题来说，尽管将"天欲义而恶不义""言无言"收入进来，大多数命题最终还是被"遗失"在外。中国人讲事不过三，我却期待着能得到人民出版社第四次的支持，以续集的出版减少这种挂一漏万之憾。当然，书中的舛误在所难免，恳请方家、同仁指正。

魏义霞

2014 年 8 月 29 日

责任编辑:杜文丽
责任校对:张杰利
版式设计:汪 莹

图书在版编目(CIP)数据

妙语"联"珠:中国哲学研究 / 魏义霞 著 .–北京:人民出版社,2014.12

ISBN 978–7–01–013867–1

I.①妙… Ⅱ.①魏… Ⅲ.①哲学–研究–中国 Ⅳ.① B2

中国版本图书馆 CIP 数据核字(2014)第 198660 号

妙语"联"珠
MIAOYU LIANZHU
——中国哲学研究

魏义霞 著

人 民 出 版 社 出版发行
(100706 北京市东城区隆福寺街 99 号)

北京瑞古冠中印刷厂印刷 新华书店经销

2014 年 12 月第 1 版 2014 年 12 月北京第 1 次印刷
开本:710 毫米 ×1000 毫米 1/16 印张:31.25
字数:490 千字 印数:00,001 – 3,000 册

ISBN 978 – 7 – 01 – 013867 – 1 定价:69.80 元

邮购地址 100706 北京市东城区隆福寺街 99 号
人民东方图书销售中心 电话(010)65250042 65289539